Teubner Studienbücher der Geographie

H. Fassmann / P. Meusburger
Arbeitsmarktgeographie

Teubner Studienbücher
der Geographie

Herausgegeben von
Prof. Dr. W. D. Blümel, Stuttgart
Prof. Dr. Ch. Borcherdt, Stuttgart
Prof. Dr. E. Löffler, Saarbrücken
Prof. Dr. Dr. h.c. E. Wirth, Erlangen

Die Studienbücher der Geographie wollen wichtige Teilgebiete, Probleme und Methoden des Faches, insbesondere der Allgemeinen Geographie, zur Darstellung bringen. Dabei wird die herkömmliche Systematik der Geographischen Wissenschaft allenfalls als ordnendes Prinzip verstanden. Über Teildisziplinen hinweggreifende Fragestellungen sollen die vielseitigen Verknüpfungen der Problemkreise wenigstens andeutungsweise sichtbar machen. Je nach der Thematik oder dem Forschungsstand werden einige Sachgebiete in theoretischer Analyse oder in weltweiten Übersichten, andere hingegen in räumlicher Einschränkung behandelt. Der Umfang der Studienbücher schließt ein Streben nach Vollständigkeit bei der Behandlung der einzelnen Themen aus. Den Herausgebern liegt besonders daran, Problemstellungen und Denkansätze deutlich werden zu lassen. Großer Wert wird deshalb auf didaktische Verarbeitung sowie klare und verständliche Darstellung gelegt. Die Reihe dient den Studierenden der Geographie zum ergänzenden Eigenstudium, den Lehrern des Faches zur Fortbildung und den an Einzelthemen interessierten Angehörigen anderer Fächer zur Einführung in Teilgebiete der Geographie.

Arbeitsmarktgeographie

Erwerbstätigkeit und Arbeitslosigkeit
im räumlichen Kontext

Von Dr. Heinz Fassmann
Professor an der Technischen Universität München

und Dr. Peter Meusburger
Professor an der Universität Heidelberg

Mit 58 Abbildungen und 14 Tabellen

B. G. Teubner Stuttgart 1997

Professor Dr. Heinz Fassmann

Geboren 1955 in Düsseldorf. Studium der Geographie, Geschichte und Soziologie in Wien. 1980 Promotion, 1992 Habilitation für Humangeographie und Raumforschung an der Universität Wien. Von 1980 bis 1992 wissenschaftlicher Angestellter am Institut für Stadt- und Regionalforschung und am Institut für Demographie der Österreichischen Akademie der Wissenschaften, von 1992 bis 1996 geschäftsführender Direktor des Instituts für Stadt- und Regionalforschung. 1996 Ernennung zum Universitätsprofessor für angewandte Geographie und Geoinformatik an der Technischen Universität München. Ausgezeichnet mit dem Camillo-Sitte-Preis, Hans-Bobek-Preis und dem Preis der Schaderstiftung. Hauptarbeitsgebiete: Arbeitsmarktgeographie, Stadtgeographie, Migration und Geoinformatik.

Prof. Dr. Peter Meusburger

Geboren 1942 in Lustenau (Österreich), Studium der Geographie und der Anglistik an der Universität Innsbruck. 1969 Promotion und 1980 Habilitation an der Universität Innsbruck. Seit 1983 C4-Professur für Wirtschafts- und Sozialgeographie und Direktor des Geographischen Instituts der Universität Heidelberg. Hauptarbeitsgebiete: Geographie des Bildungs- und Qualifikationswesens, Arbeitsmarktgeographie, Transformationsländer.
http://asterix.geog.uni-heidelberg.de

Die Deutsche Bibliothek – CIP-Einheitsaufnahme

Fassmann, Heinz:
Arbeitsmarktgeographie : Erwerbstätigkeit und Arbeitslosigkeit im räumlichen Kontext / von Heinz Fassmann und Peter Meusburger.
Stuttgart : Teubner, 1997
   (Teubner Studienbücher : Geographie)
   ISBN 3-519-03437-9

Das Werk einschließlich aller seiner Teile ist urheberrechtlich geschützt. Jede Verwertung außerhalb der engen Grenzen des Urheberrechtsgesetzes ist ohne Zustimmung des Verlages unzulässig und strafbar. Das gilt besonders für Vervielfältigungen, Übersetzungen, Mikroverfilmungen und die Einspeicherung und Verarbeitung in elektronischen Systemen.

© B. G. Teubner Stuttgart 1997

Printed in Germany
Gesamtherstellung: Wilhelm Röck GmbH, Weinsberg
Einbandgestaltung: Peter Pfitz, Stuttgart

Vorwort

Dieses Studienbuch ist von dem Bemühen getragen, ein klar erkennbares Forschungsdesiderat in der Geographie auszufüllen. „Arbeiten" ist eine Grunddaseinsfunktion in der Geographie, vergleichbar dem Wohnen, der Teilnahme am Verkehr oder dem Ausfüllen der Freizeit. Eine Verkehrsgeographie ist seit langem ebenso etabliert wie eine Freizeitgeographie, eine Arbeitsmarktgeographie jedoch nicht. Wir empfinden dies angesichts der gesellschaftlichen Bedeutung dieser Thematik als Defizit.

Wir sind uns nicht sicher, ob der Begriff Arbeitsmarktgeographie auch geeignet ist, das zu vermitteln, was damit ausgesagt werden soll. Der Arbeitsmarkt in der neoklassischen Definition versteht sich als gedachter, manchmal auch real existierender Ort, an dem das Arbeitskräfteangebot, also Menschen, die ihre Arbeitskraft anbieten, auf eine Nachfrage, „Unternehmer", die Arbeitskräfte kurz- oder längerfristig einstellen wollen, trifft. Der so definierte Begriff Arbeitsmarkt impliziert also eine spezifische und eingeschränkte Problemstellung. Geschehnisse, die nicht direkt mit Angebot, Nachfrage, Lohnbildung und in weiterer Folge mit einem Ungleichgewicht von Angebot und Nachfrage zu tun haben, wären bei einer engen Definition des Begriffs Arbeitsmarkt auszublenden. Innerbetriebliche Mobilität, Strukturbeschreibungen von Personen, die sich im Beschäftigungssystem befinden, aber auch Arbeitsmarktphänomene in den ehemaligen sozialistischen Planwirtschaften, die nur schwer mit einem neoklassischen Modell zu fassen wären, hätten keinen Platz in einer „Arbeitsmarktgeographie". Wir meinen, daß dies eine wenig zielführende Verkürzung darstellen würde, und gehen von einem breiteren Begriff aus. In unserer Arbeitsmarktgeographie befassen wir uns mit der Beschreibung und Erklärung der räumlichen Differenzierung des Arbeitskräfteangebots, des Arbeitsplatzangebots, der Arbeitslosigkeit sowie der beruflichen Mobilität, und zwar unabhängig davon, ob dies auch immer mit einem neoklassischen Marktmodell vereinbar wäre.

Der Begriff „Arbeitsmarktgeographie" stellt angesichts der alternativen Termini das „geringste Übel" dar. „Geographie der Arbeit" wäre dermaßen allgemein und würde sehr viele theoretisch nur schwer zu verknüpfende Einzelphänomene ansprechen. Eine „Geographie der Arbeit" ist ein schöner Buchtitel, aber kein klarer Begriff für eine geographische Teildisziplin. „Geographie des Beschäftigungssystems" wäre dagegen sehr stark eingeschränkt. Zwar würden Analysen über die räumliche Variation der Erwerbstätigen Platz finden, Arbeitslosigkeit jedoch wiederum nicht. Aufgrund dieser und ähnlicher Überlegungen sind wir mit der Etikette „Arbeitsmarktgeographie" nicht unzufrieden, zumal umgangssprachlich unter Markt mehr verstanden wird als nur Angebot, Nachfrage und die damit verbundenen Ausgleichsprozesse.

Das Studienbuch gliedert sich in zwanzig Abschnitte, die zu sieben Kapiteln zusammengefaßt worden sind. Die ersten drei Kapitel sind vornehmlich theoriebezogen, die folgenden vier Kapitel greifen dagegen eher empirische Forschungsbeispiele auf. Dem Studienbuch beigefügt ist eine umfangreiche Bibliographie.

Es soll Dozenten und Studierenden der Geographie den Umgang mit der für das Fach manchmal entlegenen Materie erleichtern und damit eine gesellschaftlich zentrale Frage in die Geographie zurückbringen. Wir sehen daher die Zusammenstellung der interdisziplinären theoretischen Grundlagen und deren „Import" in die Geographie als die wichtigsten Ziele dieses Buches an.

Die Erstellung des Studienbuches wurde von Prof. Dr. Dr. h.c. Eugen Wirth angeregt und intellektuell begleitet. Das bedeutete Kritik an einzelnen Textteilen, die nicht verständlich waren oder wenig zur Gesamtthematik beitrugen, aber auch Anregung und Hinweis auf neue Einsichten und Interpretationen. Wesentlich war dabei die Ausrichtung auf ein spezifisches Zielpublikum und die Absicht, dessen Interesse zu wecken und nicht durch betonte Wissenschaftlichkeit zu verdrängen.

Bei der Abfassung des Studienbuches wurden wir von einer Reihe von Personen maßgeblich unterstützt. Im Institut für Stadt- und Regionalforschung in Wien waren dies DDr. Josef Kohlbacher, Mag. Ursula Reeger, Dipl.-Geogr. Klaus Krass und Monika Gollneritsch, am Geographischen Institut der TU-München Barbara Grandjean und am Geographischen Institut der Universität Heidelberg Dipl.-Geogr. Uwe Berger, Dipl.-Geogr. Tom Homrighausen, Dipl.-Geogr. Martin Oesterer und Stephan Scherer. Wertvolle inhaltliche Anregungen erhielten die Autoren in Diskussionen mit Dipl.-Geogr. Franziska Hirschenauer (IAB, Nürnberg) und Dr. Zoltán Cséfalvay (Heidelberg, Budapest). Ihnen allen gilt unser Dank.

Heinz Fassmann   Peter Meusburger

München und Heidelberg, im Mai 1997

Inhaltsverzeichnis

Vorwort 5

Einleitung 15

1 Grundlagen 21

  1.1 Der gesellschaftliche und ökonomische Wandel 21

    1.1.1 Agrargesellschaft – Industriegesellschaft – postindustrielle Gesellschaft 22
    1.1.2 Die Veränderung des arbeitsteiligen Prinzips 27
    1.1.3 Meritokratisierung, Professionalisierung und Bürokratisierung 32

  1.2 Begriffe und Definitionen 35

    1.2.1 Zum Begriff des Arbeitsmarktes 35
    1.2.2 Komponenten des Arbeitsmarktes 37
    1.2.3 Zum Begriff des regionalen Arbeitsmarktes 39

2 Arbeitsmarkttheorien 44

  2.1 Das neoklassische Arbeitsmarktmodell 44

  2.2 Erweiterungen des neoklassischen Grundmodells 48

    2.2.1 Die Humankapitaltheorie 48
    2.2.2 Die Signaling-These 50
    2.2.3 Job-Search-Theorie 51
    2.2.4 Kontrakttheorien 52

  2.3 Segmentation des Arbeitsmarktes 53

    2.3.1 Das Modell von Kerr 54
    2.3.2 Modell des dreigeteilten Arbeitsmarktes des ISF 56
    2.3.3 Das duale Modell 59

3 Theorien der räumlichen Entwicklung 66

  3.1 Das neoklassische Gleichgewichtsmodell 66

  3.2 Ungleichgewichtsmodelle 69

    3.2.1 Das Raummodell der Polarisationstheorie 69
    3.2.2 Räumliche Arbeitsmarktsegmentierung 70
    3.2.3 Der organisationstheoretische Ansatz 73
    3.2.4 Zyklische räumliche Ansätze 82

4 Räumliche Befunde zum Beschäftigungssystem 85

4.1 Erwerbsbeteiligung 85

4.1.1 Die Messung der Erwerbsbeteiligung 85
4.1.2 Altersspezifische Erwerbsbeteiligung 88
4.1.3 Personenbezogene Faktoren der Erwerbsbeteiligung 94
4.1.4 Regionale Einflußfaktoren 102
4.1.5 Staatliche Angebotsregulierung 105
4.1.6 Soziale Normen und Wertvorstellungen 106

4.2 Die Qualifikation der Erwerbsbevölkerung 109

4.2.1 Empirische Erfassung von Humanressourcen 110
4.2.2 Zentral-periphere Unterschiede im Ausbildungsniveau 111
4.2.3 Die Schnittstelle zwischen Bildung, Beschäftigung und
      Einkommen 117

4.3 Sektorale und berufliche Strukturunterschiede 120

4.3.1 Methodische Grundlagen 120
4.3.2 Entwicklungstrends und räumliche Disparitäten 125
4.3.3 Zentral-periphere Unterschiede der beruflichen Struktur 127

4.4 Mobilität auf dem Arbeitsmarkt 130

4.4.1 Meßkonzepte und Datenquellen 131
4.4.2 Soziologische Berufslaufbahnforschung 134
4.4.3 Geographische Berufslaufbahnforschung 137

5 Ungleichgewichte auf dem Arbeitsmarkt 142

5.1 Arbeitslosigkeit 142

5.1.1 Messung von Arbeitslosigkeit 142
5.1.2 Datenquellen zur Arbeitslosigkeit 148
5.1.3 Spezifische theoretische Erklärungsansätze 150
5.1.4 Typologie der Arbeitslosigkeit 155
5.1.5 Verlauf und Strukturierung von Arbeitslosigkeit 156
5.1.6 Konvergenz und Divergenz regionaler Arbeitslosigkeit 164

5.2 Räumliche Mobilität: Migration und Pendelwanderung 169

5.2.1 Begriffe und Meßprobleme 170
5.2.2 Theoretische Erklärungsmuster 175
5.2.3 Strukturmerkmale der Binnenwanderung 180
5.2.4 Internationale Arbeitskräftewanderung 187

5.3 Räumliche Einkommensdisparitäten 191
    5.3.1 Methodische Vorüberlegungen 191
    5.3.2 Lohnfunktion 193
    5.3.3 Zentral-periphere Einkommensdisparitäten 195

6 Teilarbeitsmärkte 198

6.1 Meßkonzepte 198

6.2 Der geschlechtsspezifische Arbeitsmarkt 200
    6.2.1 Kennzeichen des weiblichen Arbeitsmarktes 201
    6.2.2 Die Feminisierung von Berufen 205
    6.2.3 Erklärungsansätze für die geschlechtsspezifische
         Diskriminierung 209

6.3 Ethnische Segmentierung 212
    6.3.1 Zuwanderung und berufliche Positionierung 212
    6.3.2 Overcrowding, Netzwerke, statistische Diskriminierung 215

6.4 Der „städtische" Arbeitsmarkt 217
    6.4.1 Städtische Standortbedingungen 217
    6.4.2 Arbeitsplatzüberschuß und Arbeitslosigkeit 220
    6.4.3 Städtische Branchen 222
    6.4.4 Qualifikatorische Polarisierung in den Städten 223

6.5 Der Arbeitsmarkt des ländlichen Raums 225
    6.5.1 Standortbedingungen des ländlichen Raums 225
    6.5.2 Arbeitsplatzdefizit und Arbeitslosigkeit 226
    6.5.3 Die sektorale Einengung der Arbeitsplätze 228
    6.5.4 Qualitative Nachfragedefizite und Berufslaufbahnen 229

7 Arbeitsmarktpolitik und Forschungsperspektiven 231

7.1 Arbeitsmarktpolitische Ansätze 231
    7.1.1 Arbeitsmarktpolitische Ansätze im engeren Sinne 231
    7.1.2 Regionalpolitik und Arbeitsmarktpolitik 235

7.2 Arbeitsmarktpolitische Problemlagen in Europa 235

Literaturverzeichnis 240
Sachregister 265

Verzeichnis der Abbildungen

1 Die Stellung der Arbeitsmarktgeographie im Verhältnis zu anderen Teildisziplinen (Quelle: Verfasser) — S. 17
2 Aufbau und Gliederung des Studienbuchs — S. 18
3 Langfristiger gesellschaftlicher und ökonomischer Wandel (Quelle: Verfasser) — S. 23
4 Die Entwicklung des Informationssektors und des Anteils der „Kopfarbeiter" (Quelle: NEFIODOW 1990, S. 60, 129) — S. 26
5 Fordistische und postfordistische Arbeitsteilung (Quelle: nach GAEBE 1993, S. 493) — S. 30
6 Komponenten des Arbeitsmarktes (Quelle: nach MERTINS 1984) — S. 37
7 Regionaler Arbeitsmarkt und Pendlereinzugsgebiet am Beispiel der Heidelberger Universitätsprofessoren: Arbeitsorte vor der Berufung und Pendelverflechtung (Quelle: nach WEICK 1995, S. 139) — S. 42
8 Arbeitsmarkttheorien im Überblick (Quelle: Verfasser) — S. 45
9 Angebots- und Nachfragekurve (Quelle: Verfasser) — S. 46
10 Das Arbeitsmarktmodell nach KERR (1988) (Quelle: Verfasser) — S. 55
11 Das Arbeitsmarktmodell des ISF (Quelle: Verfasser) — S. 57
12 Charakteristische Eigenschaften der drei Segmente des Arbeitsmarktes (Quellen: nach FREIBURGHAUS/SCHMID 1975, S. 436 und LEWIN 1982, S. 9) — S. 61
13 Räumliche Lohndisparität und Ausgleichsmechanismus (Quelle: Verfasser) — S. 66
14 Theorieverbund der räumlichen Arbeitsmarktsegmentierung (Quelle: Verfasser) — S. 71
15 Organisationsformen und unternehmerische Umweltbedingungen (Quelle: nach MINTZBERG 1979, S. 286) — S. 78
16 Zyklusphasen und Standortanforderungen (Quelle: Verfasser) — S. 83
17 Erwerbspersonenkonzept (Quelle: Verfasser) — S. 86
18 Die altersspezifischen Erwerbsquoten in Ungarn im Jahre 1990 nach dem Geschlecht der Bevölkerung (Quelle: Sonderauswertung der Ungarischen Volkszählung 1990, Heidelberger Ungarn-Datenbank) — S. 89
19 Familienphase der weiblichen Universitätsabsolventen in Ungarn im Jahre 1990 (Quelle: Sonderauswertung der Ungarischen Volkszählung 1990, Heidelberger Ungarn-Datenbank) — S. 90
20 Die altersspezifischen Erwerbstätigenquoten der Frauen in Ungarn 1990 bei der Verwendung unterschiedlicher Altersgruppen (Quelle: Sonderauswertung der Ungarischen Volkszählung 1990, Heidelberger Ungarn-Datenbank) — S. 92
21 Die altersspezifischen Frauenerwerbsquoten in den alten und neuen Bundesländern der Bundesrepublik Deutschland im Jahre 1992 (Quelle: SCHWARZ 1994, S. 546) — S. 93
22 Bestimmungsfaktoren der Erwerbsbeteiligung (Quelle: Verfasser) — S. 94
23 Die Erwerbskurven der unverheirateten (ledigen, geschiedenen und verwitweten) Frauen und der verheirateten Frauen in Ungarn im Jahre 1990 (Quelle: Sonderauswertung der Ungarischen Volkszählung 1990, Heidelberger Ungarn-Datenbank) — S. 96
24 Die Erwerbstätigenquoten der ungarischen Frauen im Jahre 1980 nach ihrem Ausbildungsniveau (Quelle: Sonderauswertung der Ungarischen Volkszählung 1980, Heidelberger Ungarn-Datenbank) — S. 99
25 Die Erwerbstätigenquoten der Frauen nach der Kinderzahl in Ungarn 1980 (Quelle: Sonderauswertung der Ungarischen Volkszählung 1990, Heidelberger Ungarn-Datenbank) — S. 100

26 Die Erwerbsquoten der ungarischen Zigeuner im Jahre 1990 (Quelle: Sonderauswertung der Ungarischen Volkszählung 1990, Heidelberger Ungarn-Datenbank) S. 101
27 Regionale Unterschiede der Frauenerwerbstätigkeit in Ungarn 1980 nach Arbeitsamtsbezirken (Quelle: Sonderauswertung der Ungarischen Volkszählung 1980, Heidelberger Ungarn-Datenbank) S. 103
28 Die Kleinkinderphase der Frauen in Ungarn (1990) nach der Gemeindegröße des Wohnortes (Quelle: Sonderauswertung der Ungarischen Volkszählung 1980, Heidelberger Ungarn-Datenbank) S. 104
29 Die Erwerbstätigenquoten der Frauen nach der Gemeindegrößenklasse des Wohnortes 1980 (Quelle: Sonderauswertung der Ungarischen Volkszählung 1980, Heidelberger Ungarn-Datenbank) S. 104
30 Die zentral-peripheren Disparitäten der ungarischen Arbeitsbevölkerung (1990) mit Universitätsabschluß (Quelle: eigene Sonderauswertung der Ungarischen Volkszählung 1980, Heidelberger Ungarn-Datenbank) S. 116
31 Altersprofile deutscher Vollzeiterwerbstätiger 1976 (Quelle: CLEMENT/ TESSARING/WEISSHUHN 1980, S. 200) S. 119
32 Beispiel für die internationale Standardklassifikation der Berufe (ISCO-88) S. 123
33 Beispiel für die internationale Standardklassifikation der Wirtschaftssektoren (NACE) S. 124
34 Sektorale Struktur der Arbeitsplätze und zentral-periphere Differenzierung (Quelle: Verfasser) S. 127
35 Sozialrechtliche Struktur der Arbeitsplätze und zentral-periphere Differenzierung (Quelle: Verfasser) S. 129
36 Die Berufszyklen der baden-württembergischen Professoren zwischen 1951 und 1993 (Quellen: nach WEICK 1995, S. 191, Entwurf: Verfasser) S. 136
37 Der zentral-periphere Gradient beruflicher Mobilität (Quelle: Verfasser) S. 140
38 Typologie der Arbeitslosigkeit (Quellen: nach RICHTER 1994) S. 155
39 Verlauf der Arbeitslosenquote in einigen europäischen Staaten 1970-1996 (Quellen: EUROSTAT; Verfasser) S. 157
40 Die Arbeitslosenquoten in Ungarn (1990) nach Alter und Geschlecht (Quelle: MEUSBURGER 1995b) S. 161
41 Altersspezifische Arbeitslosenquoten in Ungarn (1990) nach dem Ausbildungsniveau der Bevölkerung (Quelle: Sonderauswertung der ungarischen Volkszählung 1990. Heidelberger Ungarn-Datenbank) S. 162
42 Die Saisonalität der Arbeitslosigkeit in Deutschland 1996 (Quellen: IAB; Verfasser) S. 163
43 Arbeitslosigkeit in den alten deutschen Bundesländern 1996 (Quellen: IAB; Entwurf: Verfasser) S. 165
44 Zentral-periphere Disparitäten der Abeitslosenquote (Quelle: Verfasser) S. 166
45 Die Ausarbeitung der Arbeitslosigkeit in Deutschland 1991-1996 (Quelle: IAB; Verfasser) S. 167
46 Arbeitslosenquote und Variationskoeffizient in Ötsterreich 1961-1993 (Quelle: FASSMANN 1995a) S. 168
47 Eine arbeitsmarktrelevante Typologie der räumlichen Mobilität (Verfasser) S. 172
48 Binnenwanderungssaldo in Österreich 1991 (Quellen: Volkszählung; Verfasser) S. 181
49 Typische Altersverteilung von Migranten (Quelle: Verfasser) S. 183
50 Anteil der Ausländischen Wohnbevölkerung in Europa 1993 (Quellen: FASSMANN/MÜNZ 1996; Verfasser) S. 189
51 Lohnfunktion und Arbeitsmarktsegmentation (Quelle: Verfasser) S. 194

12 Verzeichnis der Abbildungen

52 Zentral-peripherer Lohngradient für Hilfsarbeiter und qualifizierte Angestellte
(Quelle: Verfasser) S. 196
53 Sektorale Struktur der Erwerbstätigen in Österreich nach dem Geschlecht
(Quellen: Mikrozensus 1993; eigener Entwurf) S. 201
54 Erwerbstätige in Österreich nach Stellung im Beruf und Geschlecht (Quellen:
Mikrozensus 1993; Verfasser) S. 202
55 Die Typisierung der Feminisierungsphasen an den Volks- bzw. Grund- und
Hauptschulen Badens bzw. Baden-Württembergs (Quelle: MEUSEBURGER/
SCHMUDE 1991) S. 207
56 Qualifikatorische Polarisierung in den Städten (Quelle: Verfasser) S. 224
57 Arbeitsmarktpolitische Maßnahmen im Überblick (Quelle: nach WELTBANK
1995, S. 132) S. 232
58 Typologie arbeitsmarktpolitischer Problemlagen in Europa (Quelle: Verfasser) S. 236

Verzeichnis der Tabellen

1 Die Entwicklung der Erwerbsquoten (labor force participation rates) von ledigen und verheirateten Frauen in den USA nach der Zahl der Kinder (Quelle: MICHAEL 1985, S. 124 bzw. 128) — S. 96
2 Die Erwerbsquoten der Frauen in Deutschland (den alten Bundesländern) 1882–1992 (Quellen: SCHWARZ 1994; WILLMS 1980) — S. 97
3 Die räumliche Konzentration von Arbeitsplätzen unterschiedlicher Wirtschaftsklassen und Berufe 1980 nach dem Ausbildungsniveau der Arbeitsbevölkerung (Quellen: eigene Sonderauswertung der ungarischen Volkszählung 1980, Heidelberger Ungarn-Datenbank) — S. 114–115
4 Einkommen und Bildung in Österreich (Quellen: Mikrozensus 1993; Berechnungen der Verfasser) — S. 118
5 Beispiele für Interaktionsmatrizen der beruflichen Mobilität — S. 133
6 Arbeitslosigkeit und Ausbildungsniveau in Österreich 1991 (Quellen: Volkszählung 1991; Berechnungen der Verfasser) — S. 163
7 Wohnsitzwechsel und Ausbildungsniveau der 15- und mehrjährigen Wohnbevölkerung in Österreich 1977 (Quellen: MEUSBURGER 1980, S. 182; Sonderauswertung des Österreichischen Mikrozensus Juni 1977) — S. 184
8 Familienzyklus-, wohnungs- und berufsorientierte Wohnsitzwechsel der 15- und mehrjährigen Wohnbevölkerung in Österreich 1977 (Quellen: MEUSBURGER 1980, S. 183; Sonderauswertung des Österreichischen Mikrozensus Juni 1977) — S. 185
9 Wanderungsdistanz und Ausbildungsniveau der über 15jährigen Wohnbevölkerung in Österreich (Quellen: MEUSBURGER 1980, S. 187; Sonderauswertung des Österreichischen Mikrozensus Juni 1977) — S. 185
10 Der Frauenanteil am Lehrkörper der österreichischen Volksschulen in Prozent (Quellen: Statistische Handbücher der Republik Österreich, diverse Jahrgänge) — S. 206
11 Der Frauenanteil am Lehrkörper der österreichischen Volksschulen nach der Einwohnerzahl des Schulstandortes in Prozent (Quelle: MEUSBURGER/SCHMUDE 1991) — S. 208
12 Berufliche Stellung der Arbeitskräfte in Deutschland und Österreich nach der Staatsbürgerschaft (Quelle: FASSMANN/SEIFERT 1997) — S. 212
13 Branchenverteilung der Arbeitskräfte in Deutschland und Österreich nach der Staatsbürgerschaft (Quelle: FASSMANN/SEIFERT 1997) — S. 213
14 Der Anteil der Selbständigen, Angestellten und Arbeiter unter den Erwerbstätigen verschiedener Nationalitäten in der Bundesrepublik Deutschland im Jahre 1994 (Quelle: Mikrozensus 1994; zit. bei CORNELSEN 1996, S. 151) — S. 214

Einleitung

Arbeitsmarktforschung ist außerhalb der Geographie seit langem etabliert. Die klassischen Ökonomen haben sich immer schon mit den Fragen des Arbeitsmarktes, mit der Entwicklung des Arbeitskräfteangebots, der Arbeitskräftenachfrage, mit Lohn- und Preisbildung auseinandergesetzt. Mehr noch als das: Bei den Ökonomen ADAM SMITH („An Inquiry into the Nature and Causes of the Wealth of Nations"), DAVID RICARDO („The Principles of Political Economy and Taxation"), STUART MILL („Principles of Political Economy with some of their Applicants to Social Philosophy") oder KARL MARX („Das Kapital") nahm auch die mikroanalytische Beschreibung der Lebensumstände der Gesellschaft breiten Raum ein.[1] Die Gesellschaftsanalyse war die Basis ökonomischer Theoriebildung und politischer Programmatik.

Mit der zunehmenden Arbeitsteilung, die auch vor den Wissenschaften nicht haltmachte, und der Spezialisierung auf einen eingeschränkten Fragenbereich engte die neoklassische Ökonomie die Erforschung des Arbeitsmarktes deutlich ein. Die gesellschaftliche und politische Analyse überließ sie neuentstandenen Wissenschaften wie der Soziologie oder den Politikwissenschaften und reduzierte ihr Erkenntnisinteresse auf den wirtschaftswissenschaftlichen Kern. Dabei gelang es ihr, ein weitgehend geschlossenes Modell zu entwickeln, das zwar von vielen aufgrund des mangelnden Realitätsbezugs kritisiert wird, in der politischen Diskussion aber eine überragende Bedeutung besitzt. Die Neoklassik war und ist theoriebildend, der ökonomischen Literatur gebührt daher auch entsprechende Beachtung.

Die Situation der Arbeitsmarktforschung in der Geographie ist grundsätzlich anders. Arbeitsmarktfragen sind in der Geographie weniger verankert, besitzen weder eine lange Tradition noch einen besonderen Stellenwert im wissenschaftlichen Spektrum geographischer Publikationen. Dies überrascht, ist doch „Arbeiten" als eine Grundfunktion in den Aufgabenkatalog der Human- und Sozialgeographie eingegliedert. Die Folgen dieser Absenz der Geographie bei der wissenschaftlichen Auseinandersetzung sind offensichtlich. Die theoretischen und empirischen Grundlagen fehlen weitgehend. Sie müssen durch einen „Import" von Erkenntnissen aus den Nachbarwissenschaften ausgeglichen und durch Verknüpfung mit räumlichen Konzepten zu einer geographischen Forschung transformiert werden. Drei Besonderheiten sind bei der Diskussion um Defizite jedoch anzuführen:

1. Die gesellschaftliche Sensibilität der Arbeitslosigkeit gegenüber brachte es mit sich, daß Fragen nach einer ausgeglichenen Angebots- und Nachfrageentwicklung in den Regionen, nach Größe, Verteilung und Struktur der Arbeitslosigkeit Eingang in wissenschaftlich-geographische Arbeiten und in die politische Dis-

---

[1] Einen historischen Überblick vermittelt GERHARD BRINKMANN (1981): Ökonomik der Arbeit. Band 1: Grundlagen; Band 2: Die Allokation der Arbeit; Band 3: Die Entlohnung der Arbeit. Stuttgart, S. 28ff.

16 Einleitung

kussion gefunden haben. Es gehört dabei zum Common-sense-Wissen einer interessierten Öffentlichkeit, daß Arbeitslosenquoten regional differenziert ausgewiesen werden müssen, sollen nicht entscheidende Unterschiede in einem Staat verdeckt werden.

2. In der regionalen Qualifikations- und Migrationsforschung sind bereits seit den 70er Jahren arbeitsmarktgeographisch relevante Fragen, wie das lokal vorhandene Arbeitsplatzangebot das Bildungsverhalten beeinflußt, was die Zu- und Abwanderung von Hochqualifizierten für die Herkunfts- und Zielregionen bedeutet, welche Folgen der internationale Brain-Drain für die Entwicklungsländer hat, wo die Arbeitsplätze für Hochqualifizierte konzentriert sind und wie die Hierarchie des Siedlungssystems durch die Qualifikationsstrukturen des Arbeitsplatzangebotes repräsentiert wird, immer mehr in den Vordergrund gerückt.

3. In einer Reihe von geographischen Publikationen werden Arbeitsmarktfragen mitbearbeitet, jedoch mit anderen geographischen Etiketten versehen (Industriegeographie, Wirtschaftsgeographie, Stadtgeographie, Office industry, Location of headquarters, Zentralitätsforschung, räumliche Arbeitsteilung, Zentrum-Peripherie-Forschung). Dabei steht interessanterweise meistens die Nachfrageseite im Vordergrund. Die räumliche Verteilung von Unternehmen und Arbeitsplätzen wird beschrieben und anhand von Standortfaktoren erklärt. Arbeitsmarktgeographisch relevante Fragen werden – implizit oder explizit – mitbehandelt, ohne jedoch im Kern der Analyse zu stehen.

Mit der Vorlage eines Studienbuches „Arbeitsmarktgeographie" ist die Absicht verbunden, die theoretische und empirische Diskussion um regionale Arbeitsmarktfragen weiterzuentwickeln und eine immer deutlicher werdende Lücke zu schließen. Der Arbeitsmarktgeographie geht es dabei generell um den systematischen Zusammenhang von räumlichen Kategorien mit Strukturmerkmalen des Arbeitsmarktes. Die Arbeitsmarktgeographie lehnt bei dieser Analyse die neoklassischen Prämissen des homogenen Raums, der ubiquitär verfügbaren Informationen und der Distanzlosigkeit aller Transaktionen explizit ab und akzeptiert die unterschiedliche „Qualität" des Raums. Die Arbeitsmarktgeographie befaßt sich mit räumlichen Verteilungsmustern von arbeitsmarktrelevanten Merkmalen (wie Arbeitslosigkeit, Erwerbsbeteiligung, Qualifikation, Arbeitsplatzstruktur), beschreibt diese und stellt Erklärungsansätze bereit.

Die Arbeitsmarktgeographie ist eine neue geographische Teildisziplin. Sie weist sowohl originäre als auch mit anderen Teildisziplinen gemeinsame Forschungsfragen auf. Sofern sie Forschungskonzepte und Erkenntnisse aus anderen Disziplinen integriert, bemüht sie sich, diese aus der Sichtweise der regionalen Arbeitsmarktforschung neu zu strukturieren und dabei die Funktion *arbeiten* in der räumlichen Dimension zu analysieren. An erster Stelle sind Gemeinsamkeiten mit der *Wirtschaftsgeographie* hervorzuheben. Die räumliche Verteilung unternehmerischer Aktivitäten und damit alle Aspekte, die mit der Nachfrage nach Arbeitskräften zusammenhängen, interessieren sowohl die Wirtschafts- als auch die Arbeitsmarktgeographie.

Einleitung 17

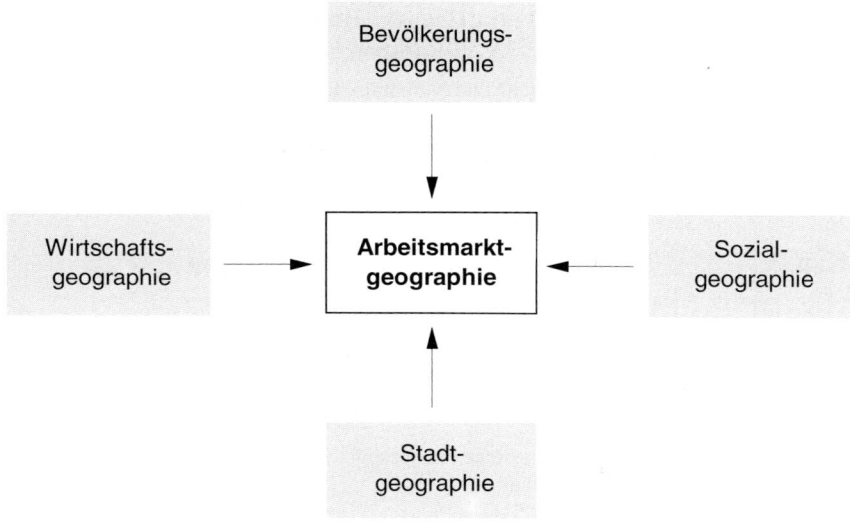

Abb. 1: Die Stellung der Arbeitsmarktgeographie im Verhältnis zu anderen Teildisziplinen (Quelle: Verfasser)

Ähnlichkeiten mit *sozialgeographischen Fragestellungen* ergeben sich durch die Fokussierung auf Bevölkerungsgruppen, die durch einen homogenen sozioökonomischen Status gekennzeichnet sind. Untersuchungen über die Lebenssituation und Perspektiven von Arbeitslosen könnten sowohl als arbeitsmarkt-, aber auch als sozialgeographisch etikettiert werden. Eine moderne Humangeographie muß die von ihr selbst geschaffenen Grenzen zwischen den Teildisziplinen wieder überwinden.
Schließlich sehen wir Schnittstellen zur *Stadt- und Bevölkerungsgeographie*. Jede stadtgeographische Analyse, die sich mit innerstädtischen oder zwischenstädtischen ökonomischen Strukturen beschäftigt, offeriert gleichzeitig arbeitsmarktgeographische Aussagen. Ebenso beruhen bevölkerungsgeographische Untersuchungen sehr häufig auf arbeitsmarktgeographischen Erkenntnissen. Es gehört in der Bevölkerungsgeographie zum allgemein akzeptierten Wissen, daß räumlich differenzierte Arbeitsmarktstrukturen einen erheblichen Einfluß auf Binnen- und Außenwanderung ausüben. Merkmale des Arbeitsmarktes sind zentrale Größen in jedem *Push- und Pull-Modell* der Migrationsforschung.
Sieben *Hauptfragestellungen* strukturieren die inhaltliche Gliederung dieses Studienbuches. Nach der Präsentation übergeordneter Prinzipien des langfristigen gesellschaftlichen und ökonomischen Wandels (Kapitel 1), die deutlich machen, daß der Arbeitsmarkt von heute ein historisch sehr junges Phänomen darstellt, befassen wir uns mit der Frage, wie man einen Arbeitsmarkt definieren und strukturieren

	Hauptfragestellung
Kap. 1	**Grundlagen**
	— Der gesellschaftliche und ökonomische Wandel — Begriffsdefinitionen
Kap. 2	**Theorien des Arbeitsmarktes**
	— Neoklassische Modelle — Segmentationsmodelle
Kap. 3	**Theorien der räumlichen Entwicklung**
	— Gleichgewichtsmodell — Ungleichgewichtsmodell
Kap. 4	**Räumliche Befunde zum Beschäftigungssystem**
	— Erwerbsbeteiligung — Qualifikation — Sektorale und berufliche Plazierung — Berufliche Mobilität
Kap. 5	**Ungleichgewicht auf dem Arbeitsmarkt**
	— Arbeitslosigkeit — Räumliche Mobilität — Einkommensunterschiede
Kap. 6	**Teilarbeitsmärkte**
	— Merkmalsbezogene Teilarbeitsmärkte — Räumliche Teilarbeitsmärkte
Kap. 7	**Arbeitsmarktpolitik**

Abb. 2: Aufbau und Gliederung des Studienbuchs

kann und welche theoretischen Modelle zur Erklärung der Funktion zur Verfügung stehen. Ausgangspunkt dieser Darstellung bildet das neoklassische Arbeitsmarktmodell, das in der wirtschaftswissenschaftlichen Literatur einen wichtigen und in der politischen Diskussion sehr oft einen überragenden Stellenwert einnimmt (Kapitel 2).

Die ökonomischen Theorien des Arbeitsmarktes sind in der Regel für eine punktförmige und dimensionslose Volkswirtschaft formuliert. Die Integration einer räumlichen Differenzierung erfolgte bisher nicht oder nur sehr randständig. Ein Studienbuch „Arbeitsmarktgeographie" muß verständlicherweise dieses Defizit zum Anlaß nehmen, theoretische Begründungen für räumlich unterschiedliche Strukturen und Prozesse im Bereich des Arbeitsmarktes und des Beschäftigungssystems bereitzustellen. Theorien der räumlichen Entwicklung liefern wichtige Hinweise auf die quantitative und qualitative Ungleichverteilung von Arbeitsplätzen im räumlichen Kontext (Kapitel 3).

Vor diesem theoretischen Hintergrund breiten wir im vierten Kapitel systematische Befunde zur räumlichen Strukturierung der Erwerbstätigen aus. Wir zeigen, daß allein schon die Zahl derer, die einer Erwerbsarbeit nachgehen, sehr stark vom räumlichen Kontext abhängig ist. Die Diskussion der Erwerbsquoten stellt einen sehr nützlichen Einstieg in die Frage nach der Raison d'être der Arbeitsmarktgeographie dar. Sie zeigt, in welcher Art und Weise räumlich differenzierte Arbeitsmärkte aufnahmefähig sind und in welchem Ausmaß einzelne Bevölkerungsgruppen in das Beschäftigungssystem integriert werden.

Neben der Diskussion um Erwerbsquoten stellen die Kapitel über die Qualifikation der Berufstätigen, über deren berufliche und sektorale Gliederung und deren Berufslaufbahnen weitere systematische Befunde einer räumlichen Arbeitsmarktstrukturierung dar. Die räumlichen Unterschiede sind dabei keinesfalls das Ergebnis eines zufälligen Prozesses, sondern Ausdruck einer theoretisch gehaltvoll zu interpretierenden Gesetzmäßigkeit.

Das fünfte Kapitel befaßt sich mit Ungleichgewichten auf räumlich differenzierten Arbeitsmärkten. Damit rückt das Phänomen Arbeitslosigkeit in den Mittelpunkt der Analyse. Wie es zur Arbeitslosigkeit kommt, welche Arten von Arbeitslosigkeit zu unterscheiden sind und welche politischen Maßnahmen zur Bekämpfung von Arbeitslosigkeit die öffentliche Debatte beherrschen, sind beispielhafte Fragen dieses Abschnitts.

Der sechste Abschnitt widmet sich Teilarbeitsmärkten. Darunter sind entweder merkmalsbezogene oder räumlich strukturierte Teile des Arbeitsmarktes zu verstehen. Ein geschlechtsspezifisch differenzierter Arbeitsmarkt, die Teilarbeitsmärkte für In- und Ausländer, ein städtischer oder ein ländlicher Arbeitsmarkt werden skizziert.

Wir beenden dieses Studienbuch mit einer arbeitsmarktpolitischen Betrachtung und einem internationalen Ausblick. Dabei wird deutlich, daß theoretisch begründbare Denkmodelle fast zwangsläufig in ein bestimmtes Set politischer Maßnahmen münden. Wer neoklassisch denkt, der wird marktorientierte, liberale Maßnahmen mit all ihren Implikationen empfehlen. Tagespolitisches Geschehen läßt sich – wie das siebte Kapitel zeigt – in vielen Bereichen mit den dargestellten theoretischen Paradigmen in Verbindung bringen.

1 Grundlagen

1.1 Der gesellschaftliche und ökonomische Wandel

Die Herausbildung eines modernen Arbeitsmarktes, auf dem Tauschvorgänge stattfinden, Arbeitskräfte sich anbieten und Unternehmer Arbeitskräfte nachfragen, ist – historisch gesehen – jüngeren Datums. In der feudalen Agrargesellschaft hat es einen modernen Arbeitsmarkt nur in Ausnahmefällen gegeben. Die Masse der erwerbstätigen Bevölkerung wurde in eine berufliche Position „hineingeboren". *Bauern*, *Handwerker* und der *Adel* übernahmen den Betrieb, die Produktionsstätte und den Grundbesitz des Elternhauses. Wer in eine *Zunft* aufgenommen wurde oder die Stelle eines Kantors übernommen hat, hat damit nicht nur den Arbeitsplatz gewechselt, sondern ist gleichzeitig auch Mitglied einer Gemeinschaft, eines Hauses oder einer Familie geworden.[2] Berufliche Mobilitätsvorgänge waren selten. Wer einmal Schuster oder Schneider war, der blieb dies mit großer Wahrscheinlichkeit sein ganzes Leben lang. Viel mehr noch als das: Die *berufliche Position* und damit der *soziale Status* wurden über Generationen hinweg weitergegeben, von einem Arbeitsmarkt im modernen Sinne konnte nicht gesprochen werden.

Natürlich hat es auch in vormoderner Zeit marktähnliche *Tauschvorgänge* gegeben. Ein Sklavenmarkt war in Abhängigkeit von der Nachfrage und dem Angebot durch unterschiedliche Preisbildung gekennzeichnet. Ebenso kannte der meist saisonale Markt für landwirtschaftliche Hilfsarbeiter unterschiedliche Angebots-, Nachfrage- und Preisrelationen. Nicht zuletzt haben die Inhaber der politischen Macht schon seit dem Mittelalter immer wieder den Versuch unternommen, Gelehrte, hochqualifizierte Handwerker und Künstler anzuwerben und an ihren Höfen „*Zentren des Wissens*" zu schaffen. Wesentlich war jedoch, daß in vormoderner Zeit nur eine Minderheit der Menschen über den Arbeitsmarkt eine Beschäftigung fand. Für die Mehrheit der Bevölkerung hatte die Zuweisung einer Erwerbsarbeit wenig mit freier Entscheidung und Wahlmöglichkeit zu tun.

Die Situation änderte sich im 18. und besonders im 19. Jahrhundert. Die Bedeutung der Landwirtschaft als primäre Erwerbsquelle verringerte sich für einen immer größer werdenden Bevölkerungsanteil. Dies war einerseits ein Effekt des Produktivitätsfortschritts in der Landwirtschaft und andererseits Folge des Bevölkerungswachstums. Ein ländliches und städtisches *Proletariat* entstand, das über keine *Produktionsmittel* verfügte, sondern nur noch seine Arbeitskraft anbieten konnte. Ein Teil der *erwerbsfähigen Bevölkerung* fand in den neu entstandenen *Manufakturbetrieben* und *Industrieunternehmen* Beschäftigung, ein anderer Teil in den privaten

---

[2] Manchmal war die Aufnahme in die neue Gemeinschaft Voraussetzung für einen Arbeitsplatzwechsel. Für manche Gesellen war die Heirat der Witwe eines verstorbenen Meisters die einzige Möglichkeit, dessen Position einnehmen zu können. Von marktmäßiger Allokation konnte dabei keine Rede sein.

und gewerblichen Haushalten. Der sektorale Strukturwandel beschleunigte sich mit der Bauernbefreiung in der ersten Hälfte des 19. Jahrhunderts und dem Siegeszug der *protoindustriellen* und später der *industriellen* Produktionsweise.

Mit der Industrialisierung war die Herausbildung eines modernen Arbeitsmarktes verbunden, auf dem die Masse der Bevölkerung eine Erwerbsarbeit fand. Begleitet war diese Herausbildung auch von institutionellen *Innovationen*. Annoncen tauchten erstmals in größerer Zahl in den Zeitungen auf, Agenten und Arbeitsvermittler suchten in entlegenen Regionen nach Arbeitskräften, Schilder vor den Fabrikstoren kündeten von offenen Stellen.[3] Oft war es aber auch nur ein bestimmter und allgemein bekannter Ort, an dem Arbeitssuchende zusammenkamen und auf eine Beschäftigung warteten.

Der Arbeitsmarkt ist jung, das Arbeiten jedoch so alt wie die Menschheit. So kann verkürzt und vereinfacht die Beziehung von Arbeit und Arbeitsmarkt charakterisiert werden. Die Menschheitsgeschichte ist auch eine Geschichte des Arbeitens; die „freien" Austauschbeziehungen von *Angebot* und *Nachfrage*, die einen Großteil der Bevölkerung erfaßten und von Institutionen begleitet waren, sind jedoch erst ein Phänomen der neueren Geschichte.[4]

Wenn wir übergeordnete gesellschaftliche und ökonomische Prozesse Revue passieren lassen, dann sind vier Trends anzuführen, die den Arbeitsmarkt, das Beschäftigungssystem und die Arbeit selbst entscheidend verändert haben. Es sind dies:

- der langfristige gesellschaftliche und ökonomische Wandel;
- die Herausbildung und die Veränderung der arbeitsteiligen Gesellschaft;
- die Meritokratisierung der Gesellschaft;
- die Professionalisierung der Arbeitswelt;
- die Bürokratisierung der Arbeitsbeziehungen.

1.1.1 Agrargesellschaft – Industriegesellschaft – postindustrielle Gesellschaft

Der langfristige gesellschaftliche und ökonomische Wandel geht von der dominanten Produktionsstruktur sowie der Bedeutung und Rolle des Staates aus. Die feudale Agrargesellschaft, die liberale Industriegesellschaft und die mehr oder minder interventionistische, postindustrielle Gesellschaft sind die drei Hauptstationen des

---

[3] Gegen Ende des 18. Jahrhunderts tauchen erstmals in der *Wiener Zeitung* Anzeigen auf. Gesucht werden Kanzleikräfte, Gärtner, Hilfskräfte für Warenhandlungen, Haushälterinnen oder Schreiber. Wie mitunter skurril anmutend das Anforderungsprofil war, soll ein Beispiel belegen. In der Ausgabe vom 6. 1. 1790 wurde ein Schreiber gesucht, der der „lateinischen Sprache in etwas, der deutschen und böhmischen hingegen vollkommen kundig, und in diesen drei Sprachen eine schöne orthographische Handschrift führen, wie auch des Frisierens kundig sein solle".

[4] Die traurigen Kapitel der zwangsweisen Zuweisung von Arbeit sollen nicht unerwähnt bleiben. Man erinnere sich an die Arbeitslager des GULAG, jene des Dritten Reichs oder der Nachkriegszeit.

langfristigen Wandels. Wesentlich für das Verständnis des Arbeitsmarktes ist dabei die Tatsache, daß das Beschäftigungssystem und die dominanten Arbeitsbeziehungen durch die langfristigen Änderungen der Produktions- und Organisationsstruktur und der Rolle des Staates entscheidende Signaturen erfahren haben.

Durch viele Jahrhunderte hindurch war die feudale Agrargesellschaft vorherrschend. Sie war durch eine hauptsächlich manuelle Produktion landwirtschaftlicher Güter geprägt. Fast die gesamte Bevölkerung im erwerbsfähigen Alter konnte dem primären Sektor zugerechnet werden. Daneben gab es Erwerbstätige im Bergbau, im Handel und mit fortschreitender Arbeitsteilung auch im Bereich der gewerblichen Handwerksbetriebe. Insgesamt stellte jedoch die Landwirtschaft die dominante Erwerbsquelle der Bevölkerung dar.

Die feudale Agrargesellschaft war mit einer spezifischen Gesellschaftsformation fest verbunden. Sie bestand in einem komplexen System von abhängigen Untertanen und der Obrigkeit, die für Schutz, Sicherheit, Recht und innere Ordnung Sorge trug und ihren Untertanen Grund und Boden zur Verfügung stellte. Im Gegenzug lieferten die unfreien Bauern einen Teil des Ertrags in Form von Naturalleistungen oder später als monetäre Abgaben an die Obrigkeit ab.

Ein *Flächenstaat* in unserem heutigen Sinne war nicht existent. Die von der Obrigkeit ausgeübte Herrschaft war räumlich eng begrenzt, in einem starken Ausmaß personalisiert und betraf viele gesellschaftliche Bereiche. Einen bestimmten Beruf auszuüben, zu heiraten oder auszuwandern war jeweils von der Zustimmung der Zunft, des Grundherrn oder der Herrschaft abhängig.

	Agrargesellschaft	Industriegesellschaft	Postindustrielle Gesellschaft
Leitsektor	Landwirtschaft	Industrie und Gewerbe	Dienstleistungssektor
Beschäftigungsschwerpunkt	primärer Sektor	sekundärer Sektor	tertiärer Sektor, quartärer Sektor
dominanter Produktionsfaktor	Grund und Boden, Arbeit	Arbeit und Kapital	Kapital und Wissen
primäre Quelle des Reichtums	Rohstoffe	Rohstoffe, Kapital und Energie	Wissen, Kreativität, Humankapital
politisches Ordnungssystem	Feudalismus	Liberalismus	Staatsinterventionismus (mit wiederkehrender Deregulierung)
Arbeitsteilung	gering	vertikal und horizontal	teilweise Zurücknahme
soziale Statuszuweisung	Vererbung, Gewährung durch Obrigkeit (askriptives Prinzip)	Leistung und Qualifikation (meritokratisches Prinzip)	Leistung und Qualifikation (meritokratisches Prinzip)

Abb. 3: Langfristiger gesellschaftlicher und ökonomischer Wandel (Quelle: Verfasser)

Die feudale Agrargesellschaft löste sich aufgrund technologischer Innovationen und politischer Veränderungen im Laufe des Mittelalters und der Neuzeit über unterschiedliche Zwischenformen auf. Am Ende eines langen Prozesses stand der moderne und liberale Flächenstaat des 19. Jahrhunderts. Die Landwirtschaft war nicht mehr die dominante *Erwerbsquelle* der Bevölkerung, Industrie und Gewerbe waren an deren Stelle getreten. Die Industrialisierung wurde zum Motor der gesellschaftlichen Entwicklung, ein Großteil der Erwerbstätigen war im sekundären Sektor tätig. Die engen und begrenzten Wahlmöglichkeiten der Epoche des Feudalismus wurden liberalisiert, die Bauernbefreiung, die Abschaffung der Zünfte, die Errichtung großer Industrieunternehmen und das Recht auf Aus- und Einwanderung zählten zu den Voraussetzungen der Industrialisierung und damit der Entstehung einer breiten Arbeiterklasse.

Der Staat im Liberalismus des 19. Jahrhunderts war trotz seiner flächenhaften Ausdehnung und seiner zentralistischen Tendenzen auf die Herstellung einer marktwirtschaftlichen Ordnung, auf die innere und äußere Sicherheit, auf die Schulbildung und Rechtsprechung beschränkt. Sozialpolitik, die Bereitstellung von Infrastrukturleistungen und eine aktive unternehmerische Funktion waren dem liberalen Staat weitgehend fremd.

Das 20. Jahrhundert brachte abermals einen tiefgreifenden Wandel der dominanten ökonomischen Leitsektoren und des Verhältnisses von Wirtschaft und Staat mit sich. Die *Industrie* als Motor der ökonomischen Entwicklung verlor zunehmend an Bedeutung und wurde durch einen wachsenden Dienstleistungssektor ersetzt. Der Staat veränderte sein liberales Grundverständnis und ergriff eine aktive Rolle. Er regulierte nun den gesamtwirtschaftlichen Kreislauf, er schaffte Standorte, gewährte Subventionen, baute Infrastrukturen aus und sicherte die Reproduktion der Arbeitskraft. Mehr noch als das: Der Staat selbst wurde im Produktionsprozeß initiativ und politisierte damit die ökonomische Sphäre, die sich im Liberalkapitalismus noch in einem staatsfreien Raum befand.

Die empirisch meßbaren Folgen dieses gesellschaftlich-politischen Wandels für das Beschäftigungssystem waren naheliegend: Der öffentliche Sektor expandierte und damit die Verwaltung, planende und ausführende Behörden, das Schulsystem, die Bildungsbeteiligung oder der Anteil der öffentlich Bediensteten. Der Staat machte dies nicht aus freien Stücken, sondern aus der Notwendigkeit heraus, Funktionslücken des Marktes auszugleichen und manches zu „reparieren". Würde der Staat dies nicht tun, so wäre aus der Sicht von HABERMAS (1973) und OFFE (1972) das kapitalistische *System* bedroht, und die Legitimationsprobleme würden deutlich zunehmen. Letztlich auch deshalb, weil – nach marxistischer Auffassung – am grundsätzlichen *Klassengegensatz* auch im *Spätkapitalismus* nichts verändert worden ist. Die Klassenstruktur existiert latent, und der Klassenkompromiß hat den Klassenkampf nur abgelöst.

Eine nichtmarxistische und zugleich makrotheoretische Analyse ist jene von DANIEL BELL über die post- oder nachindustrielle Gesellschaft, die zeitgleich wie die von HABERMAS (1973) bzw. OFFE (1972) publiziert wurde. Nach BELL stellt die Veränderung der wirtschaftlich-technischen Ordnung den „Motor" bei der Herausbildung einer nachindustriellen Gesellschaft dar. Es geht dem Staat nicht primär um die Aufrechterhaltung der marktwirtschaftlichen Ordnung, sondern der technische Fortschritt ist die Triebfeder der langfristigen Entwicklung. Aufgrund des technisch-organisatorischen Fortschritts im landwirtschaftlichen Bereich und in der unmittelbaren Güterproduktion erfolgt eine zunehmende Rationalisierung und damit verbunden eine Beschäftigungsverlagerung in andere Sektoren. In einer modernen postindustriellen Gesellschaft dominieren aus diesem Grund Dienstleistungs- und Verwaltungsberufe.[5]

Der langfristige gesellschaftliche und ökonomische Wandel, der Übergang einer agraren Feudalgesellschaft über eine liberale Industriegesellschaft hin zu einem interventionistischen postindustriellen Staat hatte massive und klare Auswirkungen auf das Beschäftigungssystem: Die Zahl der manuell tätigen Arbeiter nahm ab, die der Beamten und Angestellten dagegen zu. Eine neue *Elite* von Wissenschaftlern, Technikern, Verwaltungsexperten und Kulturschaffenden entstand. Die „*Kopfarbeit*" (white collar workers) wurde zur dominanten Form der Erwerbsarbeit (vgl. Abb. 4).[6] Die Zahl der Erwerbstätigen verschob sich vom primären zum sekundären und schließlich zum tertiären und quartären Sektor.

Der langfristige sektorale Wandel, die Ablösung der Agrargesellschaft durch die Industriegesellschaft und später durch eine Dienstleistungsgesellschaft ist von vielen Autoren mit Optimismus beurteilt worden. FOURASTIE, CLARK und BELL waren der Meinung, daß diese *Transformation* einen gesellschaftlichen Fortschritt darstellte. Sie befreite die Erwerbstätigen von der schweren körperlichen Industriearbeit, die ab diesem Zeitpunkt von Maschinen ausgeführt wurde, und ermöglichte eine generelle Höherqualifikation.

Marxistische Autoren sehen den langfristigen Wandel eher negativ. BRAVERMAN (1974) sieht den langfristigen sektoralen Strukturwandel von einer *Polarisierung* der Gesellschaft begleitet. Nach BRAVERMAN kommt es zur Verdrängung des selbstbestimmten „Gesamtarbeiters", zu einer Zunahme sehr einfacher und unqualifizierter Tätigkeiten und nur teilweise zu einem Ansteigen hochqualifizierter Beschäftigungen, was durch den spezifischen Verlauf der Arbeitsteilung bedingt wird: Die Auf- und Abspaltung des Produktionsvorganges in immer feiner untergliederte Arbeitsschritte zieht auf der einen Seite die Zunahme von unqualifizierten Arbeiten nach

---

[5] Die Branchen des tertiären Sektors entwickeln sich hinsichtlich der Zahl der Arbeitsplätze, der Standortanforderungen, der Automatisierungsmöglichkeit und der Arbeitsteilung unterschiedlich, so daß bereits von BELL eine Unterteilung des traditionellen tertiären Sektors in einen tertiären, quartären und quintären Sektor vorgeschlagen wurde.

[6] Angesichts der seit den 50er Jahren zu beobachtenden Bedeutungszunahme des Ausbildungsniveaus, der beruflichen Qualifikationen, der Informationsverarbeitung und der Forschung für die wirtschaftliche Wettbewerbsfähigkeit erstaunt es, daß noch in den 80er und 90er Jahren Lehrbücher zur Wirtschaftsgeographie erschienen sind, in denen die Begriffe Wissen, berufliche Qualifikationen, Ausbildungsniveau oder Informationsverarbeitung gar nicht vorkommen.

sich, auf der anderen Seite die Zunahme von planenden, den eigentlichen Arbeitsprozeß aufspaltenden und schließlich wieder zusammenfassenden Aufgaben, welche für den Produktionsprozeß unverzichtbar geworden sind.

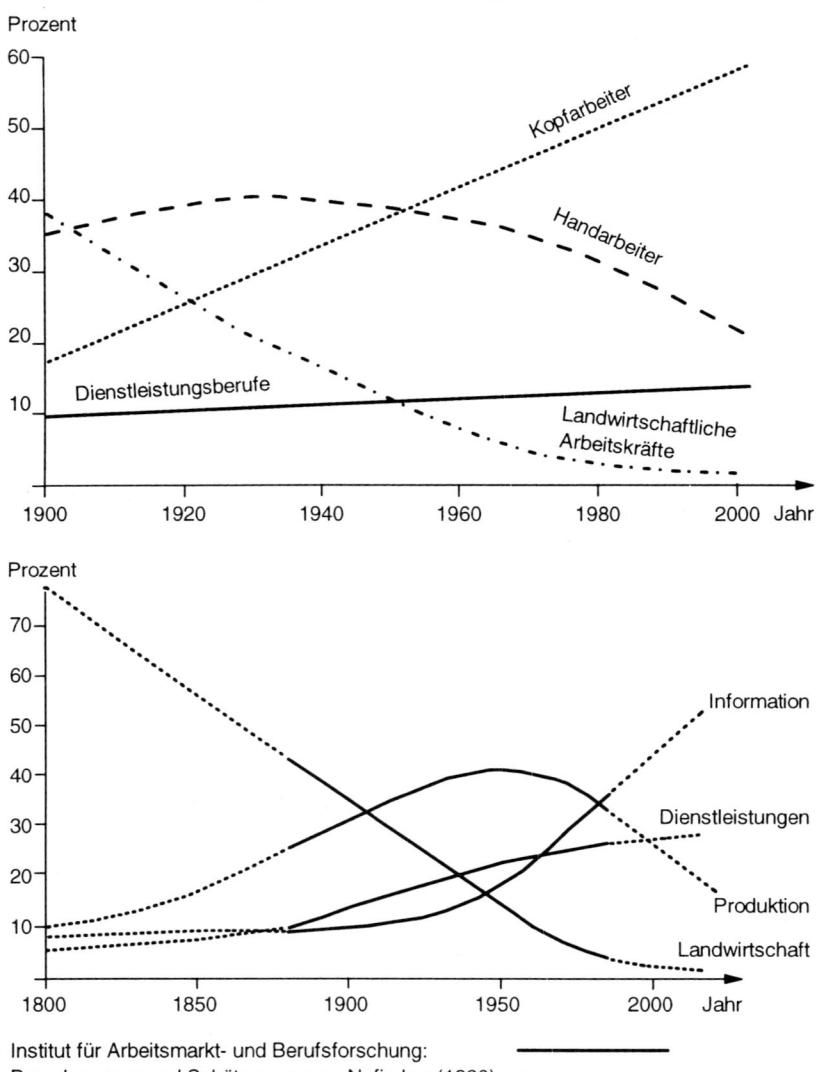

Abb. 4: Die Entwicklung des Informationssektors und des Anteils der „Kopfarbeiter" (Quelle: NEFIODOW 1990, S. 60, 129)

Trotz der von BRAVERMAN beklagten *Dequalifizierung* der handwerklichen Tätigkeiten ist jedoch nicht zu leugnen, daß in den entwickelten Industrieländern der Anteil der höher qualifizierten Tätigkeiten sehr stark angestiegen ist und der Anteil der gering qualifizierten und manuellen Tätigkeiten laufend abgenommen hat. BRAVERMAN's These der Dequalifizierung trifft also nur partiell zu und kann für die gesamte Wirtschaft und Verwaltung empirisch nicht bestätigt werden.

1.1.2 Die Veränderung des arbeitsteiligen Prinzips

Die Umgestaltung des Beschäftigungssystems ging Hand in Hand mit einer fortschreitenden Arbeitsteilung, der zweiten übergeordneten Tendenz, die unsere Gesellschaft entscheidend verändert hat. Der sektorale *Strukturwandel* und die Transformation einer agraren Feudalgesellschaft in Richtung auf einen postindustriellen Wohlfahrtsstaat wären ohne das arbeitsteilige Prinzip nicht vorstellbar.

Arbeitsteilung beinhaltet die Zerlegung eines Produktionsablaufs in einzelne Teilaufgaben und die Übertragung derselben an unterschiedliche Arbeitskräfte, Unternehmen, Institutionen und Standorte. Ein Produkt oder auch eine Dienstleistung wird nicht mehr nur von einer Person oder einem Unternehmen hergestellt oder zur Verfügung gestellt, sondern viele Personen und Unternehmen sind an der Herstellung beteiligt. Das Bild des traditionellen Handwerkers, der ein Produkt zur Gänze selbst herstellt, muß dem mosaikhaften Bild einer arbeitsteiligen Gesellschaft weichen, wo jedes Steinchen eine Funktion für das Gesamtbild ausübt.

Die Geschichte der Menschheit ist eine Geschichte der Arbeitsteilung. In dem Augenblick als der prähistorische Mensch begann, aufgrund seiner Talente oder seines Standortes nicht mehr alles, was zum Leben notwendig war, selbst herzustellen, sondern sich spezialisierte und über den Tausch andere Güter erwarb, setzte der Prozeß der Arbeitsteilung ein. Wann das genau war, ist nicht mehr feststellbar. Sicher ist jedoch, daß die neolithische Gemeinschaft bereits ein System der Arbeitsteilung kannte, das bis zur Erfindung der *Schrift* allerdings räumlich und sachlich noch sehr begrenzt war. Mit den Möglichkeiten der schriftlichen Aufzeichnungen und viel später auch mit dem Übergang des *Naturalhandels* zu einer *Geldwirtschaft* konnte die Arbeitsteilung räumlich und sachlich ausgedehnt werden.

Die Arbeitsteilung jeder Gesellschaftsphase war durch technologische Voraussetzungen und das vorherrschende Paradigma der *Arbeitsorganisation* geprägt. Jede technische und arbeitsorganisatorische Innovation veränderte die sachliche und räumliche Dimension der Arbeitsteilung. Die Erfindung des *Buchdrucks*, der *Dampfmaschine* und der *Eisenbahn*, die Entwicklung des *Telefons*, des Computers und der *Telekommunikation* hatten jeweils weitreichende Auswirkungen auf die Arbeitsteilung, auf die Organisationsstrukturen von sozialen Systemen, die Standortanforderungen von ökonomischen Aktivitäten, die räumliche Organisation der Wirtschaft und das regionale Angebot an Arbeitsplätzen.

Generell wird zwischen *horizontaler* und *vertikaler Arbeitsteilung* unterschieden. Eine *horizontale Arbeitsteilung* liegt dann vor, wenn eine Gesamtaufgabe in mehr oder weniger gleichwertige Aufgabenbereiche geteilt wird, die von den Beteiligten ähnliche Qualifikationen erfordern, in denen die Akteure mit ähnlichen Entscheidungsbefugnissen ausgestattet sind und auch ähnlich entlohnt werden. Ein Beispiel für die horizontale Arbeitsteilung ist die Unterteilung einer wissenschaftlichen Disziplin in immer mehr Teildisziplinen. Innerhalb einer Fakultät einer Universität gibt es keine *Hierarchie* von Fachgebieten und auch zwischen den Fakultäten bestehen – abgesehen vom unterschiedlichen persönlichen Prestige der Lehrstuhlinhaber oder vom differierenden technischen und finanziellen Aufwand der Fächer – keine sachlich begründbaren Rangordnungen. Charakteristisch für die horizontale Arbeitsteilung ist die Tatsache, daß mit jeder zusätzlichen Aufspaltung einer Tätigkeit (z. B. eines Faches in Teildisziplinen) die Spezialisierung und das Wissen der Akteure (z. B. Wissenschaftler) über das betreffende neue Teilgebiet zunehmen, weil sich diese auf immer engere Fragestellungen konzentrieren können.

Von *vertikaler Arbeitsteilung* spricht man dann, wenn eine Gesamtaufgabe in viele kleine Teilschritte zerlegt wird, die von den Akteuren unterschiedliche Qualifikationen erfordern, aber auch mit unterschiedlichen Entscheidungsbefugnissen und Entlohnungen verbunden sind. Der traditionelle Handwerker war für sein Produkt vom Anfang bis zum Ende verantwortlich. Konzeption und Durchführung, Denkarbeit und manuelle Arbeit waren noch in einer Person vereinigt. Deshalb mußten Schuster- oder Schneidermeister eine mehrjährige Lehrzeit absolvieren, um einen Schuh oder einen Anzug als ganzes in entsprechender Qualität produzieren zu können. Nach der Zerlegung des Produktionsprozesses in einzelne kleine Schritte muß ein niedrig qualifizierter Arbeiter mit Hilfe einer Maschine vielleicht den ganzen Tag lang nur noch das Oberleder eines Schuhes ausstanzen, wofür er in wenigen Stunden angelernt werden kann.

Die Zerlegung eines Produktionsablaufes in viele kleine Schritte und die damit verbundene Massenproduktion erfordern einen zusätzlichen Planungs-, Entwicklungs- und Koordinationsaufwand sowie eine strikte Arbeitsdisziplin. Die einzelnen Schritte der Arbeitsteilung müssen genau geplant und aufeinander abgestimmt werden. Nach der Produktion müssen die massenhaft hergestellten Artikel verkauft werden. Dazu sind Marketing, Werbung und Verkaufsorganisationen notwendig. Schließlich müssen auch jene Maschinen entwickelt und produziert werden, welche die Routinisierung und Dequalifizierung der anderen Tätigkeiten ermöglichen. Daraus folgt, daß die Zerlegung eines Produktionsablaufes nicht nur Dequalifikation darstellt, sondern auch „neues Wissen" schafft und neue Berufe mit neuen Qualifikationen erforderlich macht.

Die vertikale Arbeitsteilung führt also zu einer Trennung von „Denkarbeit" und „manueller Arbeit" bzw. zu einer Trennung der Planungs- und Verwaltungsaufgaben von den Tätigkeiten der Durchführung. Die vertikale Arbeitsteilung bedingt die Verlagerung von Qualifikationen und Entscheidungsbefugnissen von „unten nach oben". Ein Teil der Tätigkeiten wird, meist unter Einsatz von Maschinen, in sehr einfache Arbeitsschritte zerlegt, die auch von ungelernten (niedrig qualifizierten) Arbeitskräften in kürzester Zeit erlernt und durchgeführt werden können, so daß für diese Tätigkeiten auch nur geringe Löhne gezahlt werden müssen. Die anderen Tätigkeiten, welche für *Planung*, Entwicklung, *Koordination* und strategische *Entscheidungen* zuständig sind, benötigen mehr Wissen und immer höhere Qualifikationen, so daß man bei der vertikalen Arbeitsteilung auch von einem Auseinanderdriften der Qualifikationen („bifurcation of skills") sprechen kann, wobei jedoch in Summe die Qualifikationen generell ansteigen und damit das BRAVERMAN'sche Bild nicht zutrifft.

Beide Arten der Arbeitsteilung haben räumliche Auswirkungen und unterschiedliche Anforderungen an den Standort. Während die horizontale Arbeitsteilung eher zu räumlich neutralen Konsequenzen führt, tendiert die vertikale Arbeitsteilung einerseits zu einer räumlichen Konzentration von Entscheidungs-, Planungs- und Kontrollaktivitäten und andererseits zu einer Dezentralisierung der Routinefunktionen. Dieses räumliche Muster wird später noch im Detail ausgeführt.

1.1.2.1 Fordistische Entwicklung

Die industrielle Entwicklung des 19. und 20. Jahrhunderts war durch eine zunehmende vertikale Arbeitsteilung geprägt. Mit Hilfe des Kapitals und damit des maschinellen Einsatzes konnten komplexe Produktionsabläufe zerlegt und in immer einfacher zu bearbeitende „Teilportionen" gegliedert werden. Am Beginn der Entwicklung stand der gewerblich ausgebildete Handwerker, am Ende eine breite Palette von Funktionen, die vom angelernten Fließbandarbeiter bis zum Topmanager reichen. Diese Aussage vereinfacht und negiert die unterschiedlichen Übergänge, die am Verlagssystem oder an der Protoindustrialisierung zu diskutieren wären, aber sie streicht das Wesentliche der *„fordistisch"* genannten Entwicklung hervor: Produktionsprozesse zergliedern, vereinfachen, dequalifizieren und verbilligen. Damit verbunden sind Planung, Entscheidung und Kontrolle, Spezialisierung, Höherqualifikation und räumliche Konzentration.[7]

Die fordistische Entwicklung ist mit dem Namen Henry FORD und der *Serienfertigung* von Automobilen fest verbunden. Die Produktion des T-Modells von Ford war tatsächlich das erste auf dem *Fließband* hergestellte Automobil. Die Prinzipien der fordistischen Produktion reichen jedoch viel weiter zurück. Die vertikale Arbeitsteilung wurde bereits von ADAM SMITH (1776) als Motor der ökonomischen Dynamik angesehen. Sie war zweifellos eine wesentliche Grundlage und Voraussetzung für die erste Phase der Industriellen Revolution. Sie hat (zusammen mit anderen Bedingungen) erstmals eine industrielle *Massenproduktion* ermöglicht. Sie hat die Ausnutzung von Arbeit und Kapital verbessert, Arbeitskosten verringert, die Informationsverarbeitung beschleunigt und die Bildung von großen komplexen Organisationen ermöglicht.

Warum die vertikale Arbeitsteilung und damit der fordistische Prozeß im 19. Jahrhundert einsetzte, hatte nicht nur mit den „unersättlichen Profiterwartungen" der Kapitalisten zu tun, sondern auch mit gesellschaftlichen Bedingungen. Gegen Ende

---

[7] Dieser zweite Aspekt wurde von den meisten Autoren, die sich mit Fordismus beschäftigt haben, übersehen. Der Begriff Fordismus wurde in der einschlägigen Literatur fast immer nur mit dem Fließband gleichgesetzt. Zum Fließband bzw. zum Fordismus gehört aber auch der Bürowolkenkratzer, welcher die Administration der Konzernleitung beherbergt.

des 18. und in der ersten Hälfte des 19. Jahrhunderts konnte ein Teil der (potentiellen) Arbeiter noch gar nicht lesen und schreiben, so daß die Routinisierung und Dequalifizierung der Produktion und die Verbilligung des Vertriebs eine grundlegende Voraussetzung für die Aufnahme der stark angewachsenen landwirtschaftlichen Bevölkerung darstellte. Die fordistische Entwicklung war auch deshalb notwendig, weil man im Rahmen der gewerblichen Handwerkerausbildung gar nicht so viele Arbeitskräfte hätte ausbilden können, die notwendig gewesen wären, um die Produktion auszuweiten.

Die fordistische Massenproduktion hat erhebliche *soziale Ungleichheiten* geschaffen (oder verstärkt) und maßgeblich zu regionalen *Disparitäten* des Arbeitsplatzangebotes bzw. zu einer hierarchischen Abstufung des Siedlungssystems (Zentrale-Orte-System) beigetragen. In der Kritik an dieser industriellen Entwicklung lag eine der Wurzeln des *Marxismus*. Weil Arbeitsteilung soziale Ungleichheit schafft, haben fast alle Sozialutopien, die Gleichheit zum Ziel hatten, einen Abbau oder Rückbau der Arbeitsteilung gefordert. Auch KARL MARX hat die Trennung von „Kopfarbeit" (planenden, anordnenden Tätigkeiten) und „manueller Arbeit" (ausführenden Tätigkeiten) als „Ausdruck menschlicher Entfremdung im Kapitalismus" angesehen (STRASSER 1986, S. 683). Er ging davon aus, daß diese Art von Arbeitsteilung schon im *Sozialismus* abnehmen und im Kommunismus nicht mehr existieren wird (MEW 3, S. 364). MARX und ENGELS antizipierten, daß die Beseitigung der vertikalen

	Fordistisch-tayloristisches Modell	Postfordistisches Modell
dominante Produktionsstruktur	komplexe, starre Einzwecktechnologie;	flexible Mehrzwecktechnologie;
	standardisierte Produkte in hoher Stückzahl (economies of scale);	zunehmende Produktdifferenzierung (economies of scope);
	lange Produktzyklen;	kurze Produktzyklen;
	hohe Fertigungstiefe;	Zurücknahme der Fertigungstiefe;
	viele und variable Zulieferer;	wenige Direktlieferanten (just in time);
	große Lagerhaltung;	geringe Lagerhaltung;
	Fließband;	Fließband und Arbeitsgruppen;
Arbeitsteilung	Arbeitsteilung hoch entwickelt;	Zurücknahme der Arbeitsteilung;
	Aufgabenteilung zwischen Facharbeitern und angelernten Arbeitskräften	Integration durch Gruppenarbeit von qualifizierten Arbeitskräften
Betriebsstruktur	Dominanz der Großbetriebe	Renaissance der Klein- und Mittelbetriebe

Abb. 5: Fordistische und postfordistische Arbeitsteilung (Quelle: nach GAEBE 1993, S. 493)

Arbeitsteilung, also die Aufhebung der Trennung von „Denkarbeit" und „manueller Arbeit", eine Grundvoraussetzung für die Einführung einer klassenlosen kommunistischen Gesellschaft sein wird (vgl. auch BOTTOMORE 1983, S. 89).

Die Entwicklung der vertikalen Arbeitsteilung und die daraus resultierende Entstehung von Hierarchien, Planungs-, Koordinations- und Kontrollinstanzen wurde sehr häufig als linear voranschreitender Prozeß gesehen. Es wurde postuliert, daß die Zergliederung des Produktionsprozesses immer mehr voranschreitet, die Masse der Arbeitskräfte immer stärker dequalifizierte Tätigkeiten ausübt und damit die soziale *Ungleichheit* wächst. Die Polarisierung in der Gesellschaft müsse schließlich zu einer sozialen Revolution führen, die wiederum eine Neuorganisation der Arbeit erlaubt. MARX meinte, daß es im Kapitalismus eine langfristige Tendenz gebe, die Arbeit zu dequalifizieren. Unter dem Druck des *Wettbewerbs* seien die Unternehmer gezwungen, die Kosten immer mehr zu senken. Mit Hilfe des Einsatzes von Maschinen würden die Arbeitsabläufe in immer einfachere Aufgaben zerlegt, so daß die benötigten Qualifikationen der Arbeiter laufend verringert werden könnten (vgl. auch FRIEDMAN 1987).

1.1.2.2 Postfordistische Entwicklung

Tatsächlich läßt sich jedoch in den letzten Jahren in einigen hoch entwickelten Ländern ein Rückbau der vertikalen Arbeitsteilung beobachten. Die Massenproduktion verliert an ökonomischem Stellenwert oder wird aufgrund der Verbesserung der Transportmöglichkeiten ausgelagert. Die Entwicklung im Bereich der Kommunikationstechnologie läßt Distanzen verschwinden und führt zur Internationalisierung der Märkte. Die *flexible Spezialisierung* tritt an die Stelle der starren Massenproduktion. Die veränderten Konkurrenzverhältnisse führten zu einem Umdenken im Bereich der vertikalen Arbeitsteilung, die deutlich „flacher" wurde und den Postfordismus einleitete.

Bei einer fordistischen Produktion mit ausgeprägter *vertikaler Arbeitsteilung* muß es für die Organisation des standardisierten und vielfach aufgeteilten Produktionsablaufs genaue Richtlinien, Gebrauchsanweisungen, Anleitungen und Vorschriften sowie genau abgegrenzte Zuständigkeitsbereiche geben. Die Arbeitsteilung ist hoch und die funktionelle und qualifikatorische Ausdifferenzierung der Arbeitskräfte notwendig. Wenn eine Massenfertigung angelaufen ist, verursachen Umstellungen hohe Kosten. Die *Produktzyklen* sind daher lang, Großbetriebe beherrschen die Szene.

Die immer komplexer werdenden Produktionsabläufe, die Unsicherheiten des Marktes, die kurzfristig auftretenden, neuen Konkurrenzsituationen und die hohen Anforderungen an die Qualität bestimmter Produkte haben es in einigen Bereichen unmöglich gemacht, eine fordistische Produktion aufrechtzuerhalten. Der kürzere Produktzyklus erforderte eine veränderte Arbeitsorganisation und einen Rückbau der teuren vertikalen Arbeitsteilung, die sich nur bei einer langfristigen Massenproduktion „bezahlt" macht. Rückbau der vertikalen Arbeitsteilung bedeutet in der betrieblichen Praxis die Betonung der Gruppenarbeit und „mitdenkende", motivierte Arbeitskräfte, die Entscheidungen fällen können und das Richtige tun, bevor man es ihnen sagt.

Es ist kein Zufall, daß der Rückbau an vertikaler Arbeitsteilung zuerst in solchen Staaten (Japan) begonnen hat, in denen die Erwerbstätigen das höchste Ausbildungsniveau aufweisen und sich am meisten mit ihrem Unternehmen identifizieren oder wo ein funktionierendes Netz von legalen und manchmal auch illegal tätigen Kleinunternehmen den Fordismus überlebt hat. Mit gering qualifizierten Arbeitskräften, wobei Qualifikation nicht nur formale, schulische Ausbildungsabschlüsse beinhaltet, sondern auch erworbenes Wissen, wäre eine solche Rückbildung der vertikalen Arbeitsteilung nicht möglich. Weil diese Qualifikationen nicht überall vorhanden sind, wird es nur in bestimmten Bereichen und Regionen zu einer Rückbildung der vertikalen Arbeitsteilung und zur Einführung von flachen Hierarchien kommen können.

Die Tragweite des Wandels von einer fordistischen zu einer postfordistischen Entwicklung ist im industriellen Produktionsbereich beachtlich, wird aber vielfach überschätzt. Schon der *Fordismus* hat nur einen Teil der Arbeitskräfte betroffen, ähnliches gilt auch für den Postfordismus. Große Teile der Erwerbstätigen in der öffentlichen Verwaltung, im Gewerbe, in manchen Industrieunternehmen und in diversen Dienstleistungen werden von diesem Wandel nicht betroffen sein, weil sie immer schon „postfordistisch" organisiert waren oder weil „Fordismus" für die spezifische Produktion die optimalen Ergebnisse bringt.

Falsch eingeschätzt wird unserer Ansicht nach auch die These, daß der *Postfordismus* eine Entwicklungsstufe ist, die den Fordismus abgelöst hat und die sukzessive alle Länder durchlaufen werden. Fordismus und Postfordismus werden dabei als Etappen eines linearen Modernisierungsprozesses interpretiert. Diese Etappenfolge kann, muß aber nicht eintreten. Insbesondere an der „*Peripherie*", in unterentwickelten Regionen mit niedrig qualifizierten und niedrig entlohnten Beschäftigten, wird Fordismus noch über einen längeren Zeitraum hinweg florieren, weil dort die Voraussetzungen für einen Postfordismus nicht erfüllt sind.

1.1.3 Meritokratisierung, Professionalisierung und Bürokratisierung

Unabhängig von der Entwicklung der Arbeitsteilung und des sektoralen Wandels sind weitere Entwicklungslinien anzuführen, die das Beschäftigungssystem im speziellen und die Gesellschaft im allgemeinen entscheidend verändert haben: die Meritokratisierung der Gesellschaft, die Professionalisierung der Berufe und die Bürokratisierung der Arbeitsbeziehungen.

1.1.3.1 Die meritokratische Gesellschaft

Das wesentliche Kennzeichen der meritokratischen Gesellschaft (vgl. YOUNG 1958) ist die große Bedeutung von Wissen, Kompetenz, Qualifikation und beruflicher Leistung für die soziale Positionierung. Eine meritokratische Gesellschaft ist damit einer *askriptiven* Gesellschaft diametral entgegengesetzt. In einer askriptiven Gesellschaft spielen die Vererbung von *Status* und *Privilegien* (proletarische oder adelige Herkunft), die ethnische und religiöse Zuordnung und die Kasten-, Partei- oder Stammeszugehörigkeit die entscheidenden Rollen.

Die Entwicklung in Richtung meritokratische Gesellschaft steht mit dem Gedankengebäude der Aufklärung und des Liberalismus in einem engen Zusammenhang. Die zunehmende Rationalisierung der gesellschaftlichen Beziehungen, die „Entzauberung der Welt" (WEBER 1922) durch den wissenschaftlichen Fortschritt und schließlich die *industrielle Revolution* haben dem Wissen, den *fachlichen Kompetenzen*, den *beruflichen Qualifikationen* und später dem *Ausbildungsniveau* eine immer größere Bedeutung verschafft und auch die Wurzeln der ökonomischen Macht, der Autorität und der *sozialen Schichtung* verändert. Der gesellschaftliche Wandel in Richtung einer meritokratischen Gesellschaft hat ein gewaltiges Potential an Kreativität, Erfindungen, individuellen Aktivitäten sowie an sozialer und regionaler Mobilität freigesetzt und die Gesellschaft aus Lethargie und Stagnation befreit.

Ohne eine Meritokratisierung der Gesellschaft sind weder der Industrialisierungs- und *Modernisierungsprozeß* noch eine Wettbewerbsfähigkeit denkbar. Die Kriterien der meritokratischen Gesellschaft, Wissen, Kompetenz, Qualifikation und berufliche Leistung, werden daher in Zukunft eine noch größere Bedeutung bekommen als sie heute schon haben. Die Quellen der Macht werden nicht mehr, wie in der Vergangenheit, Landbesitz, Rohstoffe oder Kapital sein, sondern „organized intelligence" (GALBRAITH 1970, S. 390). Nach BELL (1973) wird in der zukünftigen *postindustriellen Gesellschaft* das Wissen die zentrale Achse darstellen, um die sich das Wirtschaftswachstum und die soziale Schichtung der Gesellschaft organisieren werden.

Die Bedeutung der meritokratischen Gesellschaftsentwicklung für Fragen des Arbeitsmarktes liegt in der *zentralen Position*, die eine Berufstätigkeit einnimmt. Sie stellt die entscheidende Weiche für die soziale Positionierung dar. Erwerbstätigkeit heißt im Kontext einer meritokratischen Gesellschaft nicht nur Einkommenserwerb, sondern auch soziale Chancenzuteilung und zwar nicht durch genealogische Abstammung oder Heirat, sondern durch den berufstätigen Mann oder die Frau selbst. Die Entwicklung zu einer meritokratischen Gesellschaft hat die Erwerbstätigkeit zu der zentralen Kategorie der Gesellschaft hochstilisiert und Emanzipationsprozesse vorangetrieben.

1.1.3.2 Die Professionalisierung der Arbeitswelt

Eine weitere Entwicklungslinie, die den Arbeitsmarkt nachhaltig beinflußt, kann als Professionalisierung der Berufstätigkeit bezeichnet werden. Der Staat hat diese Entwicklung maßgeblich gefördert, indem er die *Schulpflicht* eingeführt, ein immer ausdifferenzierteres *Bildungssystem* geschaffen und für Berufe und gesellschaftliche Funktionen genaue Ausbildungs- und Zulassungsvorschriften definiert hat. Diese Vorschriften von Berufsverbänden und gesetzgebenden Institutionen sollen dazu dienen, unqualifizierte Bewerber von verantwortungsvollen Posten fernzuhalten, die Kunden vor *Inkompetenz* und Schaden zu schützen und insgesamt die Zuverlässigkeit, Sicherheit und Stabilität von sozialen Systemen zu erhöhen. Bestimmte berufliche Positionen können nur dann eingenommen werden, wenn ein definierter Ausbildungsweg abgeschlossen worden ist. Der Staat „garantiert" für die Qualität der Ausbildung und macht damit Qualifikation zu einem eintauschbaren und räumlich transferierbaren Gut. Letzteres ist auch eine wesentliche Voraussetzung für räumliche Mobilität. Wer viele Jahre in die Ausbildung investiert hat, der wird, wenn die Qualität derselben nur vor Ort bekannt ist und geschätzt wird, auch an diesem Ort bleiben.

Die Professionalisierung von Berufen wurde jedoch nicht nur aus funktionalen Gründen (Erhöhung der Effizienz, Schutz der Kunden oder Patienten vor „Pfusch") eingeführt, sondern auch aus macht- und standespolitischen Gründen (vgl. ROTTENBERG 1968; BOLTE 1979). Die Professionalisierung von Berufen soll auch den Zustrom zu privilegierten Berufen regulieren, Standesinteressen von Berufsverbänden schützen, Monopole erhalten und eine Wettbewerbsverzerrung durch Lohndumping verhindern.

1.1.3.3 Die Bürokratisierung der Arbeitsbeziehungen

Eine abschließend genannte übergeordnete gesellschaftliche Entwicklungslinie, die für das Geschehen auf dem Arbeitsmarkt zentral ist, kann als „Bürokratisierung der Arbeitswelt" bezeichnet werden. Sie steht mit den anderen bereits genannten langfristigen Trends in einem Zusammenhang, soll jedoch aufgrund der spezifischen Bedeutung für die Theorien des Arbeitsmarktes eigens hervorgehoben werden.

Die *fordistische Massenproduktion*, die Funktionsverlagerung von Ausbildung und Qualifizierung der Berufstätigen in den gewerblichen Betrieben in Richtung staatlicher Ausbildungseinrichtungen und die Ausweitung ökonomischer Aktivitäten führten in der öffentlichen Verwaltung und in der Wirtschaft zu tendenziell großen Einheiten. Aus kleinen Gewerbebetrieben wurden Großunternehmen, aus einer gering dimensionierten öffentlichen Verwaltung entwickelte sich eine mächtige öffentliche Hand.

Nun ist aus der Organisationslehre bekannt, daß mit der Größe und *Komplexität* der Organisationen die Bedeutung formalisierter und standardisierter Handlungsabläufe zunimmt. WEBER (1922) hat diesen Prozeß der Formalisierung und Standardisierung der Arbeitsbeziehungen als Bürokratisierung bezeichnet und dabei der „idealen Bürokratie" bestimmte Eigenschaften zugewiesen (vgl. MAYNTZ 1971, S. 29–30; 1974, S. 1.062). Der Sinn der Bürokratisierung besteht darin, eine große arbeitsteilige Organisation überschaubar, berechenbar und steuerbar zu machen; sie sollte vor allem die *Effizienz*, *Integrität* und *Uniformität* von Verwaltung und Produktion garantieren. Im Idealfall sollte die Hierarchie der Bürokratie gleichzeitig eine Hierarchie des Wissens und der Fähigkeiten sein.

Die Bürokratisierung war zeitlich gesehen zuerst in Armeen, großen Religionsgemeinschaften und in der öffentlichen Verwaltung anzutreffen, hat dann aber ab dem Ende des 19. Jahrhunderts zunehmend auch große Wirtschaftsunternehmen erfaßt. Sie hat eigene Berufe geschaffen und spezifische innerbetriebliche Arbeitsmärkte erzeugt. Die Bürokratisierung hat auch zur Verschärfung der *zentral-peripheren Disparitäten* des Arbeitsplatzangebotes und der Erwerbschancen sowie zur Akzentuierung des Zentrale-Orte-Systems beigetragen.

1.2 Begriffe und Definitionen

Das folgende Kapitel beinhaltet Definitionen und theoretische Modelle. Was ist ein Arbeitsmarkt, wie kann er definiert werden und die Vorstellungen über dessen Funktionsweise werden diskutiert. Weil die Diskussion darüber hauptsächlich in der Ökonomie und in einigen Subdisziplinen der Soziologie geführt wird, ist es notwendig, den Wissensstand der Nachbarfächer in aller Kürze zu vermitteln.

1.2.1 Zum Begriff des Arbeitsmarktes

Der Versuch, eine allgemein akzeptierte Definition des Begriffes „Arbeitsmarkt" zu präsentieren, führt ohne weitere Umschweife in tiefgehende Auffassungsunterschiede darüber, was ein Arbeitsmarkt eigentlich ist, welche Funktionen er ausübt und wie er „funktioniert". Die Terminologie zum Arbeitsmarkt reflektiert klar den paradigmatisch unterschiedlichen Zugang einer eher sozialwissenschaftlich und einer eher ökonomisch ausgerichteten Betrachtungsweise. Dies kann anhand von zwei Definitionen erläutert werden:

Das angesehene MIT-Wörterbuch der Ökonomie definiert „labour market" wie folgt:

„A labour market concerns the activities of hiring and supplying certain labour to perform certain jobs, and the process of determining how much shall be paid to whom in performing what tasks. In addition, the way in which wages move and the mobility of workers between different jobs and employers falls within the definition. Note that to use the term 'market' is not to imply that labour is exactly the same as any other commodity; rather, the labour market is to be seen as a 'place' in economic theory where labour demand and supply interact" (PEARCE 1986).

Bei der ökonomischen Definition des Arbeitsmarktes dominiert die Vorstellung, daß über *Marktmechanismen*, insbesondere *Preisbildung*, die Allokation der Arbeitskraft stattfindet. Das dahinterstehende Arbeitsmarktmodell wird in Kapitel 2.1 noch ausgeführt. Eines sei aber vorweggenommen: Es dominiert das Bild eines Arbeitsmarktes, wo Menschen ihre Arbeitskraft anbieten und Unternehmer selbige „kaufen", wobei der Preis das Kriterium ist, ob das „Geschäft" zustandekommt oder nicht.

Im Gegensatz dazu steht die sozialwissenschaftliche Definition des Arbeitsmarktes, die einen breiteren Problemaufgriff beinhaltet. So definiert SENGENBERGER Arbeitsmarkt als eine gesellschaftliche Einrichtung, die zwei grundsätzliche Funktionen und Prozesse zu erfüllen hat:

„Die Vermittlung von Angebot und Nachfrage von Arbeitskraft; diese sei als Anpassung bezeichnet; [...] Die Verteilung gesellschaftlicher Chancen und Risiken auf die Arbeitskräfte, verstanden nicht nur als Einkommen im materiellen Sinne (wie Löhne und andere geldwerte Gratifikationen), sondern auch im immateriellen oder nicht unmittelbar materiellen Sinne von Beschäftigungssicherheit, Autonomie der Arbeitsgestaltung, *gesellschaftlichem Status* und sozialem Ansehen, beruflichen Entwicklungsmöglichkeiten etc." (SENGENBERGER 1987).

Die soziologische Sichtweise schließt die Funktion der Anpassung von Angebot und Nachfrage ein und erweitert sie um die Verteilungsfunktion, wobei eben Verteilung allgemein gefaßt ist und auch soziale Kategorien beinhaltet. Mit der Betrachtungsweise des Arbeitsmarktes als einer zentralen Verteilungsinstanz für gesellschaftliche Chancen, aber auch Risiken, Wohlbefinden, gesundheitliche Belastung und natürlich materielle Güter, sprich *Einkommen*, ist es möglich, traditionelle Fragestellungen der Soziologie, wie jene nach der sozialen Schichtung, nach *sozialer Ungleichheit* und nach sozialer Mobilität zu integrieren.

Der entscheidende Unterschied zwischen einer ökonomischen und einer sozialwissenschaftlichen Betrachtungsweise liegt in der Trennung funktionaler Aspekte. Im neoklassischen, ökonomischen Modell fallen *Anpassung* und *Verteilung* zusammen oder werden nicht weiter differenziert. Lohnhöhe als ein zentrales Steuerungsinstrument bewirkt beides: Veränderungen der *Lohnhöhe* sollen Allokation gewährleisten und haben zugleich eine Verteilungswirkung. In einem sozialwissenschaftlichen Modell sind die beiden Funktionen ausdifferenziert. Dies erscheint auch bei einer Konfrontation des Arbeitsmarktmodells mit empirischen Beobachtungen notwendig. Denn in der Realität lassen sich viele Erscheinungen beobachten, bei denen Anpassung und Verteilung deutlich auseinanderfallen. SENGENBERGER gibt dafür ein Beispiel:

„De facto fallen allerdings Anpassungs- und Verteilungsfunktion häufig auseinander. Sie sind Gegenstand getrennter Handlungen und Maßnahmen und sind auch zeitlich nicht unbedingt koordiniert. Es gibt Anpassungsvorgänge, die keine oder zumindest keine unmittelbaren Verteilungseffekte zeitigen, wie beispielsweise lohnneutrale kurzfristige Umsetzungen von Arbeitskräften im Betrieb [...] Umgekehrt gibt es viele verteilungswirksame Vorgänge, denen keine oder zumindest keine unmittelbaren Anpassungsleistungen oder -wirkungen entsprechen, wie beispielsweise die rein altersbedingte Gehaltserhöhung im Öffentlichen Dienst" (SENGENBERGER 1987).

Hinter den Auffassungsunterschieden über Funktion und Wirkungsweise des Arbeitsmarktes steht aber auch zunehmende Kritik an dessen Funktionstüchtigkeit. Der Markt als Allheilmittel von Anpassungsproblemen wird bezweifelt. Nicht ohne gewisse Berechtigung; denn Anpassungsvorgänge erfolgen auf unterschiedlichen Wegen und keineswegs nur in jener Form, welche die neoklassische Vorstellung beherrscht. Nur ein Teil neuer Aufgaben wird in einem Unternehmen durch Anstellung neuer Arbeitskräfte und Kündigung anderer erfüllt, der größere Teil der Anpassung erfolgt wahrscheinlich durch innerbetriebliche Mobilität (Versetzungen, Aufstiege, Abstiege u.a.).

Die ökonomische Definition des Arbeitsmarktes kennt im Kern nur das „hiring and supplying" von Arbeitskräften und Arbeitsplätzen. Dies ist eine sehr enge Begriffsauffassung. Die soziologische Definition erweitert und betont die gesellschaftliche Dimension des Arbeitsmarktes aufgrund der ungleichen Verteilung von sozialen Chancen und Risiken. Die Arbeitsmarktgeographie geht nochmals einen Schritt weiter, indem aus dem aräumlichen Modell des Arbeitsmarktes, dessen Dimensionen a priori nicht geklärt sind und der gemäß den ökonomischen und soziologischen Definitionen ein nationaler, ein globaler, aber auch ein lokaler Markt sein kann, ein regionaler Arbeitsmarkt wird. Dabei ist zu beachten, daß regionale Arbeitsmärkte nicht isoliert von anderen Arbeitsmärkten und auch Gütermärkten zu betrachten sind. Der Ausgleich von Angebot und Nachfrage auf einem regionalen Arbeitsmarkt wird somit nicht zu einer Frage der Preisbildung, sondern inkludiert Möglichkeiten der Verlagerung der Arbeitsplätze in Billiglohngebiete sowie die Zu- oder Abwanderung von Arbeitskräften. Neben einer marktmäßigen und einer betrieblichen Anpassung gibt es auch regionale Ausgleichsmechanismen. In der theoretischen Akzeptanz dieser räumlichen Anpassungsprozesse liegt eine wichtige Erweiterung der Arbeitsmarktgeographie.

1.2.2 Komponenten des Arbeitsmarktes

Die Komplexität des Begriffs „Arbeitsmarkt" wird deutlich, wenn man versucht, ein schematisiertes Modell desselben zu entwerfen. MERTENS (1984) hat in „Konzepte der Arbeitsmarkt- und Berufsforschung" dazu folgenden Vorschlag gemacht, der in vier Subsysteme einzuteilen ist:

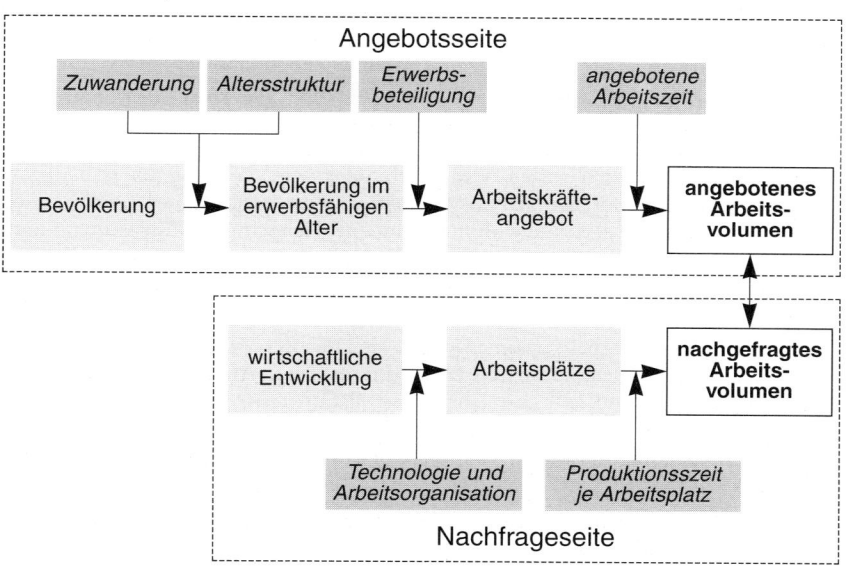

Abb. 6: Komponenten des Arbeitsmarktes (Quelle: nach MERTENS 1984)

1. Die Zahl der Einwohner und der Altersaufbau definieren die potentiell erwerbstätige Bevölkerung (auch erwerbsfähige Bevölkerung). Natürliche Bevölkerungsbewegung und Migration bestimmen und verändern den Altersaufbau. Politische Eingriffsmöglichkeiten liegen daher im Bereich der Familienpolitik (zur Erhöhung der Geburten) oder in innenpolitischen Maßnahmen (Wanderungspolitik, Asylpolitik u.a.).

2. Das Potential an bereitstehenden und angebotenen Arbeitskräften wiederum hängt von der Erwerbsquote ab. Die altersspezifische Erwerbsquote der Männer wird in erster Linie durch das Bildungsverhalten, die Wehrpflicht (Zivildienst), die Erwerbsfähigkeit und die Pensionsgrenzen bestimmt und liegt nach Abschluß der Ausbildung und der Wehrpflicht in der Regel bei über 90%. Im Gegensatz dazu wird die Erwerbsquote der Frauen je nach Kulturraum, Familien- und Sozialpolitik, Fertilitätsniveau und je nach sozialem Status der Frauen in der Gesellschaft durch eine Vielzahl weiterer Faktoren bestimmt. Es verwundert daher auch nicht, daß die Frauenerwerbsquote zwischen 10% und 90% variieren kann (vgl. Kap. 4.1 und 6.1). Gerade bei der Frauenerwerbsquote liegen zahlreiche politische Eingriffsmöglichkeiten. Über Steuer-, Bildungs- und Sozialpolitik, über flexible Altersgrenzen, die Besteuerungsart von Doppelverdienern und Teilzeitbeschäftigten sowie durch institutionelle Zuzugsbeschränkungen kann die Erwerbsbeteiligung verändert werden, aber ebenso über familienpolitische Maßnahmen wie das bereitgestellte Angebot von familienbetreuenden Einrichtungen (Kindergärten, Karenzgelder etc.).

3. Die Arbeitskräfte bieten ihre Arbeitskraft in unterschiedlicher Quantität (Arbeitszeit) und Qualität (berufliche Qualifikation, Ausbildungsniveau, Motivation, Produktivität) an. Die Arbeitszeit kann durch verschiedene Eingriffe des Staates, wie z.B. maximale Arbeitszeit, die unterschiedliche finanzielle Bewertung von Überstunden und verschiedene Modelle von *Teilzeitbeschäftigung* geregelt werden.[8] Die benötigten Qualifikationen und das erforderliche Ausbildungsniveau der nachgefragten Arbeitskräfte werden entweder durch die Professionalisierung von Berufen, durch Laufbahnvorschriften oder durch Screening-Verfahren der Arbeitgeber festgelegt. Dem angebotenen Arbeitsvolumen und der angebotenen Qualifikation stehen ein nachgefragtes Arbeitsvolumen und eine nachgefragte Mindestqualifikation gegenüber. Ungleichgewichte zwischen diesen beiden Größen führen zu Formen verkürzter Arbeit (Kurzarbeit), Arbeitslosigkeit, Migration, Pendelwanderung oder einem Rückgang der Erwerbsbeteiligung.

4. Das nachgefragte Arbeitsvolumen ergibt sich aus der Zahl bereitstehender Arbeitsplätze mit einer veränderbaren Beschäftigungszeit. Auch dahinter steht eine Reihe von betriebs- und volkswirtschaftlichen Parametern. Die Produktnachfrage, der technisch-strukturelle Wandel, die gesetzlich erlaubten Betriebszeiten und das Ausmaß von Rationalisierungsinvestitionen bestimmen maßgeblich das Nachfrage-

---

[8] Angesichts der manchmal naiv geführten Diskussion um die Auswirkungen der Arbeitszeitverkürzung auf die Beschäftigungssituation muß darauf hingewiesen werden, daß Lohnarbeit in einer modernen Marktwirtschaft nicht automatisch vorhanden ist und nur verteilt zu werden braucht. Arbeitsplätze werden erst durch Wettbewerbsfähigkeit der Unternehmer geschaffen. Deshalb kann eine Arbeitszeitverkürzung in einer modernen, der Globalisierung ausgesetzten Marktwirtschaft unter bestimmten Rahmenbedingungen auch zum Verlust von Arbeitsplätzen führen. Lediglich der öffentliche Dienst, die Kirchen und einige andere Branchen gehören einem geschützten Arbeitsmarkt an, in dem man theoretisch durch die Verkürzung der Arbeitszeit Arbeitsplätze schaffen kann. Dieses Segment ist jedoch nur so lange geschützt, wie es finanzierbar ist. Außerdem wird in dieser Diskussion das Problem der Substituierbarkeit von qualifizierten Beschäftigten ausgeblendet.

verhalten der Arbeitgeber. Über steuerliche und wirtschaftspolitische Anreize kann daher eine *nachfrageorientierte Arbeitsmarktpolitik* betrieben werden.

Ungleichgewichte der angebotenen und der nachgefragten Qualifikation können auch zu Verdrängungsprozessen zwischen einzelnen Qualifikationsebenen führen. Bei einem Überangebot an qualifizierten Beschäftigten müssen diese mit niedrigeren Löhnen und weniger qualifizierten Tätigkeitsfeldern vorlieb nehmen, ein Mangel an qualifizierten Arbeitskräften führt jedoch dazu, daß auch Personen ohne die verlangten Einstellungserfordernisse aufgenommen werden.

Das Modell in Abb. 6 simplifiziert sehr stark. Es erklärt nicht, wie der Arbeitsmarkt funktioniert, sondern stellt nur dar, welche Elemente eine Rolle spielen können, ohne darauf einzugehen, wie diese Elemente miteinander in Beziehung stehen. Die Art und Weise, wie das angebotene Arbeitsvolumen mit dem nachgefragten Arbeitsvolumen im Kontext sich ständig ändernder Größen (Nachfrageschwankungen, Arbeitskräfteangebotsänderungen) in Gleichklang gebracht wird, ist Inhalt von Arbeitsmarkttheorien. Abb. 6 differenziert die Angebots- und Nachfrageseite auch nicht nach weiteren Aspekten, wie Qualifikation, räumlichen Standorten u.a.m. Dennoch wird deutlich, daß Arbeitsmarktforschung immer eine interdisziplinär auszurichtende Forschung ist. Aspekte bevölkerungs-, sozial- und wirtschaftswissenschaftlicher Fragestellungen sind gleichermaßen zu berücksichtigen, oder es werden spezielle Fragen partialisiert.

1.2.3 Zum Begriff des regionalen Arbeitsmarktes

1.2.3.1 Funktioneller regionaler Arbeitsmarkt

Konsens herrscht darüber, daß ein regionaler Arbeitsmarkt eine „geographical subdivision of labour markets" (PEARCE 1986) ist. „In reality, labour markets are segmented by firm, industry, job type, worker type, occupation and spatial location. In other words, the macro process of labour market segmentation is associated with a spatial segmentation process [...] The fact that labour markets are spatially segmented raises important policy issues" (FISCHER/NIJKAMP 1987).

Die Unterteilung des nationalen Gesamtarbeitsmarktes in regionale Arbeitsmärkte ist also notwendig und politisch relevant, da die „basic assumption" gängiger Arbeitsmarkttheorien (Annahme einer homogen ausgestatteten Region, überall gleicher Zugang zur Information, räumliche Mobilität verursacht keine Kosten etc.) nicht nur bei empirischen Analysen unhaltbar ist, sondern eigentlich auch theoretisch höchst fragwürdig erscheint. Bei allem Verständnis dafür, daß Theorien von gewissen Verallgemeinerungen und Prämissen auszugehen haben, so sollte eine Theorie doch nicht gerade die fundamentalen Elemente – wie die räumliche Differenzierung – vernachlässigen bzw. als „noise" im Modell abtun.

Schwierig wird die Frage, wie ein regionaler Arbeitsmarkt abzugrenzen ist. Die Literatur präsentiert keine einheitliche Vorgangsweise. Gebräuchlich ist die Abgrenzung eines regionalen Arbeitsmarktes in Abhängigkeit zu den Beschäftigungsmöglichkeiten der Wohnbevölkerung. Die Abgrenzung einer Arbeitsmarktregion (im Sinne einer funktionalen Arbeitsmarktregion) wurde bisher vorwiegend aufgrund von Verflechtungs- und Erreichbarkeitsanalysen (z. B. anhand der Pendlereinzugsgebiete) durchgeführt (ECKEY/KLEMMER 1990). Diese Vorgangsweise wird in der Literatur häufig – wir meinen zu unrecht – als der „Königsweg" der Definition von regionalen Arbeitsmärkten angesehen. „Ein idealer Raster für die Bilanzierung regionaler Arbeitsmärkte wären in sich geschlossene, auf Basis von Pendlerdaten funktional abgegrenzte Arbeitsmarktregionen" (BRÖCKER 1988).

Die funktionale Abgrenzung einer Arbeitsmarktregion nach Pendlerströmen, Isochronen oder einer „maximal zumutbaren Distanz" für Tagespendler ist von der Vorstellung eines Marktes als „örtliche Veranstaltung" geleitet. Im Zentrum befinden sich die Arbeitsplätze, in einem nur ungefähr abgrenzbaren Bereich die Arbeitsbevölkerung, die täglich, wöchentlich, saisonal oder in unregelmäßiger Frequenz zu ihren Arbeitsorten strebt. Zentren mit Einzugsbereichen bilden den „Markt".

Ein modifizierter Vorschlag, wie Arbeitsmarktregionen abgegrenzt werden sollen, stammt von FISCHER und NIJKAMP, die vier Kriterien der Regionsabgrenzung vorschlagen (FISCHER/NIJKAMP 1987):

- Eine geringe Zahl von Tagespendlern verläßt die Region.
- Die monetären und nicht-monetären räumlichen Mobilitätskosten innerhalb der Region sind signifikant geringer als jene zwischen dieser und anderen Regionen.
- Unternehmen sind so lokalisiert, daß sie einen Großteil des Arbeitskräftepotentials innerhalb der Regionsgrenzen erreichen können.
- In Anbetracht der Tatsache, daß die Information über Arbeitsplätze und Löhne unvollkommen ist, wird angenommen, daß die Suchkosten innerhalb der Region signifikant kleiner sind als außerhalb der Region.

Abgesehen von den Problemen der Operationalisierung und der Datenbeschaffung im Rahmen dieses Abgrenzungsvorschlages bleiben bei der Verwendung von Pendlerdaten oder Isochronen drei grundsätzliche Probleme bestehen.

1. Offen und weitgehend ungeklärt ist die Frage der Größe einer aufgrund von räumlichen Interaktionen verknüpften Region. In Abhängigkeit zum gewählten Maßstab existieren lokale, regionale und nationale Arbeitsmarktzentren mit entsprechenden Einzugsbereichen. Anhand der Fragestellung ist aufmerksam zu prüfen, welche Maßstabsebene verwendet werden muß. Wer glaubt, es gäbe eine allgemeingültige Abgrenzung, der irrt.
2. Jede Abgrenzung ist zeitabhängig. Eine nach Pendlerströmen definierte Arbeitsmarktregion besitzt keine dauerhaft gültigen Grenzen. Die Gründung eines neuen oder die Schließung eines bestehenden Großunternehmens kann – je nach Analysemaßstab – existierende Pendlerströme entscheidend verändern. Auch die Öffnung von früher geschlossenen Grenzen und die Auf- oder Abwertung einer Währung können die Pendlerströme in Grenzgebieten kurzfristig entscheidend verändern. So definierte Arbeitsmarktregionen müssen also alle paar Jahre überprüft und eventuell neu abgegrenzt werden.
3. Pendlerdaten ergeben sich aus der Angabe des Wohnortes und des Arbeitsortes. Die Tatsache, daß jemand im *Pendlereinzugsbereich* wohnt und dort seinen Arbeitsplatz aufsucht, bedeutet natürlich nicht, daß der Betreffende immer dort

gewohnt hat. Es ist genausogut möglich, daß die Person aus großer Distanz zugewandert ist, um einen Arbeitsplatz anzunehmen. Die Abgrenzung eines funktionalen Arbeitsmarktes anhand der Pendlerdaten orientiert sich jedoch nur an dem aktuellen Wohnort und negiert eine vorangegangene Zuwanderung. Wenn die Reichweite eines regionalen Arbeitsmarktes beurteilt werden soll, dann ist dies von erheblicher Bedeutung. Wer nur Pendlereinzugsbereiche verwendet, der unterschätzt die tatsächliche Reichweite eines regionalen Arbeitsmarktes. Die Vorarlberger Textilindustrie hat, um ein Beispiel zu nennen, den Bedarf an Hilfsarbeitern nicht in Vorarlberg und schon gar nicht in Reichweite einer „zumutbaren Pendeldistanz" gedeckt, sondern durch Arbeitskräfte aus Ostösterreich und später aus Südosteuropa und der Türkei.

4. Die Vorstellung, daß regionale Arbeitsmärkte auf der Grundlage einer durchschnittlichen Pendeldistanz voneinander abgegrenzt werden können, setzt voraus, daß unterschiedlich qualifizierte Arbeitsplätze und verschiedene Berufe räumlich gleich verteilt sind. Wenn man jedoch eine hierarchische Struktur des Siedlungssystems zurecht annimmt, dann wird deutlich, daß diese Prämisse in der Praxis nirgendwo realisiert sein kann. Je höher qualifiziert ein Arbeitsplatz ist, umso weniger Standorte kommen dafür in Frage und umso geringer ist die Zahl der Wohngemeinden, in denen entsprechende Arbeitsplätze zu finden sind. Ganz gleich ob wir uns eine Universität, die Bundesverwaltung oder das Management eines großen Unternehmens vorstellen, die Professoren, hohen Beamten und leitenden Manager kommen in den seltensten Fällen aus dem Pendlereinzugsbereich des Arbeitsortes, sondern werden, je nach Spezialisierungsgrad, von weit entfernten Orten hergeholt.

Je höher die berufliche Qualifikation ist, umso eher ist ein *Karriereschritt* mit *räumlicher Mobilität* verbunden, deren Distanz weit über den Pendlereinzugsbereich hinausgeht. Bei großen multinationalen Konzernen oder in renommierten Forschungsinstitutionen gilt eine internationale Rekrutierung des Top-Managements bzw. der Forschergruppe sogar als Indikator für Qualität. Eine Universität, deren Professoren zu einem großen Anteil aus „Landeskindern" besteht, hat im allgemeinen kein hohes wissenschaftliches Prestige (vgl. MEUSBURGER 1990; WEICK 1995). Abb. 7 dokumentiert am Beispiel der Heidelberger Universitätsprofessoren, daß die „Arbeitsmarktregion", also das Rekrutierungsgebiet, aus dem die Professoren nach Heidelberg berufen worden sind, um ein Vielfaches größer ist als das Pendlereinzugsgebiet von Heidelberg.

Was folgt daraus? Jede Institution hat für die jeweiligen innerbetrieblichen Qualifikationsstufen ihr eigenes Rekrutierungsgebiet von Arbeitskräften. Es ist deshalb wenig sinnvoll, eine allgemeine Arbeitsmarktregion auf der Grundlage der Pendeldistanz abzugrenzen. Der regionale Arbeitsmarkt eines leitenden Angestellten weist grundsätzlich andere Dimensionen auf als jener eines Hilfsarbeiters. Auch die Pendeldistanzen von leitenden Angestellten sind im Durchschnitt größer als die von Hilfsarbeitern. Dies hängt mit dem finanziellen Aufwand der Pendelwanderung und dessen Anteil am erzielbaren Einkommen zusammen. Sieht man von der Finanzierbarkeit der Pendelwanderung ab, dann muß man auch zur Kenntnis neh-

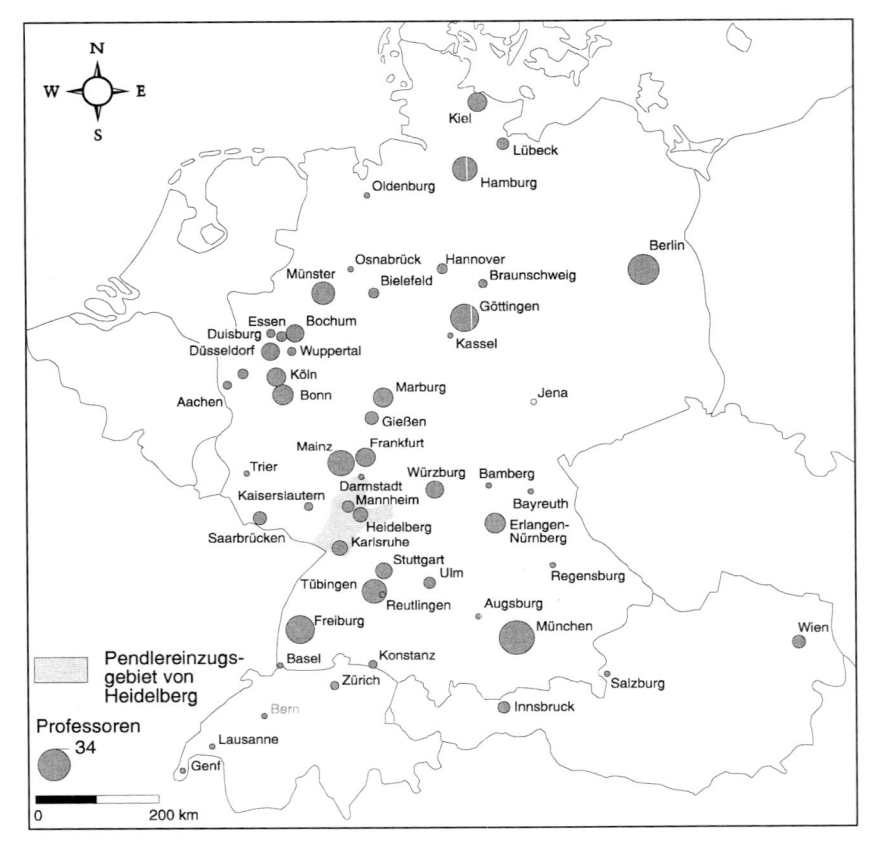

Abb. 7: Regionaler Arbeitsmarkt und Pendlereinzugsgebiet am Beispiel der Heidelberger Universitätsprofessoren: Arbeitsorte vor der Berufung und Pendelverflechtung (Quelle: nach WEICK 1995, S. 139)

men, daß Rekrutierung in vielen Fällen auch Migration bedeutet, insbesondere dann, wenn das erforderliche Qualifikationsniveau der Arbeitskräfte sehr hoch und auf dem lokalen Arbeitsmarkt nicht vorhanden ist.

Die Abgrenzung der Arbeitsmarktregion auf der Basis der Pendlereinzugsbereiche basiert auf der neoklassischen Denkweise. Das Arbeitskräfteangebot ist homogen und der Raum ist es ebenso. Es herrscht weiters vollkommene Transparenz und kostenlose *räumliche Mobilität*. *Räumliche Arbeitsteilung* und ein hierarchisch strukturiertes Siedlungssystem sind in diesem Denkmodell nicht existent. Diese Annahmen sind jedoch nicht zutreffend und eine Gleichsetzung von Arbeitsmarktregion mit einem durchschnittlichen Pendlereinzugsgebiet ist daher für viele Fragestellungen nicht statthaft.

1.2.3.2 Statistische Abgrenzung „homogener" Arbeitsmärkte

Ein anderer Zugang besteht darin, statistische Areale abzugrenzen. Wenn die Erfassung und Erklärung räumlicher Gesetzmäßigkeiten im Vordergrund steht, darf man nicht zu große Einheiten verwenden, denn je größer eine räumliche Einheit ist, um so inhomogener ist sie. Je nach Fragestellung wird man in der Regel von Gemeinden und Kreisen oder bestimmten Gemeinde- und *Regionstypen* (BfLR-Gebietstypen, Zentralen Orten, Gemeindegrößenklassen etc.) ausgehen und diese, falls sinnvoll, zu größeren Einheiten zusammenfassen.

Wenn in Publikationen des IAB zur regionalen Arbeitsmarktforschung zu lesen ist, daß sich keine räumlichen Gesetzmäßigkeiten erkennen lassen oder daß kein klares räumliches Muster festzustellen ist, ist dies nicht zuletzt darauf zurückzuführen, daß die 208 Arbeitsmarktregionen der Bundesrepublik Deutschland zu groß und damit zu inhomogen sind und auf einer funktionalen Verflechtung basieren. Periphere ländliche Gebiete werden dabei mit Großstädten zusammengefaßt, so daß die große Bedeutung der Siedlungshierarchie für das Arbeitsplatzangebot sowie für das Bildungs- und Erwerbsverhalten der Bevölkerung verschleiert wird.

Ein nach statistischen Arealen oder Gebietstypen definierter Arbeitsmarkt zerschneidet ohne Zweifel viele interregionale Arbeitsmarktverflechtungen, erlaubt aber andererseits Aussagen über Regionen, die im politischen Entscheidungsprozeß Bedeutung besitzen.

Als ein Beispiel für die Verwendung eines administrativen Arbeitsmarktes ist die Veröffentlichung von *Arbeitslosenquoten* für Bundesländer oder *Arbeitsamtsbezirke* anzuführen. Aus hohen Arbeitslosenquoten in einer derart definierten Region wird oft die politische Forderung nach einer Senkung der Arbeitslosenquoten abgeleitet, und zwar auch dann, wenn durch Verweis auf die funktionelle Raumabgrenzung der „Export" der Arbeitslosigkeit nachgewiesen wird.

Die statistische und die funktionelle Abgrenzung eines regionalen Arbeitsmarktes ist von der Forschungsfrage und den Verwertungsabsichten abhängig. Ist diese darauf ausgerichtet, räumliche Disparitäten nachzuweisen, so erscheint die Abgrenzung politisch-administrativer Einheiten (Gemeinde, politische Bezirke, aber auch Siedlungstypen) problemadäquat und datentechnisch auch leichter durchführbar als eine funktionelle Abgrenzung.

2 Arbeitsmarkttheorien

Die theoretischen Aussagen zum Arbeitsmarkt lassen sich sehr vereinfacht zwei unterschiedlichen Denkschulen zuordnen: Die neoklassische Vorstellung geht von streng ökonomisch-rational agierenden und ihren Nutzen maximierenden Wirtschaftssubjekten aus und betrachtet den Arbeitsmarkt als einen Sonderfall des allgemeinen Marktmodells. Der *Segmentationsansatz* dagegen geht a priori von einer Spaltung des Arbeitsmarktes aus und lehnt die mit dem allgemeinen Marktmodell verknüpften Prämissen ab. Es erscheint notwendig, diese beiden unterschiedlichen theoretischen Annahmen in aller Kürze vorzustellen. Beide sind nicht nur Repräsentanten unterschiedlicher Paradigmen, sondern vermitteln zugleich auch gegensätzliche Grundhaltungen und Weltbilder.

„Die ‚Ökonomisten' gehen immer wieder vom im Sinne der utilitaristischen Tradition rational handelnden und seinen Nutzen maximierenden Individuum aus, die ‚Institutionalisten' sehen das Individuum in ein Ensemble von Verhältnissen und Strukturen versetzt, welches weitgehend unabhängig von seinem Wollen seine ökonomische Rolle und sein Verhalten determiniert" (FREIBURGHAUS/SCHMID 1975). Die Zweiteilung der theoretischen Ansätze ist wissenschaftshistorisch weit zurückzuverfolgen (vgl. dazu WALTERSKIRCHEN 1980), und viele bekannte Ökonomen sind dem einen oder anderen „Lager" zuzuordnen. Worum es dabei inhaltlich geht, soll ein Überblick über die umfangreiche theoretische Literatur andeuten. Als weiterführende Arbeit wird empfohlen: ROTHSCHILD (1988) mit Schwergewicht auf der theoretischen Begründung von Arbeitslosigkeit; PRIEWE (1984) mit einer sehr übersichtlichen Darstellung gängiger Arbeitsmarkttheorien (Arbeitsmarkt und Arbeitslosigkeit in der Neoklassik, Arbeitsmarkt und Arbeitslosigkeit in sozialwissenschaftlichen Segmentationstheorien und Arbeitsmarkt und Arbeitslosigkeit in keynesianischen Beschäftigungstheorien); ABRAHAMSEN/KAPLANEK/SCHIPS (1986) mit einer ebenfalls umfassenden Darstellung der theoretischen Zugänge sowie FRANZ (1994) und RICHTER (1994).

2.1 Das neoklassische Arbeitsmarktmodell

Das neoklassische Grundmodell stellt ein abgeschlossenes System dar, in dem Arbeitskräfteangebot und Arbeitsnachfrage zu einem Ausgleich gelangen. Die entscheidende Steuerungsgröße, die den Markt in eine Gleichgewichtssituation bringt, ist der Preis für Arbeit. Der Arbeitsmarkt unterliegt also der allgemeinen Preistheorie. „If the wage rate is free to vary, the competitive wage rate will equate demand and supply and thus 'clear the market'. At this wage rate there is no involuntary unemployment" (LIPSEY/STEINER/PURVIS 1987).

Der Arbeitsmarkt ist ein *Konkurrenzmarkt*, auf dem unabhängige und profit- oder nutzenmaximierende Entscheidungen getroffen werden. Ein „gleichgewichtiges" Preis- bzw. Lohnsystem sorgt dafür, daß die „diversen Pläne aller Marktteilnehmer aufeinander abgestimmt und alle Märkte geräumt sind" (ROTHSCHILD 1988, S. 6).

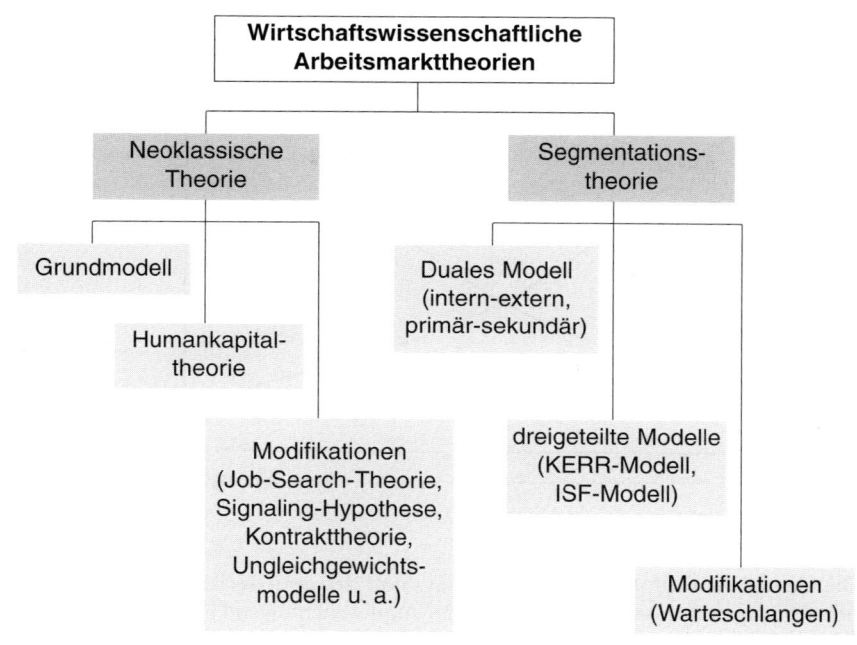

```
                    Wirtschaftswissenschaftliche
                         Arbeitsmarkttheorien
                    ┌─────────────┴─────────────┐
              Neoklassische                Segmentations-
                 Theorie                      theorie
           ┌────────┴────────┐          ┌────────┴────────┐
       Grundmodell                  Duales Modell
                                    (intern-extern,
           Humankapital-            primär-sekundär)
             theorie

           Modifikationen           dreigeteilte Modelle
        (Job-Search-Theorie,           (KERR-Modell,
         Signaling-Hypothese,           ISF-Modell)
           Kontrakttheorie,
         Ungleichgewichts-
           modelle u. a.)              Modifikationen
                                      (Warteschlangen)
```

Abb. 8: Arbeitsmarkttheorien im Überblick (Quelle: Verfasser)

Arbeitslosigkeit kann daher nicht entstehen. Existiert uneingeschränkte Lohnflexibilität, dann wird bei einer Zunahme des Arbeitskräfteangebots (z.B. durch Zuwanderung oder den Eintritt geburtenstarker Jahrgänge) und einer gleichbleibenden Nachfrage der *Gleichgewichtslohn* sinken und einen neuen Zustand der *Vollbeschäftigung* ermöglichen. Erfordert dagegen eine gute konjunkturelle Entwicklung eine höhere Zahl an Arbeitskräften, dann wird der Gleichgewichtslohn steigen, um mehr Menschen zur Annahme einer Erwerbsarbeit zu veranlassen.

Der neoklassische Arbeitsmarkt kann durch eine Angebots- und eine *Nachfragekurve* veranschaulicht werden. Auf der x-Achse wird der Lohn und auf der y-Achse die Zahl der Arbeitskräfte eingetragen. Zu einem bestimmten Lohn w_1 werden q_1-Arbeitskräfte bereit sein, eine Arbeit anzunehmen. Steigt der Lohn, dann werden auch mehr Menschen eine Erwerbsarbeit anstreben. Umgekehrt haben Unternehmer bestimmte Vorstellungen über den Lohn, den sie zu zahlen bereit sind. Diese Vorstellungen weichen von jenen der Arbeitskräfte deutlich ab. Zu dem geringen Lohn w_1 werden von den Unternehmern deutlich mehr Arbeitskräfte nachgefragt als sich anbieten. Steigt der Lohn, dann nimmt die Bereitschaft der Unternehmer deutlich ab, Arbeitskräfte einzustellen. Dort, wo sich die Angebots- und die Nachfragekurve schneiden und damit den Gleichgewichtslohn markieren, zeichnet sich der Kompromiß ab: Unternehmer sind gerade noch bereit, Arbeitskräfte einzustellen und Arbeitskräfte sind gerade noch willig, überhaupt eine Erwerbsarbeit anzunehmen.

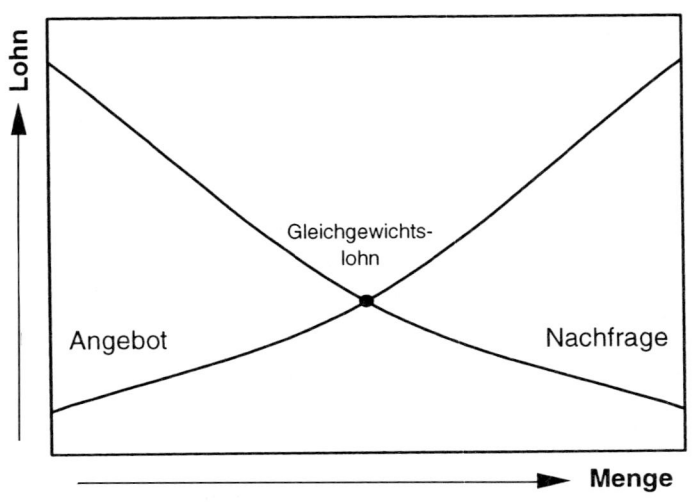

Abb. 9: Angebots- und Nachfragekurve (Quelle: Verfasser)

Die Geschlossenheit und die Überzeugungskraft des neoklassischen Modells beruhen auf zum Teil einschneidenden Annahmen, die nachfolgend in fünf Thesen (vgl. PFRIEM 1978, S. 50; SENGENBERGER 1978, S. 7-10; ABRAHAMSEN/KAPLANER/SCHIPS 1986, S. 20-21) erläutert werden.

1. Im *neoklassischen Modell* existiert nur *ein* Arbeitsmarkt, auf dem sämtliche Transaktionen stattfinden. Alle Arbeitskräfte sind hinsichtlich des *Grenznutzens* für die Produktion homogen und damit uneingeschränkt substituierbar. Unterschiedliche Teilarbeitsmärkte bleiben im Modell unberücksichtigt. Erst über „Qualitätszuschläge" könnte die unterschiedliche Teilarbeitsmarktstruktur einen Niederschlag finden.[9]

2. Der Wettbewerb zwischen Anbietern und Nachfragern von Arbeitskraft muß ungehindert funktionieren können. Das setzt voraus, daß weder monopolhafte Strukturen herrschen, noch daß Absprachen, Regelungen oder Gesetze den Markt reglementieren. *Kollektivverträge, gesetzliche Mindestlöhne* und die Tätigkeit der *Gewerkschaften* werden als marktstörend abgelehnt.

3. Entstehen Ungleichgewichte auf dem Arbeitsmarkt, so müssen sich diese sofort in einem veränderten Preis für die Arbeitskraft niederschlagen, damit ein neuer

---

[9] Die Annahme der uneingeschränkten Substituierbarkeit muß angesichts der zunehmenden Spezialisierung und Professionalisierung als besonders realitätsfremd abgelehnt werden. Man möge, so Kritiker der Neoklassik, jene, die an die Substituierbarkeit glauben, in ein Flugzeug setzen und ihnen dann mitteilen, daß der Pilot unter den Passagieren durch Losentscheid ausgewählt wird

Gleichgewichtszustand eintreten kann. Das setzt eine *Elastizität der Löhne* in beide Richtungen voraus.

4. Eine weitere Voraussetzung dafür, daß ein neuer Gleichgewichtszustand bei veränderten Angebots- und Nachfragerelationen eintreten kann, ist jene der vollkommenen *Transparenz der Arbeitsmarktbedingungen.* Jeder sollte alles über offene Stellen und Lohnsätze wissen. Wenn alle Informationen über die Lohnhöhe überall vorhanden sind, kann mit ökonomisch rationalen Entscheidungen gerechnet werden.

5. Damit der Ausgleichsprozeß ungehindert funktionieren kann, werden die uneingeschränkte Mobilitätsbereitschaft und -fähigkeit vorausgesetzt. Mobilitätskosten aufgrund räumlicher Ausgleichsprozesse bleiben unberücksichtigt.

Der Grundgedanke des Modells basiert also auf den Prämissen *Preisflexibilität, Mobilität von Arbeit und Kapital, Substituierbarkeit der Beschäftigten, Information über das Marktgeschehen* sowie *Konkurrenz der Akteure.* Wenn dies gegeben ist, so funktioniert der Markt wie ein selbstregulierendes System, welches selbständig Veränderungen der Angebot-Nachfrage-Relation ausgleicht.

Trotz der sehr realitätsfernen Prämissen besitzt das *neoklassische Modell* auch gegenwärtig eine große Bedeutung für die (regional-)ökonomische Politikberatung.[10] Die allgemeine Schlußfolgerung aus dem Modell ist weitreichend. Allein externe Restriktionen des *Marktmechanismus* sind beispielsweise für Arbeitslosigkeit, aber auch für dauernde *regionale Disparitäten* verantwortlich zu machen. Denn „there can be no involuntary unemployment at the competitive equilibrium wage" (LIPSEY et al. 1987, S. 374). Als Gegenstrategie von einem neoklassischen Standpunkt aus wird daher die Reparatur des Arbeitsmarktes, also Zurückdrängen aller marktexternen Kräfte und Reduzierung eines normierten Lohnsystems auf ein Niveau, welches dem Gleichgewichtslohn entspricht, gefordert.

„Die wahre Erklärung von umfangreicher Arbeitslosigkeit liegt in der Unstimmigkeit zwischen der Verteilung der Arbeitskräfte (und anderer Produktionsfaktoren) auf Branchen (und Regionen) und der Verteilung der Nachfrage auf die Erzeugnisse dieser Branchen. Diese Unstimmigkeiten beruhen auf Verzerrungen im System der relativen Preise und Löhne. Diese können nur dadurch korrigiert werden, daß sich in allen Wirtschaftsbereichen Preise und Löhne einstellen, bei denen sich Angebot und Nachfrage ausgleichen. Mit anderen Worten: Die Ursache der Arbeitslosigkeit liegt in einem Abweichen von Gleichgewichtspreisen und Gleichgewichtslöhnen, die sich in einem freien Markt und bei stabilem Geldwert einstellen würden" (Vorwort von HAYEK in SOLTWEDEL 1984).

---

[10] Es gibt mehrere Gründe für die politische Bedeutung des neoklassischen Modells: Erstens kann es, wie T. KUHN (1967) belegt hat, sehr lange dauern, bis etablierte Paradigmen neuen Erkenntnissen weichen, zweitens ist bei volkswirtschaftlichen Prozessen selten ein exakter Zusammenhang Ursache-Wirkung festzustellen, so daß die falschen Ratgeber schwer zu überführen sind, und drittens erleichtert ein neoklassischer Ansatz den Politikern die Aufgabe, weil er die Verantwortung für viele Erscheinungen den Akteuren (z. B. freiwillige Arbeitslosigkeit) oder dem Markt zuweist.

Das neoklassische Modell verspricht, wenn die institutionellen Voraussetzungen für ein Funktionieren des Arbeitsmarktes gegeben sind, daß „die Allokation und Reallokation von Arbeitskraft über den Marktpreis zu optimaler gesamtwirtschaftlicher wie einzelwirtschaftlicher Wohlfahrt" führt (SENGENBERGER 1978, S. 10). Mehr noch als das: „Seit dem Durchbruch der Neoklassik ist der durch eine Gleichgewichtsvorstellung geprägte Denkansatz zum zentralen Analyseinstrument der Ökonomie geworden. Die allgemeine Gleichgewichtstheorie ist die Grundlage der ökonomischen Theorie überhaupt, der Mikro- und Makroökonomie und damit auch der vorherrschenden wirtschaftspolitischen Konzepte" (ABRAHAMSEN/KAPLANEK/SCHIPS 1986, S. 19). Die Realisierung des Binnenmarktes, der Abbau aller Handelshemmnisse innerhalb der Europäischen Union, die *Niederlassungsfreiheit* der Arbeitskräfte, aber auch die Diskussion um die *Deregulierung des Arbeitsmarktes* basieren auf dem Gedankengut der *Neoklassik*.

2.2 Erweiterungen des neoklassischen Grundmodells

2.2.1 Die Humankapitaltheorie

Die *Humankapitaltheorie*[11] geht nicht mehr – und darin liegt der Fortschritt – von einem homogenen Arbeitskräfteangebot aus, sondern „erlaubt" Heterogenität der Qualifikation und damit der Arbeitskräfteproduktivität. Arbeitskräfte stellen, sobald sie betriebsspezifisches Humankapital akkumuliert haben, keinen variablen Faktor mehr dar. Die a priori vorausgesetzte Substituierbarkeit aller Arbeitskräfte ist nicht mehr gegeben.

Die Humankapitaltheorie betrachtet Ausbildung als eine individuelle Investition, die Geld kostet, aber auch zu höheren Erträgen führen kann. Nutzen- und einkommensmaximierende Personen treffen unter Abwägung von Kosten und Rendite die Entscheidung, ob und wieviel in Qualifikation und Ausbildung investiert wird. Man handelt dabei wie ein Unternehmer, der Gewinne maximieren möchte.

Humankapital wird im arbeitsmarkttheoretischen Kontext im wesentlichen auf Qualifikation, sog. „skills", reduziert. Dabei ist jedoch zwischen unterschiedlichen Qualifikationen zu unterscheiden:

➤ spezifische Qualifikationen (betriebs- und arbeitsplatzspezifische Qualifikationen durch Training on the job erworben und formale Qualifikationen aufgrund des Besuches einer Schule oder Universität);

➤ generelle Qualifikationen („general skills", allgemeine Merkmale wie Pünktlichkeit, Pflichterfüllung etc.).

Die unterschiedlichen Qualifikationsbegriffe haben Einfluß auf Beschäftigung und Einkommen. Es ist anzunehmen, daß Unternehmer, die an betriebsspezifischer Qualifizierung ihrer Arbeitnehmer interessiert sind, diese nur dann tragen, wenn

---

[11] Die Ausformulierung einer eigenständigen Humankapitaltheorie begann in den 60er Jahren und ist mit den Autoren G. BECKER, TH. W. SCHULTZ, W. Y. OI und J. MINCER verbunden.

eine lange Verwertung wahrscheinlich ist. „Der Grad der Kosten- und Ertragsaufteilung aus betriebsspezifischer Ausbildung zwischen Unternehmern und Arbeitnehmern hängt von der vermuteten Wahrscheinlichkeit des Arbeitsplatzwechsels ab. Die Kategorie des 'labor turnover' wird damit erstmals in die neoklassische Theorie eingeführt, denn bei unterstellter Homogenität des Arbeitsangebots kann Arbeitsplatzwechsel ignoriert werden" (PRIEWE 1984, S. 76).

Auch der Anstieg des Lohns mit zunehmender *Dauer der Berufstätigkeit* kann humankapitaltheoretisch erklärt werden. Wer länger berufstätig ist und damit zusätzliche Qualifikationen und Berufserfahrung erworben hat, der „verdient" - im wörtlichen Sinne – auch ein höheres Einkommen. Dabei geht die Humankapitaltheorie von einem konkaven, sich oben abflachenden Anstieg des Humankapitals aus. Diese Abflachung tritt ein, weil mit zunehmendem Berufsalter das Ausmaß zusätzlicher Berufserfahrungen abnimmt und weil angenommen werden muß, daß mit zunehmendem Alter die Bildungsanstrengungen der Arbeitnehmer abnehmen.

Für Arbeitskräfte, die weder eine hohe spezifische noch allgemeine Qualifikation aufweisen, ist dagegen eine lange *Betriebsbindung* nicht unbedingt von Vorteil. Kleine Lohnunterschiede reichen aus, um einen Arbeitsplatzwechsel durchzuführen. Aufgrund der geringen Betriebsbindung ist aber auch die Vermittlung betriebsspezifischen Wissens für den Arbeitgeber eine schlechte Investition.

Die Humankapitaltheorie stellt insgesamt betrachtet brauchbare Erklärungsansätze zur Verfügung. Dennoch ist Kritik zu üben:

1. Die Humankapitaltheorie geht davon aus, daß Ausbildung automatisch zu Produktivitätssteigerungen führt. Es wird eine lineare Beziehung zwischen Investitionen in Bildung, Forschung, Entwicklung und „wirtschaftlichem Erfolg" angenommen. Daß es zwischen diesen Merkmalen Zusammenhänge gibt, ist unbestritten, sie sind jedoch komplexer und keineswegs linear. Investitionen in die Ausbildung zahlen sich nur unter bestimmten Rahmenbedingungen, vorwiegend in Krisen- und Umbruchsituationen sowie in Phasen der Unsicherheit, aus.[12]

2. Die Humankapitaltheorie konzentriert sich auf den persönlichen Nutzen, den das Individuum von der *Ausbildung* hat. Sie übersieht, daß unter Umständen die Organisation viel mehr davon hat, wenn ihre Mitglieder qualifiziert sind, mehr wissen und können als die der Konkurrenz. Auch erscheint die Vorstellung, daß Personen mit höherer Qualifikation, die aus privaten Mitteln finanziert wurde, mehr Einkommen erzielen „dürfen", vor dem Hintergrund eines mitteleuropäischen Bildungssystems politisch irreführend. Wer lange studiert und nachher damit ein höheres Einkommen erzielen kann, der „privatisiert" die öffentlichen Ausgaben für Schule und Universität und nimmt das, was die Allgemeinheit beisteuert.

---

[12] Wenn 60–80% eines Altersjahrganges einen Universitätsabschluß vorweisen können, sind deren Einkommens- und Arbeitsmarktchancen wesentlich geringer als zu dem Zeitpunkt, als erst 10% dieses Ausbildungsniveau erreicht haben. Für eine theoretische Erklärung von regionalen Unterschieden in der Qualifikationsstruktur des Arbeitsplatzangebotes ist die Humankapitaltheorie nicht geeignet.

3. Schließlich suggeriert die Humankapitaltheorie die sozial unrealistische Behauptung, „daß es der freien, individuellen Entscheidung der Arbeitsanbieter unterliegt, ob und wieviel sie in welche Ausbildung investieren (sofern von natürlichen Beschränkungen abgesehen wird) und welche Einkommens- und Arbeitsmarktchancen sie künftig haben werden. Analog zur Konsumentensouveränität wird hier eine Art fiktive Arbeitsmarktsouveränität unterstellt: Armut und Arbeitslosigkeit sind abermals selbstverschuldet und freiwillig, entsprechen sie doch dem individuellen Präferenzmuster und dem unterstellten Rationalverhalten" (PRIEWE 1984, S. 80).

2.2.2 Die Signaling-These

In den 70er Jahren erfuhr die Humankapitaltheorie durch die Formulierung einer „Signaling"- oder „Screening"-Hypothese eine Erweiterung. Die grundsätzliche Annahme, wonach Qualifikation gleichsam automatisch zu einer Produktivitätssteigerung führt, wird differenziert. Produktivitätssteigerungen sind – so die „Signaling"-Hypothese – nicht von der schulischen Ausbildung, sondern vom Erwerb berufs- und arbeitsplatzspezifischer Qualifikationen abhängig; die formale Qualifikation besitzt keine produktivitätssteigernde, sondern eine signalisierende Funktion. Sie hilft dem Unternehmer abzuschätzen, wie hoch die zukünftigen Lernkosten des Betreffenden im Unternehmen sein werden und welche Produktivität vermutet werden kann – alles Dinge, die zum Zeitpunkt der Einstellung nicht bekannt sein können. Ausbildungsabschlüsse begünstigen dabei den Analogieschluß: Wer eine Schule oder Universität abgeschlossen hat, der hat Lernfähigkeit und Disziplin bewiesen und wird sich daher weitere „specific skills" kostengünstig aneignen können.

Die „Signaling"- oder „Screening-Hypothese" kritisiert die naive Auffassung der Humankapitaltheorie, macht aber dafür wieder andere Fehler. Auch an ihren Thesen ist Kritik zu üben: Ausbildung ist nicht nur dazu da, die Produktivität zu erhöhen, sondern um mit Hilfe des „Wissens" schwierige, nicht vorhersehbare und schnell wechselnde Situationen zu bewältigen. Ob dies zu Produktivitätssteigerungen führt oder nicht, ist dabei nicht die Frage. Der Zusammenhang zwischen Ausbildung, Produktivität und Einkommen ist vorhanden, aber er funktioniert nicht so einfach wie es beide Theorien annehmen.

Es zählt zu den Verdiensten der Signaling- oder Screening-Hypothese, daß der arbeitsmarktpolitische Optimismus humankapitalorientierter Maßnahmen in Frage gestellt worden ist. Die Expansion von Bildung würde sehr schnell zu einer Anhebung der Einstellungsbedingungen und zu differenzierteren Filtermechanismen führen. Wenn Qualifizierungsmaßnahmen auf der Individualebene ein taugliches Instrument zur Einkommensverbesserung und zur Vermeidung von Arbeitslosigkeit sind, heißt dies nicht, daß diese Mechanismen auch auf der gesamtgesellschaftlichen Ebene immer wirksam sind, insbesondere dann nicht, wenn die Arbeitslosigkeit durch eine zu geringe Nachfrage hervorgerufen wird.

2.2.3 Job-Search-Theorie

Nahm die Humankapitaltheorie an der Annahme, alle Arbeitskräfte seien gleich gut qualifiziert und uneingeschränkt austauschbar, Anstoß, so berücksichtigt die *Job-Search-Theorie* die Unvollkommenheit der Information. Die Angebotsseite ist keineswegs über alle offenen Stellen informiert und hat ebenfalls nur einen eingeschränkten Überblick, wieviel Lohn für welche Tätigkeit in welcher Region zu erzielen wäre. Diesen müßten alle Arbeitskräfte und alle, die eine Erwerbsarbeit aufnehmen wollen, aber haben, damit das *neoklassische Modell* theoriekonform funktioniert.

Die Job-Search-Modelle versuchen, das *Suchverhalten* der Angebotsseite neoklassisch zu interpretieren. Es geht dabei um die Suche nach einem Arbeitsplatz, wobei die *Unvollkommenheit der Information* berücksichtigt wird. Grob gesagt: Jeder, der einen neuen Arbeitsplatz anstrebt, sucht solange, bis die erzielbare Lohnverbesserung und die *Kosten* für die Suche zumindest im Einklang stehen. Es wäre unökonomisch, wenn jemand einen neuen Arbeitsplatz sucht, hohe *Suchkosten* akzeptiert und am Ende nur eine geringe Einkommensverbesserung erzielt, die in keinem Verhältnis zum Suchaufwand steht. Umgekehrt wäre es im Sinne der Job-Search-Modelle sehr vorteilhaft, wenn jemand sehr schnell und in geringer Distanz zum Wohnort einen neuen und gut entlohnten Arbeitsplatz findet.

Job-Search-Modelle werden dann ernst zu nehmende Konstrukte, wenn sie Elemente aus der Humankapitaltheorie berücksichtigen. Dies ist notwendig, weil das Suchverhalten in Abhängigkeit zum Ausbildungsniveau und damit gekoppelt zum angestrebten Arbeitsplatz sehr stark variiert. Wer nur eine geringe Qualifikation aufweist und einen ubiquitär vorhandenen Jedermanns-Arbeitsplatz sucht, der wird diesen bald annehmen, weil sich auch bei einer längeren Suche kein höherer Lohn erzielen läßt. Umgekehrt wird eine hochqualifizierte Arbeitskraft länger suchen, weil ein potentiell erzielbarer höherer Lohn die Suchkosten rechtfertigt.

Suchkosten sind nicht nur an die Qualifikation gebunden, sondern auch an den räumlichen Standort des Arbeitsuchenden. SAUNDERS und FLOWERDEW (1987) haben nachgewiesen, daß für Bewohner peripherer Regionen jede Arbeitsplatzsuche mit höheren Kosten verbunden ist als für die Bewohner von Städten. Erstere werden daher nur dann nach einem neuen Arbeitsplatz suchen, wenn der aktuelle Lohn deutlich unter dem möglicherweise erzielbaren liegt, oder im Falle einer erzwungenen Arbeitsplatzsuche, diese sehr rasch abschließen und sich mit einem nur geringen Lohnzuwachs (wenn überhaupt) zufriedengeben. Umgekehrt befindet sich die *städtische Bevölkerung* in einer deutlich besseren Ausgangssituation. Ihre Suchkosten sind deutlich geringer und ermöglichen eine größere Arbeitsplatzmobilität.

Wo liegen die Schwächen des Job-Search-Modells? In erster Linie ist abermals die unterstellte Verhaltensweise eines *Homo oeconomicus* zu kritisieren. Es wird unterstellt, daß neben den Suchkosten die Einkommenszuwächse die entscheidenden Größen darstellen. In vielen Fällen geht es jedoch nicht in erster Linie um eine Einkommensverbesserung, sondern um Erhöhung des sozialen Status, um mehr Entscheidungsbefugnisse, eine bessere Selbstverwirklichung oder schlichtweg um Arbeitsplatzsicherheit. Für viele Wissenschaftler stehen nicht das Einkommen, sondern die *Forschungsinfrastruktur*, die *Forschungsmittel* oder das Prestige der betreffenden Institution an erster Stelle. Viele Gutverdienende sind bereit, auf einen Großteil ihres Einkommens zu verzichten, wenn ihnen dafür eine politische Funktion übertragen wird. In manchen Berufen hat man gar keine Möglichkeit, seinen Arbeitsplatz zu suchen, sondern man wird darauf von anderen berufen oder ausgewählt. Nicht zuletzt unterstellt die Job-Search-Theorie den Arbeitsuchenden die generelle Bereitschaft zur *räumlichen Mobilität*, und dies ist empirisch nicht haltbar.

2.2.4 Kontrakttheorien

Kontrakt- und *Tauschtheorien* versuchen die im Sinne des neoklassischen Modells mangelnde Flexibilität der Löhne zu erklären. Warum – so lautet die grundsätzliche Frage – werden eher Arbeitskräfte entlassen als Löhne gesenkt? Die empirische Beobachtung, wonach Löhne nach „unten" hin rigide sind, ist mit dem *neoklassischen Modell* nicht zu vereinbaren. Diese Frage ist theoretisch interessant, praktisch jedoch belanglos und vor dem arbeitsmarktpolitischen Regime der westeuropäischen Wohlfahrtsstaaten auch sogleich zu beantworten. Es sind die gesetzlichen Normen und Mindeststandards, die den Arbeitsmarkt regulieren und tiefgreifende reale Lohnkürzungen erschweren. Darüber hinaus lassen sich drei Thesen anführen, die die *Lohnrigidität* begründen.

Die erste Antwort auf die Frage nach der Lohnrigidität bezieht sich auf die stabilisierende Wirkung der bestehenden Arbeitsverträge (Kontrakte). Diese Arbeitsverträge werden auch nicht kurzfristig und leichtfertig gekündigt, weil aufgrund der arbeitsplatzspezifischen Ausbildung die im Betrieb Beschäftigten komparative Vorteile gegenüber den externen Arbeitsuchenden aufweisen. Folglich haben Arbeitnehmer und Arbeitgeber Interesse an einer längerfristigen Aufrechterhaltung des Arbeitsvertrages (WILLIAMSON et al. 1975; WACHTER 1978).

In eine ähnliche Richtung argumentiert die These der Gewohnheitsbeziehungen, die in längerfristigen Arbeitsbeziehungen eine bessere Amortisation der Anlernkosten und der betriebsspezifischen Disziplinierung sieht. Diese These ist bereits wieder sehr nahe der Humankapitaltheorie.

Schließlich unterstellen die *Risikoaversionsansätze*, daß das Arbeitskräfteangebot risikoscheu und die Nachfrageseite zumindest risikoneutral ist, wodurch sich eine asymmetrische Beziehung ergibt (BAILY 1974; GORDON 1972 und AZARIADIS 1975). Arbeitnehmer sind bereit, einen geringeren Lohn zu akzeptieren, wenn im gleichen Zug der Arbeitgeber eine Beschäftigung zu diesem Lohn auch in Zeiten schwacher Nachfrage sichert. Insgesamt wird also in Zeiten schwacher Konjunktur und nachlassender Arbeitskräftenachfrage das Lohnniveau weitgehend stabil bleiben und die Neuanstellung zurückgehen.

2.3 Segmentation des Arbeitsmarktes

Humankapitaltheorie, Job-Search-Theorie oder die Kontrakttheorien stellen interessante Anpassungen an die Realität des Arbeitsmarktes dar. Dennoch gehen sie von einem rational handelnden Homo oeconomicus aus, der seinen Nutzen auf einem Wettbewerbsmarkt maximieren will, und sie bleiben eindeutig angebotsseitig. Dem Individuum wird die ausschließliche Verantwortung für Wohlstand oder Verelendung zugewiesen, strukturierende Institutionen, kulturelle Normen und historisch herleitbare Konventionen werden ausgeblendet.

In der Realität gibt es jedoch weder den Homo oeconomicus, der Einkommen maximieren möchte, noch kann man dem Individuum alleine die Schuld für Armut oder das Verdienst für Wohlstand zuschreiben. Das Arbeitsmarktverhalten der Mehrheit der Arbeitnehmer entspricht nur selten dem Bild des rational Handelnden, der auf einem einheitlichen Arbeitsmarkt agiert, über alles informiert, ungebunden und räumlich mobil ist und jederzeit seinen Arbeitsplatz wechselt, wenn damit eine Einkommenserhöhung möglich ist.

Um ein, auch sozialwissenschaftlich ertragreiches Abbild des realen Arbeitsmarktgeschehens zu entwickeln, wurde in den USA das Segmentationsmodell entwickelt, das sich theoriegeschichtlich weit zurückverfolgen läßt. MILL und CAIRNES hoben bereits Ende des 19. Jahrhunderts hervor, daß Arbeitsmärkte, auf denen die Ware „Arbeitskraft" gehandelt wird, keineswegs homogen sind. „Während MILL eine 'line of demarcation between the different grades of labourers, as to be almost equivalent to a hereditary distinction of caste' sieht, spricht CAIRNES von 'non-competing groups' unter den Arbeitern, die sich vornehmlich durch unterschiedliche Ausbildungsrichtungen und -grade unterscheiden" (PRIEWE 1984, S. 98).

Was heißt Segmentierung des Arbeitsmarktes? Segmentierung des Arbeitsmarktes bedeutet in erster Linie, daß sowohl Arbeitskräfte als auch Arbeitsplätze keineswegs als homogene Mengen zu betrachten sind, die einander gegenseitig konkurrieren und substituieren, sondern jeweils Teilmengen darstellen, für die eigene Allokationsregelungen existieren. Teilmengen des Arbeitsmarktes werden konsequenterweise als Teilarbeitsmärkte bezeichnet. „Leitvorstellung der Segmentation ist, daß sich der Gesamtarbeitsmarkt in eine Reihe von Teilmärkten aufgliedert, die eine innere Struktur aufweisen, mehr oder weniger gegeneinander abgeschirmt sind, möglicherweise auch mit unterschiedlichen Anpassungsformen und -instrumenten verknüpft sind und unterschiedliche Einkommens- und Beschäftigungschancen aufweisen" (SENGENBERGER 1987, S. 52).

Teilarbeitsmärkte unterscheiden sich durch eine Reihe von Indikatoren wie Zugangsberechtigung, *Allokationsprozesse*, Karrieremöglichkeiten und tendieren zur gegenseitigen Abschottung. Berufliche *Mobilitätsprozesse* zeichnen dieses Muster gegenseitiger Abschottung nach. Die Strukturierung des Arbeitsmarktes ist nicht zufällig und auch nicht kurzfristig. Sie ist als „relativ dauerhafte, gegen kurzfristig wirksame Marktkräfte resistente, regelhafte Gestaltung des Arbeitsmarktprozesses" (SENGENBERGER 1987, S. 50) aufzufassen. Segmentation ist nicht das Ergebnis einer kurzfristigen Friktion, die genauso schnell aufgehoben werden kann, wie sie gekommen ist, sondern ihr haftet „eine gewisse Stabilität und Dauerhaftigkeit an, die umso stärker ausgeprägt ist, je intensiver und verbindlicher die Teilung durch institutionalisierte Regeln fixiert ist" (SENGENBERGER 1987, S. 53). Arbeitsanbieter und Unternehmer agieren nicht mehr ausschließlich ökonomisch-rational, sondern auch nach institutionellen-außerökonomischen Kalkülen.

Man kann die Segmentierung des Arbeitsmarktes mit allgemeinen gesellschaftlichen Trends in Verbindung setzen: der Professionalisierung und Meritokratisierung sowie dem Wandel von einer relativ homogenen (fordistischen) Massengesellschaft hin zu einer differenzierten und pluralistischen Gesellschaftsformation. „The institutionalization of labor market is one aspect of the general trend from the atomistic to the pluralistic, and from the largely open to the partially closed society" (KERR 1954, S. 96 zit. in PRIEWE 1984, S. 99).

Zum Verständnis von Segmentation muß man eines klar betonen: Arbeitsmarktsegmente sind in der Realität und empirisch nicht immer klar erkennbare Struktureinheiten des Arbeitsmarktes. Die Grenzen zwischen den Segmenten sind nicht immer so deutlich wie es die Theorie impliziert. Segmentation ist auch eine spezifische Art des Problemaufgriffs. Die Betonung überindividueller gesellschaftlicher Barrieren, die Sichtweise von Individuen, die in einem Ensemble von mehr oder minder determinierenden Strukturen agieren, stellen einen klaren Gegensatz zu einem neoklassischen Arbeitsmarktmodell und dem damit verknüpften individualistischen Gesellschaftskonzept dar.[13]

Die Literatur offeriert eine Vielzahl unterschiedlicher Segmentationsansätze, die vor dem Hintergrund spezifischer Beschäftigungssysteme entwickelt wurden. Drei Ansätze werden in den nachfolgenden Abschnitten vorgestellt:

- der dreigeteilte Arbeitsmarkt von KERR,
- das Modell des Instituts für Sozialforschung (ISF-München) sowie
- das *duale Modell* von DOERINGER und PIORE.

2.3.1 Das Modell von KERR

Geprägt durch die große Depression der 30er Jahre und desillusioniert von den „reinigenden Kräften des Marktes", gelang es nach dem 2. Weltkrieg einer Reihe von Autoren, die „Mainstream-Ökonomie" erfolgreich in Frage zu stellen. Namen wie J. DUNLOP, A. ROSS, R. LESTER, L. REYNOLDS und C. KERR sind in diesem Zusammenhang zu nennen. Sie bezeichnen sich selbst als neoklassische Revisionisten und beanspruchen für ihre Theorien einen größeren Realitätsbezug.

---

[13] Wahlkämpfe in den USA legen die Gegensätzlichkeit der beiden Weltanschauungen offen. Die Republikaner treten mit großer Regelmäßigkeit für die Stärkung des Individuums und der Familie ein und fordern eine Zurückdrängung des Staates. Für die Republikaner ist Arbeitslosigkeit am besten durch eine Liberalisierung des Arbeitsmarktes zu bekämpfen. Die Demokraten dagegen versuchen Strukturen und Institutionen zu schaffen, die über das Individuum hinausgehen. Eine Krankenversicherung, als ein Beispiel, soll nicht nur Angelegenheit des Einzelnen sein, sondern für alle, für die Gesellschaft geschaffen werden. Ähnliche Diskussionen lassen sich auch in Europa ansatzweise verfolgen.

„The participants in the neoclassical revisionist group were interested, first of all, in markets, and they recognize the great role of market forces. At the same time, they were concerned with the social forces that limit the role and affect the influence of competition – with markets in the embrace of custom, of concepts of justice, of rules and regulations, of combined power. [...] Their interest in how institutions operated and how markets worked led them, however, just as it did the institutionalists, to make contact with political science, sociology, and psychology" (KERR 1988, S. 14).

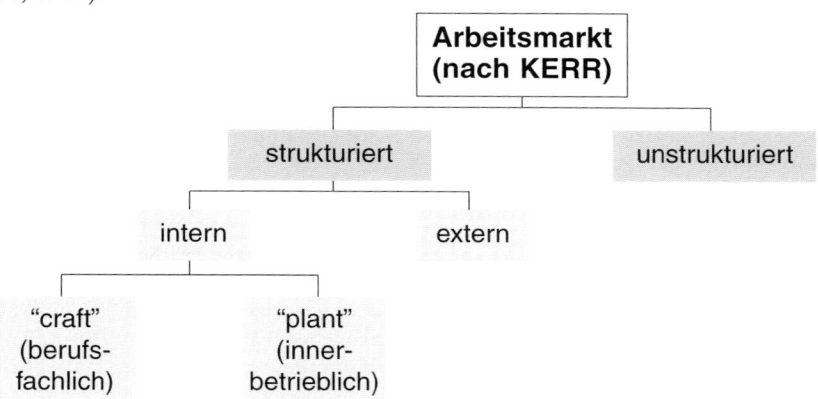

```
                    Arbeitsmarkt
                    (nach KERR)
              ┌──────────┴──────────┐
          strukturiert          unstrukturiert
        ┌──────┴──────┐
      intern         extern
   ┌────┴────┐
 "craft"   "plant"
 (berufs-  (inner-
 fachlich) betrieblich)
```

Abb. 10:   Das Arbeitsmarktmodell nach KERR (1988) (Quelle: Verfasser)

Das Ergebnis dieser geänderten Sichtweise war die Konzeption eines dreigeteilten Arbeitsmarktes. Der Gesamtarbeitsmarkt ist zunächst in einen strukturlosen und einen strukturierten Arbeitsmarkt zu teilen. Der strukturlose Teil umfaßt Tätigkeiten wie Taglohn, Hilfstätigkeiten unqualifizierter Art und ähnliche, weder durch Regelungen noch durch Institutionen strukturierte Tätigkeiten, die in den USA sehr häufig von Farbigen und ethnischen Minderheiten ausgefüllt werden.

Der größte Teil des Gesamtarbeitsmarktes ist jedoch als strukturiert anzusehen. Das bedeutet, daß ein Bündel von Regeln, Normen und Institutionen (Gewerkschaften, Arbeitgeberverbände) die Mechanismen des Arbeitsmarktes bestimmen. Der strukturierte Teil des Arbeitsmarktes setzt sich aus internen und *externen Arbeitsmärkten* zusammen. Der externe Arbeitsmarkt hat die Funktion eines Rekrutierungsreservoirs und Auffangbeckens für Zu- und Abgänge aus dem internen Markt. Der *interne Arbeitsmarkt* selbst wiederum ist teilbar in einen „craft labour market" und einen „plant (enterprise) labour market". Der erste entspricht einem berufsfachlichen Arbeitsmarkt, wo die berufliche Qualifikation das bestimmende Element ist, der zweite einem innerbetrieblichen Arbeitsmarkt.

Zwischen den Arbeitsmarktsegmenten existieren *Barrieren*, die eine unbeschränkte Mobilität behindern. KERR nennt kollektivvertragliche Regelungen, die die Zutrittsbedingungen zu einem Segment und auch die segmentinterne Mobilität regeln.

Anzuführen sind aber auch *Senioritätsrechte* auf betriebsinternen Arbeitsmärkten. Verknüpft werden die einzelnen Segmente durch sogenannte „*ports of entries*", womit gemeint ist, daß nur an bestimmten Positionen der Arbeitsmarktsegmente Eintritte erfolgen.

Das Modell von KERR hat viele wesentliche Elemente späterer Segmentationsansätze vorweggenommen: Teilung des Arbeitsmarktes in einzelne Segmente, Barrieren und definierte „ports of entries". In den folgenden Modellen hat sich oft nur die Terminologie geändert. KERR hat in einem 1988 erschienenen Aufsatz darauf Bezug genommen: „I still like the classification of structureless and structured markets (the latter with identifiable internal markets) better than 'secondary' and 'primary'. The nature and intensity and consequences of structure are easier to describe and define, and the terms used are less moralistic and ideological, than are the characteristics of secondary and primary markets as usually employed, with their connotations of 'bad' and 'good'" (KERR 1988, S. 23).

2.3.2 Modell des dreigeteilten Arbeitsmarktes des ISF[14]

In den 70er Jahren gelang es dem Institut für Sozialwissenschaftliche Forschung in München, die beschriebenen Ansätze des segmentierten Arbeitsmarktes in den deutschen Sprachraum zu transferieren und zu adaptieren. LUTZ und SENGENBERGER entwickelten aufgrund von einzelbetrieblichen Fallstudien das *ISF-Konzept*. Die grundsätzliche und erkenntnisleitende Hypothese ging von einer betrieblichen Strategie aus, welche darauf abzielt, ein Höchstmaß an Autonomie gegenüber externen Einflüssen zu erreichen. Damit sollte auch eine Reihe von Erscheinungen erklärt werden, wie beispielsweise die Koexistenz von Arbeitslosigkeit und Arbeitskräfteknappheit, welche mit den klassischen theoretischen Instrumentarien schlecht in Einklang zu bringen war (SENGENBERGER 1987; LUTZ/SENGENBERGER 1980). Grundlage des ISF-Modells ist die Konstruktion von drei idealtypischen Teilarbeitsmärkten, deren Unterscheidungskriterien einerseits in der Qualifikation und andererseits in der Art der wechselseitigen Bindung von Arbeitgebern und Arbeitnehmern liegen.

1. Der Teilarbeitsmarkt für unspezifische Qualifikationen wird als „Jedermann-Arbeitsmarkt" bzw. als unstrukturierter Arbeitsmarkt bezeichnet. „Das entscheidende Merkmal unstrukturierter Arbeitsmärkte ist die Bindungslosigkeit im Arbeitsverhältnis. Der Arbeitgeber bindet sich in keiner Weise an den Arbeitnehmer, den er beschäftigt; der Arbeiter ist jederzeit ohne Kosten gegen einen anderen substituierbar. Der Arbeitnehmer ist seinerseits nicht an den Arbeitgeber oder eine bestimmte Kategorie von Arbeitgebern gebunden. „The only nexus is cash" (SENGENBERGER 1987, S. 119). Der unstrukturierte Arbeitsmarkt kommt dem Ideal eines neoklassischen Modells am nächsten. Arbeitsplätze und Arbeitskräfte sind homogen, es existieren uneingeschränkte Konkurrenz, Mobilität und Transparenz sowie Flexibilität der Löhne. Der Eintritt in diesen Teilmarkt ist an keine nennenswerte

---

[14] ISF steht für Institut für Sozialwissenschaftliche Forschung e.V., München.

```
                    Arbeitsmarkt
                    im ISF-Modell
          ┌──────────────┴──────────────┐
     strukturiert                  unstrukturiert
                                   (Markt für
                                   unspezifische
                                   Qualifikationen)
    ┌────┴────┐
berufsfachlich   betriebsintern
(Markt für       (Markt für
fachspezifische  betriebsspezifische
Qualifikationen) Qualifikationen)
```

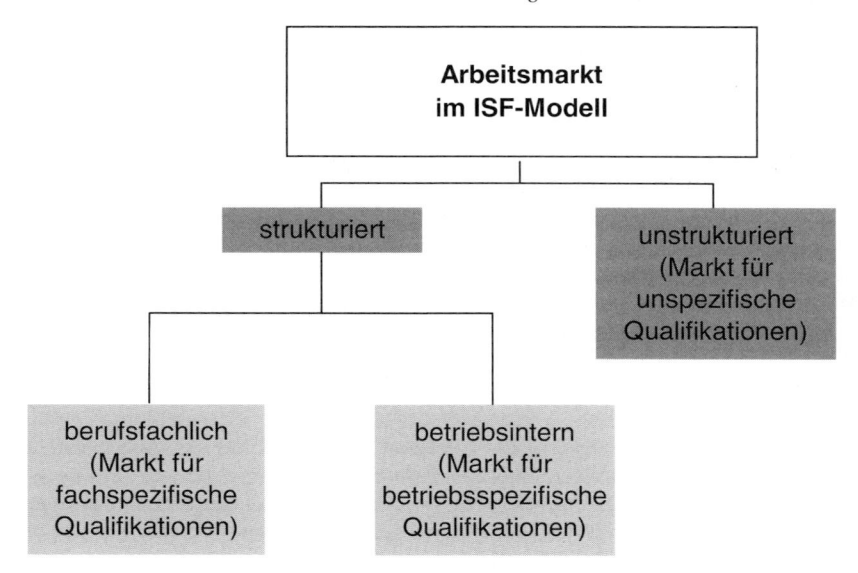

Abb. 11: Das Arbeitsmarktmodell des ISF (Quelle: Verfasser)

Qualifikationsbedingung geknüpft. Unstrukturierte Arbeitsmärkte sind aber auch karrierelos, durch hohe betriebliche *Fluktuation* gekennzeichnet und besitzen insgesamt eine inferiore Stellung auf dem *Gesamtarbeitsmarkt*. Unstrukturierte Arbeitsmärkte erinnern daher an den strukturlosen Arbeitsmarkt bei KERR. Beispielhafte Berufsgruppen beinhalten alle einfachen, unqualifizierten oder wenig qualifizierten Hilfstätigkeiten.

2. Berufsfachliche Teilarbeitsmärkte umfassen generell berufsbezogene Tätigkeiten, die unabhängig von *betriebsspezifischen Qualifikationen* sind. Die Qualifikation ist standardisiert und über einen Einzelbetrieb hinaus transferierbar. Damit dies möglich ist, müssen übergeordnete Instanzen (z.B. der Staat, Interessensvertreter, Kammern etc.) den Qualifikationserwerb regeln, kontrollieren und sich inhaltlich dafür verbürgen. Die *Zertifikate* über den Qualifikationserwerb stellen gleichsam „Arbeitsmarktausweise" dar, die garantieren, daß ein Mindestmaß an Fähigkeiten und Kenntnissen vorhanden ist. Typisch für diesen Arbeitsmarkt sind *Facharbeiter*, die aufgrund ihrer allgemeingültigen Qualifikation eine hohe zwischenbetriebliche Mobilität aufweisen können. Die Facharbeiterqualifikation erlaubt die rasche Adaptierung an neue Arbeitssituationen ohne großen Verlust an zeit- und kostenintensiver Einarbeitung. Auch dabei ist die Parallele zu dem strukturierten „craft labour market" im Modell von KERR augenfällig.

In der Bundesrepublik Deutschland, genauso wie in Österreich, kommt dem berufsfachlichen Arbeitsmarkt ein großes Gewicht zu. Auf der einen Seite fußt das berufsfachliche Segment auf der Tradition handwerklicher Arbeitsorganisation, auf der anderen Seite auf der großen Bedeutung berufsbildender Schultypen in diesen beiden Staaten. LUTZ konstatiert zwar eine generelle Bedeutungsverlagerung der berufsfachlichen zu den betrieblichen Teilarbeitsmärkten, dennoch mißt er der Beachtung des berufsfachlichen Segments Bedeutung zu.[15]

3. Schließlich sind betriebsinterne Teilarbeitsmärkte anzuführen. Wesentliche Kennzeichen betriebsinterner Arbeitsmärkte sind folgende:

- Anpassungsvorgänge, welche die Belegschaft eines Unternehmens betreffen, erfolgen unternehmens- bzw. betriebsintern, d.h. ohne direkten Rückgriff auf *externe Arbeitsmärkte*;
- Arbeitskräfte eines Unternehmens bzw. eines Betriebes werden gegenüber Außenstehenden bevorzugt behandelt. Die Präferierung der „ins" gegenüber den „outs" spiegelt sich in der personalpolitischen Praxis der Betriebe durch die Maxime „Umstellung vor Einstellung" und „Aufstieg vor Einstieg" wider (SENGENBERGER 1987, S. 150).

Der Betrieb oder das Unternehmen verzichtet „freiwillig" auf den Austausch von – möglicherweise – billigeren externen Arbeitskräften gegen teurere interne Arbeitskräfte, so daß sich die Frage erhebt, welche betrieblichen Interessen damit verbunden sind. Die „Logik" liegt im Effizienzvorteil interner Rekrutierung. „Kann man mit einem längeren Verbleib der Arbeitskräfte im Betrieb rechnen, so lohnt es sich, eine betriebliche Hierarchie von Arbeitsplätzen und entsprechende Aufstiegsleitern zu installieren" (BILLER 1989, S. 43). Mit der Installierung von Hierarchien und Aufstiegsleitern wird nicht nur die Stabilität der Beschäftigung erhöht, sondern auch die Weitergabe des *„betrieblichen Wissens"* ermöglicht. Bei Gültigkeit der neoklassischen Annahme müßte jeder Beschäftigte damit rechnen, durch einen von ihm instruierten Arbeitnehmer ersetzt zu werden, der bereit ist, die angelernte Tätigkeit zu einem geringeren Lohn zu übernehmen. Die interne Aus- und Weiterbildung würde also über kurz oder lang nicht mehr funktionieren, die Hortung des Wissens und die Unersetzbarkeit einzelner Arbeitnehmer wären die Gegenstrategien.

Die Segmentationsansätze gehen davon aus, daß der Lohnwettbewerb durch einen Wettbewerb um Arbeitsplätze ersetzt wird. Der Arbeitsplatz, seine finanzielle Gratifikation sowie die hierarchische Stellung sind vorgegeben (gleich einem Dienstpostenplan). Aus einem Reservoir von primären Beschäftigten, die quasi in einer *Arbeitskräfteschlange* stehen und hinsichtlich *Ausbildungskosten* und *Beschäftigungsstabilität* in einem Konkurrenzverhältnis stehen, werden die frei werdenden Arbeitsplätze besetzt (vgl. THUROW 1978).

Letztlich gilt es zu klären, wie die – irgendwann einmal notwendige – externe Arbeitskräfterekrutierung geregelt wird. Dies stellt nämlich für den internen Arbeitsmarkt ein Problem dar, weil es gilt, das Lern- und Anpassungsvermögen, die Zuverlässigkeit, die Loyalität und Disziplin einer einzustellenden Person zu einem sehr frühen Zeitpunkt zu beurteilen. Meist sind alle diese Größen auch nach einer

---

[15] Zur Kritik am ISF-Ansatz siehe HOFFMANN und SCHMITT 1980, S. 34ff.; PRIEWE 1984, S. 126ff.

Probezeit nicht abzuschätzen. Fehler bei der *Personalentscheidung* würden sich in der Folge aufgrund der stabilisierenden Regelungen (wie *Kündigungsschutz*) als kostenverursachend herausstellen. Die Selektion der Arbeitssuchenden erfolgt daher nach dem Prinzip der *statistischen Diskriminierung*[16], wobei die schon besprochene „Signaling"-These eine Untermenge davon darstellt. Eine andere Möglichkeit besteht darin, Arbeitnehmer des berufsfachlichen Arbeitsmarktes in den betriebsinternen Arbeitsmarkt aufzunehmen, verdiente Facharbeiter in den Angestelltenstatus überzuführen.

Die betriebliche Strategie sieht eine differentielle Bindung der Arbeitskräfte an den Betrieb, im Sinne einer Unterscheidung in Stamm- und Randbelegschaft, vor. Betriebe wollen, so SENGENBERGER, wesentliche Ressourcen in die eigene Verfügungsgewalt internalisieren und entbehrliche Ressourcen, ebenfalls aus Kostengründen, externalisieren. Diese betriebliche Strategie ist nachvollziehbar und ökonomisch effizient, wenn sie sich auch realiter in den letzten Jahren deutlich verändert hat.

2.3.3 Das duale Modell

Die Theorie eines dualen Arbeitsmarktes wurde in den USA bereits in den späten 60er und frühen 70er Jahren entwickelt. Empirische Arbeiten über Armut, Einkommensverteilung, die Strukturierung der Arbeitslosigkeit und über Phänomene der Diskriminierung auf dem Arbeitsmarkt waren der unmittelbare Anlaß dazu, Alternativen zur gängigen neoklassischen *Politikberatung* auch theoretisch zu untermauern. Die Arbeiten von DOERINGER und PIORE (1971) bildeten den Kern des neuen Paradigmas, welches die institutionalistische Anschauung der 50er Jahre wieder aufgriff und auch Ansätze der Humankapitaltheorie berücksichtigte.

Die zentrale Annahme der dualen Arbeitsmarkttheorie sieht den Gesamtarbeitsmarkt in ein primäres und ein sekundäres Segment geteilt, die sich sowohl institutionell als auch technologisch und ökonomisch deutlich voneinander unterscheiden. Einem *primären Arbeitsmarkt* mit überdurchschnittlich hohen Löhnen, guten Arbeitsbedingungen, attraktiven Karrieremöglichkeiten und vor allem stabilen Beschäftigungsverhältnissen steht ein *sekundärer Arbeitsmarkt* gegenüber, der eher schlechte Bezahlung, geringe Karrieremöglichkeiten und eine erhöhte Instabilität der Beschäftigung offeriert („dead-end employment").

Die Unterschiede zwischen dem primären und sekundären Arbeitsmarkt lassen sich auch durch Merkmale und Verhaltensweisen der Beschäftigten belegen. Berufstätige im primären Segment weisen eine „innere Beziehung" zu ihrer Arbeit auf und passen sich dem Wunsch nach Stabilität gerne an, da dies auch der persönlichen Nutzenmaximierung entgegenkommt. Berufstätige im sekundären Segment haben dagegen – so die Theorie – seltener eine innere Beziehung zu ihrer Arbeit, sie wechseln häufig und weisen auch eine hohe Fehlstundenanzahl auf. Auf dem sekundären Arbeitsmarkt finden sich häufiger benachteiligte Gruppen, Ausländer, unqualifi-

---

[16] "[...] die Übertragung häufig gesellschaftlich angenommener typischer Charakteristika einer bestimmten sozialstatistischen Gruppe auf die einzelnen Mitglieder dieser Gruppe" (BILLER 1989, S. 45).

zierte Personen oder Berufstätige mit „unvollständiger" oder unsteter Erwerbsbiographie. Es ist natürlich ein Ursache-Wirkungs-Problem, ob die „Kapitalseite" die Bedingungen eines primären und sekundären Segments definiert und in der Folge bestimmte Arbeitskräftegruppen bestimmte Eigenschaften angenommen haben, oder ob zuerst diese spezifischen Eigenschaftskombinationen bei sozialen Gruppen feststellbar waren und die institutionelle Auskleidung der Segmente eine Reaktion darauf darstellt. Die beispielhafte Frage, ob die unstete *Erwerbsbiographie* Folge oder Ursache für die Herausbildung des sekundären Segments ist, kann nicht so ohne weiteres beantwortet werden.[17]

Der primäre Arbeitsmarkt stellt die Aggregation aller betriebsinternen Arbeitsmärkte dar. Daher läßt sich das primäre Segment auch durch die Funktionsweise des internen Arbeitsmarktes charakterisieren. Besonders die *Mobilitätsketten* sind als eine Art Karriereleiter, die an einem „*port of entry*" beginnt und mit der Verweildauer im Unternehmen gekoppelt ist, kennzeichnend. Arbeitskräfteanpassung erfolgt nicht durch Lohnänderung, wie es im *neoklassischen Modell* vorgesehen ist, sondern durch Überstunden, *Subcontracting*, Auslagerung oder „Personalrochaden".

Komplementär zum primären Arbeitsmarkt verhält sich das sekundäre Segment, wiederum als Aggregation aller externen Arbeitsmärkte vorstellbar. In diesem erfolgt Arbeitskräfteanpassung über Lohnänderung. Interne Arbeitsmarktstrukturen fehlen im sekundären Segment weitgehend. „In the secondary labor market, production processes tend to involve simple, repetitive tasks which many of the virtually infinite supply of untrained people can often learn quickly and easily" (HARRISON/SUM 1979, S. 690). Eine hohe Fluktuation stellt keinen zusätzlichen Kostenfaktor dar, weil der Arbeitsprozeß leicht erlernbar und das Potential von Eintrittswilligen groß ist.

Aus der Arbeit von DOERINGER und PIORE ist nicht präzise ableitbar, ob die Vorstellung einer Segmentierung in einen primären und einen sekundären Arbeitsmarkt im Sinn einer Dichotomie oder einer akzentuierten Kontinuität aufzufassen ist. Ob also das primäre und das sekundäre Segment strikt oder nur überwiegend voneinander getrennt sind. Vieles spricht jedoch dafür, daß die Kontinuitätsvorstellung adäquater zu sein scheint, wobei die idealtypischen Beschreibungen des primären und sekundären Segments Pole der Arbeitsmarktstrukturierung darstellen.

---

[17] Mit diesem Problem haben sich u.a. VIETORISZ und HARRISON (1973) auseinandergesetzt. Sie sprechen von der endogenen Bestimmung des Arbeitsmarktverhaltens. Im sekundären Arbeitsmarkt wird ein stabiles Beschäftigungsverhalten weder lohn- noch karrieremäßig honoriert. Die Beschäftigten werden daher auch jede Gelegenheit der Verbesserung nutzen und ein insgesamt instabiles Arbeitsmarktverhalten zeigen. Die ursprüngliche Zuweisung von Arbeitskräften zum sekundären Segment aufgrund von sogenannten Screening-Merkmalen (Ausbildung, Alter, Geschlecht), die anfänglich stark vorurteilsbehaftet ist, erhält dadurch eine Art Selbsterfüllung und damit auch eine gewisse Rationalität. Umgekehrt entwickeln Beschäftigte des primären Segments aufgrund der starken Anreize ein stabiles, karriereorientiertes Arbeitsverhalten, was die ursprüngliche Auswahl nachträglich rechtfertigt.

2.3 Segmentation des Arbeitsmarktes

	Primäres Segment (Ia)	Primäres Segment (Ib)	Sekundäres Segment
typische Berufe	höhere und leitende Angestellte und Beamte, Unternehmer	Facharbeiter, Angestellte und Beamte einer mittleren und unteren Hierarchieebene	ungelernte Arbeiter, Hilfsarbeiter, Saisonarbeiter
Eigenschaften des Arbeitsplatzes	Stabilität der Beschäftigung; Selbständigkeit bei der Aufgabenbewältigung	Stabilität der Beschäftigung; Abhängigkeitsbeziehungen, weisungsgebunden	instabile und kurzfristige Beschäftigungen
Mobilität	beruflicher Aufstieg erfolgt nicht mehr auf strikt festgelegten Pfaden; Betriebs- und Ortswechsel häufig	beruflicher Aufstieg entlang vorgegebener Pfade; Dominanz der innerbetrieblichen Mobilität; Seniorität ist wichtig	häufiger Betriebs- und Branchenwechsel ohne nennenswerten Aufstieg
Qualifikation	hohe formale und berufliche Qualifikation	mittlere formale, aber hohe arbeitsplatzspezifische Qualifikation („on the job-training")	geringe formale und arbeitsplatzspezifische Qualifikation; Dominanz der Jedermannqualifikation
Arbeitsinhalt	unabhängige, kreative Arbeitsweise; Konfliktregelung wird personalisiert (persönliche Gespräche)	routinisierte Arbeitsweise mit kreativen „Restfunktionen"; Konfliktregelung wird institutionalisiert (Gewerkschaften, Betriebsrat)	physisch geprägter und wiederkehrender Arbeitsinhalt; Konflikte führen häufig zum Arbeitsplatzwechsel

Abb. 12: Charakteristische Eigenschaften der drei Segmente des Arbeitsmarktes (Quellen: nach FREIBURGHAUS/SCHMID 1975, S. 436 und LEWIN 1982, S. 9)

In den 70er und 80er Jahren erschien eine Reihe weiterer Arbeiten zum dualen Modell, wobei sich ein Teil der Autoren mit spezifischen Prozessen des segmentierten Arbeitsmarktes auseinandersetzte.[18] Ein anderer Teil der Arbeiten befaßte sich mit der Adaptierung und Reformulierung des dualen Modells. Die ursprüngliche Zweiteilung des Arbeitsmarktes wurde 1975 von Michael PIORE modifiziert. Das primäre Segment wurde in ein „upper tier" und ein „lower tier" unterteilt: höhere Positionen im primären Segment („upper tier jobs"; abgekürzt als Ia); mittlere und untergeordnete Positionen im primären Segment („lower tier jobs"; abgekürzt als Ib); sekundärer Arbeitsmarkt (abgekürzt als II).

Das primäre Segment (Schicht Ia) umfaßt höhere oder *leitende Beamte* bzw. Angestellte sowie *Selbständige* und *Unternehmer*. Das gemeinsame Kennzeichen ist eine weitgehende Selbstbestimmtheit bei der Aufgabenbewältigung, die überdies nur ei-

---

[18] So das „Rückkoppelungsmodell" von VIETORISZ und HARRISON (1973) oder das Modell des Arbeitsplatzwettbewerbs von THUROW (1978).

nen geringen Anteil routinebehafteter Arbeitsabläufe beinhaltet. Die hohe formale und arbeitsplatzspezifische Qualifikation stabilisiert das Beschäftigungsverhältnis, die betreffende Person hat den Status der „Unersetzbarkeit" erreicht. Arbeitskonflikte werden in persönlichen Geprächen geregelt. Die hohe Position in einem Unternehmen erschwert den weiteren Aufstieg, der, falls er eintritt, auch häufig mit einem Wechsel des Arbeitsortes, aber auch des Unternehmens selbst verbunden ist. Es existieren daher keine „normierten" Karrierepfade, sondern sehr persönliche Berufslaufbahnen.

Dem primären Segment der Schicht Ia ist jenes mit der Bezeichnung Ib untergeordnet. Es umfaßt Facharbeiter, mittlere und niedere Angestellte und *Beamte*. Die formale Qualifikation dieser Erwerbsgruppe bewegt sich auf einem mittleren, die arbeitsplatzspezifischen Qualifikationen jedoch auf einem hohen Niveau. Über Senioritätsregelungen und berufliche Aufstiegsmöglichkeiten entlang von innerbetrieblichen Karrierepfaden wird die Stabilität der Beschäftigung erreicht. Interessensgegensätze und Arbeitskonflikte werden Institutionen (z.B. der Gewerkschaft oder dem Betriebsrat) übertragen.

Als drittes Stratum im Beschäftigungssystem stellt sich nun das sekundäre Segment, welches Hilfsarbeiter, angelernte Arbeiter, landwirtschaftliche Saisonarbeiter u.a.m. einschließt. Die Tätigkeit selbst ist weniger durch besonderes „know-how" als durch physisch belastende Arbeitsinhalte geprägt. Das Minimum an Kenntnissen, besonders an arbeitsplatzspezifischen, erlaubt es Unternehmern die Arbeitskräfte, aber auch den Arbeitskräften das Unternehmen häufig zu wechseln, ohne einen nennenswerten Verlust an Investitionen in das Humankapital in Kauf nehmen zu müssen. Instabile und kurzfristige Beschäftigungsverhältnisse werden die Folge sein.

Diese segmentationstheoretischen Ansätze gehen ausschließlich von der Situation in Nordamerika oder in Europa aus und sind deshalb nicht in alle Kulturkreise übertragbar. Obwohl für Japan die Unterscheidung in (berufslebenslang beschäftigte) *Stammarbeiter* und Nicht-Stammarbeiter typisch ist, wäre die für das sekundäre Segment charakteristische Fluktuation zwischen den Betrieben mit den gesellschaftlichen Normen unvereinbar. Es besteht also noch ein Forschungsbedarf, um die segmentationstheoretischen Modelle an andere Kulturkreise anzupassen.

Warum kommt es zur Dualisierung des Arbeitsmarktes? Drei Argumente können angeführt werden. Sie beziehen sich auf die Humankapitaltheorie, auf den unterschiedlichen Einsatz technischer Innovationen und schließlich auf einen längerfristigen sozialen Wandel.

1. Die humankapitaltheoretischen Überlegungen gehen von einem betrieblichen Effizienzkalkül hinsichtlich Investitionen sowohl in das humane als auch in das *physische Kapital* aus. Investitionen in das humane Kapital können sich nur dann amortisieren, wenn die Arbeitskraft dem Unternehmen für längere Zeit erhalten bleibt. Überdurchschnittliche Bezahlung, besonders verknüpft mit Senioritätsrechten, ist ein Instrument, um stabile Arbeitsverhältnisse zu schaffen. Mittels *„job-ladders"*, *„patterns of promotion"*, Eintritt an definierten „entry-ports", mit spezifischen Bedingungen und Senioritätsprinzipien wird eine Reihe von Maßnahmen interner

Disziplinierung und Stabilisierung geschaffen. Gewerkschaften wurden, als sie aus anderen Gründen Senioritätsmaßnahmen in ihren Forderungskatalog aufnahmen, willkommene „Assistenten" bei der Installierung interner Arbeitsmärkte.

2. Das zweite Argument stützt sich auf einen unterschiedlichen Technologie- und *Kapitaleinsatz*. Die zunehmende Komplexität der Arbeitsorganisation bei der Güter- und Dienstleistungsproduktion verlangt die Stabilität eines Teiles der Belegschaft von Unternehmen. Die Arbeitskräfte eines internen Arbeitsmarktes, die *Stammbelegschaft* eines Unternehmens, sind im Besitz eines Großteils des betrieblichen Know-hows. Das Erlernen von firmen- und arbeitsplatzspezifischen Fähigkeiten ist aber für beide beteiligten Gruppen – Arbeitgeber und Arbeitnehmer – nur dann langfristig kostengünstig, wenn stabile Beschäftigungsverhältnisse vorliegen. Daher erfolgt die Institutionalisierung von Allokation, Entlohnung und Karriere der Arbeitskräfte durch das angedeutete System von Regeln wie Einstellungskriterien, Senioritätsprinzipien, Leistungsbeurteilungen etc. Dies schafft Stabilität und Planbarkeit der Beschäftigung und begründet auch eine Symbiose der Interessen von Arbeitnehmern und Arbeitgebern. Der einzelne kann mit einem stetigen ökonomischen und sozialen Aufstieg rechnen, der Arbeitgeber kann bei der Besetzung frei werdender oder neu geschaffener *primärer Arbeitsplätze* aus einem Reservoir loyaler Arbeitnehmer auswählen.

Diese Überlegungen erhielten „Schützenhilfe" von ökonomischen Theorien, die nicht mehr auf einer betrieblichen Mikroebene, sondern auf einer darüberliegenden Makroebene angesiedelt sind. Das Modell des dualen Arbeitsmarktes koinzidiert mit der Vorstellung einer dualen Ökonomie. Die u.a. auf AVERITT (1968) zurückgehende Konzeption beschreibt die Dualisierungstendenz der Privatwirtschaft in einem Bereich der Wettbewerbs- und einem Bereich einer zunehmend *monopolisierten Industrie*.

Das Zentrum einer dualen Ökonomie, welche primäre Segment in einem überdurchschnittlichen Ausmaß umfaßt, ist durch Arbeitgeber gekennzeichnet, die ein hohes Maß an Marktmacht besitzen. Die Marktmacht ergibt sich durch eine monopolhafte Stellung oder auch durch eine Absatzabsicherung aufgrund von Staatsaufträgen. Unternehmen mit Marktmacht können langfristige Investitionen in das humane und auch das *physische Kapital* treffen, was sich wiederum in erhöhter Produktivität und damit in erhöhten Profiten niederschlägt.

Auf der Suche nach Stabilität wird alles, was risikobehaftet ist, ausgelagert, exportiert in kleinere, einer größeren Konkurrenz ausgesetzte und kapitalextensivere Unternehmen einer industriellen Peripherie. Die Folge ist die Dualität zwischen Unternehmern mit großer Marktmacht und einer Vielzahl davon mehr oder minder abhängiger Klein- und Mittelbetriebe, welche viel vom konjunkturellen Risiko zu tragen haben. Auch wenn dies in typischer Ausprägung wohl eher für Japan zutreffend zu sein scheint, so lassen sich derartige Tendenzen auch bei europäischen Unternehmen beobachten.

3. Schließlich müssen als drittes Argument die eher marxistisch-historischen Überlegungen von REICH, GORDON und EDWARDS (1973) angeführt werden, die, angeregt durch die Arbeit DOERINGER's und PIORE's, die säkuläre Tendenz der Arbeits-

marktspaltung betont haben. REICH, GORDON und EDWARDS gehen davon aus, daß Arbeitsmarktsegmentierung ein historischer und politisch-ökonomisch gewollter Prozeß ist. Die industrielle Entwicklung war zunächst von einer progressiven Homogenisierung der Arbeitsbevölkerung begleitet. Die industrielle Produktionsweise bedingte in ihrer Frühform die Eliminierung spezifischer, früher handwerklicher Fähigkeiten. Die noch relativ einfache Mechanisierung erlaubte die Rekrutierung von ungelernten Arbeitskräften auf einem unspezifischen Massenmarkt. Die politischen Folgen dieser zunehmenden Homogenisierung einer Arbeiterschicht sind bekannt: Herausbildung eines industriellen Proletariats, Klassengegensätze und Klassenkämpfe.

Mit den Veränderungen des ökonomischen Systems in den ersten Jahrzehnten des 20. Jahrhunderts setzte ein grundsätzlicher Wandel ein. In der Besitzstruktur der Unternehmen zeigten sich Tendenzen zur Herausbildung von *Oligopolen* und *Monopolen*, innerbetrieblich wurde die mittel- und langfristige Stabilität von Absatz, Produktion und Produktionsmitteln angestrebt. Nach *marxistischer* Auffassung wird unter dem Gesichtspunkt des „divide et impera" ein Teil der Arbeiterschaft abgespalten und mit Privilegien ausgestattet. Damit ändern sich die täglichen Erfahrungen von Arbeitnehmern mit dem Arbeitsprozeß und unterscheiden sich grundsätzlich voneinander. Einer gemeinsamen Opposition gegen das *kapitalistische System* war die Basis entzogen. Arbeitsmarktsegmentierung ist bei REICH, GORDON und EDWARDS daher ein Produkt einer zunehmend arbeitsteiligen Ökonomie, die sich von einem Konkurrenzkapitalismus zu einem zunehmend monopolisierten Kapitalismus weiterentwickelt hat.[19]

Versucht man eine kritische Würdigung des erweiterten dualen Modells von DOERINGER und PIORE vorzunehmen, so muß zweierlei hervorgehoben werden. Erstens ist es trotz des „weitgehend hypothesenhaften Charakters die am gründlichsten ausgearbeitete dualistische Theorie" (PRIEWE 1984, S. 106). Darüber hinaus war die 1971 veröffentlichte Arbeit Auslöser einer Vielzahl von weiteren theoretischen Analysen. Als zweites Verdienst muß die Tatsache hervorgestrichen werden, daß es nicht nur um ein besseres Arbeitsmarktmodell ging, sondern um eine „Theorie sozialökonomischer Schichtung im Rahmen von abhängiger Beschäftigung" (PRIEWE 1984, S. 106).

Zu kritisieren ist, daß das Segmentationskonzept definitorisch unscharf geblieben ist. Was als primäres oder sekundäres Segment gilt, ist nicht eindeutig festgelegt. Arbeitsmarktsegmente sind theoretische Konstrukte ohne verbindliche Operationalisierung geblieben. Widersprüchlich sind auch die Aussagen zur zukünftigen Entwicklung der Segmentierung. Mit einer fortschreitenden Deregulierung der Ar-

---

[19] Auch eine nichtkapitalistische Monopolstruktur wie die kommunistische Planwirtschaft führt zu einer ausgeprägten Segmentation. Die Arbeitsmärkte in den ehemals sozialistischen Staaten waren großteils dermaßen segmentiert, daß allein der Ausdruck „Arbeitsmarkt" disfunktional ist.

beitsverhältnisse schwächt sich – so die Erwartung – Segmentierung ab. KÖHLER und GRÜNER (1989) schreiben diese Entwicklung dem Einsatz neuer Techniken zu. Sie erwarten, daß das System des internen Arbeitsmarktes trotz seiner Anpassungskapazität langfristig nicht überlebensfähig ist. Flexible automatisierte Produktionsanlagen würden ihm den Boden entziehen (KÖHLER/SCHULTZ-WILD 1985, S. 25). BAETHGE und OBERBECK (1986, S. 40) vertreten eine genau gegenteilige Position. Sie prognostizieren eine zunehmende Bedeutung beriebsinterner Arbeitsmärkte und eine Verstärkung der Segmentationslinien zwischen internen und externen Arbeitsmärkten und erwarten eine „Refeudalisierung" des mittelbaren Arbeitsverhältnisses. Daß die Auswirkungen neuer Technologien auf die Segmentierung des Arbeitsmarktes so kontrovers beurteilt werden, hängt auch mit der geringen Zahl empirischer Untersuchungen zusammen.

Trotz der Kritik muß die Entwicklung des Segmentationsansatzes als ein ehrgeiziger und verdienstvoller Versuch gewertet werden, die rigide ökonomische Betrachtungsweise zu sprengen und die Sichtweise auf die „reale Welt" zu erweitern.

3 Theorien der räumlichen Entwicklung

Die wissenschaftliche Aufgabe einer Arbeitsmarktgeographie besteht im besonderen in der Integration des „Raumes" in die Arbeitsmarkttheorien. Aus einem aräumlichen und punktförmigen Modell wird ein räumliches. Im folgenden Abschnitt wird der Frage nachgegangen, welchen Stellenwert der „Raum" - wie auch immer definiert – in den Arbeitsmarkttheorien besitzt. Ausgangspunkte sind dabei das neoklassische Arbeitsmarktmodell und das Konzept des segmentierten Arbeitsmarktes.

3.1 Das neoklassische Gleichgewichtsmodell

Im Prinzip ist das neoklassische Grundmodell ein nichträumliches Modell. Es beschreibt für eine distanzlose, punktförmige Wirtschaft die Funktion der Angebot-Nachfrage-Anpassung auf dem Arbeitsmarkt. Verbindet man zwei Regionen und unterstellt in beiden Regionen die Gültigkeit des neoklassischen Grundmodells, dann ergeben sich Arbeitsmigration und Kapitalwanderung bis ein dynamischer Gleichgewichtszustand erreicht ist (vgl. SIEBERT 1967; ALTERMATT 1981; LEWIN 1982). Die Überlegungen lassen sich durch folgendes Modell veranschaulichen:

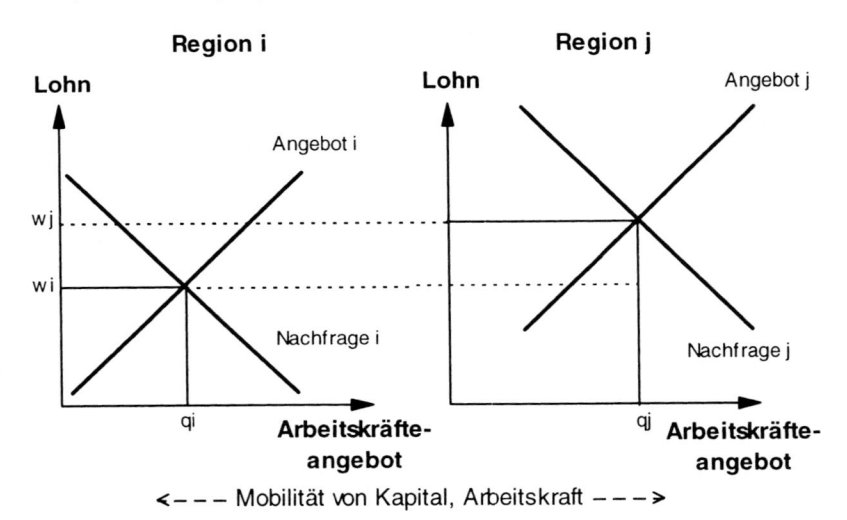

Abb. 13: Räumliche Lohndisparität und Ausgleichsmechanismus (Quelle: Verfasser)

In einem *Zwei-Regionen-Modell* existieren aufgrund unterschiedlicher Ausstattung von Kapital und Arbeitskräften unterschiedliche Gleichgewichtslöhne. Zu dem Gleichgewichtslohn der Region i würden in der Region j nur q_j-Menschen ihre Arbeitskraft anbieten. Zum vergleichsweise hohen Lohn der Region j dagegen würden in der Region i bedeutend mehr Menschen arbeiten wollen, nämlich q_i. Die jeweilige Differenz zwischen q_j und q_i konstituiert die Masse potentieller Arbeitsmigranten.

Geht man davon aus, daß tatsächlich alle potentiellen Arbeitsmigranten abwandern, dann würde das Arbeitskräfteangebot in der Region j erhöht und in der Region i gesenkt werden. In der „*Hochlohnregion*" j wird sich dadurch die Bereitschaft, auch zu niedrigeren Löhnen arbeiten zu gehen, erhöhen. Umgekehrt wird in der „*Niedriglohnregion*" i die Angebotsfunktion nach oben verschoben, die Zahl der Personen, die zu einem geringen Lohn Arbeit annehmen werden, sinkt. Neue Gleichgewichtslöhne werden sich einstellen, deren Differenz durch die Arbeitskräftemobilität geringer geworden ist.

Abermals werden die Schwächen des neoklassischen Denkansatzes offensichtlich. Dieser geht von einer durchschnittlich qualifizierten Arbeitskraft aus, die überall einsetzbar ist und jeweils ökonomisch rational auf *Lohnunterschiede* reagiert. Weil jedoch spezifische Arbeitsplätze räumlich sehr ungleich verteilt sind, ist der Durchschnittslohn für eine qualifizierte Arbeitskraft, die einen Arbeitsplatz sucht, nur marginal wichtig.

Analog zur Arbeitskräftemobilität läßt sich auch die Mobilität von Kapital beschreiben. Kapital wird dorthin transferiert, wo hohe Erträge zu erwarten sind. Hohe Erträge sind dort zu erwarten, wo im Vergleich zur Nachfrage relativ wenig Kapital vorhanden ist. Kapital wird in die Region i einfließen, um das Potential billiger Arbeitskräfte zu nützen oder weil das Zinsniveau hoch ist. Fabriken werden in dem *Billiglohnland* errichtet, Arbeitsplätze entstehen und der Kapitalstock wird erhöht. Damit verändert sich auch die Nachfrage nach Arbeitskräften. Erhöhte Nachfrage in der ehemaligen Billiglohnregion und gleichzeitige Abwanderung der Arbeitskräfte in die Hochlohnregion j verringern das Arbeitskräfteangebot und bewirken langfristig eine deutliche Anhebung des Gleichgewichtslohns.

Lohnhöhe, Arbeitskräfteangebot und -nachfrage tendieren im multiregionalen *neoklassischen Modell* zum langfristigen Ausgleich. Abweichungen haben nur kurzfristigen Charakter, weil *Arbeitskräftewanderung* und Kapitalbewegungen zwischen den Regionen immer zeitverzögert erfolgen. Kommt es dennoch zu Ungleichgewichten, dann hängt dies von der mangelhaften *Transparenz des Marktgeschehens* ab, die zu suboptimalen Entscheidungen führt, oder von politischen Entscheidungen. Lohnunterschiede sind nur dann „erlaubt", wenn sie kompensatorischen Charakter haben, wenn also überdurchschnittlich schlechte Arbeitsbedingungen einer Region monetäre Abgeltung verlangen.

Die Übertragung des neoklassischen Grundmodells auf ein räumliches Modell verändert nicht dessen Basisannahmen. Wird den angeführten Unvollkommenheiten Rechnung getragen, so lassen sich kurzfristige Abweichungen erklären. „Grundsätzlich aber wird über den Marktmechanismus die Vielzahl der Einzelentscheidungen zum Gleichgewicht hin koordiniert" (ALTERMATT 1981, S. 29). Daher gelten alle gegen das neoklassische Modell geltend gemachten Kritikpunkte auch für die „räumliche Version".

Insbesondere die Annahme des langfristigen Ausgleichs ist eine Fehleinschätzung. Zu beobachten ist vielmehr, daß jede neue Innovation, jede neue Technologie und jeder soziale Wandel die *Disparitäten* verstärken. Einen Ausgleich hat es noch nie gegeben und wird es auch aus funktionalen und machtpolitischen Erwägungen heraus nicht geben. Das Charakteristische räumlicher Strukturen ist nicht das Gleichgewicht, sondern das *Ungleichgewicht*.

Die Prämissen von der Homogenität des Raumes und der Ubiquität der benötigten Informationen sind in den letzten Jahren auch innerhalb der Neoklassik zunehmend kritisiert worden, wobei sich ROMER (1986, 1990), KRUGMAN (1979, 1991a, 1991b), GALE (1996) sowie GERSBACH und SCHMUTZLER (1995, 1996, 1997) am stärksten von diesen Prämissen distanziert haben und in ihren Modellen mehr als eine Region annehmen. KRUGMAN unterscheidet in seinem Grundmodell zwei Typen von Arbeitskräften, zwei Regionen und zwei Produkte, nämlich Bauern, die landwirtschaftliche Produkte erzeugen, und Industriearbeiter, die Industrieprodukte fertigen. Die Wirtschaft besteht nun nicht mehr aus einem Punkt, sondern aus zwei Regionen, von denen jedoch jede wiederum als Punkt behandelt wird. Nach wie vor bilden jedoch die Transportkosten den entscheidenden Faktor. Aufgrund von Agglomerationsvorteilen entwickelt sich die eine Region zur „Kernregion" und die andere zur „peripheren Region". Dieses Modell wurde später noch für eine größere Zahl von Regionen erweitert. ROMER (1990) weist auf die große Bedeutung des technologischen Wandels und des Wissens für das Wachstum der Wirtschaft hin. „[...] technological change [...] lies at the heart of economic growth [...] Technological change provides the incentive for continued capital accumulation" (ROMER 1990, S. 72). Verschiedene Autoren betonen, daß *knowledge spillovers* und der Zugang zum Wissen anderer Unternehmen ein wichtiger Grund für zentripetale Standorttendenzen (in die Kernregion) seien.

Ein Schwachpunkt dieser Ansätze liegt in der Überschätzung der Transportkosten, auch wenn dieser Terminus sehr weit gefaßt wird. Dafür spielen die funktionale räumliche Arbeitsteilung zwischen Unternehmensleitung (inkl. Stabsstellen wie Forschung und Entwicklung) und Produktion sowie die organisationstheoretischen Aspekte in diesen ökonomischen Modellen noch eine zu geringe Rolle. Von den meisten der oben genannten Autoren wird noch nicht zwischen Standorten unterschieden, an denen die Firmen produzieren, und solchen, an denen sie planen, entscheiden, kontrollieren, forschen sowie Technologien und Innovationen entwickeln.

Der theoretische Zugang zu räumlichen Aspekten des Arbeitsmarktes wird deutlich breiter und umfassender, wenn auch jenen Theorien und Modellen Aufmerksamkeit geschenkt wird, die generell raumbezogene, ökonomische Fragen zum Inhalt haben. Der Arbeitsmarkt ist dabei nicht explizit Objekt der wissenschaftlichen Forschung, wohl aber implizit. Anzuführen wären hier Ansätze der regionalen Außenwirtschaftstheorie mit Partialmodellen regionaler Preistheorie, womit sich die Namen RICARDO, OHLIN und SAMUELSON verbinden, Standortmodelle wie jenes von CHRISTALLER oder LÖSCH und schließlich Theorien des räumlichen Gleichgewichts im Rahmen neoklassischer Totalmodelle (ISARD, LEFEBER, v. BÖVENTER; vgl. dazu

POHLE 1982). All diesen Ansätzen ist jedoch die Verwurzelung in den klassisch-ökonomischen Denkmustern zu eigen. Es dominieren die Analyse der Anpassungsfunktion des Arbeitsmarktes und die Vorstellung eines Gleichgewichts als zentrale Ordnungsidee.

3.2 Ungleichgewichtsmodelle

3.2.1 Das Raummodell der Polarisationstheorie

So wie der Segmentationsansatz eine Gegenposition zu klassischen und neoklassischen Arbeitsmarkttheorien darstellt, so repräsentieren polarisationstheoretische Ansätze die Alternative zu neoklassischen Gleichgewichtstheorien der räumlichen Ordnung. Polarisationstheoretische Ansätze betonen die a priori bestehenden regionalen Unterschiede in der Ausstattung mit Produktionsfaktoren, deren partielle Immobilität und das Vorhandensein von oligopolistischen oder monopolistischen Machtstrukturen. Es gehört zum Kern der Polarisationstheorie, daß die bestehenden regionalen Unterschiede nicht zum Ausgleich gelangen, wie es die Neoklassik vorsehen würde, sondern aufgrund eines kumulativen Entwicklungsprozesses verstärkt oder immer wieder neu strukturiert werden.

Die Hypothese der zirkulären Verursachung eines sozialen und ökonomischen *Peripherisierungsprozesses* stellt die entscheidende Gegenthese zur Gleichgewichtsannahme dar. Die Polarisationstheorie hat daher einen räumlichen Bezug, wenn auch die Frage nach dem gültigen Maßstab gänzlich offen ist. Sowohl innerhalb eines Landes als auch im internationalen Maßstab vollzieht sich die Differenzierung von Wachstumszentren und entwicklungsbenachteiligten Regionen.

Die Polarisationstheorie geht auf MYRDAL (1957) zurück. Er beschrieb das Auseinanderdriften der wirtschaftlichen Leistungsfähigkeit von Regionen als Folge von Entzugseffekten („*backwash effects*" oder auch Sogeffekte) und von Ausbreitungseffekten („*spread effects*"). *Entzugs- oder Sogeffekte* sind jene beobachtbaren Erscheinungen, welche der Peripherie Ressourcen ent- und dem Zentrum zuführen. Die *Agglomerationsvorteile* des Zentrums locken zusätzliche Investoren an, während die Peripherie noch weiter an endogenem Potential verliert. Aufgrund der bestehenden Ungleichgewichte in der Ausstattung mit Produktionsfaktoren, wobei diese a priori bestehenden Ungleichgewichte im Rahmen der Polarisationstheorie nicht begründet werden, wird beispielsweise eine Arbeitskräftewanderung initiiert. Die Wanderung erfolgt in ökonomisch attraktive Gebiete und entzieht aufgrund ihres selektiven Charakters den Abwanderungsregionen „Humanressourcen". Die Möglichkeiten von internen und externen Ersparnissen in den Unternehmen der Zentren, auch aufgrund der Zuwanderung qualifizierter Arbeitskräfte, schaffen einen Wettbewerbsvorsprung. Dies führt in weiterer Folge dazu, daß die Peripherie von Produkten des Zentrums überflutet wird, welche sie selbst nicht oder zu nicht konkurrenzfähigen Preisen herstellt. Trifft letzteres zu, so werden in der Peripherie ansässige Unternehmen langfristig zurückgedrängt, und die Abhängigkeit vom Zentrum verstärkt sich.

Antagonistisch zu diesem Prozeß können Ausbreitungseffekte wirksam werden. *„Spread effects"* können die Ausbreitung von Wissen oder technischen Standards vom Zentrum in die Peripherie, aber auch die gesteigerte Nachfrage des Zentrums nach Produkten oder Dienstleistungen (z.B. Fremdenverkehr) der Peripherie bedeuten. In der Regel überwiegen aber nach MYRDAL die Entzugseffekte und übertreffen die Ausbreitungseffekte hinsichtlich ihrer Wirkung auf die regionale Entwicklung. Werden also dem freien Spiel der Marktkräfte keine Eingriffe des Staates entgegengesetzt, so führt die Polarisation zu einer ungleichen *räumlichen Verteilung* von wirtschaftlichen Aktivitäten, wobei die Möglichkeiten der Arbeitsteilung diese räumliche Entmischung von Funktionen fördern.

Der wohl prominenteste polarisationstheoretische Ansatz ist der *Zentren-Peripherie-Ansatz* von FRIEDMANN (1972), beruhend auf MYRDAL (1957), HIRSCHMANN (1958) und PERROUX (1955). Er sieht räumliche Entwicklung als ungleichförmigen, kumulativen Prozeß mit zirkulärer Verursachung an und betont die vorrangige Rolle von Innovationen, die, bedingt durch spezifische Agglomerationsvorteile, von den Zentren ausgehen. Aufgrund des wechselseitigen Zusammenhangs von Wachstumsdeterminanten und hohen Wachstumsraten sichern sich Agglomerationen nicht nur einen Entwicklungsvorsprung, sondern verstärken auch die Dominanz über die Peripherien. Die Zentrum-Peripherie-Struktur tendiert daher zu einer immer größer werdenden Polarisierung, wobei diese umso ausgeprägter ist, je ärmer das Land ist.

Der Zusammenhang von polarisationstheoretischer Entwicklung auf der einen Seite mit der Segmentation des Arbeitsmarktes auf der anderen Seite ist naheliegend, aber nicht explizit. Arbeitsplätze eines primären Segments mit qualifizierten und dispositiven Aufgaben konzentrieren sich auf den städtischen Arbeitsmarkt, Arbeitsplätze eines sekundären Segments mit eher ausführenden, operativen Tätigkeiten auf ländlich periphere Regionen. Diese Form der räumlichen Arbeitsmarktsegmentierung verstärkt sich im Zuge der wirtschaftlichen Entwicklung. Weil der städtische Arbeitsmarkt attraktive Arbeitsplätze zur Verfügung stellt, wandern qualifizierte und junge Arbeitskräfte ins *Zentrum* ab. Diese Arbeitskräfte fehlen aber in der Peripherie und verhindern dort eine verstärkte endogene wirtschaftliche Entwicklung. Es mangelt an Investitionsbereitschaft, an Kreativität, an Unternehmertum und an lokaler Kaufkraft. Die örtlichen Dienstleistungen gehen zurück, die Armutsspirale dreht sich weiter und erhöht die Kluft zwischen Zentrum und *Peripherie*. Die Festschreibung der ungleichen Verteilung nichtlandwirtschaftlicher Arbeitsplätze, des Motors regionaler Einkommensunterschiede und *räumlicher Disparitäten*, bleibt bestehen.

3.2.2 Räumliche Arbeitsmarktsegmentierung

Von einem dualen Raummodell im Sinne eines Zentrum-Peripherie-Modells bedarf es nur eines kleinen Schrittes, um ein duales Arbeitsmarktmodell zu integrieren. Die Verknüpfung eines primären Arbeitsmarktes mit dem Zentrum und des sekundären Segmentes mit der Peripherie bietet sich förmlich an. Die Literatur postuliert daher eine systematische Koinzidenz eines dualen Arbeitsmarktes und eines dualen Raummodells.

3.2 Ungleichgewichtsmodelle

„Regionalwirtschaftlich relevante Kategorien der Arbeitsmarktorganisation ergeben sich aus dem Zusammenspiel der folgenden Konzepte: primäre und sekundäre Arbeitsmärkte, Aktions- und Anpassungsbetriebe, interne und externe Arbeitsmärkte, primäre und sekundäre Wirtschaftsbereiche, zentrale und periphere Regionen. Das Zusammenspiel ist – dies ist unsere Hauptthese – systematisch im Sinne einer regionalen Dualisierung strukturiert" (BUTTLER/GERLACH/LIEPMANN 1977, S. 110).

Das Ergebnis des systematischen Zusammenhanges von wirtschaftsräumlicher Gliederung und Segmentierung des Arbeitsmarktes kann als „räumliche Arbeitsmarktsegmentierung" bezeichnet werden. Produktmärkte, Arbeitsmärkte und räumliche Standorte sind eng miteinander verknüpft und alles andere als zufällig im Raum verteilt. Ein Schema soll diesen systematischen Zusammenhang veranschaulichen (Abb. 14).

Produktmarkt		Arbeitsmarkt		Räumlicher Standort
Nachfrage	Angebot	Nachfrage	Angebot	
Kernbereich der Wirtschaft		Primärer Arbeitsmarkt		Zentralräume
stabile Nachfrage	Kernunternehmen, Großunternehmen leistungsfähige Klein- und Mittelunternehmen mit hoher Marktmacht	primäre Arbeitsplätze, stabil, gut bezahlt, Aufstiegsleitern, Karrierechancen	primäre Arbeitskräfte, stabiles Erwerbsverhalten, männliche Arbeitskräfte mit hoher Qualifikation	
Randbereich der Wirtschaft		Sekundärer Arbeitsmarkt		Periphere Räume
instabile Nachfrage	Klein- und Mittelunternehmen mit geringen Ressourcen und geringer Ertragskraft, intensiver Wettbewerb, fremdbestimmt	sekundäre Arbeitsplätze, instabil und ohne Aufstiegspfade, geringe Bezahlung, niedrige Qualifikation	sekundäre Arbeitskräfte, unstetes Erwerbsverhalten, ausländische Arbeitskräfte	

Abb. 14: Theorieverbund der räumlichen Arbeitsmarktsegmentierung (Quelle: Verfasser)

Aus dem Schema wird ersichtlich, daß die Dualität in Kern und Rand, primär und sekundär, zentral und peripher ineinandergreift. Kernbereiche der Wirtschaft erzeugen primäre Arbeitsmärkte und sind auf zentralen Standorten zu finden oder werten diese Standorte zu zentralen auf. Im Detail basiert das Modell der räumlichen Arbeitsmarktsegmentierung auf drei Argumenten:
1. Der wirtschaftswissenschaftliche Segmentationsbegriff stellt den Betrieb, das Unternehmen oder Aggregate davon in das Zentrum der Analyse. Das *duale Modell* geht von einer Zweiteilung in Kern- und Randbereich der Wirtschaft aus. Der Kernbereich stützt sich auf eine stabile Nachfrage und setzt sich aus Großbetrie-

ben, aus Unternehmen mit hoher Profitrate oder aus Betrieben mit großer Marktmacht zusammen. Zum Kernbereich muß auch der *staatliche Sektor* hinzugerechnet werden. Dem gegenüber steht der Randbereich: Klein- und Mittelbetriebe mit geringen Ressourcen und geringer Ertragskraft. Diese Betriebe stehen untereinander in einem intensiven Wettbewerb und in Abhängigkeit zu anderen Kernunternehmen. Für die Struktur des Arbeitsmarktes heißt das: Instabile Nachfrage im Randbereich der Wirtschaft erzeugt *instabile Arbeitsplätze* in den Unternehmen bzw. stabile Nachfrage in Großunternehmen verlangt auch *stabile Arbeitsplätze*.

2. Wechselt man die Analyseebene und stellt Arbeitsplätze und/oder Arbeitskräfte in den Vordergrund, so gelangt man zum sozialwissenschaftlichen Segmentationsbegriff. Die Argumentation lautet: *Kernunternehmen* mit stabiler Nachfrage, komplexen Produktionsabläufen und hohem Kapitaleinsatz weisen überdurchschnittlich viele stabile Arbeitsplätze auf, die in Summe das primäre Segment darstellen. In Kernunternehmen ist das Erlernen von firmen- und arbeitsplatzspezifischen Fähigkeiten nur dann langfristig kostengünstig, wenn Arbeitnehmer längere Zeit im Betrieb verbleiben. Daher bemüht man sich, über die Institutionalisierung von Entlohnung und Karriere, durch Senioritätsregelungen, Prämien, freiwillige Sozialleistungen etc., die Arbeitskräfte an das Unternehmen zu binden. Dies schafft Stabilität und Planbarkeit der Beschäftigung.

Auf der anderen Seite stehen die abhängigen und oftmals kleinen oder mittleren Unternehmen mit einfachen Produktionsaufgaben und häufig instabiler Nachfrage. Sie „produzieren" einen Arbeitsmarkt, der insgesamt als sekundär zu bezeichnen ist. Stabilität ist nur teilweise erwünscht, wäre sie doch hinderlich, wenn es darum ginge, Nachfragespitzen weiterzugeben. „*Hire and fire*" ist auch deshalb möglich, weil die vorherrschenden Tätigkeiten ein geringes Maß an Know-how aufweisen. Das Minimum an Kenntnissen, insbesondere an arbeitsplatzspezifischen, erlaubt es Unternehmern, aber auch Arbeitnehmern, den Betrieb häufig zu wechseln, ohne einen nennenswerten Verlust an Investitionen in das Humankapital in Kauf nehmen zu müssen.

Die Eigenschaften der Arbeitsplätze und jene der Arbeitskräfte stehen in einer kongruenten Beziehung zueinander. Auf instabilen Arbeitsplätzen finden sich Erwerbstätige mit instabiler Berufslaufbahn und umgekehrt: Stabile Arbeitsplätze werden von Arbeitskräften mit stabiler Berufsbiographie eingenommen. Es liegt dabei ein offenes Ursache-Wirkungs-Problem vor. Definiert die „Kapitalseite" die Bedingungen in den Segmenten oder umgekehrt, sind die Eigenschaften bestimmter Arbeitskräftegruppen vorgegeben, und die Mechanismen der Segmentierung haben sich angepaßt. Je nach Weltanschauung neigt man zur einen oder anderen Sichtweise.

3. Die dritte Ebene von Segmentation besteht in der Integration der räumlichen Dimension und führt zum räumlichen Segmentationsbegriff. Das duale Raummodell (im Sinne eines Zentrum-Peripherie-Modells) wird mit dem dualen Arbeitsmarktmodell verknüpft, das primäre Arbeitsmarktsegment größtenteils einem „Zentrum" und das sekundäre Segment mehrheitlich einer „Peripherie" zugeschrieben. Also: Betriebe mit einem ausgeprägten internen Arbeitsmarkt – Großbetriebe, Einrich-

tungen der öffentlichen Hand, Kernunternehmen mit stabiler Nachfrage und hohem Planungs- und Leitungsaufwand – finden sich überdurchschnittlich oft in einem – je nach Branche unterschiedlichen – Zentrum; umgekehrt sind die *Randunternehmen* – kleine Unternehmen mit eingeschränkter Produktionstiefe und einer geringen finanziellen Kapazität und Autonomie – aufgrund einer Reihe von Standortargumenten eher in abseitigen, peripheren Lagen zu finden.

Die Erklärung, warum Betriebe mit ausgeprägten internen Arbeitsmärkten in den Agglomerationen und Betriebe mit sekundären Arbeitsmärkten an eher peripheren Standorten zu finden sein werden, bleibt anderen theoretischen Ansätzen überlassen, die in den folgenden Kapiteln noch erläutert werden. Als Ergebnis des systematischen Zusammenspiels von Segmentation auf unterschiedlichen Ebenen ergibt sich jedenfalls, daß jeder regionale Arbeitsmarkt ein spezifisches Verhältnis von primären und sekundären Arbeitsmärkten aufweist. Bedingt wird dies durch eine ungleiche Verteilung von „center firms", also Großbetrieben bzw. Betrieben der öffentlichen Hand, und „periphery firms". Das bedeutet natürlich nicht, daß der Arbeitsmarkt in den Zentren mit dem primären und der Arbeitsmarkt in peripheren Regionen mit dem sekundären Segment gleichzusetzen sind. Denn auch in peripheren Räumen läßt sich ein primäres Segment feststellen; man denke nur an die gesetzten Dienste der öffentlichen Hand, die alle charakteristischen Eigenschaften des primären Segments aufweisen. Aber es bedeutet, daß zwischen Zentrum und Peripherie ein systematisches und strukturell bedingtes Gefälle der Arbeitsmarktsegmente existiert. Raum und Segmentation stehen damit in einem direkten Zusammenhang. Arbeitsmarktsegmentierung kann nicht mehr als ein „punktförmiges" und raumloses Phänomen betrachtet werden.

3.2.3 Der organisationstheoretische Ansatz

Räumliche Arbeitsmarktsegmentierung postuliert den systematischen und langfristig stabilen Zusammenhang von Arbeitsmarktstrukturierung und regionaler Differenzierung. Auf die Frage, warum es zur ungleichen Verteilung der Arbeitsmarktsegmente kommt, gibt es unterschiedliche Antworten. Eine davon stellt der organisationstheoretische Ansatz[20] bereit (MEUSBURGER 1988, 1995a, 1998). Er baut auf den Ideen der funktionalen räumlichen Arbeitsteilung (BADE 1986) auf, legt jedoch

---

[20] Der organisationstheoretische Ansatz analysiert die Verteilung der Arbeitsbevölkerung bzw. der Arbeitsorte der Erwerbstätigen und nicht deren Wohnorte. In der Regel bilden die Gemeinde des Arbeitsortes oder darauf aufbauende „Gemeindetypen" (Zentrale Orte, Gemeindegrößenklassen) die Analyseeinheit. Viele Arbeiten zur regionalen Arbeitsmarktforschung (KLEMMER/KRÄMER 1973; KLEMMER 1978 etc.) sind von größeren Einheiten (Kreisen und Bundesländern) ausgegangen und haben dann auch die Erwerbstätigen nur nach ihrem Wohnort untersucht. Bei großräumigen Untersuchungen (Vergleich von Staaten oder Ländern) ist die Unterscheidung zwischen dem Wohn- und Arbeitsort der Erwerbstätigen nicht so wichtig, weil sich die Unterschiede ausgleichen. Auf der regionalen Meso- oder Mikroebene kommt jedoch dem Arbeitsort bei den meisten Forschungsfragen ein viel größerer Erklärungswert zu als dem Wohnort.

mehr Wert auf die Organisationsstrukturen, die räumliche Verteilung der Steuerungs- und Kontrollelemente eines sozialen Systems. Sein besonderes Interesse gilt dem räumlichen Verteilungsmuster der Arbeitsplätze von Hoch- und Niedrigqualifizierten bzw. von Arbeitsplätzen, die mit einem unterschiedlichen Ausmaß an Entscheidungsbefugnissen ausgestattet sind.

3.2.3.1 Prämissen

Die räumliche Konzentration des „Wissens"

Im Gegensatz zu den Prämissen der neoklassischen Theorien, die davon ausgehen, daß alle Akteure denselben Zugang zu Informationen, dasselbe „Wissen" oder dieselben informationsverarbeitenden Kapazitäten aufweisen oder daß alle Akteure in gleichem Maße über den Markt informiert sind, argumentiert der organisationstheoretische Ansatz genau umgekehrt. Ausgangspunkt ist die Tatsache, daß es erhebliche soziale und regionale Ungleichheiten des „Wissens" gibt. Diese regionalen Unterschiede lösen sich nicht auf, sondern strukturieren sich lediglich um. Räumliche Disparitäten des „Wissens" sind keine Übergangserscheinungen; sie sind auch nicht als ein zu vernachlässigendes „Rauschen" des neoklassischen Modells anzusehen, sondern stellen ein *primäres Strukturmerkmal* der Wirtschaft und *Gesellschaft* dar.

„Wissen" ist dabei ein sehr breiter und unscharfer Begriff. Er umfaßt zumindest drei unterschiedliche Dimensionen:

1. *Alltagsinformationen* sind leicht zugängliche, ubiquitär verteilte und allseits verständliche Informationen. Sie verlangen vom Rezipienten kein „Verstehen" und kein spezialisiertes Vorwissen. Alltagsinformationen werden weltweit verbreitet und weisen keinerlei Koppelung mit ausgewählten Standorten auf. Die durstlöschenden Eigenschaften eines beliebten Getränks sind global bekannt, die Information darüber an keinen Standort gebunden, aber regionalökonomisch auch nicht weiter relevant, sieht man davon ab, daß der Umsatz der Firma aufgrund ihres Bekanntheitsgrades möglicherweise gehoben wird.

2. *Kodierte Informationen* erfordern vom Empfänger Vorwissen, um sie verstehen und interpretieren zu können. Dieses Vorwissen kann entweder in der Kenntnis eines Kodes bestehen oder auf schwer zu vermittelnden persönlichen Erfahrungen und Qualifikationen beruhen. Ohne Kenntnis des relevanten Kodes können viele (theoretisch allgemein verfügbare) Informationen nicht „gelesen" bzw. nicht zum Vorteil des Systems verwendet werden.[21]

---

[21] Ein anschauliches Beispiel, wie wichtig der Kode für das Verstehen einer Information ist, bieten z. B. verschlüsselte Nachrichten oder Fremdsprachen (vgl. ARROW 1974, S. 39). Wenn jemand ohne chinesische Sprach- und Schriftkenntnisse nach China reist, strömt eine Unmenge von schriftlichen und mündlichen Nachrichten auf ihn zu, mit denen er nichts anzufangen weiß. Um den Informationsgehalt eines chinesischen Textes verstehen zu können, genügt es nicht, den Text zu erhalten, sondern man muß die chinesische Schrift (d. h. den Kode) lesen können.

3.2 Ungleichgewichtsmodelle

Jede wissenschaftliche Sachdisziplin verwendet eine eigene Fachsprache mit einer spezialisierten Kodierung (Formeln, Fachsprache), die nur von jenen Personen zu verstehen ist, die sich die notwendigen Kenntnisse (Qualifikationen) mit einem beträchtlichen Zeit- und Kostenaufwand erworben haben. Forschungsergebnisse sind zwar nach ihrer Veröffentlichung allgemein und weltweit zugänglich; unter der gesamten Weltbevölkerung gibt es jedoch nur eine geringe Zahl von Akteuren, die über das nötige Spezialwissen verfügen, um mit den verfügbaren (preisgegebenen) Informationen etwas anfangen zu können.

Aufgrund des hohen Zeit- und Kostenaufwandes, der beim Erwerb von hoch spezialisierten wissenschaftlichen Kenntnissen erforderlich ist, sind derartige Spezialkenntnisse relativ selten. Nur wenige Promille der Bevölkerung verstehen die Publikationen der Molekularbiologie, der Informatik oder der Hochfrequenzphysik. Da bei einem wissenschaftlichen oder *marktwirtschaftlichen Wettbewerb* nicht ein absolutes Maß an Wissen, Informationen oder Qualifikationen über die Position entscheidet, sondern vielmehr ein Vorsprung an Wissen, Informationen oder Qualifikationen, sind die benötigten Spezialisten immer selten und teuer. Da die Spezialisten außerdem auf eine enge Kooperation und Arbeitsteilung mit anderen Experten angewiesen sind, sind die Arbeitsplätze jener Akteure, die über diese Kategorie von Wissen verfügen, in der Regel auf einen kleinen Teil der räumlichen Einheiten (Universitäten, Forschungszentren, hochrangige Zentrale Orte, Wachstumspole, Zentren der wirtschaftlichen und politischen Macht etc.) konzentriert, wobei die räumliche Verteilung von Spezialistenwissen eine bemerkenswerte zeitliche Persistenz aufweist.

3. Zurückgehaltene, geheime oder *geschützte Informationen* weisen die geringste räumliche Streuung bzw. die stärkste Konzentration auf einige wenige Standorte auf. Es handelt sich dabei um Informationen, die dem Akteur einen Wissens- und Informationsvorsprung bringen und erhebliche Wettbewerbsvorteile verschaffen. Das Insiderwissen im Börsengeschäft wird so lange als möglich geheimgehalten, und zukunftsträchtige Erfindungen werden durch Patente geschützt. Im Unterschied zur Alltagsinformation, die überall verfügbar ist, bleibt die geschützte oder zurückgehaltene Information nur einigen Personen zugänglich, weil eine Preisgabe dem Akteur oder dem *sozialen System* große Nachteile bzw. dem Konkurrenten kostenlose Vorteile bringen würde.

Die Prämisse der neoklassischen Wirtschaftstheorien, daß die für eine Entscheidung benötigten Informationen allgemein zugänglich seien, gilt nur für Alltagsinformationen und damit ausgerechnet für jene, die im Rahmen des wirtschaftlichen Wettbewerbs die geringste Bedeutung haben. Kodierte Informationen und besonders geschützte Informationen, die für den Wettbewerb und den Machterhalt als besonders wichtig erachtet werden, sind weit von einer räumlichen Gleichverteilung entfernt.

Die Gleichverteilung des kodierten und des geschützten Wissens wird sich auch längerfristig nicht von alleine einstellen. Kein überzeugendes Argument kann dafür ins Treffen geführt werden. Ganz im Gegenteil: Ein einmal vorliegender Vorsprung einer Organisation, eines sozialen Systems oder einer Region hinsichtlich des kumulierten „Wissens" bleibt erhalten oder zeigt sogar die Tendenz der Vergrößerung. Die Geschichte liefert dafür eine große Zahl von Beispielen.

Hierarchisierung der Entscheidungsprozesse
Neben der räumlichen Ungleichverteilung der kodierten und der geschützten Informationen ist die Tendenz wirtschaftlicher Einheiten, bei unsicheren Entscheidungsprozessen eine hierarchische Absicherung der Informationsverarbeitung zu etablieren, eine zweite wesentliche Prämisse des organisationstheoretischen Ansatzes. Diese Tendenz zur hierarchischen Absicherung ergibt sich dann, wenn Organisationen eine bestimmte Größe und Komplexität erreicht haben und einzelne *Entscheidungsträger* nicht mehr genügend zeitliche und intellektuelle (informationsverarbeitende) Kapazitäten besitzen, um alle für das System relevanten Informationen aufnehmen, verarbeiten, bewerten und weitergeben zu können. Daher werden in großen und komplexen Systemen die Koordinations-, Planungs- und Entscheidungsfunktionen auf mehrere Personen oder Systemelemente (Abteilungen) aufgeteilt, wobei die formellen Kommunikationsbeziehungen, Zuständigkeiten und *Entscheidungsbefugnisse* genau festzulegen sind. Der Begriff Hierarchie bedeutet in diesem Zusammenhang nicht soziale Schichtung, ungleiche Verteilung von Privilegien oder Weisungskette von oben nach unten, sondern eine Ausdifferenzierung von verschiedenen Teilsystemen (LUHMANN 1984, S. 39).

Jedes Unternehmen muß betriebswirtschaftliche Entscheidungen treffen, die trotz Marktbeobachtung, Kostenrechnung und strategischer Langfristplanung mit erheblichen Unsicherheiten ausgestattet sind.[22] Die Bewältigung von *Unsicherheit* *(Ungewißheit)* zählt somit zu den fundamentalen Problemen von Organisationen. Unsicherheit kann nie ganz beseitigt werden, ihre Bewältigung kann jedoch durch verschiedene Verfahren verringert werden.

Fast alle Methoden zur *Reduzierung von Unsicherheit* haben etwas mit Wissen, Ausbildung, Qualifikationen, Training on the job oder Informationsverarbeitung zu tun. Unsicherheit kann dadurch reduziert werden, daß ein Teil der Arbeitsabläufe durch Arbeitsteilung, Routinisierung und Formalisierung einfacher gemacht wird und damit weniger Qualifikationen voraussetzt; diese Routinisierung erhöht jedoch auch den Koordinations-, Planungs- und Kontrollaufwand, der wiederum nur von qualifizierten Arbeitskräften durchführbar ist.

Unternehmen müssen auch mit unvorhergesehenen Ereignissen fertig werden, die über die eigentliche Steuerungsaufgabe hinausgehen. Unternehmen, die einem großen Wettbewerb ausgesetzt sind oder aus anderen Gründen mit einem hohen Maß an Unsicherheit konfrontiert sind, benötigen eine Redundanz an Wissen, zumindest an den entscheidenden Schlüsselstellen des Systems. Für die Durchführung der

---

[22] Seit der Arbeit von KNIGHT (1921) wird zwischen Unsicherheit (uncertainty) und Risiko (risk) unterschieden. Das Risiko kann in Form einer numerischen Wahrscheinlichkeit angegeben werden, die Unsicherheit dagegen nicht.

"Alltagsgeschäfte" ist keine *Redundanz* erforderlich, sondern nur für die Bewältigung von Krisensituationen.[23]

Ein System kann sich gegen "Unfähigkeit" und "Inkompetenz" durch Ausbildungsanforderungen, durch Professionalisierung von Berufen, durch Befähigungsnachweise oder durch umfangreiche Screening- oder Selektionsverfahren bis zu einem gewissen Grade absichern. Wissen, Ausbildung, Training, Professionalisierung und Lizenzierung sind also ein Mittel zur Verringerung von Unsicherheit. Da in vielen Fällen nicht das absolute Ausmaß an Qualifikation, sondern ein Wissens- oder Qualifikationsvorsprung im Vergleich zu anderen Mitbewerbern (Konkurrenten) Unsicherheit reduziert, und da Organisationen laufend um ihre wichtigste Ressource, nämlich hochqualifizierte Mitarbeiter, konkurrieren, sind diese Qualifikationen immer seltener, räumlich konzentriert und teuer.

Organisationsformen und "Umwelten"

Wie die Hierarchisierung der Entscheidungsprozesse im Detail aussieht, hängt von der Art der unternehmerischen Umwelt und der Komplexität der unternehmerischen Tätigkeit ab. Die Hierarchisierung bestimmt – neben anderen Faktoren – in einem hohen Ausmaß die Standortwahl. Sie ist ein durchgängiges Phänomen zur Bewältigung von Unsicherheit, zur Absicherung bei Fehlentscheidungen und zur Reduktion der Produktionskosten. Hierarchien können jedoch sehr unterschiedlich ausgeformt sein. Die Unterscheidung in flache und steile Hierarchien ist bekannt. MINTZBERG hat dafür die Begriffe "bürokratische" und "organische" Organisationsform geprägt.

Als "bürokratisch" wird eine Struktur in Anlehnung an M. WEBER dann bezeichnet, wenn ihr Verhalten durch Regeln, genaue Zuständigkeiten, hierarchische Autoritätsstrukturen sowie ebensolche Arbeits- und Verwaltungsabläufe vordeterminiert ist (vgl. MINTZBERG 1979, S. 86). Das Gegenstück ist eine *"organische" Struktur*, die durch lockere, informelle Arbeitsbeziehungen bzw. keine Standardisierung und keine starren Autoritätsstrukturen gekennzeichnet ist. In Abteilungen, die gleichbleibende Routinearbeiten durchführen und mit wenig Unsicherheit konfrontiert sind (Unterstützungseinheiten), können die Arbeiten formalisiert und bürokratisiert werden. In Forschungslabors beispielsweise, wo der Bedarf an Kreativität hoch ist, oder in Public-Relations-Abteilungen, in denen man nie weiß, welche Aufgaben am nächsten Tag zu bewältigen sind, können nur wenige Abläufe formalisiert und routinisiert werden, so daß die Struktur "organisch" bleiben muß. Die Frage, ob eine bürokratische oder eine organische, eine zentralisierte oder dezentralisierte Struktur effizienter bzw. am besten in der Lage ist, Unsicherheit zu bewältigen, hängt in erster Linie von den Zielen der Organisation, den Bedingungen des Umfeldes sowie vom Alter und der Größe der Organisation ab. Ein dynamisches, sich rasch veränderndes Umfeld führt zu flachen Hierarchien ("organische" Struktur), eine stabile Umwelt begünstigt eine steile Hierarchie ("bürokrati-

---

[23] BRAVERMAN (1974, S. 424–447) hat in seiner Kritik an überhöhten Qualifikationsanforderungen die Notwendigkeit dieser Redundanz übersehen.

sche" Struktur). Eine „einfache" Umwelt fördert abermals eine „bürokratische" Struktur, eine „komplexe" eher eine „organische" (MINTZBERG 1979, S. 271-273; LAWRENCE/LORSCH 1967). Hinsichtlich der zeitlichen Dynamik der unternehmerischen Umwelt (stabil versus dynamisch) und der Überschaubarkeit der Marktverhältnisse (komplex versus einfach) können vier unterschiedliche Organisationsformen abgeleitet werden:

Umwelt	Stabil	Dynamisch
komplex	dezentralisiert, bürokratisch (Koordination durch Standardisierung der Qualifikation), z. B. Universität	dezentralisiert, organisch (Koordination durch gegenseitige Absprache), z. B. Forschungsabteilung
einfach	zentralisiert, bürokratisch (Koordination durch Standardisierung der Arbeitsprozesse), z. B. Massenproduktion von Gütern oder öffentliche Verwaltung	zentralisiert, organisch (Koordination durch direkte Überwachung), z. B. Modeatelier

Abb. 15: Organisationsformen und unternehmerische Umweltbedingungen (Quelle: nach MINTZBERG 1979, S. 286)

In der realen Welt vereinigen die meisten großen Organisationen mehrere Arten der Systemsteuerung. Einige Einheiten einer Organisation, die sich in einer stabilen und einfachen Umwelt befinden, zeitstabile, einfache und transparente Ziele ansteuern und repetitive, standardisierbare und routinemäßige Aufgaben erfüllen, sind mit wenig Unsicherheit und wenigen Anpassungs-, Innovations- und Lernzwängen konfrontiert und tendieren deshalb zu einer Zentralisierung der Entscheidungsbefugnisse (vgl. MAYNTZ 1974, S. 1062; MINTZBERG 1979). Andere Teile derselben Organisation, die sich mit einer unsicheren, schnell wechselnden, nie völlig überschau- und voraussehbaren, komplexen und dynamischen Umwelt auseinandersetzen müssen sowie eine nur vage formulierte Zielvorgabe und Aufgabenstellung haben, erweisen sich bei dezentralisierten Steuerungsformen (einer dezentralen Verteilung des Wissens und der *fachlichen Kompetenzen*) als erfolgreicher (vgl. MINTZBERG 1979, S. 182-185; GESER 1983). Industriebetriebe halten beispielsweise bei einer fordistischen Produktfertigung in der Regel einen maximalen Grad an Zentralisierung und Formalisierung aufrecht, während in den Bereichen des Marketing und der Forschung dezentralisierte Kooperationsformen vorherrschen (vgl. LAWRENCE und LORSCH 1967; GESER 1983, S.165). In vielen Unternehmen sind die Entscheidungsstrukturen der Öffentlichkeitsarbeit zentralisiert und die des Verkaufs dezentralisiert.

Auch das Ausmaß der *Autonomie* einer Organisation bzw. der externen Kontrolle durch andere Institutionen (*Außenabhängigkeit*) beeinflußt deren Strukturen (vgl. MINTZBERG 1979, S. 287-291). Abhängigkeit von Außenstehenden macht Entscheidungsträger vorsichtig und veranlaßt diese, zur eigenen Absicherung zahlreiche Regeln und Vorschriften einzuführen. Je größer die Kontrolle durch externe Instanzen, um so stärker sind also die Entscheidungsstrukturen zentralisiert und durch Regeln formalisiert.

Nicht zuletzt kann auch ein Mangel an Hochqualifizierten die Wahl der möglichen Organisationsstruktur einschränken. Die hierarchisch aufgebauten Befehls- und Kontrollstrukturen der Armeen des 19. Jahrhunderts, welche damals auch für die Massenproduktion großer Industrieunternehmen zum Vorbild wurden, waren eng mit der Tatsache verknüpft, daß die Masse der Soldaten (Arbeiter) unqualifiziert war und z. T. nicht einmal lesen und schreiben konnte (vgl. DRUCKER 1992, S. 102). Postfordistische Organisationsstrukturen und Führungsmethoden (Dezentralisierung der Verantwortung und Entscheidungsbefugnisse) konnten erst ab dem Zeitpunkt mit Erfolg eingeführt werden, als eine große Zahl von hochqualifizierten Mitarbeitern zur Verfügung stand, an die Verantwortung und Entscheidungsbefugnisse delegiert werden konnten.

3.2.3.2 Räumliche Differenzierung der Arbeitsplätze

Die vorgestellten betrieblichen Organisationsformen sind in unterschiedlichem Ausmaß für eine räumliche Trennung und Verteilung auf unterschiedliche Standorte geeignet. Eine zentralisierte bürokratische Struktur eignet sich am besten für die Aufgliederung auf mehrere Standorte, eine „organische" Hierarchie, die auf eine ständige Interaktion von Hochqualifizierten angewiesen ist, kann am wenigsten auseinandergerissen werden. Beiden Organisationsformen ist jedoch gemeinsam, daß die Unsicherheit, mit der Entscheidungsträger laufend konfrontiert sind, nur dadurch bewältigt werden kann, daß neues Wissen akkumuliert und Zugang zu „neuesten" Informationen gefunden wird. Da kodierte, geheime Informationen vor allem durch direkte (persönliche) Kontakte und durch vergleichende Beobachtung der „Konkurrenz" erworben werden, haben viele Entscheidungsträger hohe Ansprüche an das Kontakt- bzw. Interaktionspotential des Standortes. Seit den Studien von TÖRNQVIST (1970), THORNGREN (1970) und GODDARD (1973) ist bekannt, daß der Anteil der face to face Kontakte zu Mitgliedern anderer Organisationen am gesamten Zeitbudget von Entscheidungsträgern umso größer ist, je höher die Position eines Managers in der Entscheidungshierarchie ist. Das *Kontaktpotential* des Standortes stellt somit für Topmanager den entscheidenden Standortfaktor dar.

Entscheidungsträger, die ein hohes Maß an Unsicherheit bzw. eine instabile, sich ständig ändernde Umwelt zu bewältigen haben oder deren Entscheidungen für die Organisation langfristig wirksame Konsequenzen nach sich ziehen, benötigen nicht nur selbst hohe Qualifikationen und ein großes Wissen, sondern ihr Erfolg hängt auch weitgehend davon ab, ob sie kurzfristig, spontan und auf kurze Distanz direkte Kontakte mit hochqualifizierten Entscheidungsträgern der Wirtschaft, der öffentlichen Verwaltung, des Finanzwesens, der Politik und der Nachrichtenmedien aufnehmen können und somit ihren Wissens- und Informationsstand erweitern und aktualisieren sowie eigenes Wissen weitergeben können. In diesen persönlichen Kontakten werden insbesondere sogenanntes „weiches" Wissen und nicht quantifizierbare Informationen, also bestimmte Erfahrungen, unternehmerisches Gespür und „*Insiderwissen*" ausgetauscht und informelle *Netzwerke* geknüpft.

Organisationen, die ein stabiles Umfeld (wenig Unsicherheit) und gleichbleibende Ziele aufweisen sowie zeitstabile Routineaktivitäten ausüben, für die es Regeln, Vorschriften und Pläne gibt, haben einen geringen Bedarf an direkten Kontakten zu anderen Organisationen und können deshalb theoretisch an sehr vielen Standorten angesiedelt werden. Bei solchen Organisationen entscheiden die traditionellen Standortfaktoren wie Transportkosten, Lohnkosten, *Mietpreise*, *Bodenpreise* oder Subventionen, welche Standorte als günstig (optimal) angesehen werden. Ein beträchtlicher Teil solcher Routinefunktionen wird daher sukzessive an die Peripherie abgedrängt, wo der Preis am niedrigsten ist.

Je weniger sich Entscheidungen jedoch an Leitlinien, Plänen und Vorschriften orientieren können und je größer die Unsicherheit über die Konsequenzen einer Entscheidung, über die zukünftige Entwicklung und über die Richtigkeit der Methoden und Ziele ist, umso mehr direkte Kontakte zu qualifizierten und gut informierten Entscheidungsträgern sind notwendig. Unsicherheit erhöht die Notwendigkeit und Häufigkeit von direkten Kontakten. Der Kontaktbedarf der Führungsebenen großer Organisationen kann im allgemeinen nur in wenigen „Zentren" (Großstädten, Agglomerationen) bzw. in *„transactional cities"* (GOTTMANN 1983) erfüllt werden.

Die unterschiedlichen Anforderungen an das Kontaktpotential des Standortes hängen selbstverständlich nicht nur von der Branche der Organisation und der Position (Funktion) des Entscheidungsträgers ab, sondern auch von der Marktmacht (Autonomie) einer Organisation. Ein Industrieunternehmen, das beispielsweise über einen langen Zeitraum an der Spitze der technologischen Entwicklung steht und weltweit vielleicht nur zwei bis drei Konkurrenten hat, kann es sich eher leisten, seine Hauptgeschäftsleitung in einer peripher gelegenen Kleinstadt zu haben (in der es vielleicht vor mehreren Jahrzehnten als Kleinunternehmen gegründet wurde), als ein ähnlich großes Unternehmen, das diese marktbeherrschende Position nicht aufweist und deshalb gegenüber seiner Umwelt auch nicht so autonom ist. Mit wachsender Autonomie (im Extremfall *Monopol*) wird ein Unternehmen von seiner Umwelt tendenziell „unabhängiger" (vgl. HILL/FEHLBAUM/ULRICH 1981, S. 339; THOMPSON 1967, S. 4 ff.). Wer eine solche Autonomie (Macht) besitzt, stellt (in seinem Bereich) selbst „das Zentrum" dar, nach dem sich andere Systeme zu richten haben und das, sofern diese Machtposition über einen längeren Zeitraum aufrechterhalten werden kann, Entscheidungsträger anderer Systeme anzieht.

Nach dieser Definition ist also *das Zentrum* dort lokalisiert, wo es die höchste Konzentration von *Macht* und Wissen gibt, und die Peripherie ist dort, wo vorwiegend Routinearbeit erledigt wird.[24] Das Begriffspaar Zentrum und Peripherie ist nicht als Dichotomie zu verstehen, sondern kennzeichnet ein Kontinuum zwischen der Spitze und der Basis einer Organisationshierarchie in der räumlichen Dimension.

---

[24] „The centre is normally the place where the seat of authority is located [...] Peripheral location means subordination to the centre" (GOTTMANN 1980, S. 15 f.).

Für die räumliche *Konzentration des Wissens* und – damit gekoppelt – der Macht gibt es nicht nur funktionale Gründe, die sich aus der Logik der Organisation von Unternehmen heraus begründen lassen. Bestimmte „Zentren" werden von Entscheidungsträgern, Unternehmensleitungen, Intellektuellen und Wissenschaftlern auch aufgrund der *symbolischen Bedeutung* als Standort gewählt. Begriffe wie Zentrum, Peripherie und Distanz sind nicht nur Grundelemente der Raumwissenschaften, sondern sie sind in hohem Maße symbolisch besetzt. Wer sich im Zentrum der sozialen Interaktion (des „Geschehens") befindet, genießt Prestige und Vertrauen, hat Einfluß und Macht und verfügt in der Regel über einen Informations- und Wissensvorsprung. Wer sich am Rande befindet, ist „Außenseiter", ist marginalisiert, hat wenig Einflußmöglichkeiten, verfügt über weniger Ressourcen und genießt ein geringeres Prestige. Aus rein organisatorischen Gründen spielt es für eine Bank, das Büro einer Fluggesellschaft, einen Diamantenhändler oder einen hochspezialisierten Rechtsanwalt keine Rolle, ob der Standort in einer Großstadt um 200 m variiert, in Wirklichkeit können diese 200 m für das Prestige und Vertrauen, das eine Firma beim potentiellen Kunden oder Konkurrenten genießt, jedoch „Welten bedeuten".

Jahrhunderte bevor die „Zentrum-Peripherie-Metapher" in die Sozial-, Wirtschafts- und Regionalwissenschaften eingeführt wurde, war im konfuzianisch geprägten Kulturraum der Begriff „Zentrum" mit den Attributen Macht, Autorität, Dominanz, Prestige, Kontrolle und Einfluß besetzt. Herrscher haben sich seit Jahrhunderten mit Sehern, Priestern, Weisen, Beratern, Experten, Intellektuellen und Künstlern umgeben. Einerseits waren sie auf deren Wissen und analytische Fähigkeiten angewiesen, andererseits waren sie auch darauf angewiesen, daß ihre Herrschaft durch Priester und später Ideologen legitimiert wurde. Die Nähe zur Macht brachte auch den Intellektuellen Sicherheit und Einfluß. Ihre Rolle als „selbsternannte Wortführer" (BOURDIEU 1991, S. 63) können *Intellektuelle* nur im Zentrum spielen, ihre Deutungs- und Definitionsmacht kann nur im Zentrum wirkungsvoll ausgeübt werden.

Aus den erwähnten Gründen besteht in jedem Unternehmen, in jeder Institution und in jeder Branche eine räumliche Hierarchie des Wissens und der Macht. Ob und inwieweit es zwischen diesen zahlreichen „räumlichen Hierarchien" eine Übereinstimmung oder eine Divergenz gibt, ob also alle Branchen ihr Zentrum des Wissens in derselben Stadt (z. B. Hauptstadt) oder in unterschiedlichen Städten haben, hängt von zahlreichen historischen und geographischen Faktoren ab. Es gibt Länder, in denen sich aus historischen Gründen die höchsten Entscheidungsträger fast aller Bereiche (Politik, Finanzwesen, Wissenschaft, Kultur, Industrie etc.) in einer einzigen Stadt (der Hauptstadt) befinden (z. B. Frankreich, Ungarn etc.), während in anderen Ländern (z. B. Schweiz, Bundesrepublik Deutschland, USA) Spitzenfunktionen auf mehrere Großstadtagglomerationen verteilt sind. Für die Theorie ist es nicht so wichtig, ob die Konzentration von Macht und Wissen auf *ein* Zentrum oder auf mehrere Zentren ausgerichtet ist, entscheidend ist, daß Wissen und Macht „in Zentren" konzentriert sind und nicht eine räumliche Gleichverteilung aufweisen.

Die räumliche Verteilung von Wissen und Macht kann sich zwar langfristig ändern, aber die von der neoklassischen Theorie angenommene Homogenität des Raumes und die Ubiquität des Zugangs zu Informationen ist wirklichkeitsfremd. Aus der Logik von Organisationen, die unterschiedlichen Umwelten ausgesetzt und damit auch unterschiedlich strukturiert sind, kann die Ablehnung der neoklassischen Prämisse begründet werden.

3.2.4 Zyklische räumliche Ansätze

Warum jede Region ein spezifisches Verhältnis von primären und sekundären Arbeitsmärkten aufweist, kann mit organisationstheoretischen Argumenten, aber auch mit Überlegungen über die Alterung von Produkten und Regionen in Zusammenhang gebracht werden. Letzteres führt zum Produkt- und Regionszykluskonzept, das von VERNON (1966) und HIRSCH (1967) theoretisch ausformuliert wurde.

Das *Produktzyklusmodell* geht davon aus, daß in Abhängigkeit vom Alter eines Produkts jeweils spezifische Nachfragesituationen, ein unterschiedlicher Technologieeinsatz sowie differierende Gewinne und Standortanforderungen auftreten.

1. In der Anfangsphase (*Innovationsphase*) werden vom Standort hohe Informationsdichte formeller und informeller Art, ein technisch hochqualifiziertes Arbeitskräfteangebot und ein diversifizierter Absatzmarkt erwartet. Größere Städte erfüllen in der Regel alle diese Standortbedingungen und weisen daher eine hohe Attraktivität für junge und kleine Unternehmen auf („Saatbeetfunktion").

2. In der *Wachstumsphase* wird der Produktionsablauf vereinfacht, standardisiert und daher auch transferierbar. Der Umfang der Produktion und der Flächenbedarf werden größer. Die Verlagerung der Produktion an die Agglomerationsränder bzw. in Industriezonen am Rand der Städte hilft, einerseits Kosten zu sparen und andererseits noch in gewisser Nähe zum qualifizierten Arbeitsmarkt zu bleiben. Daneben steigt aber auch die Zahl der gering Qualifizierten an.

3. In der *Reifephase* gewinnen billige Arbeitskräfte und billiges Kapital an Bedeutung. Ausgereifte Verfahren und großer Raumbedarf kennzeichnen diese Phase. Wettbewerbsvorteile können nur noch über Kostensenkungen und Produktivitätssteigerungen realisiert werden. Produktionsstandorte werden in eher ländliche periphere Regionen oder in Billiglohnländer verlagert und erhalten den Charakter „verlängerter Werkbänke". Sie erfordern billige, gering qualifizierte Arbeitskräfte, die aber jederzeit mit einem Abbau aufgrund von Rationalisierungen rechnen müssen.

Die Zusammenhänge von regionaler Arbeitsmarktstrukturierung auf der einen und der Zyklusphase des Produkts auf der anderen Seite liegen auf der Hand. In einer Innovationsphase werden hochqualifizierte Arbeitskräfte benötigt, die aufgrund von humankapitaltheoretischen Überlegungen auf primären Arbeitsplätzen beschäftigt werden. In einer Wachstumsphase bleibt der primäre Arbeitsmarkt wichtig, ein berufsfachlicher und ein Jedermanns-Arbeitsmarkt beginnen zu expandieren. Schließlich überwiegen für die Herstellung eines Produkts in der Reifephase unqualifizierte und angelernte Tätigkeiten, die auf einem externen Arbeitsmarkt verfügbar sind.

	Produktzyklusphase		
	Innovation	Wachstum	Reife
Standorte	Städte	Stadtrand	Peripherie
arbeitsmarktbezogene Standortfaktoren	humankapitalorientiert; große Bedeutung des wissenschaftlich-technischen Wissens	humankapital- und lohnkostenorientiert; sinkende Bedeutung des Wissens, steigende Bedeutung der Arbeit und des Kapitals	lohnkostenorientiert; große Bedeutung des Kapitals und der Arbeit, geringe Bedeutung des wissenschaftlich-technischen Wissens
dominante Arbeitsmarktsegmente	primäre	primäre, berufsfachliche und sekundäre	sekundäre

Abb. 16: Zyklusphasen und Standortanforderungen (Quelle: Verfasser)

Das Produktzykluskonzept ist einfach und überzeugend. Beispiele für Innovation, Wachstum und Reife von Produkten, verbunden mit der charakteristischen Standortverlagerung, sind rasch aufgezählt. Die Entwicklung des Automobils, der Elektronik oder moderner Informationstechnologien erfolgte an einigen wenigen Standorten. In der Wachstumsphase diffundierte die Produktion und wurde in der Reifephase schließlich in Billiglohnländer ausgelagert.

Mit der Phasenbildung eines Produktes ist im einfachen Fall eines Ein-Produkt-Unternehmens, das einen Standort monopolhaft beherrscht, auch eine zyklische räumliche Auf- und Abwertung verbunden. Der Analogieschluß liegt nahe, auch für Regionen eine Innovations-, Wachstums- und Reifephase zu postulieren. Eine Antwort auf die Frage, warum alte Industrieregionen alt geworden sind, fällt mit dem Zyklusansatz leicht. Dennoch greift der einfache Analogieschluß, daß Städte und Regionen sich so verhalten wie der Produktzyklus, zu kurz. Städte und Regionen stellen nur in Ausnahmefällen einen Standort für ein einziges Produkt dar. Meistens kommt es zur Überlagerung mehrerer unterschiedlicher Produktzyklen.

In den 80er Jahren erweiterteten daher TICHY (1987) und STEINER (1988) die ursprüngliche Hypothese um einen Prozeß- und Profitzyklus und inkludierten unternehmerische und regionsspezifische Verhaltensweisen. Regionen werden als wirtschaftliche Einheiten sui generis aufgefaßt, die unterschiedliche Fähigkeiten besitzen, Standorte für neue Produkte zu sein: „Regionale Ungleichheit resultiert [...] aus dem ungleichen Auftreten unternehmerischer Verhaltensweisen: Es ist die unterschiedliche räumliche Dominanz von ‚anpassungsfähigem' und ‚angepaßtem' Verhalten. Diese Verhaltensweisen stellen unterschiedliche Anpassungsleistungen dar, die bestimmter Faktorausstattungen bedürfen: ‚Anpassungsfähige' Regionen sind geprägt von Unternehmen, die Märkte zu schaffen imstande sind und auf die Faktorausstattung zurückgreifen, die Voraussetzung für ein solches Verhalten sind; ‚angepaßte' Regionen sind dominiert von Unternehmen, die auf Standortkosten Rücksicht nehmen, und auf eine dementsprechende Faktorausstattung Wert legen werden. Daneben gibt es auch nicht ausreichende Anpassungsleistungen. ‚Nicht angepaßte' Regionen stagnieren, haben ihre Überlebensfähigkeit verloren, die sie dominierenden Unternehmungen waren zu stabil. Der Unterschied in den regionalen Wirtschaftspotentialen liegt somit in den sie bestimmenden Faktorausstattungen, auf die die jeweilig dominierenden Verhaltensweisen angewiesen sind" (STEINER 1988, S. 18f.).

Die *Regionszyklushypothese* wurde vor dem Hintergrund der Sanierung der obersteirischen Industriegebiete formuliert. Sie besagt, daß sich ein Regionstyp nur dann erneuern kann, wenn alle Zyklusphasen durchlaufen werden. Wird dies durch politische Eingriffe verhindert, paßt sich ein regionsbestimmendes Unternehmen nicht an die neue ökonomische Umwelt an oder werden neue technologische Innovationen nicht rechtzeitig implementiert, dann wird aus einem Industriegebiet sehr schnell ein altes Industriegebiet. Dies ist ein Regionstyp, bei dem die ihn prägenden Betriebe nicht alle Stadien des Zyklus durchlaufen haben. Die Produkte und Prozesse sind zwar ausgereift und standardisiert, haben aber nicht das Stadium der Angepaßtheit erreicht. Denn dies würde beispielsweise bedeuten, daß das Lohnniveau in der Reifephase wieder sinkt, um in weiterer Folge einen Attraktionsfaktor für die nächste Auslagerungswelle darzustellen. Reife Regionen konservieren – so die Argumentation – ihre internen primären Arbeitsmärkte zu lange und behindern damit das Entstehen neuer sekundärer und primärer Arbeitsplätze im nächsten Zyklus.

Die Regionszyklusthese besitzt zur Erklärung städtischer Arbeitsmarktstrukturen nur einen begrenzten Wert. Denn der städtische Arbeitsmarkt ist meistens durch eine Vielzahl von Unternehmen, die unterschiedlichen Branchen zuzurechnen sind, gekennzeichnet. Produktzyklen überlagern sich daher und heben sich oft in ihrer Wirkung auf die Arbeitskräftenachfrage gegenseitig auf. Manche Betriebe haben das Reifestadium erreicht, andere dagegen befinden sich noch in einer Innovationsphase. Je stärker der regionale Arbeitsmarkt jedoch monosektoral oder einbetrieblich strukturiert ist, desto durchgehender werden lokale Arbeitsmarktstrukturen vom Zyklus des Produkts bzw. der Branche geprägt. Dies trifft insbesondere für periphere Arbeitsmärkte zu.

4 Räumliche Befunde zum Beschäftigungssystem

Die zentrale These der Arbeitsmarktgeographie geht von einem systematischen Zusammenhang zwischen Merkmalen des Arbeitsmarktes und räumlichen Kategorien aus. Dieser systematische Zusammenhang begründet die Arbeitsmarktgeographie und verweist auf die Notwendigkeit, Aussagen über einen gesamtstaatlichen Arbeitsmarkt zu differenzieren. Wer dies nicht tut und sich mit einem Arbeitsmarkt zufriedengibt, der auf einen dimensionslosen Punkt reduziert wird, negiert einen fundamentalen Aspekt der empirischen Realität.

Vorauszuschicken ist, daß sich die Arbeitsmarktgeographie nicht mit der verengten Sichtweise der Neoklassik zufriedengeben kann. Das Hauptaugenmerk liegt daher nicht nur auf der Analyse von Angebot, Nachfrage und Lohn, sowie auf Arbeitslosigkeit als Folge eines Arbeitsmarktungleichgewichts, sondern auch auf Untersuchungen der Erwerbstätigen, der Arbeitslosen, der beruflichen Mobilität, des Timings von Ein- und Austritt aus der Erwerbstätigkeit, der Erwerbsbeteiligung, der Rekrutierungsstrategie von Unternehmen und andere mehr.

4.1 Erwerbsbeteiligung

Zentraler Indikator am „Schnittpunkt" zwischen Arbeitsmarkt und Bevölkerung ist die Erwerbsbeteiligung. Weil die Erwerbsbeteiligung sehr stark von den Bedingungen regionaler Arbeitsmärkte abhängig ist, kommt ihr eine wichtige Indikatorfunktion zu. Diese Bedingungen zeigen, welche Bevölkerungsgruppen und Altersstufen in welchem Ausmaß einer Erwerbstätigkeit nachgehen können oder wollen und gestatten somit Aussagen über die Offenheit oder Geschlossenheit regionaler Arbeitsmarktstrukturen, über Einstellungen zur Frauenerwerbstätigkeit, über die Bedeutung des informellen Sektors und anderes mehr.

4.1.1 Die Messung der Erwerbsbeteiligung

Die Erwerbsbeteiligung kann als theoretisches Konstrukt betrachtet werden, das operationalisiert werden muß, um empirisch meßbar zu sein. Alle einschlägigen Indikatoren setzen die erwerbsbereite oder erwerbstätige Bevölkerung mit der Gesamtbevölkerung in Beziehung. Die Unterschiede der Indikatoren ergeben sich aus der Frage, wer zur erwerbsbereiten oder erwerbstätigen Bevölkerung gezählt werden soll. Abb. 17 soll zunächst einen begrifflichen Überblick ermöglichen.

Die erste begriffliche Einengung der Gesamtbevölkerung ergibt sich aus der Definition der erwerbsfähigen Bevölkerung. Zur *erwerbsfähigen Bevölkerung* zählen alle Personen zwischen 15 und unter 65 Jahren. Der Begriff „erwerbsfähige" Bevölkerung orientiert sich ausschließlich am demographischen Kriterium des Alters. Er enthält folglich kein qualitative Wertung über die tatsächliche „Erwerbsfähigkeit".

Die erwerbsfähige Bevölkerung setzt sich aus *Erwerbspersonen* und *Nichterwerbspersonen* zusammen. Zu den Erwerbspersonen werden all jene Personen gerechnet,

4 Räumliche Befunde zum Beschäftigungssystem

```
                    ┌─────────────┐
                    │ Bevölkerung │
                    └──────┬──────┘
                           ▼
              ┌──────────────────────────┐
              │ erwerbsfähige Bevölkerung│
              └────────────┬─────────────┘
                  ┌────────┴────────┐
         ┌─────────────────┐  ┌──────────────────────┐
         │ Erwerbspersonen │  │ Nichterwerbspersonen │
         └────────┬────────┘  └──────────┬───────────┘
          ┌──────┴──────┐                │
    ┌────────────┐ ┌──────────┐  ┌───────────────┐
    │ Beschäftigte│ │Arbeitslose│ │ Stille Reserve│
    └────────────┘ └──────────┘  └───────────────┘
```

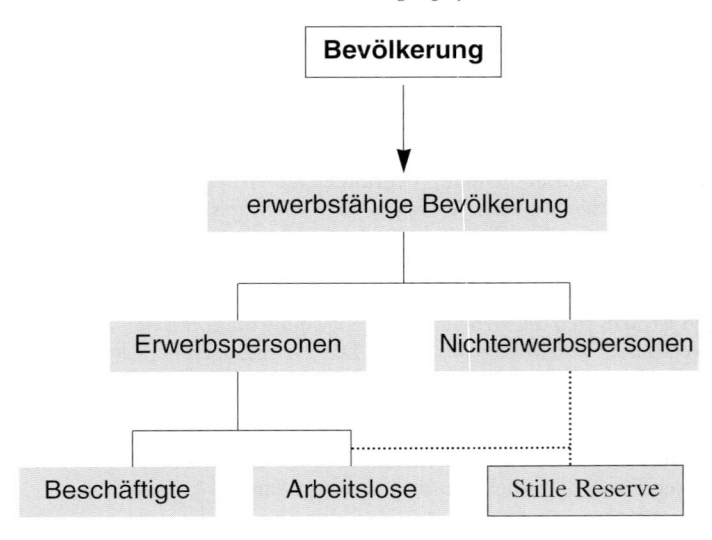

Abb. 17: Erwerbspersonenkonzept (Quelle: Verfasser)

die eine mittelbar oder unmittelbar auf Erwerb ausgerichtete Tätigkeit ausüben (Beschäftigte) oder suchen (Arbeitslose). Für die Definition einer Erwerbsperson sind die geleistete *Arbeitszeit* und das aus der Tätigkeit erzielbare Einkommen zunächst belanglos. *Hausarbeit* ist zwar sicherlich mit dem Arbeitsbegriff vereinbar und kann nur schwer als Freizeittätigkeit eingestuft werden; dennoch zählen Hausfrauen oder Hausmänner nicht zu den Erwerbspersonen.

Erwerbspersonen umfassen sowohl Beschäftigte als auch Arbeitslose. Die Definition baut auf der Vorstellung auf, daß Arbeitslosigkeit nur eine kurzfristige Episode darstellt, die es nicht erlaubt, Arbeitslosigkeit als einen dauerhaften eigenen Erwerbsstatus anzusehen.

Definitorisch zwischen den Erwerbspersonen und den Nichterwerbspersonen stehen die schwer abgrenzbaren „*Unterbeschäftigten*" und die *Stille Reserve*. Als Unterbeschäftigte bezeichnet man Personen, die unfreiwillig weniger arbeiten als sie wollen oder dürfen. Unterbeschäftigt sind jene, die auf unbestimmte Zeit in einen unbezahlten Urlaub bei aufrechtem Beschäftigungsverhältnis geschickt worden sind, weil keine Rohstoffe vorhanden sind oder die Maschinen nicht mehr repariert werden.

Die Stille Reserve umfaßt dagegen jene nicht erwerbstätigen Personen, die nicht als arbeitslos gemeldet sind, aber bei günstigeren Bedingungen an einer Arbeitsaufnahme interessiert wären (Hausfrauen, Personen, die „Warteschleifen im Bildungswesen" ziehen oder Personen, die sich in geförderter beruflicher Weiterbildung befinden). Die Frage, wer zur Stillen Reserve und/oder zu den „Unterbeschäftigten" gehört, unterliegt in starkem Maße einer subjektiven Bewertung. Diese Kategorien können, wenn überhaupt, nur im Rahmen von Mikrozensen und anderen Stichprobenerhebungen erfaßt werden (BACH et al. 1994, S. 276).

Erwerbsquote

Ein gebräuchlicher Indikator für die Erwerbsbeteiligung ist die *Erwerbsquote*. Die Erwerbsquote (EQ) wird als Anteil der Erwerbspersonen (EWP) an der Wohnbevölkerung (POP) definiert.

$$EQ = \frac{EWP}{POP} \cdot 100$$

Erwerbspersonenpotentialquote

Erwerbspersonen umfassen Erwerbstätige und Arbeitslose, nicht jedoch die „Stille Reserve". Zählt man zu den Erwerbspersonen auch die nur abschätzbare Stille Reserve (SR) hinzu, dann gelangt man zur sogenannten *Erwerbspersonenpotentialquote (EPQ)*. Die Erwerbspersonenpotentialquote mißt den Anteil eines unter günstigen ökonomischen Voraussetzungen mobilisierbaren Arbeitskräfteangebots an der *Wohnbevölkerung*. Die Erwerbspersonenpotentialquote ist allgemeiner als die Erwerbsquote und die wiederum umfassender als die nachfolgend zu erläuternde Erwerbstätigenquote.

$$EPQ = \frac{EWP + SR}{POP} \cdot 100$$

Erwerbstätigenquote

Ein dritter Indikator zur Messung einer allgemeinen oder einer regional differenzierten Erwerbsneigung ist die Erwerbstätigenquote (ETQ). Dabei wird die Zahl der tatsächlich Erwerbstätigen durch die Wohnbevölkerung dividiert. Als Erwerbstätige gelten unselbständig Beschäftigte, Lehrlinge, Selbständige und mithelfende Familienangehörige, und zwar unabhängig von der (finanziellen) Bedeutung dieser Tätigkeit für den Lebensunterhalt, aber keine Arbeitslosen (AL).

$$ETQ = \frac{EWP - AL}{POP} \cdot 100$$

Altersspezifische Indikatoren der Erwerbsbeteiligung

Eine auf die gesamte Wohnbevölkerung bezogene Erwerbs- oder Erwerbstätigenquote ist ein sehr allgemeines Maß für die Integration der Bevölkerung in das Erwerbsleben; auch für die Erfassung regionaler Unterschiede ist eine solche Quote unscharf. Weil Babys, Kleinkinder und Schüler noch nicht und alte Menschen nicht mehr erwerbstätig sind, „stören" sie beim regionalen Vergleich. Denn regionale Unterschiede hinsichtlich der Erwerbsbeteiligung können auf unterschiedliche Altersstrukturen zurückzuführen sein und sagen dann sehr wenig über das Ausmaß der Erwerbstätigkeit aus.

$$EQ_{ijk} = \frac{EWP_{ijk}}{POP_{ijk}} \cdot 100$$

i = ein- oder fünfjährige Altersgruppen, j = Geschlecht, k = Region

Indikatoren zur Erwerbsbeteiligung werden daher in der Regel altersspezifisch ausgewiesen, wobei die einfachste Art in der Berechnung einer Erwerbs(tätigen)quote für die 15- bis 65jährigen oder für die Wohnbevölkerung über 15 Jahre besteht.[25] Für spezifische Fragestellungen ist jedoch eine feinere Untergliederung der Altersgruppen notwendig. Werden Erwerbsquoten für einjährige oder fünfjährige Altersgruppen berechnet, dann können charakteristische altersspezifische Verlaufsmuster ermittelt werden.

Alters- und geschlechtsspezifische Erwerbsquoten und Erwerbstätigenquoten können für regionale Analysen meist nur den Volkszählungen entnommen werden. Dies mag einer der Gründe sein, warum die regionale Arbeitsmarktforschung über die Bundesrepublik Deutschland noch nicht so gut entwickelt ist wie die über einige Nachbarländer (Österreich, Schweiz, Ungarn, Frankreich etc.), in denen Volkszählungen regelmäßig durchgeführt werden und die Datenschutzbestimmungen wissenschaftsfreundlicher sind als in der BRD. Stichprobenerhebungen wie der Mikrozensus stellen zwar für gesamtstaatliche Analysen eine wertvolle Datenquelle dar; für eine regionale und/oder soziale Differenzierung der Quoten ist der Stichprobenfehler dieser Datenquelle jedoch meist zu groß.

4.1.2 Altersspezifische Erwerbsbeteiligung

Altersspezifische Erwerbsquoten weisen geschlechtsspezifische Verlaufsmuster auf, die in Abhängigkeit von der Untersuchungsregion variieren. Vereinfachend gesagt: Altersspezifische Erwerbsquoten der Männer steigen nach Beendigung der Schulpflicht an, bleiben im Haupterwerbsalter auf einem hohen Niveau und sinken mit Erreichen des Pensionsalters ab. Die Verteilung ist demzufolge eingipfelig und nur gering asymmetrisch. Die altersspezifischen Erwerbsquoten der Frauen steigen ebenfalls mit Beendigung der *Schulpflicht* an, sinken dann jedoch aufgrund der Geburt von Kindern oder einer Verheiratung ab. Ein zweiter Gipfel der altersspezifischen Erwerbsquoten zeichnet sich mit dem Wiedereinstieg in die Erwerbstätigkeit ab. Mit Erreichen des *Pensionsalters* sinken bei Frauen die Erwerbsquoten rascher ab als bei Männern. Die Verteilung ist also zweigipfelig und deutlich asymmetrisch.

Bei der Analyse von altersspezifischen Erwerbs(tätigen)quoten sind sowohl für Männer als auch für Frauen drei Phasen von besonderem Interesse, die im folgenden auch näher erläutert werden: der Übergang vom Schulsystem ins Berufsleben, die Kleinkinderphase (Familienphase) und der Übergang vom Erwerbsleben in die Pension.

---

[25] Bei einem Ländervergleich der allgemeinen Erwerbstätigenquoten sollte genau überprüft werden, für welche Altersgruppen die amtliche Statistik die Erwerbstätigenquoten berechnet hat, weil je nach Berechnungsgrundlage völlig unterschiedliche Ergebnisse herauskommen. Wenn man beispielsweise in Ungarn die 15- bis 55jährige weibliche Bevölkerung (55 Jahre ist das Pensionsalter der Frauen) als Basis verwendet, betrug die Frauenerwerbstätigenquote (1990) 68,3%, wenn sie auf die über 15jährige weibliche Bevölkerung berechnet wird, ergibt sich ein Wert von 46,3%. Legt man der Berechnung die gesamte weibliche Bevölkerung zugrunde, ergibt sich eine Frauenerwerbsquote von nur noch 37,4%.

Erwerbstätigenquote in %

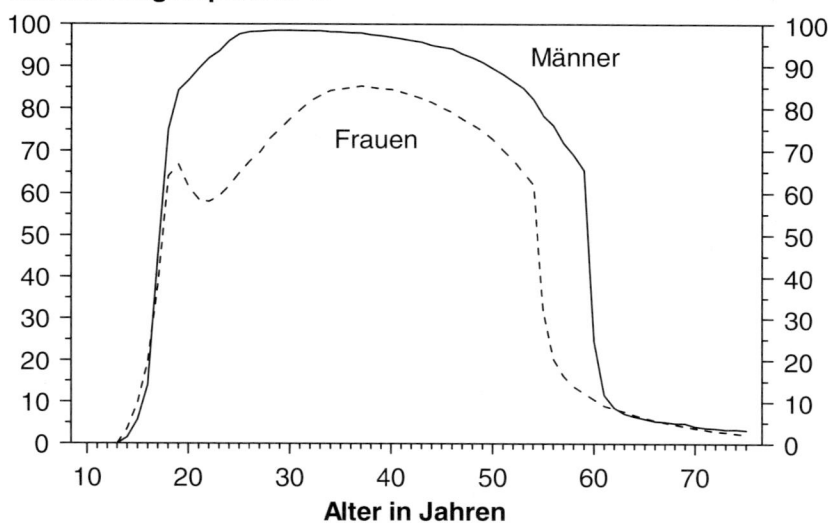

Abb. 18: Erwerbstätigenquoten nach Alter und Geschlecht in Ungarn 1990 (Quelle: Sonderauswertung der Ungarischen Volkszählung 1990, Heidelberger Ungarn-Datenbank)

1. Der Beginn einer Erwerbstätigkeit hängt in erster Linie vom Bildungsverhalten bzw. der Länge der Ausbildungszeit ab und wird besonders bei Frauen noch durch eine Reihe von anderen demographischen Faktoren, wie z.b. dem durchschnittlichen Heiratsalter, dem Alter der Frauen bei der Geburt des ersten Kindes und der Fertilität beeinflußt. Je niedriger das erreichte Ausbildungsniveau, desto früher beginnt im allgemeinen die Erwerbstätigkeit. Diese Tendenz kann allerdings durch demographische Verhaltensweisen abgeschwächt werden. Je niedriger das Heiratsalter der Frauen ist, je jünger die Frauen bei der Geburt des ersten Kindes sind und je höher die Fertilität der Frauen ist, umso niedriger sind die Erwerbstätigkeitsquoten der Frauen.

2. Die Unterbrechung oder Beendigung der Erwerbstätigkeit während der Kleinkinder- und *Familienphase* ist gegenwärtig noch ein Spezifikum berufstätiger Frauen. Mit fortschreitender Partizipation der Männer an der Erziehung der Kinder und der Betreuung des Haushaltes sowie mit zunehmendem Druck des Gesetzgebers auf Einhaltung dieser veränderten Arbeitsteilung, wird auch die Erwerbsquote der Männer in Zukunft einen Rückgang in den jüngeren Altersgruppen aufweisen.

Die Begriffe *Kleinkinderphase* und Familienphase werden in der Literatur vielfach synonym verwendet. Falls die entsprechenden statistischen Daten verfügbar sind, empfiehlt es sich jedoch, die beiden Begriffe für unterschiedliche Sachverhalte vorzusehen. Als Kleinkinderphase sollte jene Periode bezeichnet werden, in der die

Erwerbstätigenquote in %

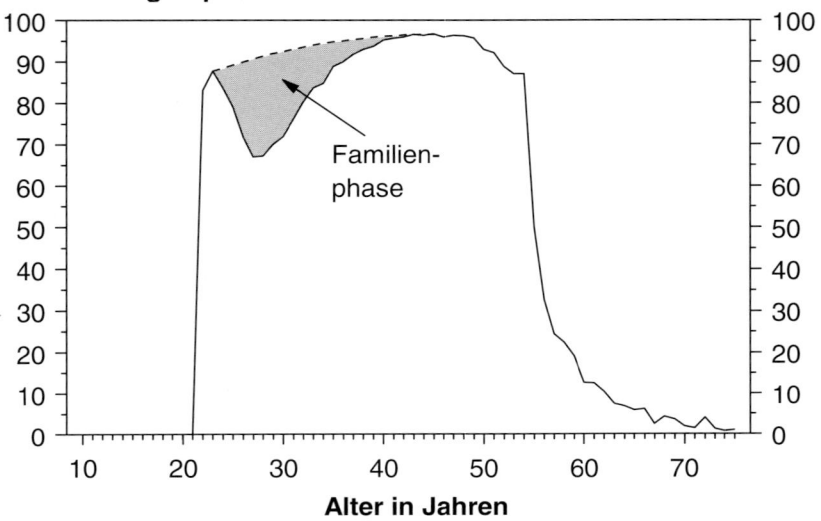

Abb. 19: Familienphase der weiblichen Universitätsabsolventen in Ungarn 1990 (Quelle: Sonderauswertung der Ungarischen Volkszählung 1990, Heidelberger Ungarn-Datenbank)

Mütter nach Geburt eines Kindes ihre Erwerbstätigkeit für jenen Zeitraum unterbrechen, in dem sie *Kinderpflegegeld* oder *Karenzgeld* (Mutterschaftsgeld etc.) erhalten. Wenn mehrere Geburten in kurzen Abständen folgen, kann sich diese Kleinkinderphase über einen längeren Zeitraum erstrecken.

Für die Messung der Dauer der Kleinkinderphase kann, je nach Verfügbarkeit der Daten, entweder der Indikator „Empfänger von Kinderpflegegeld" (Karenzgeld) verwendet werden, oder sie wird aus dem Verlauf der Kurve der altersspezifischen Erwerbstätigkeit abgelesen. Eine exakte Quantifizierung ermöglicht nur die erste Methode. Anhand der Erwerbstätigenquoten kann man die Kleinkinder- oder Familienphase nur näherungsweise abschätzen, weil eine exakte Trennung in Kleinkinder- und Familienphase schwierig ist. Das Beispiel der altersspezifischen Erwerbsquoten ungarischer Universitätsabsolventen veranschaulicht dieses Problem.

Als Familienphase wird ein länger andauernder Zeitraum bezeichnet, der über das Säuglingsalter des Kindes bzw. die Auszahlung des Kinderpflegegeldes (Karenzgeldes) hinausgeht. In diesem Falle unterbrechen die Frauen ihre Erwerbstätigkeit also nicht nur für eine kurze Zeit (je nach Land 1–3 Jahre), sondern so lange, bis das jüngste Kind in die Schule geht oder sogar die Schule abschließt. Die Familienphase kann aber auch einen endgültigen Abschied der Frauen aus der Erwerbstätigkeit bedeuten. Die Dauer der Familienphase hängt u.a. vom Beruf und dem Ausbildungsniveau der Frauen ab, wird aber auch vom Einkommen des (Ehe)partners und von

den sozialen Normen und Einstellungen beeinflußt. Die Familienphase kann in der Regel nur anhand des Verlaufs der Erwerbstätigenquoten abgegrenzt werden.
3. Die dritte „sensible" Phase altersspezifischer Erwerbsquoten ergibt sich aus dem Übergang in den Ruhestand. In Abhängigkeit von den gesetzlichen Bestimmungen für die Auszahlung von Pensionen (Renten) und je nach der Höhe der Pensionen kann die Erwerbstätigkeit beim Übergang in das gesetzlich vorgesehene *Pensionsalter* abrupt enden oder allmählich abflauen. Während in Deutschland und Österreich eine Erwerbstätigkeit von unselbständig Beschäftigten nach Überschreiten des Pensionsalters zu einer Kürzung der Pensionen führt, so daß mit dem Pensionsalter auch die Erwerbstätigkeit abrupt endet, waren in den sozialistischen Ländern viele Pensionisten auch „im Ruhestand" weiter berufstätig. Diese Erwerbstätigkeit im Ruhestand wurde deshalb nicht durch gesetzliche Maßnahmen eingeschränkt, weil den Regierungen der sozialistischen Ländern klar war, daß die Höhe der Pensionen in den meisten Fällen für den Lebensunterhalt nicht ausgereicht hätte. In den sozialistischen Ländern ist deshalb die Erwerbstätigkeitkurve der unselbständig Erwerbstätigen langsamer abgeflacht, der Übergang von der Erwerbsarbeit in die *Pension* war weniger scharf und schichtspezifisch uneinheitlicher als in den sozialen Wohlfahrtsstaaten westlicher Prägung.

Das Ausscheiden aus der Erwerbstätigkeit wird außerdem noch durch zwei weitere Strukturmerkmale bestimmt. Einerseits bewirkt ein hoher Anteil von Selbständigen ein durchschnittlich längeres Verbleiben in der Erwerbstätigkeit; andererseits läßt sich beobachten, daß Personen mit höherer Schulbildung und in leitenden Funktionen ebenfalls später in den Ruhestand treten. Deshalb ist die Erwerbstätigkeit nach der Pensionsgrenze (z.B. bei den 65- bis 70jährigen Männern) auf dem städtischen Arbeitsmarkt höher als als im ländlichen Bereich.

Die drei Phasen altersspezifischer Erwerbstätigenquoten werden erst dann sichtbar, wenn eine entsprechend feine Unterteilung der Altersgruppen vorgenommen wird. Wie sehr die Größe der zugrundeliegenden Altersgruppe die altersspezifischen Kurven der Erwerbstätigkeit beeinflußt, wird aus der Abb. 20 ersichtlich. Bei einer Differenzierung der Erwerbstätigenquoten nach Einjahresgruppen läßt sich eine markant ausgeprägte Kleinkinderphase nachweisen, während bei der Verwendung von Fünfjahresgruppen das Ausmaß der Unterbrechung der Erwerbstätigkeit verschleiert wird. Bei der Verwendung von Zehnjahresgruppen läßt sich die Unterbrechung der Erwerbstätigkeit überhaupt nicht mehr erkennen.[26]

Die charakteristische Abfolge von zu- und abnehmenden altersspezifischen Erwerbsquoten war Grundlage des bekannten „Drei-Phasen-Modells" von MYRDAL und KLEIN (1960). Es sieht eine hohe Erwerbstätigkeit von Frauen bis zur Geburt

---

[26] Dies ist deshalb wichtig, weil lange Zeit behauptet wurde, daß es in den kommunistischen Ländern bei den altersspezifischen Erwerbstätigenkurven der Frauen keine Kleinkinderoder Familienphase gebe. Sobald erstmals Erwerbstätigenquoten für einzelne Altersjahrgänge berechnet wurden, konnte diese Aussage widerlegt werden (vgl. MEUSBURGER 1995b).

Erwerbstätigenquote in %

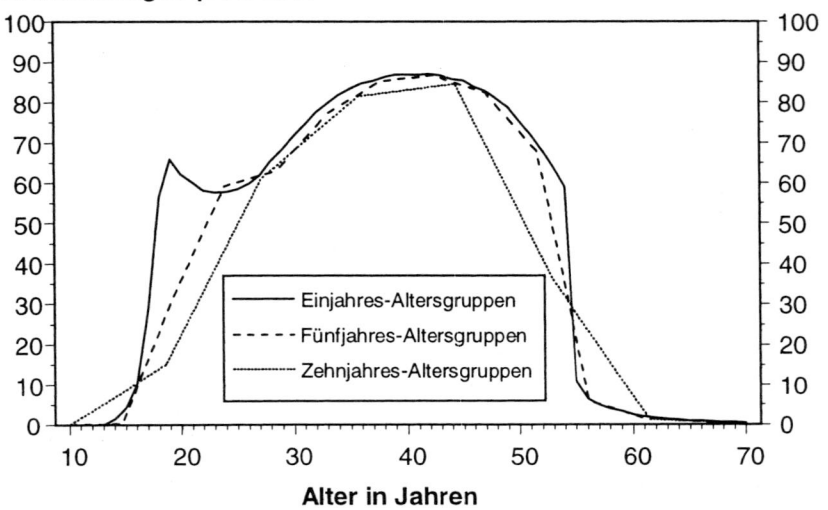

Abb. 20: Die altersspezifischen Erwerbstätigenquoten der Frauen in Ungarn 1990 nach ein-, fünf- und zehnjährigen Altersgruppen (Quelle: Sonderauswertung der Ungarischen Volkszählung 1990, Heidelberger Ungarn-Datenbank)

des ersten Kindes vor, ein deutliches Abfallen der Erwerbsquote während des Heranwachsens der Kinder und eine daran anschließende Wiederaufnahme der Erwerbsarbeit.

Das „Drei-Phasen-Modell" konnte die empirische Realität der 50er und 60er Jahre abbilden, hat aber seitdem deutlich an Aussagekraft verloren. Zumindest in den städtischen Agglomerationen der sozialen Wohlfahrtsstaaten Europas entspricht das Drei-Phasen-Modell nicht mehr der Realität. Das Maximum der Erwerbstätigkeit vor der Familienphase (also bei den 19- bis 23jährigen Frauen) wurde in den letzten Jahrzehnten wegen der höheren Bildungsbeteiligung der Frauen deutlich abgeschwächt. Die Unterbrechung der Erwerbstätigkeit während der sogenannten Familienphase hat abgenommen oder ist zeitlich verkürzt worden, so daß die Erwerbstätigkeit in der mittleren Phase zugenommen hat. In der postfamiliären Phase haben die Erwerbstätigenquoten in einigen Ländern sogar etwas abgenommen.

In den ehemals sozialistischen Staaten Ost- und Ostmitteleuropas war das „Drei-Phasen-Modell" unzutreffend. Dort gab es zwar, entgegen der offiziellen Propaganda, ebenfalls eine (gering ausgeprägte) Kleinkinder- oder Familienphase, aber die Maxima der Erwerbstätigenquoten wurden nicht wie in den westlichen Ländern vor der Geburt des ersten Kindes erreicht, sondern nach dem Abschluß der Familienphase, also etwa zwischen dem 38. und 45. Lebensjahr.

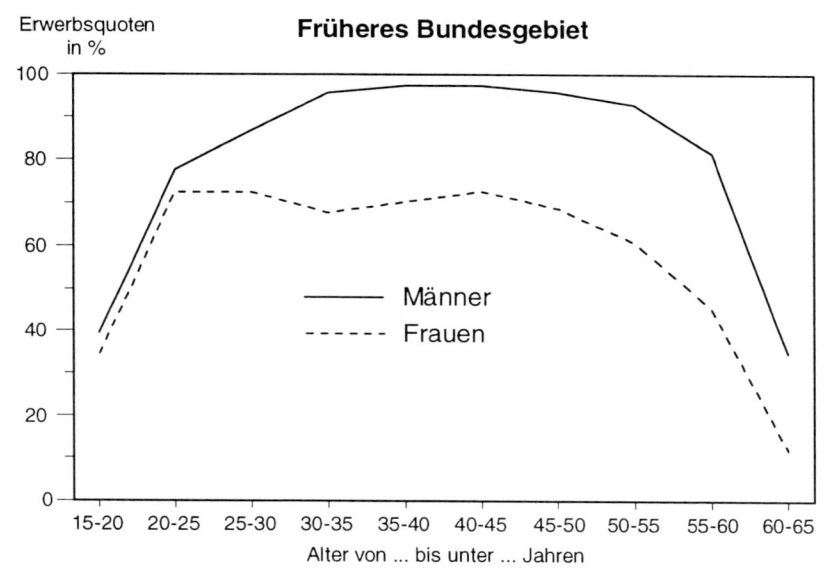

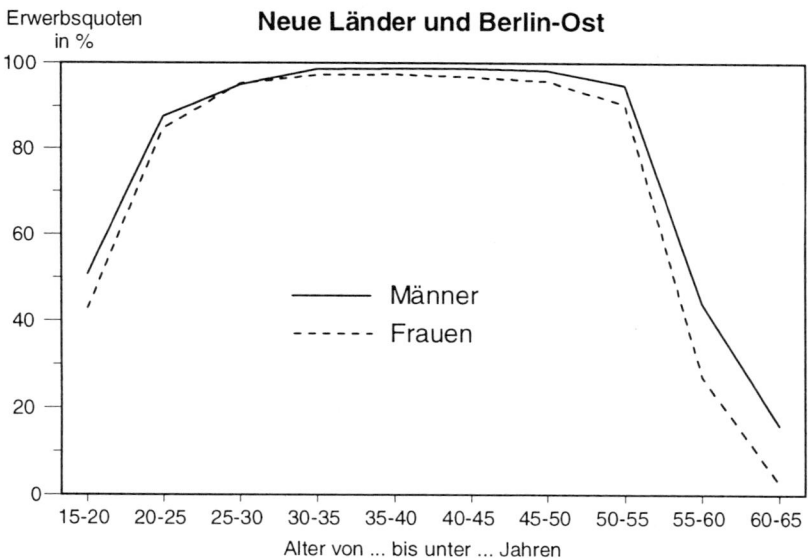

Abb. 21: Die altersspezifischen Frauenerwerbsquoten in den alten und neuen Bundesländern der Bundesrepublik Deutschland 1992 (Quelle: SCHWARZ 1994, S. 546)

Weitere systembedingte Unterschiede zwischen der Erwerbsbeteiligung in sozialistischen und in „westlichen" Ländern können anhand der altersspezifischen Erwerbsquoten in den neuen und alten Bundesländern nachvollzogen werden.[27] Erkennbar ist das deutlich höhere Erwerbsquotenniveau der Männer in den alten Bundesländern im Vergleich zu den Frauen. Deren altersspezifische Erwerbsquoten zeigen zumindest andeutungsweise den zweigipfeligen Verlauf. Im Unterschied dazu sind die altersspezifischen Erwerbsquoten in den neuen deutschen Bundesländern (1992) zwischen Männern und Frauen zu vernachlässigen. Männer und Frauen wurden im sozialistischen System gleichermaßen in das Beschäftigungssystem integriert. Eine weibliche „Sonderrolle" als Hausfrau war nicht vorgesehen. Daß sich dieses Muster in den neuen deutschen Bundesländern ändert und eine Konvergenz der altersspezifischen Erwerbsquoten eintritt, kann mit gutem Grund angenommen werden, wenn auch die Annäherung deutlich langsamer verläuft als erwartet.

4.1.3 Personenbezogene Faktoren der Erwerbsbeteiligung

Bei der Diskussion des Verlaufs altersspezifischer Erwerbs(tätigen)quoten ist bereits deutlich geworden, daß eine Reihe von Faktoren das Erwerbsverhalten bestimmt. Diese Faktoren sind unterschiedlichen „Maßstabsebenen" zuzuweisen. Bestimmende Faktoren können auf einer staatlichen, einer regionalen und einer individuellen Ebene identifiziert werden.

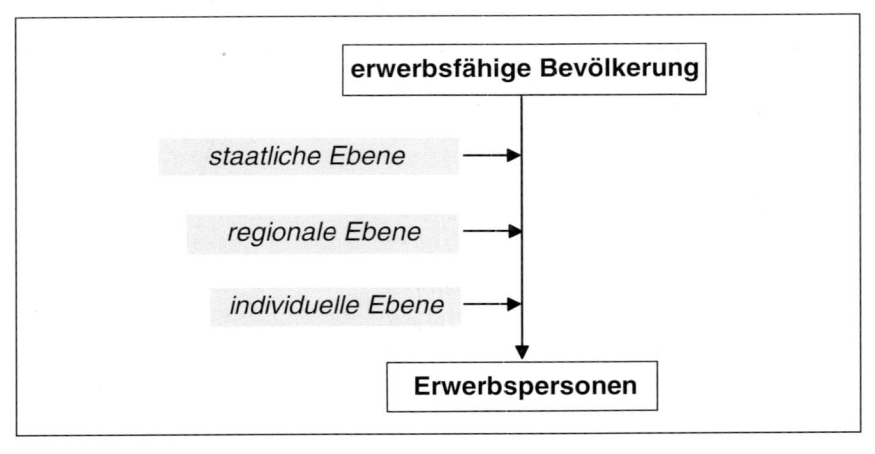

Abb. 22: Bestimmungsfaktoren der Erwerbsbeteiligung (Quelle: Verfasser)

---

[27] Für diese Vergleiche stehen leider nur Fünfjahresgruppen zur Verfügung, so daß die systembedingten Unterschiede hinsichtlich der Kleinkinder- und Familienphase nicht in der ganzen Schärfe hervortreten.

Im folgenden werden die personenbezogenen Faktoren, welche die Erwerbstätigkeit beeinflussen können, zusammenfassend vorgestellt.[28] Dazu zählen:
1. das *Alter*,
2. das *Geschlecht*,
3. der *Familienstand*,
4. das *Ausbildungsniveau*,
5. die *Zahl der Kinder*,
6. die *ethnische Zugehörigkeit*.

Diese Merkmale können sowohl die Erwerbsneigung und die Aktionsräume der betroffenen Personen beeinflussen als auch die Bereitschaft von Arbeitgebern, die betreffenden Personen einzustellen.

Ad 1) Das Alter

Wenige Merkmale haben einen so großen Einfluß auf die Erwerbstätigkeit wie das Alter. Das Alter bestimmt den Eintritt und das Ausscheiden aus der Erwerbstätigkeit. Mit einem bestimmten Alter sind Unterbrechungen oder eine Aufschiebung der Erwerbstätigkeit (Wehrdienst, Zivildienst, Studium, Kleinkinderphase von Frauen etc.) fest verbunden. Wesentliche Konzepte zur Analyse der Erwerbstätigkeit basieren auf einer altersspezifischen Differenzierung (vgl. 4.1.2).

Ad 2) Das Geschlecht

Mindestens ebenso nachhaltig wie das Alter beeinflußt das Geschlecht die Erwerbsbeteiligung. Frauen haben generell eine geringere Erwerbsbeteiligung als Männer. Obwohl sie aufgrund einer niedrigeren Studierquote im Durchschnitt früher in das Erwerbsleben eintreten als Männer, scheiden viele Frauen nach der Heirat oder nach der Geburt eines Kindes wieder aus dem Erwerbsleben aus oder unterbrechen die Erwerbstätigkeit für einige Jahre. Nicht zuletzt können Frauen in vielen Ländern auch früher in Pension gehen als Männer. Auch für das Geschlecht gilt: Wesentliche Konzepte zur Analyse der Erwerbstätigkeit basieren auf der geschlechtsspezifischen Differenzierung. Das Geschlecht ist ein durch alle Arbeitsmarktphänomene durchgehendes Differenzierungsprinzip.

Ad 3) Der Familienstand

er Einfluß des Familienstandes ist differenziert zu sehen. Er übt in einigen Staaten (Kulturen, politischen Systemen) einen großen Einfluß auf die Erwerbstätigkeit von Männern und besonders von Frauen aus. In *Japan* und in bestimmten indischen Kasten wurde bis zur Gegenwart von einer Frau erwartet, daß sie nach der Heirat ihren Beruf aufgibt. Im realen Sozialismus war es normativ vorgesehen, daß verheiratete Frauen auch nach der Geburt eines Kindes erwerbstätig blieben und keine Familienphase einlegten.

Auch wenn diese kulturellen Normen in den letzten Jahren nicht mehr so stark handlungsleitend waren, fällt die Frauenerwerbstätigenquote in einigen Staaten ab dem durchschnittlichen Heiratsalter deutlich ab. Zumindest in jenen (bürgerlichen)

---

[28] Diese Auswahl von Bestimmungsfaktoren gilt vor allem für Industrieländer und müßte in Entwicklungsländern je nach Kulturraum noch ergänzt werden.

Erwerbstätigenquote in %

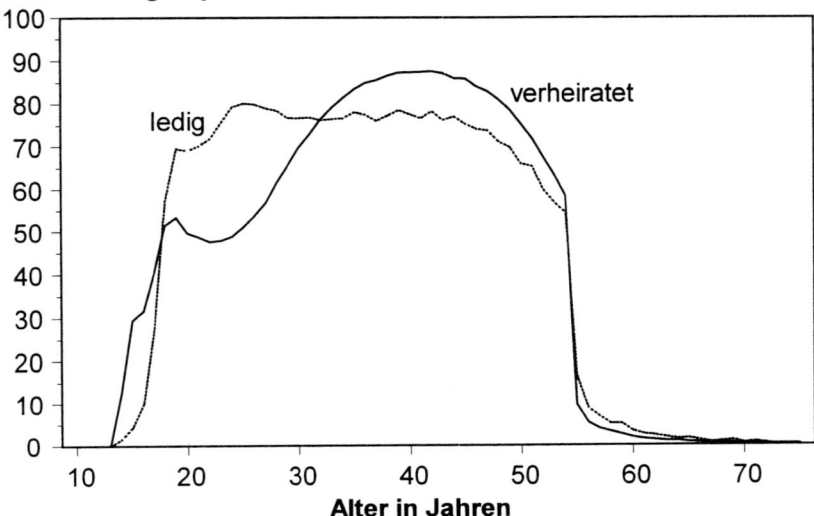

Abb. 23: Erwerbstätigenquoten der Frauen nach dem Familienstand in Ungarn 1990 (Quelle: Sonderauswertung der Ungarischen Volkszählung 1990, Heidelberger Ungarn-Datenbank)

Gesellschaftsschichten, die sich dies finanziell leisten konnten, sind Frauen in früheren Jahrzehnten nach der Heirat oder Geburt des ersten Kindes für einen begrenzten Zeitraum oder auf Dauer aus dem Erwerbsleben ausgeschieden. Die Zunahme der Frauenerwerbsquoten in den vergangenen Jahrzehnten geht in den meisten Ländern darauf zurück, daß immer mehr verheiratete Frauen ins Erwerbsleben zurückgekehrt sind oder auf eine Unterbrechung der Erwerbstätigkeit verzichtet haben.

Tabelle 1: Die Entwicklung der Erwerbsquoten (labor force participation rates) von ledigen und verheirateten Frauen in den USA nach der Zahl der Kinder (Quelle: MICHAEL 1985, S. 124 bzw. 128)

Jahr	Alleinstehende Frauen	Alle verheirateten Frauen	Verheiratete Frauen ohne Kinder	Verheiratete Frauen mit Kindern im Alter von 6–17 Jahren	Verheiratete Frauen mit Kindern im Alter von weniger als 6 Jahren
1900	–	5,6	–	–	–
1920	–	9,0	–	–	–
1950	50,5	23,8	30,3	28,3	11,9
1960	44,1	30,5	34,7	39,0	18,6
1970	53,6	40,8	42,2	49,2	30,3
1980	61,2	50,2	46,1	61,8	45,0

In den USA ist die Erwerbstätigenquote verheirateter Frauen zwischen 1900 und 1980 von 5,6% auf 50,2% angestiegen. Zwischen 1950 und 1980 waren die größten Steigerungen der Erwerbstätigkeit bei Frauen mit Kindern zu verzeichnen. Bei verheirateten Frauen ohne Kinder war die Steigerung geringer, und bei ledigen (alleinstehenden) Frauen hat die Erwerbstätigkeit in einzelnen Altersgruppen sogar abgenommen (vgl. MICHAEL 1985), so daß sich insgesamt zwischen 1950 und 1980 die Differenz der Erwerbstätigenquoten zwischen verheirateten und ledigen Frauen in den *USA* von 26,7% auf 11,0% verringert hat.

Ähnliche Tendenzen sind auch aus Deutschland bekannt. Auch hier ist die Erwerbsbeteiligung verheirateter Frauen stark angestiegen, während die der alleinstehenden Mütter eher abgenommen hat und die Erwerbsbeteiligung der Alleinstehenden ohne Kinder annähernd konstant geblieben ist. Die enorme Steigerung der Erwerbsquoten von verheirateten Frauen hat mindestens vier Ursachen. Erstens haben die Familienrolle und der Geschlechterkontrakt (PFAU-EFFINGER 1995) im Laufe der Jahrzehnte gewisse Änderungen erfahren. Zweitens ist der Anteil von verheirateten Frauen, die Kinder unter 6 oder unter 15 Jahren zu betreuen haben,

Tabelle 2: Die Erwerbsquoten der Frauen in Deutschland (den alten Bundesländern) 1882-1992 (Quellen: SCHWARZ 1994; WILLMS 1980)

Jahr	Von 100 Frauen im Alter von … Jahren waren Erwerbspersonen					
	15–19 Jahre	20–29 Jahre	30–39 Jahre	40–49 Jahre	50–59 Jahre	60–64 Jahre
			alle Frauen zusammen			
1882[1]	66,7	46,6	21,8	24,1	27,7	–
1885[1]	66,2[2]	46,0	23,9	25,3	28,5	–
1907[1]	73,4[2]	51,7	34,8	37,2	37,8	–
1925[1]	74,8[2]	58,3	39,5	38,1	37,3	31,8
1939	83,6[2]	56,2	41,9	41,1	36,6	29,5
1950	–	59,4	38,1	36,2	32,3	20,8
1961	–	62,4	45,5	43,7	35,6	20,9
1970	53,6	60,2	45,8	48,7	40,5	22,5
1980	41,4	66,9	55,8	53,7	42,8	13,0
1987	39,6	71,3	62,3	60,7	46,1	11,4
1992	34,3	72,5	68,9	70,8	53,9	11,9
			verheiratete Frauen			
1882[1]	18,1	9,3	9,1	9,8	9,5	–
1885[1]	17,1[2]	11,9	11,8	12,7	12,7	–
1907[1]	27,6[2]	22,1	25,7	28,9	29,8	–
1925[1]	28,2	26,9	27,9	30,7	31,5	28,5
1939	32,0	29,6	31,9	33,9	33,1	30,4
1950	30,0	27,3	26,0	26,8	25,1	19,0
1961	55,0	43,1	37,1	36,6	29,3	18,4
1970	58,1	47,8	40,4	42,0	34,1	18,8
1980	55,3	57,8	51,0	49,3	36,7	11,2
1987	44,0	58,8	55,7	55,8	41,5	9,8
1992	43,1	62,0	62,9	66,7	49,9	10,6

Anmerkungen: [1] Deutsches Reich; [2] 16–19 Jahre

allein zwischen 1972 und 1991 um rund ein Drittel zurückgegangen. Drittens ist der Umfang der *Teilzeitarbeit* stark angestiegen und nicht zuletzt hat sich das Ausbildungsniveau der Frauen stark erhöht, so daß ihnen heute attraktivere Berufe offenstehen (SCHWARZ 1994, S. 565).

Nach vorherrschender Meinung sind ledige, verwitwete oder geschiedene Frauen schon aus finanziellen Gründen eher gezwungen, einer Erwerbstätigkeit nachzugehen als verheiratete.[29] Von dieser Regel gibt es jedoch auch Ausnahmen. In den USA verzeichneten verheiratete Frauen, die Kinder im Alter von 6-17 Jahren zu betreuen hatten, im Jahre 1980 eine höhere Erwerbstätigenquote als alleinstehende Frauen. Auch in Ungarn wiesen Frauen mit nicht mehr als zwei Kindern im Jahre 1980 höhere Erwerbstätigenquoten auf als unverheiratete Frauen.

In mehreren Ländern hat die Varianz der Frauenerwerbstätigkeit nach dem Familienstand auch deshalb abgenommen, weil der Anteil unverheirateter Paare stark zugenommen hat und der Familienstand heute weniger über die Lebenssituation aussagt als vor einigen Jahrzehnten. Dieser Befund deutet darauf hin, daß nicht so sehr der Familienstand an sich die Erwerbstätigkeit von Frauen beeinflußt, sondern davon unabhängige Drittvariablen (*gesellschaftliche Normen*, Familienrolle, *Geschlechterkontrakt*, politische und *wirtschaftliche Rahmenbedingungen* und das lokal vorhandene Angebot an Arbeitsplätzen)

Ad 4) Das Ausbildungsniveau

Das Ausbildungsniveau wirkt sich in dreifacher Hinsicht auf die Erwerbstätigkeit aus. Erstens bestimmen die Dauer der allgemeinen Schulpflicht und die Übertrittsraten in weiterführende Schulen, Hochschulen und Universitäten in hohem Maße den Zeitpunkt, zu dem Frauen oder Männer vom Schulsystem in das Erwerbsleben übertreten. In den meisten Ländern hat deshalb die Erwerbstätigenquote der 15- bis 19jährigen in den letzten Jahrzehnten abgenommen. Generell steigt der Anteil der 15- bis 19jährigen und jener der 20- bis 24jährigen, die noch eine weiterführende Schule oder Universität besuchen und deshalb noch keine Erwerbstätigkeit aufgenommen haben.

Zweitens kann sich das Ausbildungsniveau auch auf die *Berufswahl*, die berufliche Karriere, die berufliche Motivation, das Einkommen und viele anderen Entscheidungen und Verhaltensweisen auswirken und somit die Erwerbstätigkeit beeinflussen. Höher ausgebildete Frauen und Männer haben in der Regel attraktivere und sicherere Arbeitsplätze als niedrig qualifizierte. Aus diesen Gründen läßt sich generell feststellen, daß mit zunehmendem Ausbildungsniveau der Männer und besonders der Frauen auch ihre Erwerbstätigenquote ansteigt.

Drittens beenden Personen mit einem hohen Ausbildungsniveau aus verschiedenen Gründen (Zufriedenheit mit der Berufstätigkeit, Notwendigkeit aufgrund unter-

---

[29] Nach STEIGER (1976, S. 238) waren in den 70er Jahren zwei Drittel der deutschen Frauen ausschließlich aus finanziellen Gründen erwerbstätig. Die Freude an der Arbeit spielt nur bei den Frauen mit Hochschulabschluß mit einem Viertel der Nennungen eine größere Rolle (vgl. auch SCHWARZ 1994, S. 564).

Erwerbstätigenquote in %

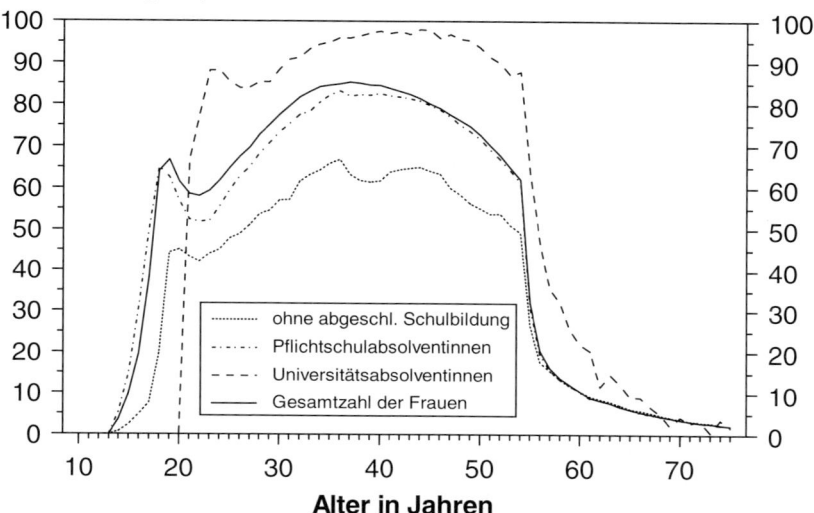

Abb. 24: Die Erwerbstätigenquoten der Frauen nach dem Ausbildungsniveau in Ungarn 1980 (Quelle: Sonderauswertung der Ungarischen Volkszählung 1980, Heidelberger Ungarn-Datenbank)

schiedlicher Ruhestandsregelungen) ihre Erwerbstätigkeit zu einem späteren Zeitpunkt als solche mit einem niedrigen Ausbildungsniveau.

Insgesamt kann festgestellt werden, daß das geänderte Bildungsverhalten der Frauen, das sich durch stark angestiegene Abiturientinnen- und Akademikerinnenquoten auszeichnet, zusammen mit der Expansion des Dienstleistungssektors unbestritten die wichtigsten Ursachen für die Zunahme der Frauenerwerbstätigkeit darstellen.

Ad 5) Die Zahl der Kinder

Die Zahl und das Alter der (schulpflichtigen) Kinder beeinträchtigen ganz wesentlich das Zeitbudget der Männer, aber besonders jenes der Frauen. Sie haben mit steigender Kinderzahl eine geringere Aktionsreichweite und sind deshalb stärker auf das lokale Angebot an (Teilzeit)arbeitsplätzen und an Einrichtungen der Kinderbetreuung etc. angewiesen. Generell kann des weiteren festgehalten werden, daß die Erwerbstätigkeit der Frauen mit der Anzahl unversorgter Kindern ab- und nach Beendigung der Familienphase aber wieder verstärkt zunimmt.

In *Ungarn* hatten im Jahre 1990 die 38- bis 42jährigen Frauen mit zwei Kindern eine höhere Erwerbstätigenquote als Frauen mit einem Kind oder ohne Kinder (vgl. MEUSBURGER 1995b, S. 142). Die Ursache für diese Trendumkehr liegt sicherlich darin, daß zwei *schulpflichtige Kinder* für eine Familie eine höhere finanzielle Belastung darstellen als ein gleichaltriges Kind, so daß in den sozialistischen Ländern

100 4 Räumliche Befunde zum Beschäftigungssystem

Erwerbstätigenquote in %

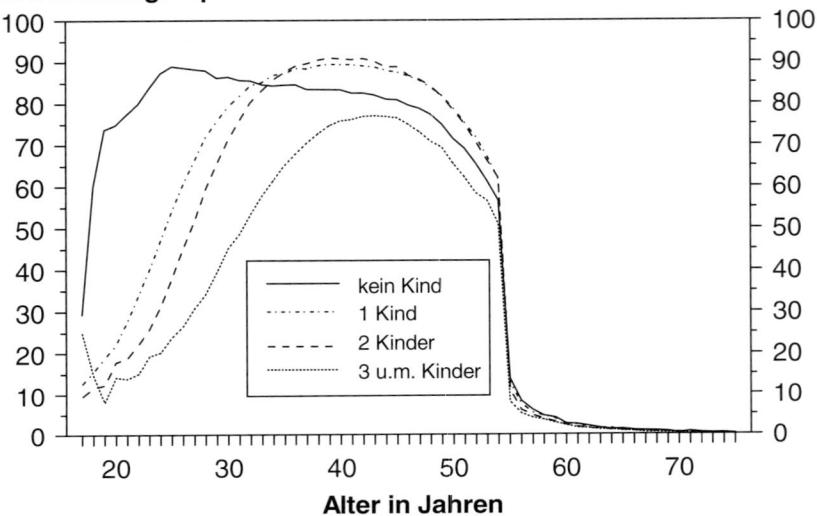

[Diagramm mit Kurven für: kein Kind, 1 Kind, 2 Kinder, 3 u.m. Kinder]

Alter in Jahren

Abb. 25: Die Erwerbstätigenquoten der Frauen nach der Kinderzahl in Ungarn 1980 (Quelle: Sonderauswertung der Ungarischen Volkszählung 1990, Heidelberger Ungarn-Datenbank)

die meisten Frauen angesichts der extrem niedrigen Löhne gar keine Wahl hatten. Auch beim Einfluß der Variablen „Zahl der (schulpflichtigen) Kinder" auf die Frauenerwerbstätigkeit sind, ähnlich wie beim Familienstand, jeweils die politischen, gesellschaftlichen und wirtschaftlichen Rahmenbedingungen zu beachten. So wurde in den kommunistischen Ländern das Familienmodell mit zwei Erwerbstätigen durch verschiedene Maßnahmen (extrem niedrige Löhne, Vergabe von Sozialleistungen über den Betrieb, ideologischer Druck etc.) „erzwungen", um die Arbeitskräftenachfrage zu befriedigen.

Ad 6) Die ethnische Zugehörigkeit

Die Zugehörigkeit zu bestimmten *ethnischen Gruppen* kann sich insofern auf die Erwerbstätigkeit auswirken, als man aufgrund seiner ethnischen Herkunft auf dem Arbeitsmarkt bevorzugt oder benachteiligt werden kann.

Segmentationstheoretische Ansätze haben deutlich gemacht, daß das schlecht entlohnte sekundäre Segment das Sammelbecken für gering ausgebildete ethnische Minoritäten und soziale Randgruppen ist. Besondere Probleme treten auf, wenn Angehörige von marginalisierten Randgruppen keinen Schulabschluß oder nur ein sehr niedriges Ausbildungsniveau aufweisen; in solchen Fällen können Vorurteile und Diskriminierungen auf dem Arbeitsmarkt durch vorgeschobene funktionale Gründe (z.B. mangelnde Schulbildung) verschleiert werden. Solche Randgruppen haben

4.1 Erwerbsbeteiligung 101

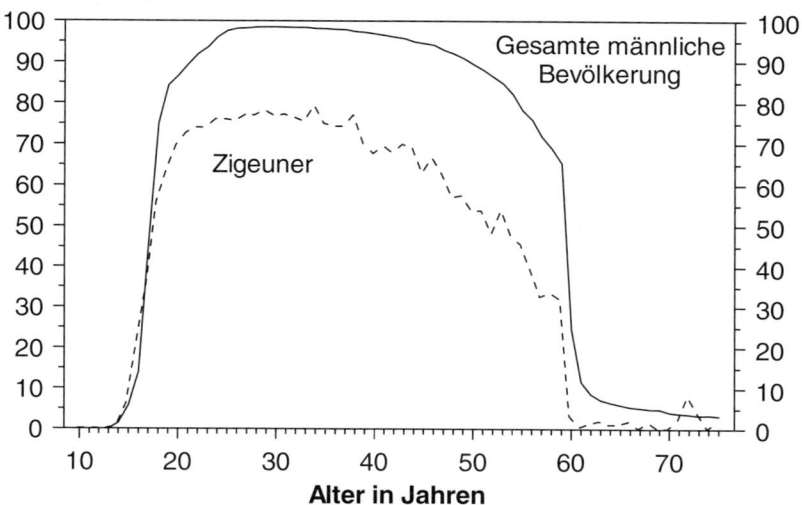

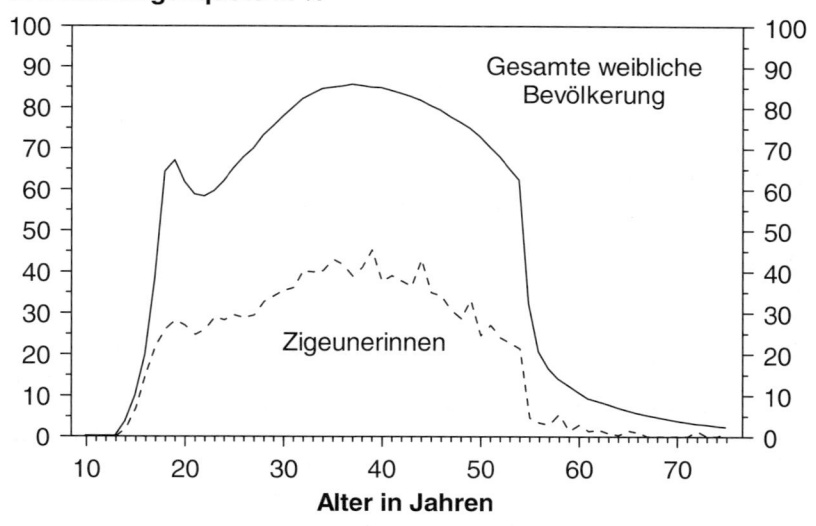

Abb. 26: Die Erwerbstätigenquoten der ungarischen Zigeuner im Jahre 1990 (Quelle: Sonderauswertung der Ungarischen Volkszählung 1990, Heidelberger Ungarn-Datenbank)

meist sehr niedrige Erwerbstätigenquoten und müssen zu einem hohen Anteil in den informellen Sektor ausweichen. Als ein Beispiel für diese Problematik können die niedrigen Erwerbsquoten der Zigeuner[30] in Ungarn angeführt werden.

4.1.4 Regionale Einflußfaktoren

Alle individuellen Einflußfaktoren sind in einem spezifischen regionalen Kontext eingebettet. Der regionale Kontext wirkt dabei auf zweifache Weise: Einerseits beeinflußt er in systematischer Weise das Zusammenwirken der individuellen Einflußfaktoren. Die Bildungsbeteiligung von Männern und Frauen variiert zwischen Stadt und Land sowie Zentrum und Peripherie und steuert damit auch die unterschiedlich hohe Erwerbsbeteiligung. Andererseits offeriert der regionale Kontext Bedingungen, die direkt das Erwerbsverhalten beeinflussen. Das Vorhandensein oder Fehlen von attraktiven Arbeitsplätzen auf dem regionalen Arbeitsmarkt, das regionale Lohnniveau, die regionale Branchenstruktur, die Versorgungsqualität des öffentlichen Nahverkehrs oder die Ausstattung mit Kinderkrippen und Kindergärten steuern den Anteil jener Bevölkerungsteile, die aus der Nichterwerbstätigkeit in die Erwerbsarbeit wechseln möchten, sowie die Möglichkeit, ihre Erwerbswünsche auch tatsächlich realisieren zu können.

Die Abb. 27 belegt, daß es auch in sozialistischen Ländern, im Widerspruch zu allen offiziellen Darstellungen, trotz der Zuteilung von diversen Sozialleistungen über die Betriebe, trotz der sehr niedrigen Löhne und trotz der „Pflicht zur Arbeit", große regionale Unterschiede der Frauenerwerbstätigkeit gegeben hat. Während die Erwerbstätigenquoten der 15- bis 55jährigen Frauen in einigen Arbeitsamtsbezirken der Agglomeration von Budapest im Jahre 1980 über 78% erreichten, betrugen sie in einigen peripheren Arbeitsamtsbezirken im Osten Ungarns nur noch 45%. Eine entsprechende kartographische Darstellung der regionalen Erwerbsquoten in Österreich, Deutschland oder der Schweiz würde ähnliche Verteilungsbilder zeigen: hohe Erwerbsquoten in den Zentralräumen, geringe in den ländlich-peripheren Gebieten.

Generell zeigt sich, daß die Erwerbsbeteiligung mit der Siedlungsgröße abnimmt. Besonders Frauen werden im ländlichen Raum sehr früh und sehr massiv aus der nichtlandwirtschaftlichen Erwerbstätigkeit hinausgedrängt. Die geringe schulische und berufliche Qualifikation und der Mangel an Arbeitsplätzen fördert, bei Frauen eher als bei Männern, eine berufliche Erstplazierung auf einer unteren Ebene des Beschäftigungssystems. Dazu kommen der Konkurrenzdruck zwischen den Arbeitskräften, dem häufig jüngere Frauen nach der Heirat oder der Geburt von Kindern erliegen, und mangelnde Möglichkeiten, erwünschte Erwerbsarbeit mit Kinderbetreuung zu vereinbaren. Die Betroffenen verlassen beim nächsten „biographischen Einschnitt" den Arbeitsmarkt. Deutlich kann dies anhand der Kleinkinder-

---

[30] Der Begriff Zigeuner wird hier deshalb verwendet, weil es sich um eine Selbsteinschätzung bzw. Selbstbenennung handelt und der Begriff Roma zum Zeitpunkt der Volkszählung 1990 in Ungarn noch nicht verbreitet war.

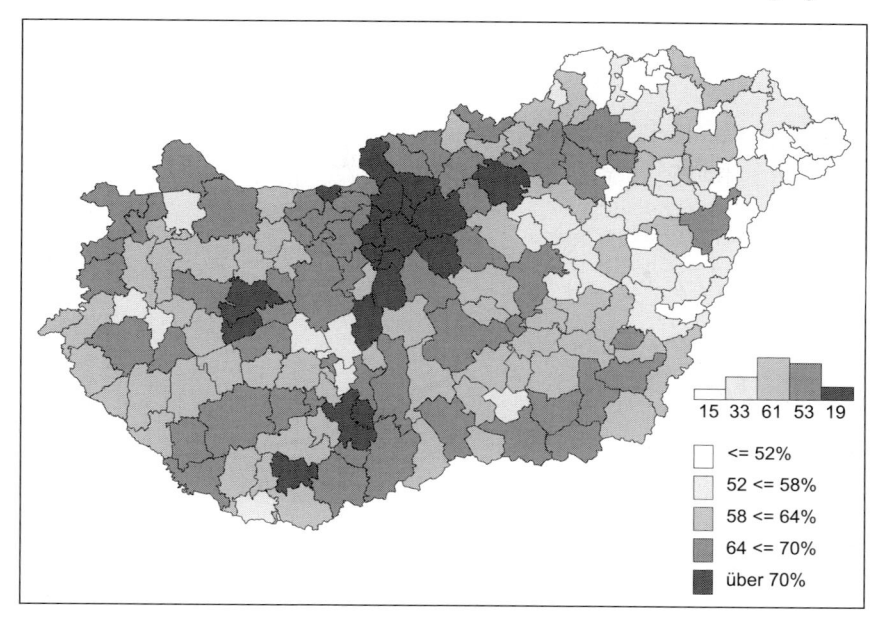

Abb. 27: Regionale Unterschiede der Frauenerwerbstätigkeit in Ungarn 1980 nach Arbeitsamtsbezirken (Quelle: Sonderauswertung der Ungarischen Volkszählung 1980, Heidelberger Ungarn-Datenbank)

phase abgelesen werden. Der Anteil der Frauen, die während der ersten Lebensjahre ihres Kindes keiner Erwerbstätigkeit nachgehen, ist in den Kleingemeinden viel höher als in den großen Städten. Die Geburt eines Kindes stellt einen „willkommenen" Anlaß dar, freiwillig oder durch die Arbeitsmarktstrukturen erzwungen, die Erwerbstätigkeit zu verlassen.

Die zentral-peripheren Disparitäten der Erwerbsbeteiligung können je nach Land, Wirtschafts- und Gesellschaftssystem sehr unterschiedliche Formen aufweisen. Auch besteht der Zusammenhang nicht in linearer Form, sondern die Erwerbsquoten nehmen jeweils bei bestimmten *Gemeindegrößenklassen* deutlich zu oder ab. In der Tendenz läßt sich dennoch die Abnahme der außerhäuslichen und nichtlandwirtschaftlichen Erwerbstätigkeit mit fallender *Siedlungsgröße* nachweisen. Die *Frauenerwerbstätigenquote* Ungarns fügt sich jedenfalls in dieses Muster ein.

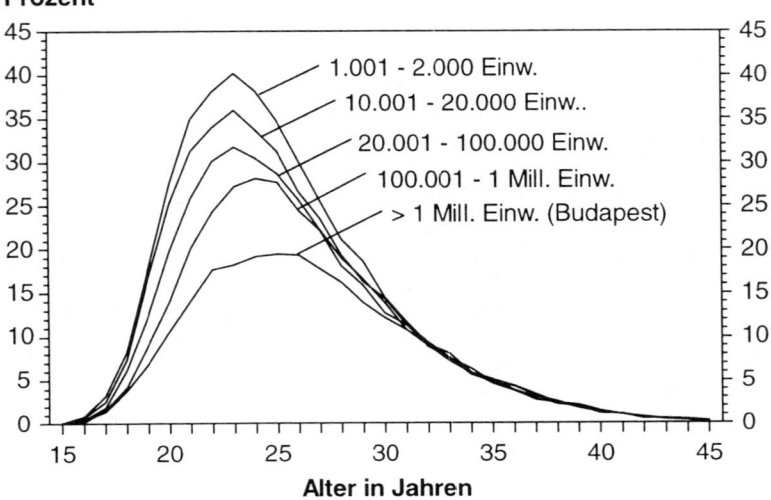

104　4 Räumliche Befunde zum Beschäftigungssystem

Prozent

[Diagramm mit Kurven für:
1.001 - 2.000 Einw.
10.001 - 20.000 Einw.
20.001 - 100.000 Einw.
100.001 - 1 Mill. Einw.
> 1 Mill. Einw. (Budapest)

x-Achse: Alter in Jahren (15–45)]

Abb. 28: Die Kleinkinderphase der Frauen in Ungarn (1990) nach der Gemeindegröße des Wohnortes (Quelle: Sonderauswertung der Ungarischen Volkszählung 1980, Heidelberger Ungarn-Datenbank)

Erwerbstätigenquote in %

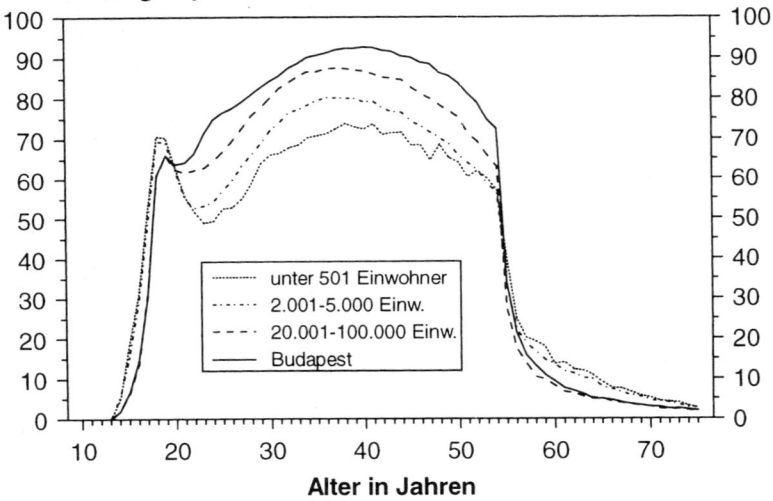

[Diagramm mit Kurven für:
unter 501 Einwohner
2.001-5.000 Einw.
20.001-100.000 Einw.
Budapest

x-Achse: Alter in Jahren (10–70)]

Abb. 29: Die Erwerbstätigenquoten der Frauen nach der Gemeindegrößenklasse des Wohnortes 1980 (Quelle: Sonderauswertung der Ungarischen Volkszählung 1980, Heidelberger Ungarn-Datenbank)

4.1.5 Staatliche Angebotsregulierung

Die dritte Ebene von *Einflußfaktoren* umfaßt staatliche Maßnahmen, die sowohl auf der regionalen Ebene wirken als auch direkt personenbezogene Einflußfaktoren steuern. Staatliche Maßnahmen wirken meistens vereinheitlichend, manchmal zeigen sie aber auch eine differenzierende Wirkung. Sie bestehen aus einer Angebotsregulation. Durch Verlängerung oder Verkürzung von Schul- und Studienzeiten sowie des Wehr- und Zivildienstes, durch Herabsetzung oder Hinaufsetzung des Pensionsantrittsalters, durch unterschiedliche gesetzliche und fiskalische Bewertung von *Alleinverdienern* in der Familie, durch Festlegung von Höhe und Dauer der Arbeitslosenunterstützung und *Sozialhilfe*, durch die steuerliche und familienpolitische Behandlung von *Alleinerziehenden* sowie durch gesetzliche Bestimmungen über Höhe und Dauer des Kinderpflegegeldes (Karenzgeldes, Mutterschaftsgeldes) werden Erwerbsbeteiligungen entscheidend beeinflußt. Die Frage, ob eine Individual- oder eine *Familienbesteuerung* eingeführt wird, hat, obwohl es in der Regel nicht intendiert ist, erhebliche Einflüsse auf das Erwerbsverhalten. Selbst die Vergabemodalitäten von Wohnbaukrediten oder die Regelungen, wie das Kinderpflegegeld ausbezahlt wird, können einen Einfluß auf die Ausprägung der Kleinkinderphase in den Erwerbstätigenkurven der Frauen ausüben (vgl. MEUSBURGER 1995b).

Wie stark sich staatliche Regelungen auch auf das Einstellungsverhalten der Unternehmer auswirken, belegt eine Studie des IAB. Die Befragung, an der sich knapp 11.000 Betriebe mit mehr als 20 Beschäftigten beteiligt haben, hat ergeben, daß *gesetzliche Bestimmungen (Nachtarbeitsverbot, Mutterschutz, Erziehungsurlaub* etc.) nach dem Motiv „geringere körperliche Belastbarkeit" als zweithäufigster Grund angegeben wurden, warum Betriebe gezielt nur einen männlichen Mitarbeiter gesucht haben[31]. Die in der Literatur häufig erwähnten Motive für die Nichteinstellung von Frauen, wie z.b. das soziale Klima an Männerarbeitsplätzen, eine geringere Bereitschaft von Frauen zu Überstunden, die erwartete kürzere Betriebszugehörigkeit oder eine geringere Teilnahmebereitschaft an beruflicher Weiterbildung, waren dagegen eher nachrangige Gründe (ENGELBRECH/KRAFT 1992, S. 20).

In diesem Zusammenhang erweisen sich auch gesetzliche Bestimmungen hinsichtlich der Teilzeitarbeit als ein wichtiger Faktor der weiblichen Erwerbsbeteiligung. Nach Auffassung von PFAU-EFFINGER/GEISSLER (1992) entspricht der starke Anstieg der Teilzeitarbeit den veränderten Erwerbswünschen vieler verheirateter Frauen. Nur ein sehr kleiner Teil von Teilzeitbeschäftigten habe diese Beschäftigungsform gewählt, weil sie keine Vollzeitbeschäftigung gefunden haben, wesentlich mehr vollbeschäftigte Frauen würden gerne eine Teilzeitbeschäftigung wählen, wenn diese vom Betrieb angeboten würde. Die beiden Autorinnen sehen Teilzeitarbeit als einen von der Mehrzahl der Frauen freiwillig aufgenommenen neuen Trend bzw. als eine „modernisierte Fassung der *Versorgerehe*", die es Frauen während der Kinderphase am ehesten erlaubt, Familie und Beruf zu vereinbaren. Wenn staatliche

---

[31] In dieser Stichprobe befanden sich keine Betriebe mit einem allgemeinen Beschäftigungsverbot für Frauen (Bergbau, Bauwesen).

Regelungen Teilzeitarbeit forcieren, dann werden die Erwerbsquoten von Frauen auch in den kommenden Jahren noch beträchtlich zunehmen.

4.1.6 Soziale Normen und Wertvorstellungen

Am schwierigsten politisch zu beeinflussen sind soziale Normen und Wertvorstellungen hinsichtlich der Erwerbswünsche und des Erwerbsverhaltens der Bevölkerung. Soziale Normen und Wertvorstellungen sind weder einer staatlichen, regionalen noch einer individuellen Ebene zuzuordnen. Sie formieren einen kulturellen „Überbau" und beeinflussen auf vielfältige Weise das Erwerbsverhalten.

Ein wichtiger Teil des kulturellen Überbaus sind Religionen. Es gibt Religionen, wie die fundamentalistischen Strömungen des Islam, welche Frauen keinen Platz in der Öffentlichkeit zugestehen, so daß in diesen Ländern Frauen eine sehr niedrige Erwerbstätigenquote aufweisen. Andererseits können aber auch soziale Normen wie etwa die Einstellung der Gesellschaft zur Berufstätigkeit von Müttern mit Kleinkindern oder die soziale Kontrolle in einem Dorf beträchtliche Auswirkungen auf die Erwerbstätigkeit von Frauen haben. Räumliche Disparitäten dieser Wertvorstellungen und die Diffusion neuer Normen können zu bedeutenden regionalen Unterschieden in der Frauenerwerbstätigkeit führen.

Der *kulturelle Überbau* ist historisch gewachsen und hat sich in der Vergangenheit auch mehrmals verändert. PFAU-EFFINGER (1995) ist der Ansicht, daß die regionalen Unterschiede der Frauenerwerbstätigkeit in Europa auf historisch zu erklärende, unterschiedliche Familien- und *Geschlechtermodelle* sowie auf unterschiedliche kulturelle Leitbilder und Traditionen zurückzuführen sind. Die Entwicklung der Frauenerwerbsbeteiligung in Europa könne dann am besten verstanden werden, wenn sie als Bestandteil eines Modernisierungsprozesses im Geschlechterkontrakt analysiert werde. Für das westliche Europa hat sie drei vorherrschende Typen von Familien- und Geschlechtermodellen unterschieden:

1. Dem *agrarischen Familien- und Geschlechtermodell* liegt die Idee zugrunde, daß Frauen und Männer gemeinsam im eigenen Familienbetrieb (landwirtschaftlicher Betrieb oder Handwerksbetrieb) arbeiten. Beide tragen gleichermaßen zum Überleben der Familienökonomie bei. Kinder gelten als Bestandteil der Familienökonomie und werden so früh wie möglich als Arbeitskräfte herangezogen. Kindheit wird nicht in der Weise wie im bürgerlichen Modell als eine eigenständige Lebensphase angesehen, in der das Individuum einer besonderen Betreuung und Förderung in der Familie bedarf. Entsprechend fehlt auch eine soziale Konstruktion von Mutterschaft, die eine Freistellung der Mutter von der Arbeit im Familienbetrieb für Aufgaben der Kinderbetreuung und Erziehung vorsieht.

2. Das *bürgerliche Familien- und Geschlechtermodell* basiert auf der Trennung von „Öffentlichkeit" und „Privatheit" und auf einer unterschiedlichen funktionalen Zuweisung beider Geschlechter: Der Mann hat in seiner Eigenschaft als Familienernährer mit seiner Erwerbsarbeit für den Unterhalt der Familie zu sorgen, die Frau soll ihm komplementär dazu durch ihre unentgeltliche Arbeit im privaten Haushalt den Rücken von Familienaufgaben freihalten. Diesem Modell liegt eine soziale

Konstruktion von „Kindheit" zugrunde, wonach Kinder eine besondere Betreuung und Zuwendung brauchen und umfassend als Individuen gefördert werden sollen. Diese bewußte Zuwendung ist Teil des Modernisierungsprozesses. In diesem Modell ist es in erster Linie Aufgabe der privaten Haushalte, die Betreuung und Förderung der Kinder sicherzustellen. Komplementär dazu dominiert eine soziale Konstruktion von „Mutterschaft", wonach es primär die Aufgabe der Mutter ist, die Kinder im Haushalt zu betreuen und aufzuziehen. Aus der Zuständigkeit für diese Aufgabe leitet sich normalerweise kein Anspruch auf eigenes Einkommen oder auf soziale Sicherung ab. Ansprüche an die sozialen Sicherungssysteme und eine finanzielle Sicherung kann die Hausfrau und Mutter nur indirekt über das Erwerbseinkommen ihres Mannes erwerben, das den Charakter eines „Familienlohns" hat.

3. Das *egalitär-individualistische Familien- und Geschlechtermodell* sieht die volle und vollzeitige Integration beider Geschlechter in die Erwerbsarbeit vor. Auch im Rahmen einer Ehe gelten Mann und Frau als Individuen, die sich beide unabhängig voneinander auf der Grundlage ihrer Erwerbsarbeit ernähren. Kindheit ist, ebenso wie im bürgerlichen Familienmodell, als eine Lebensphase konstruiert, in der Menschen eine besondere Betreuung und Förderung brauchen. Die Betreuung der Kinder gilt aber, anders als im bürgerlichen Familienmodell, nicht primär als Zuständigkeitsbereich der Familien, sondern zu einem erheblichen Teil als Aufgabe des Wohlfahrtsstaates.

Die drei Familienmodelle sind zu unterschiedlichen Zeitpunkten entstanden. Sie existieren heute jedoch – abhängig von den sozialen, kulturellen und politischen Rahmenbedingungen – nebeneinander, wobei sich allerdings bemerkenswerte regionale Disparitäten ergeben. Das agrarische Familienmodell, das ursprünglich in ganz Europa verbreitet und in vielen Ländern ein Vorläufer des bürgerlichen Modells war, dominiert noch heute in einigen Mittelmeerländern. Das bürgerliche Familien- und Geschlechtermodell ist in vielen modernen westeuropäischen Industriegesellschaften (*Großbritannien, Niederlande, Belgien, Westdeutschland*) der zentrale Bezugspunkt des Geschlechterkontrakts. In *Frankreich* haben das agrarische und bürgerliche Modell längere Zeit nebeneinander existiert. Das egalitär-individualistische Modell ist in *Finnland* am stärksten vertreten, während in den anderen skandinavischen Ländern eher eine Mischung zwischen dem egalitär-individualistischen und dem bürgerlichen Modell anzutreffen ist.

PFAU-EFFINGER (1995) hat die Auswirkungen dieser drei Modelle und Leitbilder auf die heutigen Frauenerwerbsquoten in den Niederlanden, in Westdeutschland und in Finnland untersucht. In den Niederlanden und in Westdeutschland dominierte in der Nachkriegszeit zunächst das bürgerliche Familienmodell. In den Niederlanden lag die Erwerbsquote der Frauen lange Zeit unter dem europäischen Durchschnitt und Kinderreichtum galt als erstrebenswertes Ziel. Die kulturelle Verankerung der auf den Kinderreichtum bezogenen Normen und Werte wurde noch durch religiöse Traditionen sowie rigide Restriktionen gegen die Empfängnisverhütung und Abtreibung verstärkt. Deshalb gehörten die Geburtenraten der Niederlande bis in die ersten Jahrzehnte nach dem Krieg zu den höchsten in Europa.

Auch in Westdeutschland war die Hausfrauenehe sehr verbreitet und wurde in hohem Maße von der Politik des Wohlfahrtsstaates gefördert. Finnland war bis zu Beginn der 50er Jahre eine Agrargesellschaft, so daß das agrarische Familienmodell zahlenmäßig dominierte.

In allen drei Ländern haben in der Nachkriegszeit Modernisierungsprozesse im Geschlechterkontrakt stattgefunden, die zu Veränderungen in der geschlechtsspezifischen Arbeitsteilung und damit zu Modifikationen in den Grundstrukturen des vorherrschenden Familien- und Geschlechtermodells oder zum Übergang zu einem anderen Geschlechtermodell geführt haben. In den Niederlanden stieg die (vorher sehr niedrige) Erwerbsquote von Frauen rapide an, während die Geburtenrate, die bis dahin eine der höchsten war, drastisch zurückging. Da das „Wohl des Kindes" in der niederländischen Gesellschaft noch einen hohen Stellenwert hat und Teilzeitarbeit eine staatliche Förderung genießt, haben die Niederlande in Europa den höchsten Anteil teilzeitbeschäftigter Frauen, während die Erwerbsquoten von vollbeschäftigten Frauen noch unter dem europäischen Durchschnitt liegen.

Auch in Westdeutschland gilt die Teilzeitarbeit aus der Sicht der Mehrheit der Mütter als die am besten geeignete Beschäftigungsform für die Vereinbarkeit von Familie und Beruf. Im Vergleich zu den Niederlanden hat die Modernisierung der Geschlechterrolle allerdings weit weniger zu einer Ausdehnung der Teilzeitarbeit geführt; der Anteil der vollzeitbeschäftigten Frauen ist in Westdeutschland doppelt so hoch wie in den Niederlanden. Das Angebot an Teilzeitarbeitsplätzen blieb in Westdeutschland weit hinter der Nachfrage der Frauen zurück, was nicht zuletzt auf den jahrelangen Widerstand der deutschen Gewerkschaften gegen die Teilzeitarbeit zurückzuführen ist.

In Finnland hat sich nach dem Modernisierungsprozeß das egalitär-individualistische Modell durchgesetzt. Die gesellschaftliche Aufgabe der Pflege und Betreuung von Kindern und alten Menschen wurde primär dem Wohlfahrtsstaat überantwortet. Das voll ausgebaute Netz der öffentlichen Kinderbetreuung hat nicht nur viele Arbeitsplätze für Frauen geschaffen, sondern auch vielen Frauen die Möglichkeit eröffnet, *Vollzeitarbeitsplätze* zu übernehmen, so daß Finnland heute die höchste Frauenerwerbsquote des westlichen Europa aufweist.[32]

Diese Typologie könnte sicherlich noch durch zusätzliche Kriterien, wie den unterschiedlichen sozialen Status der Frauen im 19. Jahrhundert (*Analphabetenquoten*, durchschnittliches Heiratsalter etc.), auf den insbesondere TODD (1985) hingewiesen hat, die Vorbildrolle des städtischen Bürgertums (bzw. der oberen Sozialschichten) bei der Entwicklung von Leitbildern sowie durch politische, ökonomische und kulturelle Besonderheiten der einzelnen Länder (z.B. Ausprägung des Wohlfahrtsstaates), weiter differenziert werden. In den meisten Ländern können auch inner-

---

[32] Die Modernisierung des Geschlechterkontraktes scheint jedoch noch nicht auszureichen, um den Anteil der Frauen in Führungspositionen zu erhöhen. Jede zweite Frau, die bereits eine Führungsposition hat, geht von einer Unvereinbarkeit von beruflicher Karriere und Familienleben aus (LIEBRECHT 1985), und unter den besserverdienenden Frauen sind Alleinstehende ohne Kinder überrepräsentiert (ENGELBRECH 1987, S. 181ff.).

staatliche (z.B. zentral-periphere) Disparitäten der Erwerbstätigkeit mit dem räumlichen Nebeneinander oder einem zeitlich-räumlichen Diffusionsprozeß von Familienmodellen und Geschlechterkontrakten erklärt werden.

4.2 Die Qualifikation der Erwerbsbevölkerung

Die unterschiedliche Ausstattung von Standorten mit Humanressourcen bestimmt die wirtschaftliche Leistungskraft und Wettbewerbsfähigkeit in einem hohen Ausmaß. Während in der Feudalzeit noch viele Wettbewerbsvorteile von Handelshäusern, Manufakturen und Städten auf Privilegien und Monopolen beruhten, die ihnen von den Herrschern verliehen wurden (*Marktrecht, Stapelrecht, Münzrecht, Produktions- und Handelsmonopole*), so daß die *Wettbewerbsvorteile* einzelner Städte über lange Zeiträume gesichert waren, mußten seit der zweiten Hälfte des 19. Jahrhunderts solche Wettbewerbsvorteile in zunehmendem Maße durch einen Wissens- und Technologievorsprung (bessere Produktionsmethoden, neue Erfindungen, Patente etc.) erworben werden. Forschung und Entwicklung, eine gut ausgebildete Erwerbsbevölkerung und hochqualifizierte Führungskräfte erhielten einen immer höheren Stellenwert.

Mit der Abkehr von Privilegien, Monopolen, Schutzzöllen und Handelshemmnissen wurden Innovationen, neue Technologien und eine hohe Qualifikation des Führungspersonals, das rechtzeitig neue Entwicklungstrends erkennt, zu den entscheidenden Erfolgskriterien. Damit wurde allerdings nicht nur der Wettbewerb wesentlich härter, sondern auch die Innovationsvorsprünge und Produktzyklen wurden immer kürzer. Ende des 20. Jahrhunderts hält der *Technologievorsprung* eines Landes oder einer Region nicht mehr so lange an und muß härter gegen Konkurrenten verteidigt werden als im 18. Jahrhundert. Der Wettbewerb um einen Innovations- oder Technologievorsprung vollzieht sich vor allem zwischen annähernd gleichrangigen (Innovations)zentren und weniger zwischen Zentrum und Peripherie.

In der zweiten Hälfte des 20. Jahrhunderts wurden Wissen, Erfindungen, berufliche Qualifikationen, hochrangige Forschung und Entwicklung für den *wirtschaftlichen Wettbewerb* so wichtig, daß man erstmals von einer *Wissensgesellschaft* sprechen kann. Dies drückt sich auch darin aus, daß nach BUTTLER und TESSARING (1993, S. 467) der an Ausgaben für Bildung und Ausbildung gemessene ökonomische „Wert" des Humanvermögens aller Erwerbspersonen in Westdeutschland Anfang der 90er Jahre schon fast die Hälfte des gesamten Sachvermögens an Bauten, Ausrüstungen, Verkehrswegen u.ä. ausgemacht hat. Im Jahre 1970 betrug dieses Verhältnis noch 3,2 : 1 und in der Zwischenkriegszeit noch etwa 5 bzw. 4 : 1.

Im Widerspruch zur Dequalifizierungsthese hat sich in der Bundesrepublik Deutschland der Anteil der Ungelernten zwischen 1957 und 1991 von über 40% auf unter 20% verringert. Die IAB/Prognos-Projektionen gehen davon aus, daß der Anteil der Ungelernten bis zum Jahr 2010 auf etwa 10–12% abgebaut werden wird. Der Anteil von Erwerbstätigen mit Hochschul- oder Fachhochschulabschluß hat sich dagegen zwischen 1976 und 1991 von 7,3% auf 12,3% erhöht und für das Jahr 2010 sagen die Prognosen einen Anteil zwischen 15% und 18% voraus. In den Tätigkeitsbereichen Forschung und Entwicklung, Recht, Ausbildung, Beratung und Information, wird für das Jahr 2010 sogar ein Anteil von 39–40% Hochschul- und Fachhochschulabsolventen prognostiziert (BUTTLER/TESSARING 1993, S. 467–468, S. 475; TESSARING 1994, S. 9–11).

4.2.1 Empirische Erfassung von Humanressourcen

Humanressourcen stellen ein theoretisches Konstrukt dar, welches sich einer direkten Messung entzieht. Es sind daher zunächst Indikatoren zu definieren, die Humanressourcen empirisch abbilden können. Folgende Möglichkeiten wurden in empirischen Studien realisiert:

1. Der gebräuchlichste Indikator mißt das Ausbildungsniveau der Bevölkerung. Anhand der Frage nach der höchsten abgeschlossenen Schulbildung kann der Anteil der Bevölkerung mit primärer (*Pflichtschule*), sekundärer (mittlere Schulbildung) und postsekundärer Ausbildung (Universitäten, Fachhochschulen, Akademien) bestimmt werden.

Die derart gebildete *Abiturientenquote* oder der Anteil der Personen mit abgeschlossenem Universitätsstudium ist für manche Fragestellungen ein „unscharfer" Indikator, weil er sich auf die gesamte Wohnbevölkerung bezieht. In einer Analyse über Veränderungen des regionalen Qualifikationsspektrums würden die Indikatoren anders berechnet werden. Sensitiver wird der Indikator, wenn nicht die gesamte Wohnbevölkerung herangezogen wird, sondern nur die Absolventen einer Geburtskohorte, bezogen auf die *Kohorte* insgesamt. Damit werden Effekte der Zeit ausgeschaltet.

Regionale Unterschiede der Humanressourcen können des weiteren, je nach Fragestellung, anhand des Ausbildungs- und Qualifikationsniveaus der Bevölkerung, differenziert nach Wohn- und Arbeitsorten, gemessen werden. Abiturientenquoten werden nicht gesamtstaatlich, sondern für einzelne – meist administrative – Regionen ausgewiesen. Ob die Wohnbevölkerung dabei arbeits- oder wohnortbezogen ausgewiesen wird, hängt abermals von der Fragestellung ab.

Die Informationen über die höchste abgeschlossene Ausbildungsebene stellen die Volkszählung und diverse Mikrozensen zur Verfügung. Bei Analysen auf der Mikroebene können Qualifikationen und „Wissen" im weitesten Sinne durch selbst durchgeführte Interviews und Fragebögen erfaßt werden, die dem jeweiligen Untersuchungsziel besser angepaßt sind.

2. Ein anderer Zugang zur Erfassung der Humanressourcen eines Staates oder einer Region wird gewählt, wenn nicht Informationen über die Bevölkerung gesammelt werden, sondern die institutionelle Ausstattung einer Region gemessen wird. Die Annahme geht dabei davon aus, daß dort, wo viele qualifizierende Institutionen lokalisiert sind, das Niveau der Humanressourcen ebenfalls als hoch einzuschätzen ist. Die Anzahl von Studienplätzen pro Kopf der Bevölkerung oder der Anteil postsekundärer Schulen an allen Schulen sind zwei beispielhaft genannte Indikatoren.

3. In eine ähnliche Richtung gehen Indikatoren, welche die Ausstattung einer Region mit wissenschaftlicher und *technischer Infrastruktur* (wissenschaftliche Großgeräte, Bibliotheken, Labors etc.) messen. Auch hier geht die Meßhypothese davon

aus, daß das Niveau der Humanressourcen mit diesen Indikatoren positiv korreliert. Wo die wissenschaftliche und technische Infrastruktur ausgebaut wurde, ist auch die innovative Kapazität als hoch einzuschätzen.

4. Eine weitere Gruppe inputorientierter Indikatoren mißt den finanziellen Input in Ausbildung, Forschung und Entwicklung. Wieder wird davon ausgegangen, daß die Humanressourcen eines Staates oder einer Region mit der Höhe der Ausgaben ansteigen. Ein beliebter Indikator ist in diesem Zusammenhang der Anteil der Ausgaben für Forschung und Entwicklung in einem Staat am gesamten BIP. Diese Forschungsquote ist, trotz ihrer schwierigen internationalen Vergleichbarkeit[33], zur allgemein anerkannten Meßlatte für die Forschungsaktivitäten eines Staates geworden. Ein anderer Indikator ist der an den Ausgaben für Bildung gemessene ökonomische Wert des Humanvermögens aller Erwerbspersonen (BUTTLER/TESSARING 1993).

5. Werden die zuerst genannten Indikatoren als mehr oder minder inputorientiert gesehen, dann ist die fünfte Gruppe von Indikatoren outputorientiert. Ein bekannter outputorientierter Indikator ist dabei die Zahl der Erfindungen und Patente pro 10 000 Einwohner in einem bestimmten Zeitraum. Auch wenn dieser oder ähnliche Indikatoren international nur schwer zu vergleichen und mit beträchtlichen methodischen Problemen behaftet sind, so charakterisieren sie in einem gewissen Sinne die Innovationskapazität einer Volkswirtschaft (FELDMAN 1994).

4.2.2 Zentral-periphere Unterschiede im Ausbildungsniveau

In der *Regionalökonomie* herrscht weitgehend Konsens darüber, daß Innovationen[34] und damit regionales „Wissen" die eigentlichen Triebfedern der Regionalentwicklung darstellen. Sowohl das endogene Entwicklungspotential einer Region als auch die Fähigkeit, von außen kommende Trends und Innovationen rechtzeitig zu erkennen und zu übernehmen, hängen vom Wissen, der Kreativität, den beruflichen Qualifikationen, dem Ausbildungs- und *Informationsniveau* sowie den beruflichen Erfahrungen ab. Regionen mit einem breiten und reich differenzierten Spektrum an hochqualifizierten und gut informierten Einwohnern sind in Umbruchssituationen in der Regel lernfähiger, anpassungsbereiter und damit besser auf einen von außen kommenden Strukturwandel vorbereitet als Regionen, die nur in wenigen Branchen Arbeitsplätze mit Jedermannsqualifikationen anbieten. Nur regionale Einheiten mit einer qualifizierten, informierten und gut ausgebildeten Bevölkerung haben eine Chance, ihren eigenen Interessen Gehör zu verschaffen und sie durchzusetzen. Regionen mit hohen Anteilen an Analphabeten oder niedrig Qualifizierten sind im Laufe der Geschichte immer wieder in eine Abhängigkeit geraten, wurden von außen fremdbestimmt und hinsichtlich ihrer Ressourcen ausgebeutet.

---

[33] Was als Forschungsausgabe gerechnet wird, ist bei internationalen Vergleichen ebenso unklar, wie die Erfassung von Forschungsaufwendungen in privaten Unternehmen oder beim Militär.

[34] Der Begriff „Innovation" ist von J. A. SCHUMPETER (1912) in die Wirtschaftstheorie eingeführt worden.

Das bemerkenswert persistente Entwicklungsgefälle innerhalb Europas, aber auch innerhalb der einzelnen Staaten ist vor allem auf die unterschiedliche Ausstattung mit Humanressourcen zurückzuführen, deren regionale Struktur zwar nicht stabil ist, sich aber doch nur in großen Zeitabständen ändert, sofern nicht ein Großteil der Bevölkerung zwangsweise vertrieben wird (vgl. Sudetenland, Palästinenser). Die in *Italien*, Frankreich, auf dem *Balkan* oder in *Ostmitteleuropa* Ende des 20. Jahrhunderts feststellbaren *sozioökonomischen Disparitäten* (Pro-Kopf-Einkommen, Wertschöpfung etc.) unterscheiden sich nur geringfügig von den in der zweiten Hälfte des 19. Jahrhunderts bestehenden regionalen Disparitäten der Analphabetenquoten (MEUSBURGER 1991, 1998; CSÉFALVAY 1997). Selbstverständlich existiert zwischen diesen beiden Merkmalen nicht eine direkte Beziehung; aber Regionen, die schon im 18. oder 19. Jahrhundert einen Vorsprung im Ausbildungsniveau der Bevölkerung hatten, haben verschiedene technische und sozioökonomische Innovationen (Aufklärung, Industrialisierung, demographischer Übergang, bürgerliche Traditionen etc.) in der Regel früher aufgenommen und mit jeder Adoption einer Innovation ihren Vorsprung vor den anderen Regionen wieder erneuert oder stabilisiert. Infolge dieses sich selbst verstärkenden Effekts wurden sie zum Migrationsziel von Hochqualifizierten, während andere Regionen gerade wegen ihres Rückstandes die wenigen Hochqualifizierten wieder durch Migration verloren haben.

Wegen der Bedeutung der Humanressourcen und der hohen zeitlichen Persistenz der regionalen Unterschiede ist auch der Transformationsprozeß in den Ländern Ostmitteleuropas bisher anders verlaufen, als es die Neoklassik erwarten würde. Arbeitsplätze wurden nicht dort geschaffen, wo die Löhne niedrig, die Arbeitslosenquoten hoch, oder die Grundstücke billig waren, sondern in den wenigen Zentren und Regionen, wo es gut ausgebildete Erwerbstätige, Erwerbstätige mit Auslandserfahrungen, Sprachkenntnissen und *protomarktwirtschaftlichen Erfahrungen* gab. Dies waren meist jene Regionen, in denen die Löhne am höchsten, die Arbeitslosenquoten am niedrigsten, die Grundstücke und Mieten am teuersten und die Lebenshaltungskosten am höchsten waren: in Ungarn trifft dies etwa auf den Großraum Budapest und den nördlichen Teil Transdanubiens, in der ehemaligen DDR auf die Stadtregionen von Leipzig, Dresden und Berlin, in der tschechischen Republik auf die Agglomeration von Prag zu.

Dieser Exkurs in die Transformationsforschung verdeutlicht, daß ein Großteil der Arbeitsplätze für Hochqualifizierte und wichtige Entscheidungsträger in vielen politischen und wirtschaftlichen Systemen zur räumlichen Konzentration neigt (vgl. Kap. 3.2.3).[35] Die gefällten Standortentscheidungen können im Einzelfall völlig anderen Überlegungen folgen, sie können richtig oder falsch, „suboptimal" oder zu teuer sein und gelegentlich revidiert werden; trotzdem führt die Summe von vielen Einzelentscheidungen über die Lokalisierung von Arbeitsplätzen zu der räumlich abgestuften Konzentration des Wissens und der Qualifikationen in der Hierarchie

---

[35] Unter räumlicher Konzentration wird nicht ein Cluster um einem einzigen Punkt verstanden, sondern eine überproportionale Konzentration der Arbeitsplätze auf einzelne Gebietstypen (Großstädte, Landeshauptstädte etc.).

des Siedlungssystems (Zentrale-Orte-Systems). Dieser Aspekt, auf den bereits CHRISTALLER (1933) und GOTTMANN (1979, 1980, 1983) indirekt und MEUSBURGER (1980) explizit hingewiesen haben, wurde in der jüngeren Zentralitätsforschung (vgl. BLOTEVOGEL 1996; GEBHARDT 1996), die sich zu sehr auf den Einzelhandel konzentriert hat, vernachlässigt.

Die räumliche Konzentration der Arbeitsplätze nach dem Ausbildungsniveau der Arbeitsbevölkerung kann anhand von verschiedenen Konzentrationsmaßen belegt werden (vgl. MARFELS 1971). Die Interpretation muß dabei vor dem Hintergrund der Branche des entsprechenden Unternehmens und des politischen Systems erfolgen. In marktwirtschaftlichen Systemen zeigen sich in allen Studien drei Regelhaftigkeiten:

1. Vor allem die hochqualifizierten Arbeitsplätze des Geld- und Kreditwesens, des Versicherungswesens, von hochspezialisierten Berufen (Patentanwälte) und der obersten Führungsebenen von multinationalen Konzernen tendieren zu einer räumlichen Konzentration. Die entsprechenden Arbeitsplätze sind weit von einer ubiquitären Verteilung entfernt und in den großen Zentren extrem konzentriert.

2. Eine räumliche Dezentralisation von hochqualifizierten Arbeitsplätzen ist nur in jenen Bereichen möglich, die einem mehr oder weniger „geschützten" Arbeitsmarktsegment angehören. Dieses umfaßt im wesentlich die Arbeitsplätze der öffentlichen Hand, einschließlich der Post und der Bahn.

3. Ubiquitär verteilt ohne eine nennenswerte Konzentrationstendenz sind Arbeitsplätze des mittleren und unteren Qualifikationsspektrums, die keine besonderen Standortanforderungen benötigen und die ihre angebotenen Produkte und Dienstleistungen vor Ort zur Verfügung stellen müssen. Verkäufer in Einzelhandelsgeschäften, Kellner in Gastwirtschaften oder Hilfsarbeiter in der Landwirtschaft sind beispielhaft aufgezählte Arbeitsplätze dieser Kategorie.

Diese unterschiedliche Abstufung galt auch für sozialistische Staaten, wo rückwirkend aufgrund der hervorragenden Statistik diese Regelhaftigkeiten empirisch besser belegbar sind als in der deutschen Statistik. Bemerkenswert ist, daß in einer sozialistischen Planwirtschaft die räumliche Konzentration von wichtigen Entscheidungsbefugnissen und Arbeitsplätzen für Universitätsabsolventen aus verschiedenen Gründen deutlich höher war als in marktwirtschaftlichen Systemen. Der Hauptgrund dafür lag darin, daß die Einführung einer zentralen Planwirtschaft und die „Verparteilichung des Staates" (LEPSIUS 1995, S. 347) zu einer extremen Zentralisierung aller wichtigen Entscheidungskompetenzen bei einer zahlenmäßig kleinen Funktionärsschicht (*Nomenklatura*) in der Hauptstadt führten (vgl. MEUSBURGER 1996a, 1996b). Die „Nomenklatura" konnte die staatswichtigen Funktionen (Finanzwesen, Verteilung der Ressourcen, Außenhandel, Presse, Kultur etc.) am besten dadurch kontrollieren, daß sie diese in der Hauptstadt konzentrierte. Da die Funktionstüchtigkeit dieser Gruppe vom Vertrauen in die ideologische Zuverlässigkeit ihrer Mitglieder und von einem auf Vertrauen und Diskretion beruhenden Tauschmarkt von persönlichen Gefälligkeiten abhing, mußten die Mitglieder der Führungsschicht außerdem in enge Netzwerke eingebunden sein, was ständige persönliche Kontakte und eine Präsenz „im Zentrum" erforderte. In einer zentralen

Planwirtschaft gab es zwar keinen marktwirtschaftlichen Wettbewerb; wegen des ständigen Mangels an notwendigen Gütern herrschte jedoch ein harter „bürokratischer Wettbewerb" der einzelnen Staatsunternehmen und Ministerien um die zentral zu verteilenden Ressourcen.

In einer Marktwirtschaft sind die wirtschaftlichen Entscheidungsbefugnisse auf viele Unternehmen und Institutionen verteilt, die zueinander in einem Wettbewerb stehen und die unterschiedliche Standorte bevorzugen. Erwartungsgemäß sind auch in einer Marktwirtschaft das Eingebundensein in Netzwerke der Machthaber sowie persönliche Kontakte zu Entscheidungsträgern wichtige Kriterien, die in Standortentscheidungen einfließen. Ein großer Anteil der Unternehmen kann jedoch auch dann erfolgreich sein, wenn sie in räumlicher und sozialer Hinsicht Distanz zur Regierung pflegen.

Tabelle 3: Die räumliche Konzentration von Arbeitsplätzen unterschiedlicher Wirtschaftsklassen und Berufe 1980 nach dem Ausbildungsniveau der Arbeitsbevölkerung (Quelle: eigene Sonderauswertung der ungarischen Volkszählung 1980, Heidelberger Ungarn-Datenbank)

Arbeitsplätze nach Branchen, Berufen, Ausbildungsniveaus (Auswahl)	Von allen Arbeitsplätzen entfielen ....% auf	
	Gemeinden <5 000 Ew.	Budapest
Gesamtzahl der ungarischen Arbeitsplätze	21,4%	23,9%
Gesamtzahl der Wohnbevölkerung	32,1%	19,2%
Arbeitsplätze für Universitätsabsolventen	7,4%	48,5%
Arbeitsplätze für Pflichtschulabsolventen	27,1%	20,0%
Arbeitsplätze der Bevölkerung ohne Grundschulabschluß	29,3%	17,1%
Arbeitsplätze für „Gelegenheitsarbeiter" (ohne Landwirtschaft)	46,2%	6,8%
Arbeitsplätze für ungelernte landwirtschaftliche Taglöhner	70,9%	0,8%
Arbeitsplätze der Land- und Forstwirtschaft	60,2%	4,3%
Arbeitsplätze des genossenschaftlichen Sektors	45,0%	10,6%
Arbeitsplätze der Industrie	11,6%	25,2%
Priester	51,5%	12,3%
Arbeitsplätze für Universitätsabsolventen d. Gesundheits- und Sozialwesens	7,8%	37,9%
Arbeitsplätze für Universitätsabsolventen des Unterrichtswesens	4,8%	38,3%
Arbeitsplätze für Universitätsabsolventen des Rechtswesens und der öffentlichen Sicherheit	1,4%	44,3%
Arbeitsplätze für „Führungskräfte der Partei- und Massenorganisationen" mit Universitätsabschluß	1,0%	48,8%
Arbeitsplätze für Ingenieure	13,9%	49,9%
Arbeitsplätze im Druckereiwesen	3,6%	52,5%
Arbeitsplätze der Industrie für Universitätsabsolventen	4,1%	52,8%
Arbeitsplätze für Universitätsabsolventen d. öffentlichen Verwaltung	2,0%	59,4%

(Fortsetzung nächste Seite)

4.2 Die Qualifikation der Erwerbsbevölkerung   115

Tabelle 3:   (Fortsetzung)

Arbeitsplätze nach Branchen, Berufen, Ausbildungsniveaus (Auswahl)	Von allen Arbeitsplätzen entfielen ....% auf	
	Gemeinden <5 000 Ew.	Budapest
Arbeitsplätze für Universitätsabsolventen des Bankwesens	0,7%	62,1%
Arbeitsplätze für Universitätsabsolventen d. Transportwesens	1,6%	62,3%
Arbeitsplätze für Universitätsabsolventen d. Maschinenindustrie	1,8%	64,6%
Arbeitsplätze für Universitätsabsolventen der Bauindustrie	0,8%	67,2%
Arbeitsplätze f. professionelle Führungskräfte im Computerwesen	1,3%	72,3%
Arbeitsplätze für Universitätsabsolventen d. kommunalen Dienstleistungen	0,6%	72,5%
Arbeitsplätze für technische Forscher	4,5%	73,6%
Arbeitsplätze für Universitätsabsolventen der Telekommunikation	0,8%	77,2%
Arbeitsplätze für Universitätsabsolventen in den kulturellen Dienstleistungen	0,7%	78,7%
Arbeitsplätze für Journalisten	0,3%	80,8%
Arbeitsplätze für „Führungskräfte der Organe der Staatsmacht, der zentralen Administration" (Code 220)	0,4%	84,6%
Arbeitsplätze für Universitätsabsolventen d. persönlichen und geschäftlichen Dienstleistungen	0,5%	88,4%
Arbeitsplätze für Forscher in den Sozialwissenschaften	0,8%	91,3%
Arbeitsplätze für Universitätsabsolventen d. Außenhandels	0,4%	97,7%

In Budapest und den 19 Zentren der Komitate waren im Jahre 1980 unter anderem 98,7% aller Arbeitsplätze für Universitäts- und Hochschulabsolventen im Außenhandel, 88,7% in der Wissenschaft, 88,6% in den kulturellen Dienstleistungen, 87,8% im *Geld- und Kreditwesen* und 80,3% in der *öffentlichen Verwaltung* angesiedelt. In den Gemeinden bis 5.000 Einwohner, in denen 1980 32,1% der ungarischen Wohnbevölkerung lebten, fanden nur 7,4% aller ungarischen Universitätsabsolventen einen Arbeitsplatz, wobei 82,6% dieser Arbeitsplätze allein auf die Branchen *Land- und Forstwirtschaft, Gesundheitswesen*, Bildung und Erziehung, *Wirtschaftsdienste, Binnenhandel und Bergbau* entfielen. Arbeitsplätze, die im sozialistischen System eine wichtige Steuerungsfunktion hatten bzw. mit Macht und Prestige verbunden waren, fehlten in den Kleingemeinden fast völlig.[36]

---

[36] Diese *räumliche Konzentration* der hochqualifizierten Arbeitsplätze ist natürlich nicht ausschließlich der zentralen *Planwirtschaft* zuzuschreiben, sondern geht auch auf historische Einflüsse zurück. Die Primatfunktion von Budapest existierte schon im 19. Jahrhundert und wurde durch den Vertrag von Trianon noch verschärft.

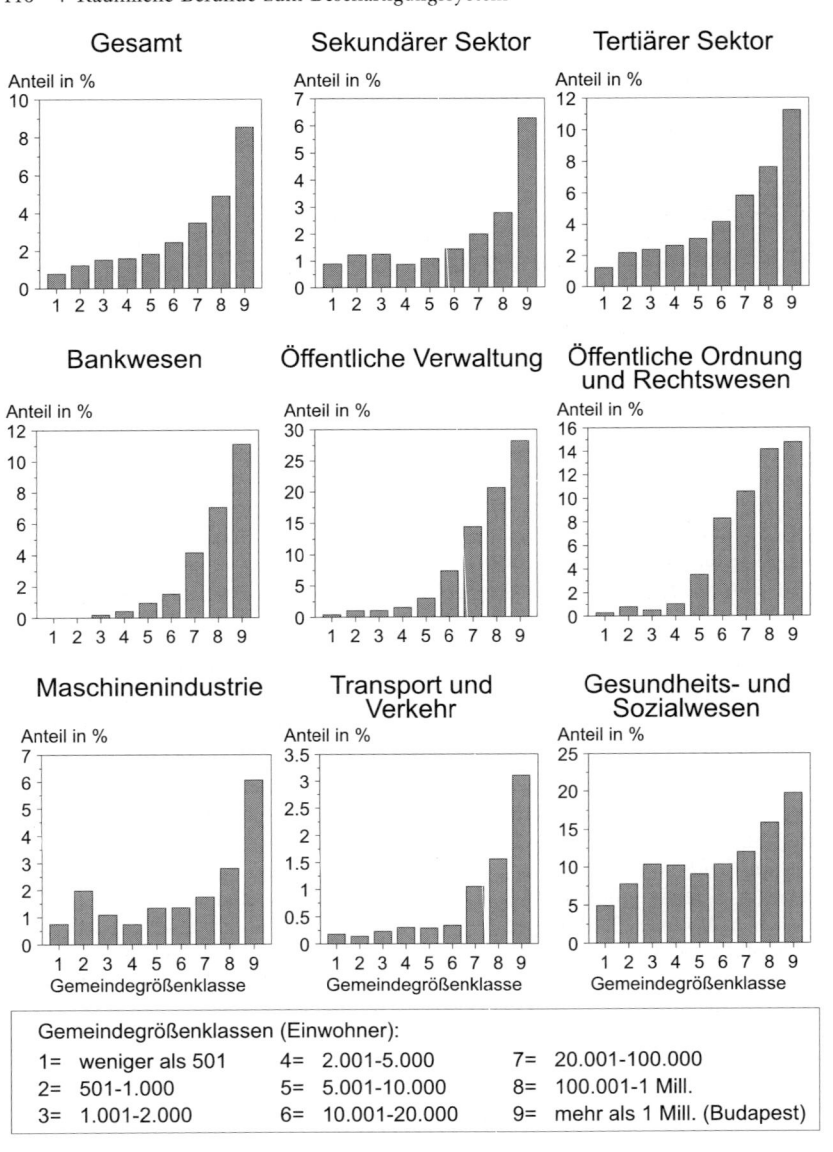

116   4 Räumliche Befunde zum Beschäftigungssystem

Gemeindegrößenklassen (Einwohner):
1= weniger als 501   4= 2.001-5.000   7= 20.001-100.000
2= 501-1.000   5= 5.001-10.000   8= 100.001-1 Mill.
3= 1.001-2.000   6= 10.001-20.000 9= mehr als 1 Mill. (Budapest)

Abb. 30:   Die zentral-peripheren Disparitäten der ungarischen Arbeitsbevölkerung (1990) mit Universitätsabschluß (Quelle: eigene Sonderauswertung der ungarischen Volkszählung 1990, Heidelberger Ungarn-Datenbank)

Die räumliche Konzentration der Arbeitsplätze für Hochqualifizierte darf nicht gleichgesetzt werden mit einem zentral-peripheren Gradienten des Anteils von Hochqualifizierten an der Arbeitsbevölkerung. Eine hohe räumliche Konzentration der Arbeitsplätze kann durchaus mit einem niedrigen Gradienten verbunden sein und umgekehrt. Mit zunehmendem zentralörtlichem Rang bzw. steigender Einwohnerzahl des Arbeitsortes nimmt der Anteil der Universitäts- und Hochschulabsolventen sowie der Abiturienten an der Arbeitsbevölkerung zu, während der Anteil der Pflichtschulabsolventen abnimmt. Dies gilt nicht für alle Branchen gleichermaßen, in der Tendenz ist die Regelhaftigkeit aber für die gesamte Arbeitsbevölkerung nachweisbar.

Bei Länder- und Systemvergleichen muß man zwei Aspekte berücksichtigen: Erstens können gleichlautende *Wirtschaftsklassen* unterschiedlich definiert und abgegrenzt sein, so daß sich hinter gleichen Bezeichnungen sehr unterschiedliche Institutionen und Funktionen verbergen können. Das Bankwesen in einer Marktwirtschaft hat z.B. ganz andere Aufgaben und Prioritäten als das Bankwesen in einer sozialistischen Planwirtschaft. Zweitens muß berücksichtigt werden, daß dieselbe räumliche Konzentration oder derselbe zentral-periphere Gradient in verschiedenen Systemen durch unterschiedliche Faktoren und „Kräfte" verursacht worden sein können.

4.2.3 Die Schnittstelle zwischen Bildung, Beschäftigung und Einkommen

In den letzten Jahrzehnten wurde die Verknüpfung zwischen Bildungssystem und Beschäftigungssystem immer enger. Der Akademiker als Taxifahrer oder der berühmte „Tellerwäscher" als Millionär bleiben Einzelfälle. Mit dazu beigetragen hat die Tendenz, daß für einen immer größer werdenden Anteil von Arbeitsplätzen genaue Ausbildungsvorschriften existieren, eine Folge von Bürokratisierung, Professionalisierung und Expansion der öffentlichen Verwaltung. Die Ausbildungsvorschriften regeln, wer mit welcher Qualifikation eine bestimmte Tätigkeit aufnehmen darf.

Die Verknüpfung von Ausbildung und Beschäftigung ist nicht so zu verstehen, daß ein höherer Ausbildungsabschluß einen bestimmten Arbeitsplatz garantiert oder daß die Karrierechancen eines Abiturienten heute gleich groß sind wie vor 40 Jahren, sondern daß das Ausbildungsniveau und sonstige im Bildungssystem erworbene Qualifikationen für die Erstplazierung auf dem Arbeitsmarkt und die anschließende Karriere eine entscheidende Rolle spielen. Die negative Korrelation zwischen Ausbildungsniveau und Arbeitslosigkeit und die positive Korrelation zwischen Ausbildungsniveau und Lohnniveau bestätigen dies.

Die enge Koppelung von Ausbildung und Beschäftigung wird durch eine Analyse der Einkommensunterschiede belegt. Wer Bildung als reinen humanistischen Wert betrachtet und nicht die enge Beziehung zur Berufstätigkeit und damit zum späteren Einkommen sehen möchte, der verkennt die reale Situation in den westlichen Gesellschaften. Ein Beispiel soll den Effekt der Schulbildung auf das Durchschnittseinkommen illustrieren. 1990 verdienten in den USA „weiße" Männer mit einer nicht abgeschlossenen High-School-Bildung rund 25.000 US$ im Jahr. Hatten sie dagegen ein Universitätsstudium abgeschlossen, dann konnten sie ein rund dreimal so hohes Einkommen erzielen. Dieser Einkommensunterschied nach der Schulbildung zeigt sich ebenfalls bei Frauen, Hispanics und bei der farbigen Bevölkerung (1990 Census of Population). Auch für Österreich läßt sich eine erhebliche Einkommensdisparität auf unterschiedliche Schulbildung zurückführen. Diese wirkt direkt auf die Höhe des Einkommens und indirekt über die berufliche Plazierung. Das standardisierte, auf eine 40-Stunden-Woche umgerechnete Nettoeinkommen betrug 1993 pro Person rund öS. 13.700.–. Hochschulabsolventen erzielten öS. 20.300.–, Pflichtschulabsolventen jedoch nur öS. 12.800.–. Der Einkommensunterschied zwischen diesen beiden Gruppen liegt damit – gemessen am Durchschnittseinkommen – deutlich über 50%. Diese deutlichen Einkommensunterschiede zeigen sich sowohl bei Männern als auch bei Frauen und sind deutlich größer als die häufig diskutierten geschlechtsspezifischen Einkommensunterschiede. Ob die Produktivitätsunterschiede zwischen Akademikern und Pflichtschulabsolventen diese Differenz rechtfertigen – wie dies die Humankapitaltheorie annimmt – bleibt dahingestellt.

Tabelle 4: Einkommen und Bildung in Österreich (Quelle: Mikrozensus 1993; Berechnungen der Verfasser)

	Standardisiertes Nettoeinkommen 1993 in öS			Index (Durchschnittswert = 100%)		
	Männer	Frauen	Gesamt	Männer	Frauen	Gesamt
Uni/Hochschule	22.500	17.200	20.340	151,0	144,5	148,2
Abitur (Matura)	18.787	14.352	16.910	126,1	120,6	123,2
Fachschule	16.900	13.200	14.767	113,4	110,9	107,6
Pflichtschule	13.997	10.718	12.842	93,9	90,1	93,6
Insgesamt	14.900	11.900	13.724	100,0	100,0	100,0

Die empirischen Daten belegen auch für Österreich, daß man das in die Ausbildung investierte Kapital mit Zinsen und Zinsenzinsen zurückerhält. Diese strikte Koppelung zwischen schulischer Qualifikation und Einkommen ist vor dem Hintergrund des sehr teuren US-amerikanischen Ausbildungssystems möglicherweise gerechtfertigt. Wer in seine Universitätsausbildung sehr viel investiert hat, der möchte dies auch wieder in Form eines höheren Einkommens zurückbekommen. Für soziale Wohlfahrtsstaaten erscheint diese Koppelung weniger gerechtfertigt. Wer lange studiert und nachher damit ein höheres Einkommen erzielen kann, der „privatisiert" die öffentlichen Ausgaben für Schule und Universität und nimmt das, was die Allgemeinheit beisteuert.

Die enge Verknüpfung von Ausbildungs- und Beschäftigungssystem ist durch internationale Vergleiche empirisch gut abgesichert. Differenzierungen ergeben sich aufgrund der unterschiedlichen Struktur des Schulsystems. Wenn in einem Land ein Schulsystem hoch selektiv ist und sich die Arbeitgeber darauf verlassen können, daß die oberste Ebene des Bildungssystems (z.B. Universitäten) nur von einigen wenigen Hochqualifizierten absolviert wird und daß auch die mittleren Ebenen nur

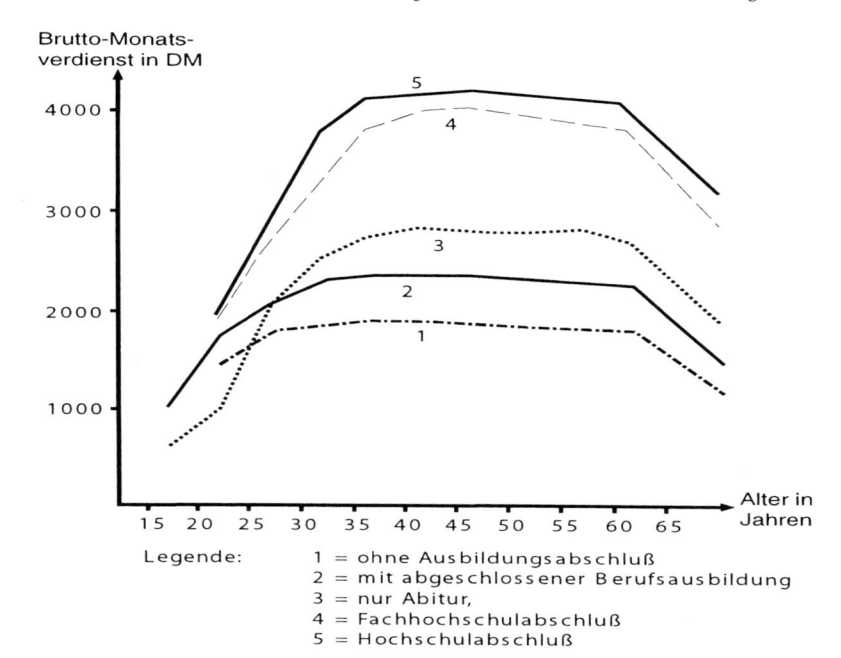

4.2 Die Qualifikation der Erwerbsbevölkerung 119

Brutto-Monats-
verdienst in DM

Legende:
1 = ohne Ausbildungsabschluß
2 = mit abgeschlossener Berufsausbildung
3 = nur Abitur,
4 = Fachhochschulabschluß
5 = Hochschulabschluß

Abb. 31: Altersprofile deutscher Vollzeiterwerbstätiger 1976 (Quelle: CLEMENT/TESSARING/WEISSHUHN 1980, S. 200)

qualifizierte Absolventen „produzieren", dann ist die Verknüpfung zwischen Bildungs- und Beschäftigungssystem sehr eng (z.b. Japan). Wenn diese Selektivität nicht (mehr) gegeben ist und beispielsweise der Großteil eines Altersjahrganges die obersten Ausbildungsabschlüsse absolviert und zwischen den Universitätsabschlüssen keine hierarchische Abstufung mehr möglich ist (Italien), dann lockert sich die Verknüpfung zwischen Bildungs- und Beschäftigungssystem. Wenn dagegen das Bildungswesen seine Selektionswirkung verliert, treten neue Maßstäbe der Bewertung von Ausbildungsabschlüssen ein (z.b. eine Rangordnung der höheren Schulen und Universitäten wie in Japan oder den USA).

Die Verknüpfung zwischen Ausbildungssystem und Berufstätigkeit wird auch dann brüchig, wenn die Schule oder nachfolgende Ausbildungsinstanzen nur wenige berufsfachliche Qualifikationen vermitteln können. In Deutschland wechseln nur rund 6% eines Jahrgangs von der Pflichtschule direkt in die Erwerbstätigkeit, die meisten beginnen im Rahmen der dualen Ausbildung eine Lehre. In den USA standen dagegen ein Jahr nach Beendigung der *High-School* rund 40% der Jugendlichen bereits im Erwerbsleben. Die handwerkliche Ausbildung der Jugendlichen in Deutschland, die bekanntlich in den Betrieben erfolgt, gewährleistet eine deutlich bessere Abstimmung zwischen Qualifikationsangebot und -nachfrage. Während in Deutschland ein Jahr nach Beendigung der Ausbildung 80% der ehemaligen Lehrlinge in ihrem „erlernten Beruf" beschäftigt sind, waren in den USA 75% aller High-School-Abgänger fünf Jahre später an Arbeitsplätzen beschäftigt, die keinerlei formelle berufliche Vorbildung und in vielen Fällen (20%) nur eine kurze Einarbeitung von weniger als sechs Monaten Dauer erforderten (BÜCHTEMANN/SCHUPP/ SOLOFF 1993, S. 512–514). Die bessere Abstimmung des Übergangs ins Berufsleben geht auch daraus hervor, daß im erwähnten Zeitraum der Anteil der Arbeitslosen an der 16- bis unter 25jährigen Bevölkerung in den USA um das Drei- bis Fünffache höher war als in Deutschland (BÜCHTEMANN/SCHUPP/SOLOFF 1993, S. 512).

Der Grad der Verknüpfung zwischen Bildungs- und Beschäftigungssystem variiert auch in der zeitlichen Dimension. Bei einem Mangel an qualifizierten Erwerbstätigen werden auch niedriger Qualifizierte eingestellt, bei einem Überschuß an Qualifizierten erfolgt ein *Verdrängungseffekt* von oben nach unten. Die Übereinstimmung von Qualifikationsniveau und positionalem Niveau der Beschäftigung (= vertikale *Ausbildungsadäquanz*) ist nicht naturgegeben, sondern gesellschaftlich definiert und wird deshalb mit zunehmender *Bildungsexpansion* immer wieder modifiziert. Wenn 40% eines Altersjahrgangs einen Universitätsabschluß erreichen, sind für die Absolventen andere Berufe als adäquat anzusehen, als wenn nur 5% eines Altersjahrganges dieses höchste Ausbildungsniveau erreichen.

4.3 Sektorale und berufliche Strukturunterschiede

Die zentral-peripheren sowie die städtisch-ländlichen Strukturunterschiede zählen zu den wichtigsten Phänomenen einer regionalen Arbeitsmarktanalyse. Nicht nur die Erwerbsbeteiligung, die Qualifikation der Erwerbspersonen und die Arbeitslosigkeit zeigen signifikante Unterschiede, sondern auch die sektorale und berufliche Gliederung der Berufstätigen. Davon handelt der folgende Abschnitt.

4.3.1 Methodische Grundlagen

Nur wenige Fragen bei Erhebungen oder in amtlichen Formularen erzeugen so viele Mißverständnisse, wie jene nach der Berufstätigkeit. Es gibt sensible Fragen, die ungern oder gar nicht beantwortet werden (z.B. Fragen nach dem Einkommen). Die Frage nach der Berufstätigkeit erscheint auf den ersten Blick vergleichsweise sehr einfach; dennoch wissen die interviewten Personen häufig nicht recht, was eigentlich damit gemeint ist. Soll man angeben, ob man Arbeiter oder Angestellter ist, soll man eine Tätigkeitsbeschreibung anführen oder über die Zugehörigkeit zu einer Branche bzw. zu einem Unternehmen informieren? Wenn ein Beamter der Bundesbahn, der als ausgebildeter Tischler die Inneneinrichtung der Kassenräume montiert, die Frage nach der Berufstätigkeit zu beantworten hat, so bietet sich ihm eine Reihe von Möglichkeiten. Er kann den erlernten Beruf angeben (Tischler), den ausgeübten (Monteur), die *dienstrechtliche Stellung* (Beamter) oder die *Betriebszugehörigkeit* (Bundesbahnbediensteter). Er kann natürlich auch Kombinationen erzeugen, was jedoch die Sache eher erschwert als vereinfacht.

4.3 Sektorale und berufliche Strukturunterschiede

Die *Selbsteinschätzung* der Berufsangabe durch den Befragten ist also mit vielen Unsicherheiten behaftet. Der Grad der Übereinstimmung zwischen der Selbsteinschätzung der Erwerbstätigen bei Umfragen und der *Fremdeinschätzung* (durch den Arbeitgeber bzw. sein Personalbüro) wird in der Regel stark überschätzt (vgl. BLASCHKE/PLATH 1994, S. 304). Um diese Übereinstimmung zu überprüfen, hat TROLL (1981) die Ergebnisse des *Mikrozensus* (= Selbsteinschätzung der Befragten) mit den Daten der *Beschäftigtenstatistik der Bundesanstalt für Arbeit* (= Fremdeinschätzung durch den Arbeitgeber) verglichen. Dabei ist er zu dem Ergebnis gekommen, daß nur bei einem Drittel der 328 „*Berufsordnungen*" die Abweichungen im Bereich von weniger als 15% lagen, bei etwa einem Viertel der Berufsordnungen lagen sie sogar höher als 50%.

„In der Arbeitsmarkt- und Berufsforschung ist kein durchgearbeitetes Verfahren und auch keine erprobte methodische Vorgehensweise zur reliablen und validen Erfassung von Arbeits- und Berufstätigkeiten verfügbar, auf welche anliegenspezifisch zurückgegriffen werden könnte" (BLASCHKE/PLATH 1994, S. 309). Dies bedeutet, daß sich der Forscher je nach seinen Forschungszielen eigene Klassifikationen überlegen muß, sofern er mit den amtlichen Klassifizierungen nicht zufrieden ist.

Wer einen *Fragebogen* konzipiert und als *offene Frage*[37] eine nach der *Berufstätigkeit* stellt, beweist Interesse, aber keine allzu große Kenntnis der empirischen Forschungspraxis. Es ist zu empfehlen, die einzelnen Aspekte, die sich mit der Berufstätigkeit verbinden, bereits bei der Frageformulierung exakt zu trennen. Es sind dies:

- die *Berufsangabe*, die einen *Tätigkeitsinhalt* erkennen läßt (Dreher, Kfz-Mechaniker etc.), wobei zwischen erlerntem und zuletzt ausgeübtem Beruf zu unterscheiden ist;
- die sektorale, branchenmäßige Zugehörigkeit des Unternehmens, in dem man beschäftigt ist (Landwirtschaft, Baugewerbe etc.);
- die *Stellung im Beruf* (Angestellter, Beamter, Arbeiter, Selbständiger etc.);
- die hierarchische Position innerhalb des Unternehmens (leitend, ausführend; qualifiziert, unqualifiziert etc.);
- inhaltliche Merkmale wie *Arbeitsverrichtungen*, *Arbeitsaufgabe* (Funktionsbereich) und *Arbeitsmittel*.[38]

---

[37] Wenn in einer Erhebung bei den Fragen nach der Tätigkeit, der sektoralen Zugehörigkeit, der sozialrechtlichen Stellung oder der hierarchischen Positionierung Antwortmöglichkeiten vorgegeben werden, dann spricht man von einer geschlossenen Frage. Ersucht man dagegen die interviewte Erwerbsperson, die Angaben auszuschreiben, dann ist die Frage als offen zu bezeichnen.

[38] Schlüssel für die Merkmale „Arbeitsaufgabe" (Funktionsbereich), „Arbeitsverrichtungen" (Tätigkeiten) und „Arbeitsmittel" (Betriebsmittel) wurden u.a. von HENNINGES/STOOSS/TROLL (1976) sowie von BLASCHKE/PLATH (1994) vorgestellt. Verwiesen wird auch auf das „Tätigkeitsbewertungssystem" von HACKER/IWANOWA/RICHTER (1983/1994), welches neben manuellen und kognitiven Tätigkeitsanteilen auch strukturelle, organisationale, qualifikations- bzw. lernbezogene und weitere Merkmale umfaßt und das auch in der Publikation von BLASCHKE/PLATH (1994) ausführlich diskutiert wird.

Einige dieser Angaben sind eng aneinandergekoppelt, andere wiederum unabhängig. Wer die berufliche Position exakt und differenziert erfassen will, dem sei angeraten, die Tätigkeit, die sektorale Zugehörigkeit, die sozialrechtliche Stellung und die hierarchische Positionierung einzeln abzufragen. Dies gestattet die nachträgliche Analyse von Phänomenen, die bei einer oberflächlichen Befragung nicht zutage treten können. Die Tatsache beispielsweise, daß innerhalb der Industrieunternehmen eine deutliche Verlagerung von Tätigkeiten, die mit der direkten Produktion etwas zu tun haben, zu Aufgaben, die eher als Dienstleistungstätigkeit zu umschreiben sind, stattfindet, ist eine wichtige Beobachtung, die auch den Anteil der im sekundären Sektor beschäftigten Personen erheblich relativiert. Diese Beobachtung ist jedoch nur möglich, wenn die Tätigkeit abgefragt wurde und nicht bloß die Zugehörigkeit zur Industrie. Wenn jemand auf die Frage nach dem Beruf mit „Industriearbeiter" antwortet, dann ist der empirischen Forschung damit wenig gedient.

Mit der Verwendung von offenen und geschlossenen Fragen sind unterschiedliche Vor- und Nachteile verknüpft. Der Vorteil einer offenen Frage liegt darin, daß die Antworten durch Vorgaben nicht gefiltert werden. Man bekommt nicht das bestätigt, was sich der Fragebogenkonstrukteur denkt, sondern direkte und ungebrochene Informationen. Der Nachteil besteht darin, daß die Antworten auf einem unterschiedlichen Abstraktionsniveau liegen und eine nachträgliche Vereinheitlichung oft sehr schwierig ist. Wenn Berufsangaben offen erfragt wurden, können sie nachträglich anhand sehr umfangreicher Klassifikationen kodiert werden.

Wenn geschlossene Fragen verwendet werden, dann stellt sich das Problem der Detailliertheit der Antwortvorgaben. Eine Liste mit einigen wenigen Antwortmöglichkeiten ist zwar sehr übersichtlich, birgt jedoch die Gefahr in sich, wesentliche Differenzierungen nicht berücksichtigt zu haben. Listen mit sehr umfangreichen Antwortvorgaben sind dagegen unübersichtlich und eignen sich weder für eine schriftliche noch für eine mündliche Befragung, gewährleisten jedoch eine genaue und weitgehend ungebrochene Erfassung der Realität.

Offene oder geschlossene Fragen nach den Berufen können direkt oder nach einer Nachbearbeitungsphase auf eine Skala von Berufsangaben projiziert werden. Skala bedeutet in diesem Zusammenhang eine kategorisierte Liste von Berufsangaben, wobei die Kategorienbildung einen Theoriehintergrund haben soll, aber nicht haben muß. Das Ausmaß der Detailliertheit des Kategorienschemas ist forschungsabhängig. Sehr feine Kategorienschemata sind zwar informationsreich, fördern aber nicht die Abstraktion und sind nur bedingt kommunikationsfähig. Sehr grobe Kategorienschemata sind dagegen informationsarm. Auch hier stellt der Mittelweg, der jedoch nur im Einzelfall entdeckt werden kann, die richtige Vorgangsweise dar.

Wer *Kategorienschemata* für eine eigene Forschungsarbeit entwickeln möchte oder auch nur anwenden muß, der sei auf diverse existierende nationale und internationale Klassifikationen verwiesen, die in der Regel den Publikationen der amtlichen Statistik (z.B. Volkszählungsergebnisse) entnommen oder von den Statistischen (Bundes)ämtern angefordert werden können. Eine in diesem Zusammenhang zu nennende internationale Klassifikation ist die *ISCO (International Standard Classification of Occupations)*, die unter der Schirmherrschaft der ILO entwickelt wurde.

1-Steller	2-Steller	3-Steller
Kode Angabe 2 Wissenschaftler	Kode Angabe 21 Physiker, Mathematiker und Ingenieurwissenschaftler	Kode Angabe 211 Physiker, Chemiker und verwandte Wissenschaftler 212 Mathematiker, Statistiker und verwandte Wissenschaftler 213 Informatiker 214 Architekten, Ingenieure und verwandte Wissenschaftler

Abb. 32: Beispiel für die internationale Standardklassifikation der Berufe (ISCO 88)

Die ISCO enthält in der fünfstelligen Version über 1.500 Berufsangaben, die systematisch und stufenweise zu umfassenderen Berufsgruppen zusammenzufassen sind.

Berufsangaben sind *nominalskalierte Merkmale*. Sie können gruppiert und zu neuen Klassen zusammengefaßt werden, sie weisen aber keine ordinale oder gar intervallskalierte Ordnung auf. Jeder, der bi- oder gar multivariate Statistiken anwenden möchte, weiß, daß das nominale *Datenniveau* die Auswahl der Prozeduren stark einschränkt. Im wesentlichen dürfen bei Vorliegen nominalskalierter Merkmale nur *parameterfreie Verfahren* angewendet werden. Einen Ausweg aus dieser Beschränkung offeriert die Anwendung von getesteten Berufsskalen. Diese messen entweder den sozioökonomischen Status, im weitesten Sinne also den mit dem Beruf verbundenen materiellen Aspekt, oder das Berufsprestige. Die bekannteste Skala ist die von Donald TREIMAN (1977) entwickelte standardisierte internationale *Berufsprestigeskala*. Sie sieht für jede Berufsangabe eine bestimmte Punktezahl vor, die ausdrückt, welches gesellschaftliche Prestige jeder einzelne Beruf besitzt. Ärzte, Hochschullehrer und Richter weisen mit über 75 Punkten einen sehr hohen Score auf, Hafenarbeiter, Handlanger und ungelernte Arbeiter einen sehr niedrigen. Weil *Prestige, sozioökonomischer Status* und *soziale Schichtung* in einem sicherlich nicht perfekten, aber in der Regel signifikanten Zusammenhang stehen, offerieren Skalen, wie jene von TREIMAN, ein wichtiges Instrument der sozialräumlichen Analyse.

Die zweite wichtige Information, die aus den Berufsangaben gewonnen werden kann, betrifft die sektorale Zuordnung des Arbeitgebers. In zahlreichen theoretischen Ansätzen nehmen Aussagen über die Struktur und Dynamik der sektoral differenzierten Erwerbspersonen (primäre, sekundäre, tertiäre und häufig auch quartäre Sektoren) einen zentralen Stellenwert ein. Die sektorale Zuordnung der Erwerbstätigen ist für die Industrie- und Dienstleistungsgesellschaft sogar namensgebend.

Die Abbildung der sektoralen Zuordnung der Arbeitsplätze und der Erwerbspersonen erfolgt ebenfalls auf ein vorgegebenes oder selbst entwickeltes Kategorienschema. Die Aussagen, die im Zusammenhang mit der Kategorisierung der Berufe getätigt wurden, sind hier zu wiederholen. Auch bei einem sektoralen Kategoriensche-

1-Steller		2-Steller		3-Steller	
Kode	Angabe	Kode	Angabe	Kode	Angabe
D	Verarbeitendes Gewerbe	15	Ernährungsgewerbe	151	Produktion und Verarbeitung von Fleisch
				152	Verarbeitung von Fisch
				153	Verarbeitung von Früchten und Gemüse
				154	Herstellung von tierischen und pflanzlichen Ölen und Fetten
				155	Herstellung von Milchprodukten
				156	Herstellung von Produkten aus Weizen
				157	Herstellung von Tierfutter
				158	Herstellung sonstiger Lebensmittel
				159	Herstellung von Getränken

Abb. 33: Beispiel für die internationale Standardklassifikation der Wirtschaftssektoren (NACE)

ma ist zwischen Informationsbewahrung und Übersichtlichkeit ein gangbarer Kompromiß zu wählen. Abermals ist darauf hinzuweisen, daß nationale und internationale Kategorisierungen entwickelt worden sind. Die statistische Systematik der Wirtschaftszweige (NACE) ist ebenfalls ein fünfstelliger Kode, der anstelle der nationalen Klassifikationen verwendet wird.

Etwas einfacher gestaltet sich die begriffliche Abbildung der Stellung im Beruf, weil diese mit sozialrechtlichen Unterschieden verbunden ist. Die Stellung im Beruf umfaßt im wesentlichen die Ausprägungen Selbständige, mithelfende Familienangehörige, Arbeiter, Angestellte und Beamte. In Deutschland werden die „freien Berufe" eigens ausgewiesen, in Österreich in die Gruppe der Selbständigen miteingerechnet. Alle Merkmalsausprägungen basieren auf unterschiedlichen gesetzlichen Grundlagen. Wer ein Beamter ist, wird in einschlägigen Gesetzen genau definiert. Ebenso kann ein Arbeiter oder ein Angestellter aufgrund gesetzlicher Normen klar abgegrenzt werden. Meist verfügen die einzelnen Kategorien auch über eigene Kranken- und Pensionsversicherungsanstalten.

Schwieriger wiederum ist die kategoriale Erfassung der hierarchischen Stellung in einem Unternehmen. So wichtig die Erfassung eines „Obens" und eines „Untens" in einem Unternehmen auch wäre, so problematisch ist eine vergleichbare Kategorienbildung. Aus der Mischung von schulischer Qualifikation, *Einarbeitungszeit* und formaler Abgrenzung ergibt sich die Einordnung der Beamten in einen einfachen, mittleren, gehobenen und höheren Dienst, der Angestellten in jene mit einfachen, mittleren, höheren, hochqualifizierten und leitenden Funktionen oder der Arbeiter in Hilfsarbeiter, *angelernte Arbeiter*, Fach- und Vorarbeiter.

Sollen weder der Beruf, noch der Sektor oder die Stellung im Beruf erfaßt werden, sondern Tätigkeitsinhalte, dann kann die Aufstellung von TESSARING (1994, S. 14) eine Orientierungshilfe darstellen. Tessaring unterscheidet zehn unterschiedliche Tätigkeitsbereiche: Gewinnen und Herstellen; Maschinenanlagen steuern; Reparieren; Allgemeine Dienstleistungstätigkeiten; Handeln/Verkaufen; Bürotätigkeiten; Forschen/Entwickeln; Organisation/Management; Sichern und Recht anwenden; Ausbilden, Beraten, Informieren.

Die wichtigste Quelle zur Erfassung einer regional differenzierten *Berufsstruktur* ist abermals die *Volkszählung*. Sie sichert eine tiefe räumliche Disaggregierung der Daten und stellt gleichzeitig ein valides Instrument zur Erfassung der Berufsangaben dar. Stichprobenerhebungen haftet der Nachteil der kleineren Fallzahl an, die eine sehr weitgehende Disaggregierung verbietet. Für ausgewählte Gruppen von Erwerbspersonen sind schließlich Registerdaten der Sozialversicherungen bzw. der Bundesanstalt für Arbeit heranzuziehen. In einzelnen Ländern sind diese Daten jedoch nur auf den Hauptsitz des Unternehmens bezogen, so daß eine Analyse der regionalen Disparitäten bei *Mehrbetriebs-Unternehmen* zu gravierenden Fehlschlüssen führen könnte. Außerdem werden die Begriffe Erwerbstätige, mithelfende Familienangehörende, Voll- und Teilzeitbeschäftigte etc. in den Volkszählungen und Arbeitsstättenzählungen anders definiert als in den Statistiken der Sozialversicherungsanstalten.

4.3.2 Entwicklungstrends und räumliche Disparitäten

Die Entwicklung der sektoralen Struktur der Erwerbstätigen und der konkreten Inhalte der beruflichen Tätigkeit sind Gegenstand sehr weitreichender Theorien. Der erste Abschnitt dieses Studienbuches (Kap. 1.2) hat darüber berichtet. Es wird daher nur folgendes in Erinnerung gerufen:

- Aufgrund der technischen und arbeitsorganisatorischen Weiterentwicklung sowie der Produktivitätsfortschritte in der Landwirtschaft und in der Industrie verlagert sich die Beschäftigung zunehmend in den Dienstleistungssektor. Die Öffnung nationaler Märkte und die *Globalisierung* der Wirtschaft unterstützen diesen Vorgang durch die Verlagerung der industriellen Produktion in Staaten und Regionen mit geringen *Lohnstückkosten*. Die Entwicklung des sozialen Wohlfahrtsstaates und der Ausbau des Unterrichts- und Gesundheitswesens sowie der öffentlichen Verwaltung haben die Verlagerung zum Dienstleistungssektor hin zusätzlich gefördert.
- Mit dem sektoralen Strukturwandel ist eine Abnahme von Berufen, insbesondere derjenigen im handwerklich-gewerblichen Bereich, im Bergbau und in der Grundstoffindustrie sowie eine Zunahme im tertiären Sektor verbunden. Berufe wie Buchdrucker, Posamentierer, Weber, Schmied oder Schuster sind selten geworden, Programmierer, Datenerfasser, Handelsvertreter oder Lagerarbeiter haben dagegen an Bedeutung zugenommen.

- Ebenfalls mit dem sektoralen Strukturwandel, wenn auch nicht ausschließlich, hängt die erhebliche Veränderung der sozialrechtlichen Positionen zusammen: Die Anzahl der Selbständigen hat abgenommen, die der Unselbständigen zugenommen. Innerhalb der Gruppe der unselbständig Erwerbstätigen kam es zur Reduktion der Zahl der Arbeiter und zur Expansion der Angestellten und der Beamten. Das geflügelte Wort vom „Abschied vom Proletariat" spiegelt diese Entwicklung wider.

- Mit dem massiven Einsatz arbeitssparender Technologien, die den Arbeiter von direkt physisch belastenden Arbeitsformen befreien, haben sich auch die konkreten Arbeitsinhalte geändert. Kontrollieren, beobachten, einstellen, nachjustieren sind Tätigkeitsabläufe, die das Heben, Hämmern, Biegen oder das Transportieren von Lasten zunehmend verdrängt haben. Damit sind auch veränderte Qualifikationsanforderungen verbunden. Stark vereinfacht gesagt: die Industrie, das Gewerbe und auch Dienstleistungsunternehmen benötigen zunehmend qualifizierte Arbeitskräfte, wenn auch eine nicht unerhebliche Zahl von Arbeitsplätzen immer noch mit „Jedermann-Qualifikationen" besetzt werden kann. Der Schwerpunkt eines sehr allgemeinen Anforderungsprofils hat sich von der physischen Robustheit zur psychischen Belastbarkeit durch die Büroarbeit gewandelt.

Der sektorale Strukturwandel und die Veränderung der Arbeitswelt haben auch massive Auswirkungen auf räumliche Strukturunterschiede mit sich gebracht. Der Strukturwandel, hervorgerufen durch technische Innovationen und politische Regulationsmaßnahmen, trat an bestimmten Standorten zuerst auf, verbreitete sich in der Folge diffusionsartig und hat schließlich eine flächenhafte Verbreitung erfahren. Damit ist jeweils ein spezifisches Ausmaß an regionalen Disparitäten verbunden. Eine geringe Disparität vor dem Einsetzen der Innovation, ein rasches Anwachsen der Disparitäten mit dem erstmaligen Auftreten der Innovation und schließlich eine Verringerung der Disparitäten am Ende des Zyklus, wenn die flächenhafte Verbreitung stattgefunden hat.

Diese Verringerung der *Disparitäten* am Ende des Zyklus bezieht sich jedoch jeweils nur auf eine einzelne oder auf eine Gruppe von untersuchten Innovationen. Bevor der eine Zyklus zu Ende geht, haben in den Innovationszentren längst wieder andere Zyklen angefangen. In der Regel werden die Disparitäten des Strukturwandels nicht kleiner, sondern sie verschieben sich nur immer wieder auf neue Bereiche und Kriterien. Die These der Konvergenz bezieht sich also immer nur auf bestimmte Strukturmerkmale und erhebt nicht den Anspruch, daß sich die regionalen Disparitäten generell verringern. Im Rahmen der Globalisierung ist sogar eher das Gegenteil zu erwarten, da sich die Entscheidungszentren und die mit Macht und hohen Qualifikationen verbundenen Arbeitsplätze vor allem in den Global Cities konzentrieren und damit die Peripherie noch mehr ins Hintertreffen gerät.

4.3.3 Zentral-periphere Unterschiede der beruflichen Struktur

4.3.3.1 Sektorale Gliederung

Auch wenn sich räumliche Disparitäten ausgesuchter Merkmale im Zeitvergleich tendenziell verringert haben, so finden sich noch immer erhebliche soziale Unterschiede zwischen Stadt und Land sowie Zentrum und Peripherie. Diese sozialen Unterschiede können anhand des Einkommens, der Schulbildung oder der beruflichen Position demonstriert werden. Berufliche Positionen wiederum werden durch sektorale, berufliche und sozialrechtlich-hierarchische Merkmale operationalisiert.

Einem klaren zentral-peripheren Gradienten unterliegt der *primäre Sektor*. Dies ist nicht weiter überraschend. Ein erheblicher Anteil der Arbeitsplätze in peripheren Regionen ist dem primären Sektor zuzuschreiben. Die Landwirtschaft hat im ländlichen Raum, insbesondere dann, wenn dieser ökonomisch oder geographisch peripher ist, noch immer einen hohen Stellenwert. Dies gilt mehr für Frauen als für Männer. Die Landwirtschaft eröffnet für Frauen einen fast schon geschützten Residualbereich. In der Peripherie bleibt den Frauen jener Sektor überlassen, aus dem sich viele Männer schon zurückgezogen haben.

Insgesamt weist auch der *Dienstleistungssektor* einen *zentral-peripheren Gradienten* auf, wenngleich mit umgekehrten Vorzeichen. Arbeitsplätze im Dienstleistungssektor sind in den Zentralräumen zahlreich, in der Peripherie selten. Dabei ist der Dienstleistungssektor jedoch zu differenzieren. Dienstleistungen der öffentlichen Hand (Schulwesen, religiöse Dienste, Gesundheitswesen) weisen nur einen

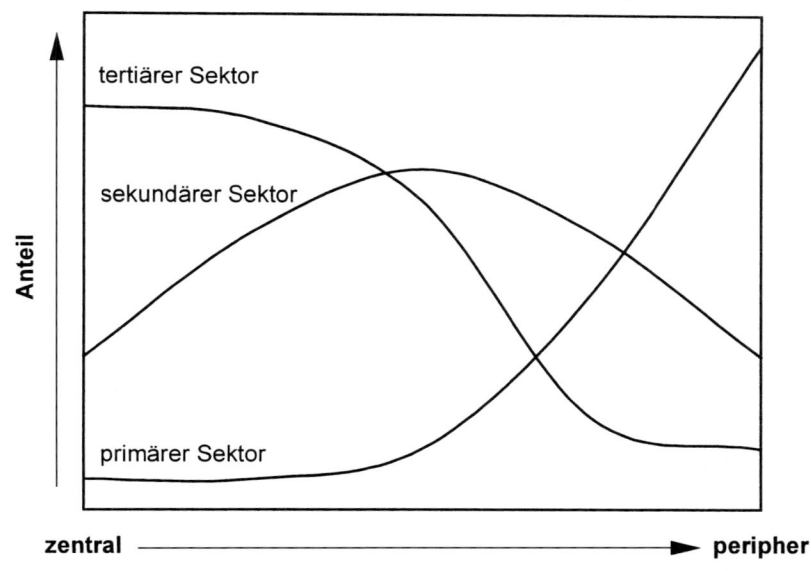

Abb. 34: Sektorale Struktur der Arbeitsplätze und zentral-periphere Differenzierung (Quelle: Verfasser)

sehr schwach ansteigenden zentral-peripheren Gradienten auf, produktionsorientierte Dienstleistungen einen sehr steilen.

Auf den Zusammenhang mit der *Organisationstheorie* ist hinzuweisen. Der öffentliche Dienst ist bürokratisch organisiert, seine Arbeitsabläufe sind geregelt und er tritt in den meisten Fällen als Monopolist auf. Dazu kommt der politische Auftrag, Dienstleistungen der öffentlichen Hand unabhängig von Rentabilitätsüberlegungen überall anzubieten, sie gleichsam ubiquitär verfügbar zu machen. Die Unterschiede zwischen Stadt und Land, Zentrum und Peripherie werden daher gering sein.

Grundsätzlich anders ist der produktionsorientierte Dienstleistungssektor zu beurteilen, der sich aus Geld- und Kreditwesen, Versicherungen und Wirtschaftsdiensten zusammensetzt. Die wirtschaftliche „Umwelt" von Unternehmen dieses Sektors ist sehr dynamisch. Die Unternehmen müssen „am Ball" bleiben. Sie sind auf Informationen aus erster Hand und auf persönliche Kontakte angewiesen. Die kleineren Unternehmen, die Dienstleistungen für andere Betriebe anbieten (Personalberater, Werbebüros, Grafiker, Steuerberater etc.), befinden sich zudem in einem sehr harten Konkurrenzkampf. Standorte an der Peripherie, fernab von direkten Kontakten und neuen Informationen, sind vollkommen ungeeignet. Aber auch die großen Geld- und Kreditunternehmen, die eine stark ausgeprägte vertikale Arbeitsteilung aufweisen, müssen ihre *Unternehmenszentralen* in Zentralräume plazieren. Auch sie sind von den Informationen internationaler Finanzmärkte abhängig, von Regierungsentscheidungen und vom Prestige ihres zentralen und damit exorbitant teuren Standorts, der die Finanzkraft des Unternehmens demonstrieren soll.

Ein nochmals anderes Muster zentral-peripherer Unterschiede bietet der sekundäre Sektor. Industrielle und gewerbliche Arbeitsplätze sind an der Peripherie relativ selten, ihre Präsenz steigt in Richtung der Zentralräume an, erreicht ein Maximum und fällt dann zu den Zentren hin wieder ab. Der zentral-periphere Gradient des sekundären Sektors folgt damit annähernd einer Normalverteilung. Auch dies stellt eine Verallgemeinerung dar, und man muß hinsichtlich der „Reife" - im Sinne des Produktlebenszyklus – differenzieren. Je reifer das Produkt ist, das in einem Unternehmen hergestellt wird, desto eher wird es an die Peripherie gedrängt. Je jünger es ist, desto eher sind die Arbeitsplätze in Zentralräumen zu finden. So sind die Grundstoffindustrie und eine traditionelle Konsumgüterindustrie (z.B. Textilindustrie) eher an der Peripherie zu finden, die Leichtindustrie, deren Produkte noch nicht die Reifephase erreicht haben, in den Zentralräumen.

4.3.3.2 Stellung im Beruf

An erster Stelle ist auf den sinkenden Anteil der Landwirte hinzuweisen, der einem eindeutigen zentral-peripheren Gradienten folgt. Dieser Zusammenhang ist so naheliegend, daß er in der Abb. 35 gar nicht eingetragen wurde. Hinzuweisen ist jedoch auf den zentral-peripheren Gradienten der Arbeiter: große Bedeutung in der Peripherie, flache Abnahme und relative Konstanz in den Zentralräumen. Arbeiter und Arbeiterinnen unterscheiden sich jedoch. Der Anteil der Frauen, die als Arbeiterinnen tätig sind, steigt mit der Zentralität an, erreicht in Klein- und Mittelstädten ein Maximum und sinkt in den Zentralräumen wieder ab.

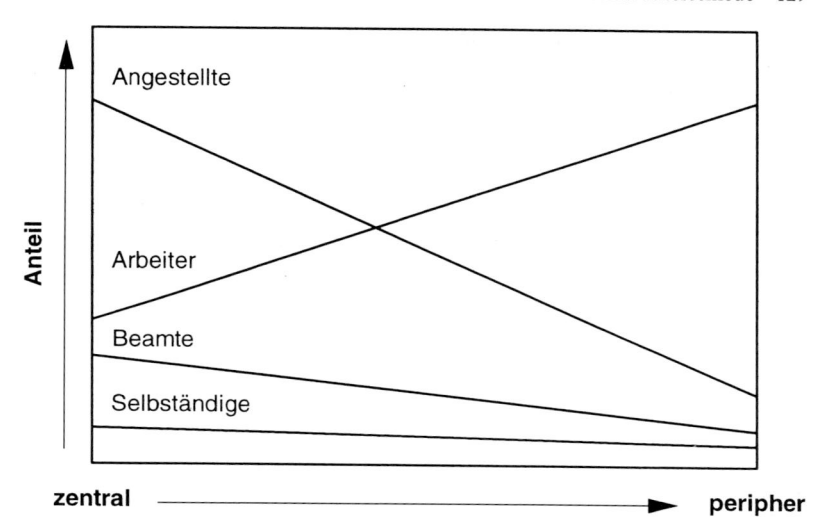

4.3 Sektorale und berufliche Strukturunterschiede

```
Anteil ↑
        | Angestellte
        |
        |
        | Arbeiter
        |
        | Beamte
        | Selbständige
        |_____
        zentral ————————→ peripher
```

Abb. 35: Sozialrechtliche Struktur der Arbeitsplätze und zentral-periphere Differenzierung
(Quelle: Verfasser)

Wesentlich ist der zentral-periphere Gradient des Anteils der *Angestellten*. Dabei ist ein deutlicher Anstieg mit der Zentralität gekoppelt. Der Angestelltenanteil ist in der Peripherie gering und nimmt in den Zentralräumen stark zu. Werden die Angestellten zusätzlich hinsichtlich ihrer *betrieblich-hierarchischen Position* differenziert, dann zeigt sich eine sehr starke Zunahme aller höheren, hochqualifizierten oder leitenden Positionen. Dabei läßt sich eine Regelhaftigkeit feststellen: Je höher die Qualifikationsebene ist, desto steiler ist der zentral-periphere Gradient. Warum dies so ist, wurde mit dem organisationstheoretischen Ansatz bereits begründet. Je dynamischer die betriebliche Umwelt ist, je seltener betriebliche Vorgänge durch fixe bürokratische Regelungen bestimmt sind und je stärker der Wettbewerbsdruck ist, desto eher müssen die Unternehmen versuchen, qualifizierte Mitarbeiter, die mit vielfältigen Situationen umgehen können, auf erstklassigen zentralen Standorten zu versammeln. Wenn dagegen die betriebliche Umwelt des Unternehmens bzw. des Sektors wenig dynamisch ist, der Arbeitsablauf durchorganisiert ist und wenig Spielräume läßt und das Unternehmen eine monopolhafte *Position* besitzt, dann kommen auch Standorte außerhalb der „Zentren" in Frage. Qualifizierte Mitarbeiter werden zwar auch benötigt, der Anteil an allen Beschäftigten des Unternehmens bzw. des Sektors ist jedoch geringer und sie werden ebenso dezentral verteilt sein wie die einzelnen betrieblichen Standorte. Die Post weist beispielsweise eine dezentrale Organisationsstruktur auf, und qualifizierte Mitarbeiter sind in allen Postämtern zu finden. Volksschulen sind an sehr vielen Standorten errichtet worden und benötigen überall qualifizierte Lehrer, egal ob in Zentralräumen oder an der Peripherie.

Der zentral-periphere Gradient des Anteils der *Beamten* an allen Erwerbspersonen sinkt vom Zentrum gegen die Peripherie hin ab, ist jedoch deutlich flacher als jener der Angestellten. Die gesetzten Dienste der öffentlichen Hand sind gleichmäßiger über die Gemeindegrößenhierarchie verteilt als die der Privatwirtschaft. Die öffentliche Hand spannt damit ein weitaus dichteres Netz von primären Arbeitsplätzen als die Privatwirtschaft; sie nivelliert dadurch nicht nur regionale Unterschiede, sondern auch geschlechtsspezifische.

Die räumliche *Arbeitsmarktsegmentierung* wird durch die zentral-peripheren Gradienten des Anteils der Arbeiter, der Angestellten und der Beamten eindrucksvoll abgebildet: Die Zentralräume offerieren in einem überdurchschnittlich hohen Ausmaß dispositive, hochqualifizierte und leitende Arbeitsplätze, während mit dem Sinken des Gradienten zur Peripherie hin der Anteil der ausführenden Funktionen zunimmt. Bei Arbeitsplätzen der öffentlichen Hand ist diese Konkordanz zwar auch gegeben, Beamtenpositionen sind aber gleichmäßiger verteilt.

4.4 Mobilität auf dem Arbeitsmarkt

Der „Homo oeconomicus" reagiert im Rahmen der gängigen Arbeitsmarkttheorie auf Veränderungen der Nachfrage mit einer Veränderung des Arbeitsangebotes und langfristig mit räumlicher und beruflicher Mobilität. Mobilität ist demnach quasi die systemimmanente Antwort auf Strukturwandel. Mobilität entsteht und verschwindet und zeigt – so die Annahme – langfristig keine eindeutige Tendenz, denn Ungleichgewichte, als Motor der Mobilität, werden ausgeglichen. In der Realität stellt sich jedoch heraus, daß Mobilität quasi ein Dauerphänomen mit spezifischen „Quell- und Zielgebieten" ist.

Berufliche Mobilität wird als Wechsel von Positionen innerhalb des Beschäftigungssystems oder als Statusveränderung zwischen Erwerbstätigkeit, Arbeitslosigkeit und Nichterwerbstätigkeit definiert. Die Besetzung vakanter Arbeitsplätze kann sowohl mit Arbeitslosen als auch mit Personen erfolgen, die vorher nicht arbeitslos waren; dazu gehören Personen, die in Ausbildung standen, die sich der Kindererziehung gewidmet haben oder die bei einem anderen Arbeitgeber gekündigt haben. Berufliche Mobilität kann also entweder innerhalb des Beschäftigungssystems oder über die Grenzen des Beschäftigungssystems hinaus erfolgen.

Bei der *beruflichen Mobilität* innerhalb des Beschäftigungssystems unterscheidet man zwischen einem Wechsel in der gleichen (*intrasektorale Mobilität*) bzw. in eine andere Branche (*intersektorale Mobilität*) sowie einem Wechsel innerhalb des Unternehmens (*betriebsinterne Mobilität*) und einem Wechsel des Arbeitgebers (*betriebsexterne Mobilität*). Die Mobilität über das Beschäftigungssystem hinaus kann im Austausch mit der Arbeitslosigkeit, der Stillen Reserve oder mit der Nichterwerbstätigkeit bestehen (vgl. SCHETTKAT 1993, S. 368).

Die Mobilität von Arbeitskräften wird verursacht durch:
- die Veränderung der Beschäftigung insgesamt (Zu- oder Abnahme des Arbeitsplatzangebots);

4.4 Mobilität auf dem Arbeitsmarkt

- den Strukturwandel (Veränderung der sektoralen Wirtschaftsstruktur);
- den Wettbewerb zwischen Betrieben einer Branche (*Job-Turnover* zwischen expandierenden und schrumpfenden Betrieben);
- Veränderungen der Länge des Arbeitslebens (Verschiebung der Grenze des Rentenalters, demographische Einflüsse);
- institutionelle Einflüsse (Kurzarbeit, Kündigungsschutzregelungen, befristete Arbeitsverträge).

Die berufliche Mobilität steht mit der sozialen Mobilität in einem engen Konnex, weil der sozioökonomische Status, der mit dem Beruf verbunden ist, zu den wichtigsten Identifikationsmerkmalen sozialer Positionierungen zählt. Soziale Mobilität kann vertikal erfolgen, wenn mit dem Positionswechsel ein Auf- oder Abstieg verbunden ist, oder horizontal, wenn der Positionswechsel nicht mit einer Veränderung der Statushierarchie verbunden ist.

4.4.1 Meßkonzepte und Datenquellen

Aus der Definition von Mobilität folgt, daß für jede Untersuchungseinheit zumindest zwei berufliche oder geographische Angaben vorhanden sein müssen, die zeitlich geordnet werden können. Im Rahmen einer Migrationsanalyse wird sinnvollerweise die *Herkunfts- und die Zielregion* erhoben. Analog dazu ist es für die berufliche Mobilität notwendig, die berufliche „*Herkunftsposition*" und die berufliche „*Zielposition*" zu erfassen.

Eine berufliche Herkunftsposition kann beispielsweise die berufliche Erstplazierung sein. Darunter ist die erste Position nach Beendigung der Schule, der Lehre oder des Studiums zu verstehen. Berufliche Erstplazierung dokumentiert, mit welcher Qualifikation welche beruflichen Tätigkeiten aufgenommen werden können. Dies erbringt im regionalen oder im geschlechtsspezifischen Vergleich einen valideren Hinweis auf mögliche Diskriminierung als bei einer Querschnittsbetrachtung. Berufliche Strukturunterschiede im regionalen Vergleich sind nämlich durch viele Faktoren „verwaschen". So wird bei einem Querschnittsvergleich stillschweigend vorausgesetzt, daß die Erwerbsbevölkerung gleich alt ist, ähnlich lange erwerbstätig war und das Erwerbsleben immer in der Region verbracht hat. Daß diese Annahmen gewagt sind, muß nicht weiter betont werden.

Die *berufliche Erstplazierung* erlaubt auch Aussagen über Veränderungen im Kohortenvergleich. Wo konnten die in den unmittelbaren Nachkriegsjahren Geborenen ihre Berufstätigkeit beginnen, wo die in den Wirtschaftswunderjahren? Solche Fragen erlauben, den Einfluß der unterschiedlichen Berufswahl zum Zeitpunkt des Eintritts in das Beschäftigungssystem säuberlich von intragenerationalen Veränderungen zu trennen. Dies ist wichtig, weil es sozialpolitisch einen großen Unterschied macht, ob sich eine Kohorte der Berufseinsteiger für oder gegen bestimmte Erstplazierungen entscheidet oder ob man innerhalb des Erwerbslebens seinen Beruf wechseln muß. Wenn auf die Reduktion der Arbeitsplätze im Agrarsektor beim Generationenwechsel durch unterschiedliche berufliche Erstplazierungen reagiert wird, ist dies individuell und kollektiv einigermaßen verträglich (*intergenerationale*

Mobilität). Wenn jedoch ein Landwirt seinen Beruf wechseln muß *(intragenerationale Mobilität),* dann ist dies für die betreffende Person und in Summe auch sozialpolitisch weniger verträglich.

Als berufliche „Zielposition" kann die zum Zeitpunkt einer Erhebung gerade aktuelle *berufliche Position* aufgefaßt werden, genauso aber auch die berufliche Position nach einem ersten Wechsel oder 5 oder 10 Jahre nach der beruflichen Erstplazierung. Die berufliche „Zielposition" - um bei der Analogie zur Wanderungsforschung zu bleiben – markiert das endgültige oder vorläufige Ende eines beruflichen Mobilitätsprozesses. Aus dem Vergleich von beruflicher Erstplazierung und aktueller Plazierung erkennt man, ob beide Positionen gleich geblieben sind oder sich verändert haben. Bei solcher Untersuchung sind typische Mobilitätsmuster abgrenzbar: gleichbleibende „Steady-state-Laufbahnen", aufstiegsorientierte- oder abstiegsorientierte Laufbahnen.

Zur Erfassung der beruflichen Mobilität bietet sich eine Reihe von Methoden und Maßzahlen an, die im folgenden erläutert werden. Ein sehr einfacher Indikator beschreibt die Stabilität bzw. die Veränderung der Beschäftigung in einem Sektor, einer Wirtschaftsklasse oder in einer Berufskategorie.

$$STAB = \frac{EWT_{i,t+1}}{EWT_{i,t}}$$

Die Stabilitätsrate ist nach SCHETTKAT (1993):

$EWT_{i,t}$ = Erwerbstätige der Branche i (Betrieb, Beruf etc.) zum Zeitpunkt t

$EWT_{i,t+1}$ = Erwerbstätige der Branche i (Betrieb, Beruf etc), die zum Zeitpunkt $t+1$ in der Branche i (Betrieb, Beruf etc.) tätig waren.

Eine so definierte *Stabilitätsrate der Beschäftigung* wird durch Niveauveränderungen der Beschäftigung insgesamt relativiert. Wenn die Beschäftigung insgesamt sinkt, dann ist die Wahrscheinlichkeit groß, daß die Stabilitätsraten aller Wirtschaftszweige Werte kleiner als eins aufweisen werden, und umgekehrt werden die Werte größer als eins sein, wenn die Beschäftigung insgesamt gewachsen ist.

Ein anderer Indikator ist die sogenannte *Abstromquote* (ABQ). Sie mißt das Ausmaß der beruflichen Abwanderung aus einem bestimmten Sektor i oder einem spezifischen Beruf zum Zeitpunkt t_1, verglichen mit dem späteren Zeitpunkt t_{1+1}. Wenn viele junge Menschen Kfz-Mechaniker werden, diese Tätigkeit aber im Laufe ihres Lebens aufgeben und einen anderen Beruf annehmen, dann wird die Abstromquote hoch sein.

$$ABQ_i = \frac{EWP_{i,t} - EWP_{i,t+1}}{EWP_{i,t}} \cdot 100$$

Umgekehrt läßt sich auch eine Zustromquote berechnen. Dabei wird die berufliche „Zuwanderung" zwischen zwei Zeitpunkten gemessen und als Anteil an der Zielgröße ausgedrückt. Hohe Zustromquoten markieren beliebte Sektoren oder berufliche Tätigkeiten. Der öffentliche Dienst beispielsweise wird selten als berufliche

4.4 Mobilität auf dem Arbeitsmarkt

Erstplazierung von jungen Menschen gewählt, erfährt jedoch einen stetigen Zustrom von Erwerbspersonen im höheren Alter, die unter anderem die Beschäftigungssicherheit des öffentlichen Dienstes schätzen.

$$ZUQ_i = \frac{EWP_{i,t+1} - EWP_{i,t}}{EWP_{i,t+1}} \cdot 100$$

Erfolgt der Vergleich der beruflichen Plazierung zu zwei Zeitpunkten in Form einer Kreuztabelle (*Interaktionsmatrix*), dann ist die Berechnung weiterer Indikatoren und Maßzahlen möglich. Diese Maßzahlen, die das Ausmaß der Assoziation in einer Kreuztabelle messen, basieren auf hinlänglich bekannten statistischen Konzepten. Dabei gilt, daß die Stabilität der Beschäftigung in einzelnen Wirtschaftszweigen sehr hoch ist, wenn in der Interaktionsmatrix ausschließlich die Hauptdiagonale besetzt ist. In diesem Fall würden *Assoziationsmaße* (z.B. Phi, Cramers'V) einen Wert nahe bei eins oder genau eins erreichen. Hat sich im umgekehrten Fall die berufliche Position oder die Beschäftigung in den Wirtschaftszweigen zwischen zwei Zeitpunkten vollkommen verändert und ist demzufolge eine sehr hohe Mobilität zu beobachten, dann werden die Koeffizienten sehr klein sein.[39]

Tabelle 5: Beispiele für Interaktionsmatrizen der beruflichen Mobilität

Perfekte Stabilität					Hohe Mobilität				
Einstiegs-branche	Zielbranche				Einstiegs-branche	Zielbranche			
	1	2	3	Summe		1	2	3	Summe
1	300	0	0	300	1	0	150	150	300
2	0	300	0	300	2	150	0	150	300
3	0	0	300	300	3	150	150	0	300
Summe	300	300	300	900	Summe	300	300	300	900

Zwischen zwei beruflichen Positionierungen (Einstiegsbranche und vorläufige Zielbranche) liegen unterschiedlich lange Zeiträume. Wenn der exakte Zeitpunkt miterfaßt wurde, dann liegen sogenannte Ereignisdaten vor („*event histories*"). Sie sind dadurch gekennzeichnet, daß der exakte Zeitpunkt der Ereignisse bekannt ist. Die verstrichene Zeit zwischen den Ereignissen wird als Episode oder Etappe bezeichnet. Zwischen der beruflichen Erstplazierung und der aktuellen Plazierung liegen daher unterschiedlich viele Berufsetappen. Aus der beruflichen Erstplazierung, der aktuellen Plazierung, der Anzahl der beruflichen Etappen, der durchschnittlichen Dauer derselben und der Abfolge in der individuellen Biographie lassen sich viele Rückschlüsse auf die Gesellschaft und – wenn räumlich disaggregierte Daten vorliegen – auch auf den Raum ziehen.

---

[39] Zur Berechnung und Interpretation von Assoziationsmaßen siehe BAHRENBERG/GIESE/NIPPER 1990.

Das Ziel der analytischen Zerlegung von beruflicher Mobilität besteht in der Gewinnung exakter Indikatoren und Meßgrößen. Diese Meßgrößen werden unabhängig von der subjektiven Deutung der betroffenen Personen gebildet. Diesem analytischen Forschungsweg diametral entgegengesetzt steht eine hermeneutisch ausgerichtete *Biographieforschung*. Vor diesem Hintergrund fordert KOHLI (1978) eine differenzierende Begrifflichkeit. Er unterscheidet zwischen einer *Biographie* als subjektiv gedeuteter Lebensgeschichte und dem *Lebenslauf* als objektiver Ereignisabfolge. Die Biographieforschung akzeptiert die *subjektive* Beschreibung der beruflichen Mobilität und eine verbalisierte Interpretation der wichtigsten Weichenstellungen und Karriereschritte. Dieser Forschungsansatz hat unbestreitbar Vorzüge, weil er den Betroffenen gestattet, Informationen über die berufliche Mobilität unterschiedlich zu gewichten, aber auch Nachteile, weil subjektive Werthaltungen nicht auszuschalten sind und damit die Vergleichbarkeit der individuellen Angaben sehr erschwert wird.

Untersuchungen über die berufliche Mobilität im regionalen Kontext sind selten, gleichgültig ob diese einem analytischen oder hermeneutischen Ansatz folgen. Eine Ursache dafür liegt in der schwierigen Datensituation. Keine Volkszählung kümmert sich um die Erfassung beruflicher Mobilität. Lediglich Stichprobenerhebungen (Mikrozensus) widmen sich ab und zu dieser Frage, wobei der Mikrozensus aufgrund seines Stichprobencharakters räumlich nur begrenzt disaggregierbar ist. Dieses Problem kennzeichnet auch die Verwendung des Sozioökonomischen Panels (SOEP). Das SOEP stellt eine Panelerhebung dar, bei der ausgewählte Kohorten mehrmals befragt wurden, woraus sich Informationen über *Mobilitätsprozesse* ableiten lassen. Dafür ist auch die sogenannte *Historikdatei* der Beschäftigtenstatistik des IAB sehr dienlich. Dabei handelt es sich um eine 1%-Stichprobe aus dem seit 1973 bei der Bundesanstalt für Arbeit gespeicherten Archivmaterial der Beschäftigtenstatistik aller sozialversicherungspflichtig Beschäftigten. Diese Historikdatei wird jährlich nachgeführt und ergänzt und erlaubt so umfassende Längsschnittanalysen. Die Stichprobe umfaßt in den Jahresquerschnitten jeweils etwa 200.000 Personen und im Längsschnitt etwa 420.000 sozialversicherungspflichtig Beschäftigte.

Obwohl die Stichproben des IAB und des SOEP im Vergleich zu anderen sozialwissenschaftlichen Erhebungen sehr groß sind, bleiben sie für manche Fragestellungen dennoch zu klein, um detaillierte räumliche Aussagen ableiten zu können. Dieses Problem kann man umgehen, wenn man nur einzelne Regionen, Städte oder Standorte untersuchen möchte. Für regionale Fallstudien bieten sich neben vollstandardisierten Interviews auch Auswertungen von Personalakten, Lebensläufen, Berufungsakten und ähnlichem an.

4.4.2 Soziologische Berufslaufbahnforschung

In den 80er Jahren wurden in Deutschland, 10 bis 15 Jahre nach vergleichbaren Arbeiten in den USA, wesentliche Forschungsprojekte zur empirischen Berufslaufbahnforschung durchgeführt. Zu nennen ist das vom Institut für Bevölkerungsforschung und Sozialpolitik der Universität Bielefeld (unter der Leitung von H. BIRG) durchgeführte Projekt mit dem Titel „Arbeitsmarktdynamik, Familienentwicklung und generatives Verhalten", ein weiteres vom Max-Planck-Institut für Bildungsforschung in Berlin (unter der Leitung von K. U. MAYER). Unter dem Titel „Lebensverläufe und Wohlfahrtsentwicklung" wurde eine retrospektive Erhebung von 2.172 Personen durchgeführt. Im Rahmen einer mündlichen Befragung wurde die komplette Berufslaufbahn erhoben. Die Interviewten wurden nach dem Beginn- und Enddatum einer Beschäftigungsetappe (auf Monate genau) und nach der Tätigkeit selbst befragt. Für jede Tätigkeitsetappe wurden darüber hinaus die Wirtschaftsklasse des Unternehmens, die Größe des Betriebes (nach der Beschäftigtenzahl), Beginn- und Endlohn jeder Etappe sowie Informationen darüber, ob der Tätigkeitswechsel innerhalb oder außerhalb des Unternehmens erfolgte, erhoben. Das Sample selbst umfaßte genauso viele Männer wie Frauen und bezog sich auf die Geburtsjahrgänge 1929–1931, 1939–1941 und 1949–1951.

CARROLL und MAYER (1984) fanden heraus, daß Berufstätige innerhalb von Großunternehmen einer insgesamt geringeren Rate des beruflichen Wechsels unterliegen als Beschäftigte in kleinen Betrieben. Die Betriebsgröße weist damit einen negativen Effekt auf die Aufstiegsmobilität, einen schwächeren auf die laterale bzw. absteigende Mobilität auf. Die Analyse zeigt auch die steigende Dominanz des innerbetrieblichen Wechsels im Zusammenhang mit zunehmender Betriebsgröße. Das heißt, die Wahrscheinlichkeit einer Aufwärtsmobilität ist in primären Großunternehmen weitaus größer als bei Kleinbetrieben.

Die Autoren konnten weiterhin belegen, daß sich hinsichtlich sozialer Merkmale eine klare Differenzierung ergibt. *Akademiker* in freien Berufen, Selbständige und Beamte weisen die geringsten Raten beruflicher Veränderungen auf, gefolgt von Angestellten und schließlich Arbeitern. Diese Ordnung entspricht weitgehend einer innerbetrieblichen Abstufung von „Macht". Je größer diese ist, desto geringer ist die berufliche Mobilität.

Was die individuellen Merkmalseffekte betrifft, ist aufgrund der Analyse von CARROLL und MAYER anzuführen, daß Frauen eine insgesamt höhere Mobilität aufweisen und daß ihre Beschäftigungsetappen weniger stabil sind als jene von Männern. Geringere Raten weisen sie jedoch bei der innerbetrieblichen Mobilität auf – ein deutlicher Hinweis darauf, daß Frauen öfter eine „Dead-end-Berufslaufbahn" beschreiten.

BLOSSFELD (1989) stützt sich in seiner Arbeit auf eine Erhebung des *Bundesinstituts für Berufsbildungsforschung* in Berlin sowie des *Instituts für Arbeitsmarkt- und Berufsforschung* (Nürnberg). In dieser BIBB/IAB-Studie des Jahres 1979 wurden der Bildungs- und der Berufsverlauf in Deutschland ebenfalls retrospektiv erfragt. Die Stichprobe umfaßte 30.000 Erwerbstätige (0,1%-Stichprobe). Erfragt wurden der Eintrittsberuf sowie der Beruf in den Jahren 1970, 1974 und 1979. BLOSSFELD hat für einzelne Kohorten getrennt die Eintrittsplazierung sowie den weiteren Berufsverlauf analysiert und streicht als Resultat folgendes hervor:
1. Sowohl hinsichtlich der schulischen Qualifikation als auch der beruflichen Erstplazierungen unterscheiden sich die einzelnen Kohorten erheblich, wobei die Tendenz zur Höherqualifizierung und Tertiärisierung dominiert.

2. Aufgrund höherer Qualifikation erreichten jüngere Kohorten schneller einen größeren Anteil qualifizierter und im Sinne des Tertiärisierungsprozesses fortgeschrittener Berufspositionen als ältere Kohorten. Im späteren Berufsleben findet nur wenig Kompensation für diesen Effekt der jeweiligen Eintrittsbedingung statt. Mit der formalen Qualifikation und mit der Eintrittsplazierung ist also eine außerordentlich prägende Wirkung verknüpft.

3. BLOSSFELD zeigt auch auf, daß im Beschäftigungssystem relativ abgeschottete Übergänge zwischen den Berufsgruppen existieren – ganz im Sinne der Segmentationstheorie. Angehörige geburtenstarker Jahrgänge, die aufgrund einer ungünstigen Arbeitsmarktsituation eine niedrige berufliche Erstplazierung hinnehmen müssen, erleiden damit eine dauerhafte Benachteiligung.

Neuere Untersuchungen, die jedoch auf dem erwähnten Datensatz des SFB3 basieren (BECKER 1994), bestätigen generell die getätigten Aussagen und unterstreichen die relative Vorzüglichkeit von Längsschnittsdaten im Vergleich zu Querschnittsdaten. Eine kohortenbezogene Analyse des Karriereverlaufs ist jedoch sehr wichtig, weil die einzelnen Jahrgänge sehr unterschiedliche berufliche Chancen vorfinden.

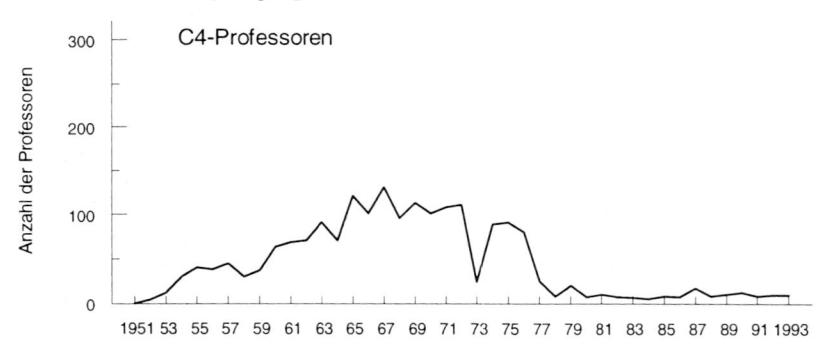

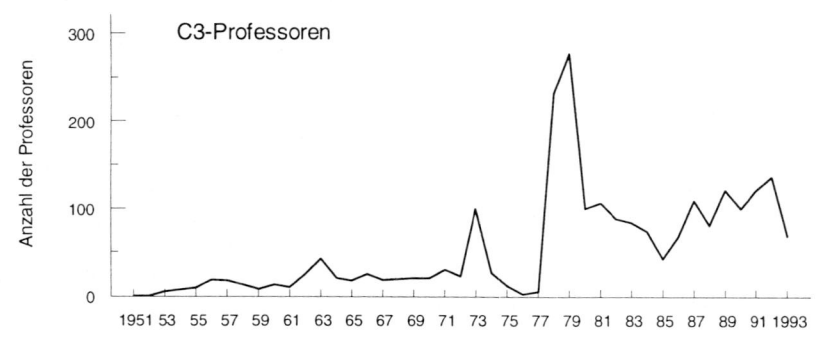

Abb. 36: Die Berufungszyklen der baden-württembergischen Professoren zwischen 1951 und 1993 (Quellen: WEICK 1995, S. 191; Entwurf: Verfasser)

Während in der Privatwirtschaft neben demographischen Einflüssen vor allem ökonomische Konjunkturzyklen und der technologische Wandel über die Einstellungschancen von Geburtskohorten entscheiden, hängt im öffentlichen Dienst die Zahl der neu zu besetzenden Arbeitsplätze in erster Linie vom Stellenplan, dem Altersaufbau der Stelleninhaber, periodisch auftretenden Stellenexpansionen oder -kürzungen und dem daraus resultierenden jährlichen *Ersatzbedarf* ab.

Ein eindrucksvolles Beispiel für den Einfluß der Zeit auf die Berufungschancen von *Universitätsprofessoren* und den damit gekoppelten Kohorteneffekt findet sich bei WEICK 1995. Vor 1980 wurde jährlich ein Mehrfaches an Professoren berufen als in den Jahren danach (Abb. 36). Als Konsequenz dieser Öffnung ist dann in der ersten Hälfte der 80er Jahre die Zahl der neu zu besetzenden Professuren so dramatisch gesunken, daß auch manche wissenschaftlich herausragende Bewerber keine Chancen hatten, auf eine Professur berufen zu werden. Durch das „kollektive Altern" der zwischen 1972 und 1980 Berufenen, wird es zwischen 1996 und 2005 wiederum zu einer großen „Öffnung" kommen, sofern die frei werdenden Stellen nicht gestrichen werden. Während 1992 weniger als 1 Prozent der *Professoren* pensioniert wurden, werden zwischen 1997 und 2001 jährlich rund 8% der Professoren ausscheiden.

4.4.3 Geographische Berufslaufbahnforschung

Regionale Disparitäten werden in der Regel anhand von Indikatoren wie Ausbildungsniveau, Stellung im Beruf, Erwerbsbeteiligung, Anteil ausgewählter Berufspositionen, aber auch Wohnfläche oder Wohnkosten dargestellt. Diese Indikatoren sind akzeptierte Meßgrößen, die den regionalen Entwicklungsstand oder die regionalen Unterschiede der sozialen Strukturen zwischen Stadt und Land, Norden und Süden oder Zentrum und Peripherie beschreiben.

Die *geographische Lebenslaufforschung* gestattet darüber hinaus die Berechnung einer Vielzahl weiterer Indikatoren, die sehr treffend das „Wesen" regionaler Unterschiede charakterisieren. Beispielhaft können Merkmale wie die berufliche Erstplazierung, die Dauer von Berufsetappen, das Ausmaß aufstiegs- oder abstiegsorientierter Karrieren sowie die Verteilung ausgewählter Berufsverläufe angeführt werden.

Die geographische Berufslaufbahnforschung – gleichgültig ob sie mit einer Stichprobe, mit einer Erfassung der gesamten Wohnbevölkerung oder nur mit Fallstudien arbeitet – geht von der Basisprämisse aus, daß der räumliche Kontext auf das Timing und die Abfolge der beruflichen Etappen einen erheblichen Einfluß ausübt. Der räumliche Kontext kann dabei entweder sehr präzise anhand von quantitativen Indikatoren wie Distanzen, Infrastrukturausstattung, Zentralität und ökonomische Struktur oder sehr allgemein und unscharf durch lebensweltliche Merkmale definiert werden. Der Einfluß des räumlichen Kontexts beginnt dabei weit vor Eintritt in das Berufsleben zu wirken.

Die *Sozialisation* eines jungen Menschen erfolgt nicht im „luftleeren Raum", sondern in einem konkreten Umfeld. Dieses ist zwar im Kleinkindalter noch vorwiegend auf die Familie beschränkt, erweitert sich dann aber im Laufe der Zeit auf die Schule, den Heimatort, die Heimatregion und alle anderen Gebiete, die der Heranwachsende in Laufe der Jahre kennenlernt. Die Sozialisation erhält somit immer stärker eine räumliche Bedeutung. Das räumliche Umfeld (der *„Gemeindetyp"*, die „Herkunftsregion"), in dem jemand aufwächst, hat über das lokale Arbeitsplatzangebot, die lokale Infrastruktur und die regionalen Mobilitätsvorgänge schon zu einer „Vorsortierung" der Eltern hinsichtlich ihrer Schichtzugehörigkeit geführt. Je nach Gemeindetyp variieren auch die Qualität des Lehrpersonals an Grundschulen, das Angebot an weiterführenden Schulen, die Schulwegbedingungen, die Einflüsse der „peer group" und nicht zuletzt die (beruflichen) Vorbilder, die ein Heranwachsender persönlich kennenlernt.

Wer in einer armen, verkehrsmäßig schlecht erschlossenen *Bergbauerngemeinde* aufwächst, hat mit einer hohen Wahrscheinlichkeit Eltern, die selbst nur eine (einklassige) Grundschule absolviert haben. Mit Ausnahme des Pfarrers und Lehrers (falls es im Ort überhaupt noch eine Schule gibt) lernt der Heranwachsende viele Jahre lang keinen qualifizierten Beruf aus eigener Anschauung kennen, die Eltern sind oft schlecht informiert und trauen ihrem Kind aus eigener Unsicherheit vielleicht auch zuwenig zu, so daß in dieser Bergbauerngemeinde ein Großteil der Kinder nicht in eine weiterführende Schule übertreten wird. Kinder, die dagegen in einem teuren *Wintersportzentrum* aufwachsen, haben zu einem höheren Prozentsatz bereits höher qualifizierte Eltern, von denen vermutlich ein größerer Teil zugezogen ist. Diese Eltern haben im Rahmen ihrer Berufsausbildung zum Hotelier mit großer Wahrscheinlichkeit in mehreren, fremden Ländern gearbeitet und bringen ihren Kindern früh bei, wie wichtig eine gute Ausbildung und Auslandserfahrung sind. Diese Kinder werden zu einem hohen Prozentsatz höhere Schulen besuchen und ganz andere Berufsziele entwickeln als Kinder im armen Bergbauerndorf.

Das Umfeld, das durch den räumlichen Kontext gebildet wird, ist aber auch später während der beruflichen Laufbahn von entscheidener Bedeutung. Am Arbeitsplatz wird man ausgebildet, bewertet, befördert oder „übersehen". An den Stätten der frühen Berufslaufbahn können wichtige persönliche Kontakte und Netzwerke geknüpft werden, welche die spätere Karriere entscheidend beeinflussen. Solche hochwertigen persönlichen Kontakte und Netzwerke können nicht überall, sondern nur an bestimmten, prestigeträchtigen und erfolgreichen Arbeitsstätten geschlossen werden. In einem anderen, weniger günstigen Umfeld kann die Karriere eines gleich motivierten und begabten Aspiranten behindert oder gebremst werden.[40]

---

[40] Zur Illustration dieser Mechanismen seien hier die sogenannten „Berufungsschienen" von Universitätsprofessoren angeführt. An der Universität Heidelberg war z.B. um die Jahrhundertwende in der Medizin die Berufungsschiene Wien-Freiburg-Heidelberg sehr ausgeprägt. Wer also an einer dieser drei Universitäten Schüler eines berühmten Mediziners war oder hier seine Assistenzzeit verbracht hat, besaß (rückblickend gesehen) sehr gute Chancen, an eine der beiden anderen Universitäten berufen oder von diesen wieder zurückberufen zu werden (vgl. MEUSBURGER 1990, S. 221–223).

Ein räumlicher Kontext von Einflußfaktoren kann also besondere Chancen und Anregungen bieten, aber auch Restriktionen darstellen. Der Einfluß des Umfeldes erfolgt natürlich nicht in einem deterministischen Sinne, sondern als Angebot, das bei einzelnen Akteuren je nach Begabung, Motivation und Vorwissen zu einem unterschiedlichen Handeln führen kann. Regelhaftigkeiten oder Gesetzmäßigkeiten lassen sich bei manchen dieser Fragestellungen allerdings nur anhand von sehr großen Stichproben empirisch belegen.

Obwohl klassische soziologische Arbeiten zur vertikalen sozialen Mobilität (z.B LIPSET/BENDIX 1959) schon früh auf die Bedeutung des Milieus bzw. des räumlichen Kontexts für die Schul- und Berufslaufbahn hingewiesen haben und beispielsweise der Variablen „Gemeindegröße" eine große Bedeutung als Indikator für die Komplexität des sozioökonomischen Umfeldes, das lokale (regionale) Anregungsmilieu und Kontaktpotential zugewiesen haben, führten die meisten Sozialwissenschaftler die Erforschung von Lebensläufen und Karrieren bisher noch ohne Berücksichtigung der räumlichen Dimension durch. Noch zu Beginn der 90er Jahre verwies U. HERLYN (1990) darauf, daß die Verortung von Lebensläufen immer noch in den Kinderschuhen steckt. Bei vielen Soziologen schweben Gesellschaften gewissermaßen in der Luft, ohne die Erdoberfläche zu berühren. Deshalb „erfährt man in der Regel auch kaum etwas von räumlichen Bezügen in der soziologischen Analyse von Lebensläufen" (HERLYN 1990, S. 8; vgl. auch KONAU 1977, S. 6; WEICK 1995).

Studien über regionale Unterschiede des Bildungsverhaltens (GEIPEL 1965, 1966, 1971; MEUSBURGER 1980; HÖFLE 1984 etc.) haben klar belegt, daß der Einfluß soziologischer Variablen, wie z.B. die soziale Schichtzugehörigkeit der Eltern, auf das Bildungsverhalten der Kinder je nach räumlichem Kontext sehr unterschiedlich sein kann. MEUSBURGER (1980) ist bei seinen Untersuchungen über die regionalen Unterschiede der sozialen intergenerationalen Mobilität zum Ergebnis gekommen, daß der räumliche Kontext vor allem die soziale Mobilität von Kindern aus unteren Bildungsschichten stark beeinflußt bzw. zu großen regionalen Unterschieden des Bildungsverhaltens führt, während er bei Kindern aus Akademikerhaushalten eine geringere Rolle spielt.

Der räumliche Kontext kann auf verschiedene Weise einen Einfluß auf Berufslaufbahnen ausüben. Einerseits vermittelt das lokale und regionale Umfeld, in dem jemand aufwächst, zur Schule geht, eine Universität besucht oder einen Beruf ausübt, jeweils neue Erfahrungen, Lernprozesse und Interessen. Nicht jeder räumliche Kontext bietet dieselben Vorbilder, dieselben Chancen zur Qualifizierung, denselben Wettbewerbsdruck, denselben Anpassungszwang, dasselbe kreative Milieu, dasselbe Kontaktpotential mit hochrangigen Spezialisten, dieselben Chancen, in hochwertige Netzwerke integriert zu werden, Macht und Einfluß auszuüben oder früh Zugang zu wichtigen Innovationen zu erhalten. Andererseits signalisieren unterschiedliche Standorte von Arbeitsstätten auch ein unterschiedliches Prestige, das dann auf das einzelne Individuum übertragen wird.

In der Literatur wurde mehrfach darauf verwiesen, wie wichtig die Erstplazierungen auf dem Arbeitsmarkt für die weitere Erwerbsbiographie sind (KLEIN 1988).

Auch die zentrale Bedeutung des Ausbildungsniveaus für die beruflichen Chancen im Beschäftigungssystem wurde in zahlreichen Studien hervorgehoben. Da das Bildungsverhalten von zahlreichen milieubedingten Faktoren abhängt, sollte auch die geographische Berufslaufbahnforschung bereits mit dem sozialen und räumlichen Umfeld beginnen, in dem ein Kind aufgewachsen und in dem es zur Schule gegangen ist.

Der Wohnort bei der Geburt, während des Grundschulbesuchs und zum Zeitpunkt des Abiturs zusammen mit der Schichtzugehörigkeit der Eltern erlauben Rückschlüsse auf das soziale und kulturelle Milieu, in dem der betreffende Akteur seine Sozialisation erfahren hat. Dazu kommen weitere geographische Stationen der schulischen und beruflichen Laufbahn, die ein relativ klares Bild über die weitere Prägung ermöglichen.

Was der räumliche Kontext für die Berufslaufbahn bedeutet, wird anhand einer großangelegten Untersuchung über die Berufslaufbahnen der österreichischen Wohnbevölkerung deutlich. Über 30.000 Personen wurden am aktuellen Wohnort retrospektiv über die Etappen ihres Berufslebens befragt (FASSMANN 1993b). Dabei wurde belegt, daß der Anteil gleichbleibender Berufslaufbahnen einen sinkenden zentral-peripheren Gradienten aufweist. Gleichbleibend bedeutet, daß die berufliche Erstplazierung im wesentlichen identisch ist mit der aktuellen beruflichen Position. Im Beschäftigungssystem peripherer Regionen ist diese Form der Mobilität – oder besser der Nichtmobilität – dominant. Landwirte bleiben Landwirte, Arbeiter sind auch nach Jahren beruflicher Tätigkeiten Arbeiter.

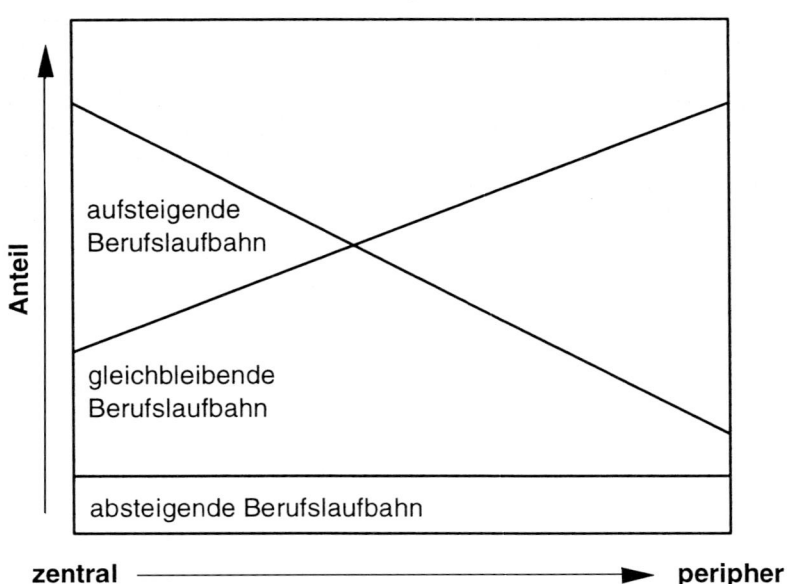

Abb. 37: Der zentral-periphere Gradient beruflicher Mobilität (Quelle: Verfasser)

Umgekehrt sieht man daraus, daß in den Zentralräumen der Anteil der gleichbleibenden Laufbahnen abnimmt. In den Zentralräumen können Berufstätige viel seltener in ihren beruflichen Erstplazierungen verbleiben. Sie müssen sich stärker an berufliche Veränderungen, die in den Städten früher, schneller und oft auch tiefgreifender ablaufen, anpassen. Diese hohe Anpassungskapazität des städtischen Arbeitsmarktes ist jedoch auch ein Standortvorteil.

Einen steigenden zentral-peripheren Gradient weisen aufstiegsorientierte Berufslaufbahnen auf. Diese beruflichen Aufstiege sind unterschiedlich. Typisch für Zentralräume ist der steigende Anteil an Personen, die ihre Laufbahn als Lehrlinge und später als Facharbeiter begonnen haben und irgendwann in gesellschaftlich höher bewertete und meist auch besser entlohnte Angestellten- oder Beamtenpositionen gewechselt sind. Eine andere Form des beruflichen Aufstiegs in den Zentralräumen ist der Wechsel von Angestellten auf einer niedrigen Hiearchiestufe zu qualifizierten oder leitenden Positionen. Der städtische Arbeitsmarkt ist in diesem Sinne ein *Karrierearbeitsmarkt*. Die Aufstiege innerhalb des Dienstes der öffentlichen Hand sind weniger stark an einen zentral-peripheren Gradienten gekoppelt.

Unabhängig von einem zentral-peripheren Gradienten scheint der Anteil absteigender Laufbahnen verteilt zu sein. Dies überrascht, weil das Vorurteil sicherlich einen drastischen Anstieg an der Peripherie vermuten würde. In der empirischen Realität ist dies jedoch nicht der Fall. In einem gewissen Sinne kennzeichnet Stabilität die Beschäftigungssituation peripherer Räume, Auf- und klare Abstiege sind eher seltene Ereignisse.

Gestützt wird die Aussage der relativen Stabilität auch durch die Länge einzelner Berufsetappen. Diese weisen einen sinkenden zentral-peripheren Gradienten auf. Die Dauer von beruflichen Etappen ist in den Zentralräumen deutlich kürzer als an der Peripherie. Ruft man sich die Arbeitsmarktstrukturen peripherer Gebiete in Erinnerung, die durch eine geringe Nachfrage, eine beschränkte Vielfalt erreichbarer Arbeitsplätze und ein elastisches Arbeitskräfteangebot gekennzeichnet waren, dann werden der seltene Wechsel jener Arbeitskräfte, die einen Arbeitsplatz einnehmen, und die damit verbundene überdurchschnittlich lange Etappendauer verständlich.

5 Ungleichgewichte auf dem Arbeitsmarkt

Regionale Arbeitsmärkte gelangen nur in den seltensten Fällen zu einem Ausgleich. Ungleichgewicht ist nicht die Störung eines fiktiven Gleichgewichts, es ist der normale Zustand. Arbeitslosigkeit, räumliche Mobilität und eine ungleiche räumliche Einkommensverteilung sind nicht die Ausnahmen von der Regel, sondern die Regel selbst.

Die drei Kapitel dieses Abschnitts bemühen sich zunächst, das methodische Instrumentarium zu erläutern und grundsätzliche Begriffe der Arbeitsmarktanalyse zu definieren (vgl. RICHTER 1994). Die vorgestellten empirischen Befunde versuchen nicht alles, was darüber geschrieben oder gesprochen wurde, wiederzugeben, sondern nur das, was für eine räumliche Arbeitsmarktstrukturierung wichtig erscheint.

5.1 Arbeitslosigkeit

5.1.1 Messung von Arbeitslosigkeit

Wie Arbeitslosigkeit definiert wird, ist nur vordergründig klar. Nicht jeder, der eine Arbeit sucht, ist ein Arbeitsloser und nicht jeder Arbeitslose sucht eine Erwerbsarbeit. Ebenso uneinheitlich und nur vordergründig präzise ist die Definition einer *Arbeitslosenquote*. Ein Wert von 5% kann in einem europäischen Land viel, in einem anderen wenig bedeuten. Unterschiedliche Definitionen und Operationalisierungen erschweren die Vergleichbarkeit und fördern einen oft schlampigen Umgang mit Zahlen und Begriffen.

Die *ILO (International Labour Organization)* hat Empfehlungen verabschiedet, die eine einheitliche Erfassung und Definition der Arbeitslosen und der Erwerbspersonen zum Ziel haben. Demnach sind Personen, die in einem Referenzzeitraum (in der Woche der Erhebung) nicht erwerbstätig waren, innerhalb der letzten vier Wochen aktiv einen Arbeitsplatz suchten, innerhalb der nächsten zwei Wochen vermittelbar sind oder in den nächsten 30 Tagen einen Arbeitsplatz einnehmen werden, als arbeitslos einzustufen. Diese Definition schränkt den Kreis der Personen, die tatsächlich keiner Erwerbsarbeit nachgehen und im umgangssprachlichen Sinn als arbeits-los gelten mögen, erheblich ein. Die Einschränkung ergibt sich aus folgenden Aspekten:

1. Aktive *Arbeitsplatzsuche*: Es genügt nicht, daß jemand ein Arbeitsverhältnis freiwillig oder unfreiwillig beendet hat, um als arbeitslos zu gelten, sondern man muß in den vergangenen vier Wochen ab dem Erfassungszeitpunkt aktiv einen neuen Arbeitsplatz gesucht haben. In vielen Fällen sind jedoch Arbeitslosigkeit und Arbeitssuche nicht zwingend gekoppelt. Wer als Schilehrer im Frühjahr seine Arbeit aufgibt, für die nächste Saison bereits eine Arbeitsplatzzusage hat und daher bis dahin keinen Arbeitsplatz sucht, gilt nach der ILO-Definition als nicht arbeitslos. Er wäre nur dann als arbeitslos einzustufen, wenn er in den nächsten 30 Tagen die neue Beschäftigung beginnt. Die Tatsache, daß der Schilehrer Arbeitslosengeld bezieht, ist in diesem Zusammenhang belanglos.

2. Sofortige *Vermittelbarkeit*: Eine weitere Einschränkung betrifft die Vermittelbarkeit. Wer ein Arbeitsverhältnis beendet hat, eine Leistung aus der Arbeitslosenversicherung bezieht, einen neuen Arbeitsplatz sucht, aber derzeit an einer Weiterbildungsveranstaltung teilnimmt und erst nach deren Beendigung – also nicht innerhalb von 14 Tagen – das neue Arbeitsverhältnis beginnen kann, gilt ebenfalls nicht als arbeitslos.

Arbeitslosigkeit nach der ILO-Definition und der Bezug von Unterstützungen aus der Arbeitslosenversicherung sind nicht das Gleiche. Die Zahl der sogenannten Leistungsbezieher aus der Arbeitslosenversicherung kann erheblich von der Zahl der Arbeitslosen abweichen. Die Abweichung kann in beide Richtungen gehen. Wer nicht aktiv einen Arbeitsplatz sucht oder wer aus unterschiedlichen Gründen nicht mehr vermittelbar ist, aber dennoch einen Anspruch auf Unterstützung vorweisen kann, der wird als Leistungsbezieher und nicht als Arbeitsloser gezählt.

Umgekehrt können Personen nach der ILO-Statistik als arbeitslos gelten und dennoch keine Unterstützung erhalten. Leistungen aus der Arbeitslosenversicherung kann nur der erhalten, der vorher erwerbstätig war, wobei die Dauer der Erwerbstätigkeit und damit die eingezahlten Versicherungsbeträge innerhalb Europas sehr unterschiedlich bewertet werden und sich in der nationalen Gesetzgebung auch immer wieder ändern. Die vorangegangene Erwerbstätigkeit schließt jedenfalls bestimmte Personengruppen vom Leistungsbezug aus. Absolventen einer Schule oder einer Universität können zwar als arbeitslos gelten, bekommen jedoch keine Unterstützung, weil sie vorher nicht erwerbstätig waren. Ebenso erhalten Hausfrauen (oder Hausmänner), die nach der *Kindererziehung* wieder eine Erwerbsarbeit aufnehmen, aber keinen Arbeitsplatz finden, keine Leistung aus der Arbeitslosenversicherung, wenn die letzte Erwerbstätigkeit zu lange zurückliegt.[41]

Aus der durchschnittlichen Zahl der Arbeitslosen eines Berichtszeitraums läßt sich eine Arbeitslosenquote bestimmen. In diesem Studienbuch wird konsequenterweise von Quote und nicht von Rate gesprochen, weil bei Quoten der Zähler eine echte Teilmenge des Nenners darstellt. Bei Raten ist dies nicht der Fall. Der Begriff Arbeitslosenrate ist daher aus definitorischen Überlegungen abzulehnen und generell durch Arbeitslosenquote zu ersetzen.

$$ALQ = \frac{AL}{E} \cdot 100$$

Die Arbeitslosenquote (ALQ) ergibt sich – sehr vereinfacht gesagt – aus der Division der Arbeitslosen (AL) durch die Erwerbspersonen (E) mal 100. Die Erwerbspersonen umfassen Erwerbstätige und *Erwerbslose*. Erwerbstätige sind – ebenfalls

---

[41] 1995 betrug in Österreich die sogenannte Leistungsbezieherquote, der Anteil der Leistungsbezieher an allen gemeldeten Arbeitslosen, rund 90%. Das heißt: Rund 10% der Arbeitslosen hatten keinen Anspruch auf eine Unterstützung. Bezieht man jedoch die Zahl der Leistungsbezieher auf die striktere ILO-Definition, dann ist die Quote deutlich über 100%. Die Zahl der Leistungsbezieher übertrifft somit deutlich die Zahl der Arbeitslosen.

nach der ILO-Definition – alle Personen (zwischen 15 und 74 Jahren), die eine mittelbar oder unmittelbar auf Erwerb (Entgelt oder Sachleistung) gerichtete Tätigkeit mindestens eine Stunde in der Woche ausüben. Die Höhe der Bezahlung spielt dabei keine Rolle; innerhalb eines Familienbetriebs kann die Bezahlung auch komplett entfallen. Erwerbslos sind jene Personen, die keiner Erwerbstätigkeit nachgehen, die aber aktiv suchen. Erwerbslose und Arbeitslose im Sinne der ILO sind identisch.

Nichterwerbspersonen sind schließlich jene, die keine auf Erwerb ausgerichtete Tätigkeit, gleichgültig, ob diese selbständig oder unselbständig ist, ausüben oder suchen. Ein Rentner, der ehrenamtlicher Vorsitzende eines Vereins ist, sehr viel in dieser Tätigkeit zu erledigen hat, dafür aber kein Entgelt erhält, bleibt weiterhin eine nichterwerbstätige Person.

Die Definition von Erwerbspersonen unabhängig von der Arbeitszeit und dem erzielbaren Einkommen folgt dem sogenannten *„Labor-Force-Konzept"* (*Erwerbskonzept*). Das Labor-Force-Konzept führt zu einer sehr großen Zahl von Erwerbspersonen und damit auch zu einer tendenziell niedrigeren Arbeitslosenquote. Es unterscheidet sich vom früher üblichen *Lebensunterhaltskonzept*, das sich am Arbeitsertrag orientierte. Letzteres setzte eine bestimmte Arbeitszeit pro Woche fest, die ein existenzsicherndes Mindesteinkommen wahrscheinlich macht. In Österreich galt eine Beschäftigung dann als existenzsichernd, wenn sie ein Drittel der Wochenarbeitszeit der unselbständig Beschäftigten dauerte. Wer weniger arbeitete, wurde nicht zu den Erwerbspersonen gerechnet. Alle sogenannten geringfügig Beschäftigten zählten daher nicht zu den Erwerbspersonen. Dieses am Lebensunterhalt orientierte Konzept führte zu einer kleineren Zahl von Erwerbspersonen und damit rein rechnerisch zu einer höheren Arbeitslosenquote.

Die definitorischen Vereinheitlichungen der letzten Jahre innerhalb der EU (Fokussierung der Arbeitslosendefinition und Erweiterung der Erwerbstätigendefinition) sind zwar sachlich zu begründen und dienen der besseren internationalen Vergleichbarkeit, führen aber auch zu einer Herabsetzung der Arbeitslosenquote. 1995 betrug beispielsweise die Arbeitslosenquote in Österreich nach der eigenstaatlichen Definition 6,6% und nach der international abgestimmten und von EUROSTAT veröffentlichten Quote 3,8%. Der Unterschied ist also erheblich. Wer mit Zeitreihen von Arbeitslosenquoten arbeiten möchte, der muß diese Brüche berücksichtigen.

Die Arbeitslosenquote beschreibt – wie schon dargestellt – den Anteil der Arbeitslosen am Arbeitskräfteangebot. Zu diskutieren ist, wie man zu der Zahl der Arbeitslosen bzw. der Erwerbspersonen kommt und auf welchen Zeitraum sich diese Daten beziehen.

Die meisten publizierten Arbeitslosenstatistiken basieren auf dem Stichtagskonzept. An jedem Stichtag (meist das Monatsende) wird der Bestand an vorgemerkten Arbeitslosen bei den regionalen Geschäftsstellen der Arbeitsämter erfaßt, an die Zentrale gesandt und dort ausgewertet. Bei den Bestandszählungen werden aus den zwölf Monatsendbeständen bzw. den monatlichen Arbeitslosenquoten Jahresdurchschnitte errechnet. Die durchschnittliche Arbeitslosenquote eines Jahres ergibt sich dann als Mittelwert der unterjährigen (z.B. monatlichen) Arbeitslosenquoten.

$$ALQ = \frac{1}{n} \cdot \sum_{1}^{n} ALQ_i$$

Eine stichtagsbezogene *Bestandsstatistik* hat den Nachteil, genaugenommen nur etwas über den Stichtag aussagen zu können und den Verlauf der Arbeitslosigkeit zwischen den Stichtagen nur ungenau zu erfassen. Exakter sind daher Längsschnittstatistiken, die jedoch einen erheblich größeren Verwaltungs- und Analyseaufwand erfordern. Längsschnittstatistiken beruhen auf der tageweisen Vormerkung arbeitsloser Personen. Man kann daher feststellen, wer wann arbeitslos wurde, wie lange diese Person arbeitslos blieb und ob sie in weiterer Folge nochmals von Arbeitslosigkeit betroffen wurde. Mit diesem Konzept ergibt sich auch eine andere Berechnungsmethode für die Arbeitslosenquote. Demnach ist die jährliche Arbeitslosenquote nicht das Mittel aus den monatlichen, sondern der Anteil des exakt berechneten durchschnittlichen Arbeitslosenbestands (Betroffenheit mal Dauer in Tage gebrochen durch 365) an allen Erwerbspersonen.

$$AL = \frac{B \cdot D}{365(366)} \qquad ALQ = \frac{AL}{E}$$

Bestandszählungen und Längsschnittstatistiken, die auf der Registrierung arbeitsloser Personen bei den Arbeitsämtern basieren, sind länderspezifische Verwaltungsstatistiken und daher international nicht vergleichbar. Die Definition eines Arbeitslosen erfolgt nicht nach der ILO-Empfehlung, sondern nach nationalen Bestimmungen hinsichtlich der Arbeitslosigkeit. Immer mehr europäische Staaten installieren daher sogenannte Labour-Force-Surveys (Arbeitskräfteerhebung). Der LFS stellt meist eine 1%-Stichprobe der Bevölkerung dar und erlaubt eine exakte Umsetzung der ILO-Empfehlungen. Im LFS werden Personen befragt, ob sie erwerbslos sind, aktiv einen Arbeitsplatz suchen und sofort vermittelbar wären. Weil mit dem Bekenntnis zur Arbeitslosigkeit im LFS keine finanzielle Unterstützung verbunden ist, liegen die Zahlen der so ermittelten Arbeitslosen meist unter jenen des Arbeitslosenregisters.

Ob die Arbeitslosenquote anhand einer Bestandszählung oder einer Längsschnittstatistik ermittelt wird, ändert wenig an der Tatsache, daß damit nur etwas über das Niveau der Arbeitslosigkeit ausgesagt wird.[42] Ein gleiches Niveau kann auf unter-

---

[42] Aber auch in diesem Zusammenhang ist eine kritische Reflexion angebracht. BLIEN und HIRSCHENAUER (1994, S. 327) haben zu Recht darauf hingewiesen, „daß mit der Arbeitslosenquote die regionalen Beschäftigungsprobleme vielfach nicht zutreffend erfaßt […] werden und daß deshalb eine Parallelbetrachtung mit der regionalen Beschäftigungsentwicklung unverzichtbar ist". Insbesondere die Arbeitsmarktproblematik in den Transformationsländern Ostmitteleuropas wird unterschätzt, wenn man nur die Arbeitslosenquoten betrachtet und nicht auch den Abbau von Arbeitsplätzen berücksichtigt. In den neuen Bundesländern wurden zwischen September 1989 und Juni 1993 rund 37,7% aller Arbeitsplätze abgebaut, aber nur ein Teil davon läßt sich durch die Arbeitslosenquote abbilden.

schiedlichen Phänomenen basieren. Eine Quote von 8% kann einerseits bedeuten, daß 8% der unselbständig Beschäftigten (plus der Arbeitslosen) das ganze Jahr über arbeitslos waren oder andererseits, daß fast 100% für einen Monat lang als Arbeitslose gezählt wurden. Entweder sind viele verschiedene Arbeitskräfte in einem Berichtsjahr arbeitslos geworden, aber nur kurze Zeit arbeitslos geblieben, oder es wurden nur wenige Arbeitskräfte arbeitslos, diese blieben es allerdings lange Zeit hindurch. Die Quote wird jedenfalls gleich sein, obwohl die Arbeitsmarktstrukturen vollkommen unterschiedlich zu bewerten sind: ein extrem aufnahmefähiger Arbeitsmarkt mit einer hohen Arbeitsplatzmobilität auf der einen Seite und ein ebenso extrem abgeschotteter Arbeitsmarkt mit einer starken Konzentration der Arbeitslosigkeit auf wenige Bevölkerungsgruppen auf der anderen Seite.

Neben der Arbeitslosenquote sind daher andere charakteristische Maßzahlen zu verwenden. Dazu bietet sich das Konzept der Zerlegung der Arbeitslosigkeit in ihre Komponenten an. Die beiden Komponenten sind Betroffenheit und Gesamtdauer der Arbeitslosigkeit.

Die *Betroffenheit* wird als Anzahl der Personen definiert, die innerhalb eines Beobachtungszeitraums (z.B. ein Kalenderjahr) mindestens einen Tag arbeitslos waren. Aus dem Anteil der betroffenen Personen läßt sich eine Betroffenheitsquote berechnen. Die Quote drückt aus, wie groß der Anteil der von Arbeitslosigkeit betroffenen Personen (B) an allen unselbständig Beschäftigten (inklusive der Arbeitslosen) ist. Sie ist eine wichtige Kenngröße, um die gesellschaftliche Durchdringung oder die Fokussierung von Arbeitslosigkeit abschätzen zu können.

$$BQ = \frac{B}{E_{unselb.}} \cdot 100$$

Der Aussagewert der *Betroffenheitsquote* sei durch folgendes Beispiel illustriert. In Österreich lag 1995 die Arbeitslosenquote bei 6,6% (Registerdaten, kein ILO-Standard) und die Betroffenheitsquote bei rund 20%. Innerhalb eines Kalenderjahres war also ein Fünftel der unselbständig Berufstätigen zumindest einmal von Arbeitslosigkeit betroffen. Die meisten davon waren nur relativ kurz arbeitslos und sind wieder aus dem Arbeitslosenregister verschwunden, andere jedoch deutlich länger, manche auch mehrmals im Jahr. Die Betroffenheitsquote zeigt jedenfalls, daß Arbeitslosigkeit kein marginales gesellschaftliches Phänomen ist.

Der Bestand an Arbeitslosen zu einem bestimmten Zeitpunkt wird durch Zugänge in die Arbeitslosigkeit und durch Abgänge aus der Arbeitslosigkeit verändert. Der Zugang in die und der Abgang aus der Arbeitslosigkeit begrenzten eine Arbeitslosigkeitsepisode. Übersteigen die Zugänge die Abgänge, erhöht sich der Bestand. Umgekehrt reduziert sich der Bestand, wenn die Abgänge größer sind als die Zugänge.

Jede *Episode* ist durch ihre Dauer gekennzeichnet (Episodendauer). Die Zahl der Episoden und die Episodendauer können nur aufgrund einer Längsschnittstatistik exakt ermittelt werden. Nur diese Statistik erlaubt einen tageweisen Nachvollzug der individuellen Arbeitslosigkeitsverläufe. Retrospektive Befragungen sind vergleichsweise ungenau und Bestandsstatistiken erfassen nur die Situation zum Stichtag.[43]

Die *durchschnittliche Episodendauer* der Arbeitslosigkeit stellt ein weiteres Charakteristikum des Arbeitsmarktgeschehens dar. Eine hohe Arbeitslosenquote bei kurzer durchschnittlicher Dauer ist arbeitsmarktpolitisch weniger brisant als eine geringere Quote bei langer Dauer. Letzteres würde auf eine hohe Sockelarbeitslosigkeit hinweisen, die bekanntlich nur sehr schwer wieder abzubauen ist. Dazu kommt das Phänomen der Hysterese, das – frei übersetzt – unter anderem besagt, daß einer der wichtigsten persönlichen Gründe für ein langes Verbleiben in der Arbeitslosigkeit in ihr selbst liegt. Wer lange arbeitslos ist, der hat deutlich sinkende Chancen, wieder eine Arbeit zu finden.

An die Dauer der Arbeitslosigkeit knüpfen sich weitere Indikatoren. So werden Arbeitslose, die in der Regel länger als ein halbes Jahr ohne Beschäftigung sind, als *Langzeitarbeitslose* bezeichnet. Langzeitarbeitslose gelten als besondere Problemgruppe auf dem Arbeitsmarkt, weil sie mit steigender Dauer der Arbeitslosigkeit immer schwerer vermittelbar werden.

Bei der Verwendung von stichtagsbezogenen Bestandsstatistiken sind zwei weitere Indikatoren, die mit der *Episodendauer* in Verbindung stehen, zu definieren: die Vormerkdauer und die *Verweildauer*. Die *Vormerkdauer* ist die Zeitspanne zwischen dem Beginn der Arbeitslosigkeit und dem jeweiligen Statistikstichtag in Tagen, wobei Unterbrechungen der Arbeitslosigkeit – bei Fahrten ins Ausland oder Annahme sehr kurzfristiger Arbeiten – bis zu 28 Tagen unberücksichtigt bleiben. Die Vormerkdauer ist also für Arbeitslose, deren Episode noch nicht abgeschlossen ist, von Bedeutung. Ist die Arbeitslosigkeit jedoch beendet, und will man wissen, wie lange die Arbeitslosigkeitsepisode insgesamt gedauert hat, dann berechnet man eine Verweildauer. Aus der *Abgangsmenge* an vorgemerkten Arbeitslosen innerhalb eines Zeitraums wird für jeden Arbeitslosen die Zeitspanne zwischen Beginn und Ende ermittelt. Kurzfristige Unterbrechungen bleiben unberücksichtigt.

Den Arbeitslosen stehen *offene Stellen* gegenüber. Unternehmer, die Arbeitskräfte suchen, können dies dem Arbeitsamt melden, das sich um eine entsprechende Nachbesetzung kümmert. Auch wenn die Zahl der gemeldeten offenen Stellen nur einen Teil der Vakanzen insgesamt widerspiegelt, so signalisiert eine hohe Zahl an offenen Stellen eine starke Nachfrage und umgekehrt eine schwache Zahl an offenen Stellen eine geringe Nachfrage. Aus dem Verhältnis von offenen Stellen zu Arbeitslosen lassen sich zwei Indikatoren berechnen: die Stellenandrangziffer und die Vakanzquote.

$$SZ = \frac{AL}{oS}$$

Die *Stellenandrangziffer* (SZ) stellt die Anzahl der vorgemerkten Arbeitslosen (AL) pro gemeldeter offener Stelle (oS) dar. Sie sagt aus, wie viele Arbeitslose rein stati-

---

[43] Wenn jedoch Bestandsstatistiken zum Stichtag auch die Zahl der Zu- und Abgänge erfassen, dann läßt sich näherungsweise auch die Episodendauer schätzen.

stisch betrachtet auf eine offene Stelle entfallen. Werte über eins zeigen ein Überangebot an Arbeitslosen, Werte unter eins ein Überangebot an offenen Stellen. In Österreich kamen Mitte der 90er Jahre rund 10 Arbeitslose auf eine offene Stelle.

$$VQ = \frac{oS}{B_{unselb} + oS} \cdot 100$$

Die *Vakanzquote* (VQ) ist der Anteil des Bestands offener Stellen (oS) an der Summe von unselbständig Beschäftigten und dem Bestand offener Stellen in Prozent. Die Summe von unselbständig Beschäftigten und dem Bestand offener Stellen kann auch als Arbeitsplatzpotential bezeichnet werden. Die Vakanzquote ist in Zeiten eines Überangebots an Arbeitskräften sehr klein. Mitte der 90er Jahre betrug sie in Österreich weniger als eins.

5.1.2 Datenquellen zur Arbeitslosigkeit

Arbeitsmarktgeographische Forschung im allgemeinen und Untersuchungen über das Phänomen Arbeitslosigkeit im speziellen sind von den verfügbaren Daten abhängig. Die Datensituation ist für eine gesamtstaatliche Analyse um vieles günstiger als für eine regional differenzierte. Vielleicht ist dies auch ein Grund dafür, daß kleinräumig differenzierende empirische Arbeiten zur Geographie der Arbeitslosigkeit eher selten sind.

Bei allem Klagen über die unzureichende Datenlage der amtlichen Statistik muß doch festgestellt werden, daß im Bereich der Arbeitslosigkeit nicht nur die konzeptionelle Grundlage, sondern auch die empirische Informationsbasis deutlich weiter entwickelt ist als in anderen Bereichen der Arbeitsmarktgeographie. Den bedeutenden regionalen Unterschieden bei der Arbeitslosigkeit trägt die amtliche Statistik (Arbeitsmarktverwaltung) durch Herausgabe aktueller und räumlich gegliederter Daten Rechnung. Die Arbeitsmarktverwaltung erstellt in Österreich monatlich aus den Meldungen der Arbeitsämter die Zahlen der registrierten Arbeitslosen, der offenen Stellen und der Lehrstellensuchenden. Eine eigene Statistik stellt in diesem Bereich die Datei über Leistungsbezieher dar, welche alle Personen enthält, die Arbeitslosengeld, Notstandshilfe, Sondernotstandshilfe und sonstige Bezüge aus AMV-Mitteln erhalten.

In der Bundesrepublik Deutschland veröffentlicht die *Bundesanstalt für Arbeit* in Nürnberg monatlich Zahlen über Arbeitslose, Kurzarbeiter und viele andere arbeitsmarktrelevante Daten. Die wichtigsten Analysen über die Arbeitslosigkeit werden in den „Mitteilungen aus der Arbeitsmarkt- und Berufsforschung", den „Beiträgen zur Arbeitsmarkt- und Berufsforschung" und in dem von der Europäischen Kommission herausgegebenen „Beschäftigungsobservatorium Ostdeutschland" publiziert.

Die geographische Forschung im Bereich der Arbeitslosigkeit wird durch ein unterschiedliches räumliches Bezugssystem erschwert. In mehreren Ländern (Österreich, Ungarn etc.) hat die Arbeitsmarktverwaltung mit der Schaffung von Arbeitsamtsbezirken eigene räumliche Einheiten geschaffen, die nur partiell mit anderen statistischen Arealen kombinierbar sind. Dies ist nicht der Böswilligkeit der Arbeitsmarktverwaltung zuzuschreiben, sondern hängt mit der vom Gesetzgeber aufgetragenen Funktion zusammen. Die Abgrenzung erfolgt daher nach administrativen Gesichtspunkten und berücksichtigt nicht die Überlegungen der Wissenschaft.

Aufgrund des Auseinanderfallens der räumlichen Bezugssysteme wird die Zusammenführung unterschiedlicher Statistiken jedoch erheblich erschwert. Will man eine regionale Arbeitslosenquote berechnen, dann benötigt man Arbeitslosen- und Erwerbspersonenzahlen. Die eine kann man dem *Arbeitslosenregister*, die andere der Volkszählung entnehmen. Beide Zahlen liegen in der Regel für unterschiedliche Zeitpunkte und Verwaltungsgliederungen vor. Die letzte Volkszählung fand in Deutschland 1987 statt und in Österreich 1991. Erwerbspersonen aus anderen Quellen zu finden, ist jedoch schwierig. So erfassen der Hauptverband der Sozialversicherungsträger in Österreich und die *Bundesanstalt für Arbeit* in Deutschland nur einen Teil der Erwerbspersonen, nämlich die sozialversicherungspflichtigen Arbeitnehmer und sparen damit im wesentlichen Selbständige und Beamte aus. Eine der ILO-Empfehlung folgende Berechnung der Arbeitslosenquote ist damit auf regionaler Ebene nicht möglich.

Berechnungen von regionalen Arbeitslosenquoten, die der ILO-Empfehlung entsprechen und mit Hilfe der Arbeitskräfteerhebungen (Labour-Force-Surveys) durchgeführt werden, sind durch die Größe der Stichproben erhebliche Grenzen gesetzt. Eine 1%-Stichprobe erlaubt keine ausgeprägte räumliche Disaggregierung. Je kleiner die räumlichen Einheiten werden, desto geringer wird die Fallzahl und desto höher wurden die Schwankungsbreite und der Stichprobenfehler.

Arbeitsmarktgeographische Analysen benötigen daher in vielen Fällen Gesamterhebungen, um räumliche Diasaggregierungen vornehmen zu können, die, von der Fallzahl der regionalen Einheiten her beurteilt, zuverlässige Resultate gewährleisten. Nur die Volkszählung, die in den meisten Ländern alle zehn Jahre durchgeführt wird, gestattet regional tief gegliederte Analysen. Nur in Deutschland hat es aufgrund der Diskussionen um den Datenschutz eine erhebliche Verschiebung von 1981 auf 1987 gegeben. Die nächste Erhebung 1991 ist aufgrund des geringen zeitlichen Abstands entfallen. Der Ausfall der ursprünglich für die Jahre 1981 und 1991 vorgesehenen Volkszählungen ist für die BRD nicht nur eine internationale Blamage (sogar der Großteil der Entwicklungsländer kann es sich finanziell leisten, in regelmäßigen Abständen eine Volkszählung durchzuführen), sondern hat auch andere negative Konsequenzen. Ohne Volkszählungen können viele wissenschaftlich interessante und politisch höchst bedeutsame Fragestellungen nicht mehr untersucht werden. Dies ist auch der Grund, warum in den letzten Jahren über die BRD nur noch wenige Untersuchungen zur regionalen Arbeitsmarktforschung entstanden sind, die den Anspruch erheben können, an der Forschungsfront angesiedelt zu sein. Der Großteil der innovativen, empirischen Studien zur regionalen Arbeitsmarktforschung von deutschsprachigen Autoren ist auf Österreich, die Schweiz, Ungarn und andere Länder ausgewichen, in denen auch die Datenschutzbestimmungen wissenschaftsfreundlicher sind.

Die Volkszählung ist ein wesentlicher „Eckpfeiler" jeder quantitativen Arbeitsmarktanalyse und stellt wichtige Informationen für Analysen über die Qualifikation, die berufliche Gliederung der Bevölkerung und das Ausmaß der Berufspendelwanderung zur Verfügung. Sie ist eine Kompletterhebung der Bevölkerung und erfaßt daher alle arbeitsmarktrelevanten Bevölkerungsgruppen (Beschäftigte, Arbeitslose, Unselbständige etc.). Die Volkszählung ist außerdem die einzige Großzählung, bei der man zwischen dem Wohnort und dem Arbeitsort der Erwerbstätigen unterscheiden kann. Bei vielen Fragestellungen ist der Arbeitsort (das regionale Arbeitsplatzangebot) viel wichtiger und aussagekräftiger als der Wohnort. Auch wenn viele publizierte Statistiken nur nach dem Wohnort aufgegliedert sind, so kann man doch bei den meisten Statistischen Ämtern gegen eine Gebühr Auswertungen auf der Basis des Arbeitsorts erhalten.

Stichprobenerhebungen (z.B. der Mikrozensus, der Labour-Force-Survey) stellen nur eine unzureichende Alternative zur Volkszählung dar. Stichprobenerhebungen verschleiern aufgrund ihres großräumigen Erhebungsdesigns wichtige regionale und sozioökonomische Disparitäten. Es wird damit nicht nur die Spannweite von Disparitäten unterschätzt, sondern es werden in weiterer Folge auch viele wichtige Phänomene übersehen. Es ist einleuchtend, daß beispielsweise soziale Disparitäten, kleinräumig gemessen, um vieles größer sind als großräumig erhobene soziale Unterschiede. Die räumliche Aggregation von politisch sensiblen Daten war und ist eine beliebte Methode, Phänomene zu negieren oder kosmetisch zu behandeln.

Daten zur Erwerbstätigkeit der Bevölkerung fallen auch bei Erhebungen der Wirtschaftsstatistik an. Es sind dies Erhebungen von Betrieben in einem ein-, fünf- oder zehnjährigen Rhythmus. In Österreich werden jährlich *Vollerhebungen* im Bereich von Industrie, Großgewerbe, Bauindustrie, Baugewerbe und Elektrizitätsversorgungsunternehmen durchgeführt. Alle fünf Jahre erfolgen sogenannte Bereichszählungen, in denen alle Beschäftigten außerhalb der Landwirtschaft und der Hoheitsverwaltung, jedoch keine freien Berufe und keine privaten Dienstleistungsberufe ohne Erwerbscharakter erfaßt sind. Schließlich wird alle zehn Jahre, parallel zur Volkszählung, die Arbeitsstättenzählung durchgeführt, die bis auf Land- und Forstwirtschaft (diese wird in der landwirtschaftlichen *Betriebszählung* erfaßt) sowie Haushaltung und Hauswartung alle Beschäftigten am Arbeitsort zählt. Bei all diesen betriebsbezogenen Erhebungen stellen die Informationen über die Beschäftigten lediglich ein „Nebenprodukt" dar. Das Hauptinteresse richtet sich auf den Betrieb, dementsprechend gering ist die Informationsdichte über die Beschäftigten. Aufgrund der unterschiedlichen Definitionen des Begriffes „erwerbstätig" sind die Ergebnisse der Arbeitsstättenzählungen und eine Auswertung der Volkszählungen nach dem Arbeitsort jedoch nicht identisch.

5.1.3 Spezifische theoretische Erklärungsansätze

Aufgrund ihrer gesellschaftlichen Bedeutung hat Arbeitslosigkeit immer ein besonderes theoretisches Interesse gefunden. Alle gängigen und im Rahmen dieses Studienbuches auch vorgestellten theoretischen Ansätze versuchen, Erklärungen für das Entstehen von Arbeitslosigkeit bereitzustellen und damit auch politische Rezepte zu offerieren. Diese spezifisch auf Arbeitslosigkeit ausgerichteten Thesen und Theoriefragmente werden im folgenden erläutert.

Neoklassik

Arbeitslosigkeit wird in der Neoklassik als Ungleichgewicht zwischen Arbeitskräfteangebot und -nachfrage interpretiert. Die Zahl der Menschen, die arbeiten wollen, übersteigt die Zahl der Voll- und Teilzeitarbeitsplätze. Unter den Annahmen des neoklassischen Modells kann dies jedoch nur ein kurzfristiges Phänomen sein. Die Ursachen für das Ungleichgewicht liegen generell in zwei Bereichen:

- in einer Erhöhung des Arbeitskräfteangebots (angebotsinduzierte Arbeitslosigkeit);
- in einer Reduktion der Arbeitskräftenachfrage (nachfrageinduzierte Arbeitslosigkeit).

Wenn das Arbeitskräfteangebot durch den Eintritt geburtenstarker Jahrgänge ins Erwerbsleben, durch Zuwanderung oder durch eine Erhöhung der Erwerbsbeteiligung gestiegen ist und die Nachfrage übertrifft, dann entsteht Arbeitslosigkeit. In der Folge müßten jedoch die Löhne und auch die Arbeitslosigkeit sinken, weil immer weniger Arbeitskräfte bereit sind, zu den sinkenden Löhnen zu arbeiten. Eine ähnliche Reaktionsweise ist zu erwarten, wenn die Arbeitslosigkeit nicht durch die Zunahme des Arbeitskräfteangebots, sondern durch die Abnahme der Nachfrage nach Arbeitskräften hervorgerufen wird. Eine nachlassende konjunkturelle Entwicklung, gestiegene Produktivität durch technischen Fortschritt oder sektorale Strukturverschiebungen durch veränderte Absatzmärkte bewirken jeweils für sich oder gemeinsam eine verringerte Nachfrage nach Arbeitskräften. Abermals ist ein Sinken der Löhne zu erwarten, das einerseits das Arbeitskräfteangebot reduziert und andererseits Unternehmer zum Einstellen der nun billigeren Arbeitskräfte motiviert.

Arbeitslosigkeit ist im neoklassischen Modell freiwillig, friktionell und kurzfristig. Sie vergeht, so wie sie gekommen ist. Da der Markt zum Gleichgewicht tendiert, muß eine vorübergehende Zunahme der Arbeitslosigkeit durch Mobilitäts- und Substitutionsprozesse und besonders durch Lohnflexibilität wieder abgebaut werden, bis sich ein neues Gleichgewicht von Angebot und Nachfrage einstellt. Insgesamt wird Anpassungsfähigkeit vor allem dem Arbeitskräfteangebot zugeschrieben.

Die Kritiker der Neoklassik erkennen den Zusammenhang von Beschäftigungsvolumen, Arbeitslosigkeit und Lohnkosten an. Sie kritisieren lediglich die unterstellte Simplizität. Die Lohnhöhe ist keine einfache Schraube, an der man drehen kann, sondern sie wird von vielen externen Faktoren (Gewerkschaftsmacht, Sozialleistungen, Steuern etc.) beeinflußt, die ebenfalls zu ändern wären. „Wer […] die Lohnhöhe als Ursache der Arbeitslosigkeit beklagt und sich damit für eine Lohnkorrektur ausspricht, muß sagen, welche die Lohnhöhe bestimmenden exogenen Variablen in welcher Weise und von wem beeinflußt werden sollen" (FRANZ 1992a, S. 10), damit sich eine „adäquate" Lohnhöhe ergibt.

Humankapitaltheorie

Neben dieser allgemeinen Begründung – zu hohes Arbeitskräfteangebot und zu geringe Arbeitskräftenachfrage – lassen sich humankapitaltheoretische Argumente für die Arbeitslosigkeit spezifischer Arbeitskräftegruppen anführen. Es werden, so die

Annahme, nicht die Qualifikationen nachgefragt, die sich anbieten, sondern andere Qualifikationen. Arbeitslosigkeit kann im Sinne der Humankapitaltheorie als ein „Mismatch-Problem" einer unterschiedlichen Nachfrage- und Angebotsrelation von Qualifikationen interpretiert werden. Nachgefragt werden beispielsweise Techniker, aber Bauarbeiter suchen Arbeit, diese bleiben jedoch arbeitslos.

Arbeitslosigkeit betrifft überdurchschnittlich oft gering qualifizierte Arbeitskräfte. Dies hängt damit zusammen, daß im Zuge einer generellen Höherqualifikation die Arbeitskräfte, die nur eine sehr geringe Qualifikation aufweisen, an den „Rand" des Beschäftigungssystems gedrängt werden. Humankapitaltheoretisch wird dabei unterstellt, daß gering Qualifizierte eine geringere Produktivität aufweisen und im Falle eines Nachfragerückganges auch als erste entlassen werden. Dazu kommen möglicherweise höhere Fehlzeiten, eine geringere betriebsinterne Anpassung und die Sicherheit des Arbeitgebers, im Falle eines neuerlichen Nachfrageanstiegs gering qualifizierte Arbeitskräfte jederzeit wieder einstellen zu können.

Humankapitaltheoretische Überlegungen spielen teilweise auch beim höheren Arbeitslosigkeitsrisiko älterer Arbeitnehmer eine Rolle. Aufgrund veränderter betrieblicher Umwelten und des Einsatzes neuer Technologien kommt es zur Entwertung des Humankapitals älterer Mitarbeiter. Neuere Qualifikationserfordernisse (wie z.B. EDV-Kenntnisse) sind von jüngeren Arbeitskräften auch ohne Berufserfahrung eher zu erwarten als von älteren Arbeitnehmern. Zudem sind jüngere Arbeitskräfte in der Regel billiger und in manchen Bereichen auch produktiver. Die mangelhafte Anpassung des Humankapitals älterer Arbeitnehmer erhöht deren Arbeitslosigkeitsrisiko.

Die Humankapitaltheorie liefert eine Reihe von guten Argumenten, warum die Langzeitarbeitslosigkeit ein wachsendes Problem des Arbeitsmarktes darstellt. Auf das Phänomen der Hysterese wurde schon hingewiesen. Es beschreibt sehr allgemein ein Phänomen, das noch andauert, auch wenn dessen Ursachen nicht mehr existieren (WINTER-EBMER 1991). Im Falle der Arbeitslosigkeit bedeutet dies, daß die Arbeitslosigkeit noch andauert, obwohl die makroökonomischen Bedingungen eigentlich ein Sinken erwarten lassen würden.

Hysterese entsteht durch zwei Prozesse:

1. Als erstes ist ein Verlust von Humankapital bei fortdauernder Arbeitslosigkeit zu nennen. Arbeitslose verlieren den Anschluß an die Entwicklungen in der Arbeitswelt, ihre Qualifikationen und Fähigkeiten verkümmern. Sie gelten als „Sozialfälle", lange Arbeitslosigkeit wird als erschwerte Vermittelbarkeit interpretiert und Arbeitgeber scheuen sich, das „Wagnis" einzugehen, Langzeitarbeitslose einzustellen. Arbeitslosigkeit produziert Arbeitslosigkeit, kann man überpointiert formulieren.

2. Der zweite Prozeß entsteht durch den Gegensatz von sogenannten „Insidern" und „Outsidern". In der Phase der Rezession erfolgen Entlassungen von Outsidern, also Arbeitskräften, die nicht zum Kern eines Unternehmens zählen. Während des nachfolgenden Konjunkturaufschwungs sorgen die „Insider", die über ein Mehr an Verhandlungsmacht verfügen, dafür, daß die „Outsider" nicht wieder eingestellt werden. „Insider" wollen eher das vorhandene Produktivitätspotential bei gleichzeitig höherer Entlohnung (Überstunden) ausschöpfen.

Empirisch läßt sich Hysterese klar nachweisen. Für Österreich konnte EBMER (1990) einen negativen Zusammenhang zwischen der Wahrscheinlichkeit des Abgangs aus der Arbeitslosigkeit und der Dauer der Arbeitslosigkeit feststellen: Je länger die Arbeitslosigkeit dauert, desto unwahrscheinlicher wird es, diesen Zustand wieder zu verlassen.

Effizienzlohntheorie und Insider-Outsider-Theorie
Das neoklassische Modell erwartet einen langfristigen Ausgleich von Angebot und Nachfrage und eine Reduktion der hohen Arbeitslosigkeit auf ein „natürliches" Niveau. Voraussetzung dafür ist – unter anderem – *Lohnflexibilität*. Löhne fallen in Zeiten hoher Arbeitslosigkeit, Arbeitskräfte ziehen ihre Bereitschaft, einer Erwerbsarbeit nachzugehen, zurück, und Unternehmer sind bei fallenden Löhnen eher bereit, Arbeitskräfte wieder einzustellen. In der Realität lassen sich diese Mechanismen aber nur ansatzweise beobachten. Auch in jenen Staaten, in denen die Macht der Sozialpartner sehr eingeschränkt oder nicht existent ist, senken Unternehmer trotz lange andauernder, hoher Arbeitslosigkeit die Löhne nur marginal. Diesen Sachverhalt versuchen die Effizienzlohn-Theorie und die bereits angesprochene Insider-Outsider-Theorie zu erklären (die folgenden Passagen orientieren sich weitgehend an den Formulierungen von KROMPHARDT 1992).

Die Effizienzlohn-Theorie geht davon aus, daß die Qualität des auf dem Arbeitsmarkt gehandelten Gutes (Arbeitskraft der Erwerbstätigen) variabel ist und vom Arbeitsanbieter im Laufe der Geschäftsbeziehungen variiert werden kann. Weil die Motivation und Identifikation der Erwerbstätigen wichtig sind und der Arbeitgeber großen Schaden erleiden würde, wenn seine Beschäftigten in die „innere Emigration" gingen, müssen die Arbeitnehmer durch die Lohngestaltung animiert werden, ihre Arbeitskraft möglichst effizient einzusetzen. Eine extreme Lohnsenkung würde nach dieser Vorstellung die Arbeitsintensität reduzieren, für den Unternehmer bestünde dann die Gefahr, daß der Produktivitätsrückgang stärker ausfällt als die Lohnsenkung.

Die Insider-Outsider-Theorie versucht zu erklären, warum es nicht zu einem Lohndumping von Outsidern kommt. Wenn der Unternehmer versucht, die Insider, welche höhere Löhne verlangen und durchsetzen als die Outsider, zu entlassen und durch billigere Outsider zu ersetzen, so verliert der Unternehmer das von den Insidern akkumulierte betriebsspezifische Humankapital. Der Verlust dieses Humankapitals kann eine höhere Gewinneinbuße bedeuten, als der Profit, den die Lohnsenkung verspricht. Außerdem sagt sich der Unternehmer zurecht, daß die eingestellten Outsider in kurzer Zeit selbst wieder Insider sein werden und sich dann hinsichtlich der Lohnhöhe wieder so verhalten werden wie die entlassenen Insider (vgl. LINDBECK/SNOWER 1988).

SOLOW (1990) weist außerdem darauf hin, daß es auch unter Arbeitnehmern eine soziale Norm gebe, *„Lohndumping"* nicht zu akzeptieren. Weil jeder Unterbieter eines Lohnes damit rechnen muß, daß später jemand den Lohn noch stärker unterbietet und auch er den Arbeitsplatz verliert, verzichtet er darauf. Außerdem könnte sich der unterbietende Outsider insoferne selbst schaden, als die Insider lieber eine

Lohnsenkung akzeptieren, als daß sie ihren Arbeitsplatz verlieren. Die Folge wäre, daß der Outsider Outsider bleibt und der Insider schlechter gestellt ist.

Aus dem neoklassischen Modell und den damit in Verbindung stehenden theoretischen Ansätzen (Humankapitaltheorie, Effizienzlohntheorie, Insider-Outsider Theorie) ergeben sich arbeitsmarktpolitische Strategien, die im wesentlichen auf die selbstreinigende Kraft der Marktmechanismen vertrauen. Der Arbeitsmarkt sollte dereguliert, der Einfluß von Institutionen (z.b. Gewerkschaften) zurückgedrängt werden. Die „Amerikanisierung" des Arbeitsmarktes erscheint vielen als das probate Mittel zur Lösung arbeitsmarktpolitischer Probleme.

Segmentationstheorie

In den segmentationstheoretischen Ansätzen wird Arbeitslosigkeit nicht als kurzfristiges und friktionelles Ungleichgewicht betrachtet, sondern als systembegleitendes Phänomen, wenn auch die direkten Ursachen die gleichen sind. Das Arbeitskräfteangebot in bestimmten Teilmärkten übersteigt die Nachfrage. Die Annahme der Selbstregulierung und der Rückkehr in einen neuen Gleichgewichtszustand wird jedoch als unbegründet angesehen.

Wesentlich ist in den segmentationstheoretischen Ansätzen die Betonung unterschiedlicher Arbeitslosigkeitsrisiken, die mit den unterschiedlichen Charakteristika der Arbeitsplätze verbunden sind. Weil auf den verschiedenen Teilarbeitsmärkten jeweils spezifische Arbeitnehmergruppen agieren (ausländische Arbeitskräfte, Frauen, qualifizierte Inländer), kommt es zur Strukturierung der Arbeitslosen. Für verschiedene Arbeitnehmer besteht aufgrund der Merkmale des Arbeitsplatzes, den sie innehaben, ein unterschiedlich hohes Risiko, arbeitslos zu werden.

Deutlich läßt sich das unterschiedliche Arbeitslosigkeitsrisiko am Beruf festmachen. Bei bestimmten Saisonberufen, wie Tätigkeiten im Baugewerbe und im Fremdenverkehr, ist die saisonale Arbeitslosigkeit ein fester Bestandteil des Berufsbildes und weitgehend unabhängig von den Qualifikationen des Arbeitnehmers. Ein höheres Arbeitslosigkeitsrisiko läßt sich des weiteren bei Arbeitskräften in bestimmten Sektoren (z.B. im Reinigungsbereich, bei persönlichen Dienstleistungen) feststellen, deren Arbeitsplätze in der Regel dem sekundären Segment zuzurechnen sind, eine geringe Faktorintensität aufweisen und lediglich eine „Jedermann"-Qualifikation erfordern. Die Arbeitsplätze, die nicht zum Kern des Unternehmens zählen und daher nicht stabilisiert werden, weisen ebenfalls ein höheres Arbeitslosigkeitsrisiko auf.

In den 80er und frühen 90er Jahren war ein Bedeutungsverlust der primären Arbeitsmärkte, der innerbetrieblichen Rekrutierungsstrategien und der Kernbelegschaften zu beobachten. Galten in den abgelaufenen Jahrzehnten der Aufbau und die Erhaltung stabiler interner Arbeitsmärkte als Voraussetzungen erfolgreicher Betriebsführung, so setzten sich in den 80er Jahren jene Konzepte durch, die Flexibilität als ein wichtiges Ziel erachten. Betriebsexterne Arbeitsmärkte übernahmen die Nachfrageschwankungen, die zwar nicht die gewohnten Qualifikationsprofile der Stammbelegschaft zur Verfügung stellen konnten, dafür aber weitaus geringere Lohnkosten verursachten.

Den steigenden Bedarf an Arbeitsleistungen in den 80er Jahren deckten die Unternehmen zunehmend auf externen Arbeitsmärkten. Sie arbeiteten damit kurzfristig kostengünstig und verlagerten das konjunkturelle Risiko auf den Arbeitsmarkt. Die Elastizität des Arbeitskräfteangebots war durch die wachsende Ausländerbeschäftigung und durch die verstärkte Rückkehr bzw. den Zustrom von Frauen auf den Arbeitsmarkt gewährleistet (vgl. FASSMANN 1995).
Die Bekämpfung der Arbeitslosigkeit erfordert aus der Sicht der Segmentationstheorie den Eingriff der Politik. Nicht Deregulierung lautet die Antwort, sondern staatliches Handeln. Dies kann in angebotsreduzierende Maßnahmen münden (z.B. Verlängerung der Schulpflicht, Reduktion der Zuwanderung ausländischer Arbeitskräfte, Verlängerung von Erziehungszeiten, Gewährung von Bildungsurlauben), in Maßnahmen zur Verbesserung sekundärer Arbeitsmärkte, in eine Reduktion der Eintrittsbarrieren in ein Beschäftigungsverhältnis (Einsteigerlöhne, flexible Probezeiten) und schließlich – und mit Sicherheit am wichtigsten – in eine generelle Nachfragestimulierung.

5.1.4 Typologie der Arbeitslosigkeit

Der Verlauf, die Betroffenheit, die Dauer und die Ursachen von Arbeitslosigkeit können sehr unterschiedlich sein. Es ist daher notwendig, Typen von Arbeitslosigkeit zu unterscheiden, weil davon auch unterschiedliche politische Maßnahmen abhängig sind. Gängig ist die Unterscheidung in eine

- friktionelle Arbeitslosigkeit,
- saisonale Arbeitslosigkeit,
- konjunkturelle Arbeitslosigkeit,
- strukturelle Arbeitslosigkeit und
- wachstumsdefizitäre Arbeitslosigkeit.

Als *friktionelle Arbeitslosigkeit* gilt jede kurzfristig verursachte und sich von selbst wieder ausgleichende Arbeitslosigkeit. Friktionelle Arbeitslosigkeit entsteht durch unvollkommene Mobilität und Information über den Markt beim Wechsel von einem Arbeitsplatz zum anderen sowie durch kurzfristige Strukturänderungen der Nachfrage. Die friktionelle Arbeitslosigkeit läßt sich durch Beratung und Vermittlung (Verbesserung des Informationssystems, Beeinflussung betrieblicher Personalpolitik, Förderung der räumlichen Mobilität) reduzieren.

	Niveauänderung der Nachfrage	Strukturänderung der Nachfrage
kurzfristiges Ungleichgewicht	saisonale und konjunkturelle Arbeitslosigkeit	friktionelle Arbeitslosigkeit
langfristiges Ungleichgewicht	wachstumsdefizitäre Arbeitslosigkeit	strukturelle Arbeitslosigkeit

Abb. 38: Typologie der Arbeitslosigkeit (Quellen: nach RICHTER 1994)

FRIEDMAN (1968) und KROMPHARDT (1992) verwenden in diesem Zusammenhang auch den unscharfen Begriff der *„natürlichen" Arbeitslosigkeit*. Darunter wird „diejenige Arbeitslosigkeit verstanden, bei der Gleichgewicht auf dem Arbeitsmarkt herrscht" (KROMPHARDT 1992, S. 212). Diese Definition ist tautologisch, weil jede Mengenrelation von Angebot und Nachfrage als Gleichgewichtszustand interpretiert werden kann und Arbeitslosigkeit daher immer als „natürlich" angesehen werden könnte.

Die schwankende Nachfrage nach Arbeitskräften ist die Ursache für die *saisonale* und *konjunkturelle Arbeitslosigkeit*. Bei der saisonalen Arbeitslosigkeit sind die jahreszeitlichen Schwankungen für das Nachlassen der Arbeitskräftenachfrage verantwortlich zu machen (Baugewerbe, Winter- und Sommertourismus), bei der konjunkturellen Arbeitslosigkeit die zyklischen Schwankungen der Wirtschaftsentwicklung. Ist die mangelnde Nachfrage nach Arbeitskräften langfristig angelegt und Folge technologischer Veränderungen bei gleichzeitig stagnierender Güternachfrage, dann spricht man von *wachstumsdefizitärer Arbeitslosigkeit* (GILPATRICK 1966). Das Wirtschaftswachstum kann mit dem Arbeitskräftewachstum nicht Schritt halten, wobei saisonale oder konjunkturelle Einbrüche keine Rolle spielen.

Arbeitsmarktpolitisch am bedenklichsten ist die *strukturelle Arbeitslosigkeit*. Sie ist eine langfristige Arbeitslosigkeit, die durch technologischen Wandel, durch Strukturverschiebungen der Güternachfrage (bei gleichbleibendem globalem Nachfrageniveau) und durch Veränderungen der internationalen Arbeitsteilung hervorgerufen wird. Der Rückgang der Eisen- und Stahlindustrie an den traditionellen europäischen Standorten hat beispielsweise eine langandauernde strukturelle Arbeitslosigkeit hervorgerufen.

Die strukturelle Arbeitslosigkeit ist schwierig zu bekämpfen. Sie erfordert Maßnahmen der Berufsförderung (Um- und Weiterbildung etc.) und die Förderung der räumlichen Mobilität. Die strukturell Arbeitslosen können in der Regel dennoch nicht die von den offenen Stellen geforderten Merkmale erfüllen, oder sie sind mit den angebotenen Lohn- und Arbeitsbedingungen nicht einverstanden.

So überzeugend eine Typisierung der Arbeitslosigkeit aus theoretischer Sicht insgesamt klingen mag, so schwierig ist ihre empirische Erfassung. Ist die Arbeitslosigkeit von Werftarbeitern eine strukturelle oder eine konjunkturelle? Sind die deutschen Werften auf dem Weltmarkt auf Dauer nicht mehr konkurrenzfähig (dann würde es sich um eine strukturelle Arbeitslosigkeit handeln), oder ist nur die Nachfrage nach Schiffstonnage für einige Jahre zurückgegangen (dann wäre es eine konjunkturelle Arbeitslosigkeit)? Anhand welcher nachprüfbarer Meßverfahren kann man zwischen struktureller und konjunktureller Arbeitslosigkeit unterscheiden (vgl. FRANZ 1992a, S. 10)?

5.1.5 Verlauf und Strukturierung von Arbeitslosigkeit

Zwischen den eng verflochtenen europäischen Volkswirtschaften lassen sich ähnliche Trends der Nachfrage- und der Angebotsentwicklung beobachten. Sieht man von bestimmten nationalen Besonderheiten, vom Zurückbleiben oder Vorauseilen

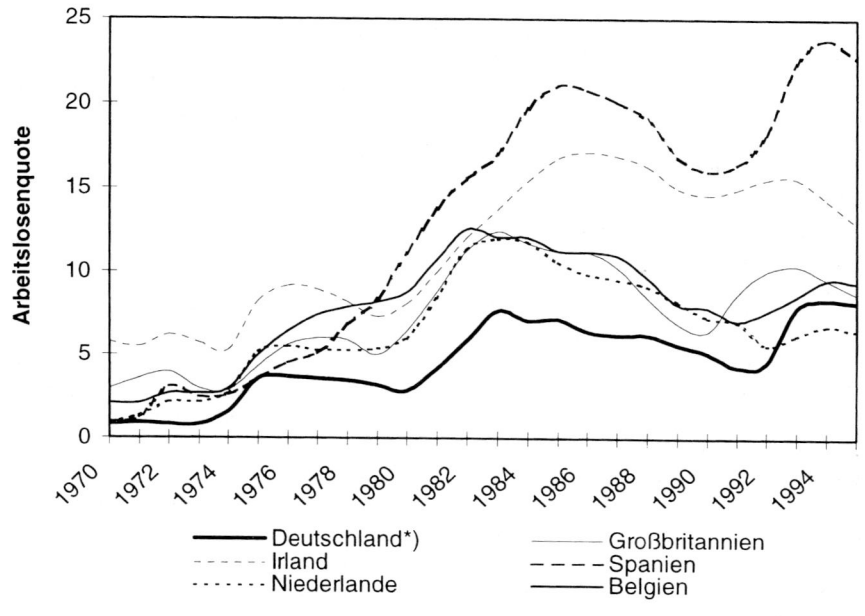

5.1 Arbeitslosigkeit 157

Abb. 39: Verlauf der Arbeitslosenquote in einigen europäischen Staaten. (Quellen: EUROSTAT; Verfasser)

mancher Entwicklungen ab, dann ergibt sich ein sehr ähnlicher Verlauf der Arbeitslosigkeit.

Anfang der 60er Jahre herrschte in vielen europäischen Staaten Vollbeschäftigung. Nach dem 1. *Ölpreisschock* von 1973 stiegen die Arbeitslosenquoten deutlich an und beendeten eine der längsten konjunkturellen Aufschwungphasen seit Kriegsende. In Westdeutschland ist die Zahl der Arbeitslosen von 150.000 im Jahr 1970 auf rund 4 Mio. angewachsen (1996). In der gesamten BRD gab es 1996 im Jahresdurchschnitt neben den 3,96 Mio. Arbeitslosen noch zusätzlich 1,48 Mio. „verdeckt Arbeitslose", worunter man subventionierte Beschäftigte plus verdeckt arbeitslose Nichterwerbspersonen versteht. Der Anteil der Langzeitarbeitslosen hat in den vergangenen zweieinhalb Jahrzehnten ebenfalls kontinuierlich zugenommen. Während jeder *Rezession* expandierte die Arbeitslosigkeit um 700.000 bis 800.000 Menschen, die auch in der nächsten Hochkonjunkturphase arbeitslos blieben.

Österreich hat eine ähnliche Entwicklung erfahren, wenn auch um rund 10 Jahre später. Der keynesianisch inspirierte Sonderweg einer ausgabenorientierten Wirtschaftspolitik, gestützt auf eine mächtige verstaatlichte Industrie, hatte den Anstieg der Arbeitslosigkeit hinausgezögert. Anfang der 70er Jahre gab es in Österreich rund 3,1 Mio. Beschäftigte, 1992 fast 3,6 Mio. Jahr für Jahr wurden zusätzlich rund

25.000 Personen in das Beschäftigungssystem integriert. Gleichzeitig nahm jedoch die Arbeitslosigkeit von rund 31.000 (1973) auf über 200.000 Personen (1995) zu. Die Gründe für diese tiefgreifende Umgestaltung des Arbeitsmarktes sind vielgestaltig und werden noch zu erläutern sein. Sie liegen, je nach theoretischer Ausrichtung, in einem veränderten Nachfrageverhalten – als Folge des Produktivitätsfortschritts, der globalen Verlagerung von Produktionsstätten und der schrumpfenden Absatzmärkte der im Inland erzeugten Produkte – oder in den ungünstigen allokativen Bedingungen (Mindestlöhne, hohe Lohnnebenkosten). Ein erheblicher Einfluß auf den Anstieg der Arbeitslosigkeit ging vom Wachstum des Arbeitskräfteangebots aus. Dieses war durch die wachsende Ausländerbeschäftigung und durch die verstärkte Rückkehr bzw. den Zustrom von Frauen auf den Arbeitsmarkt bedingt.

„Der Hauptgrund für den langfristigen Anstieg der Arbeitslosigkeit in Europa ist das langsame Wirtschaftswachstum bei gleichzeitigem Anstieg des Arbeitskräfteangebots. Das Wirtschaftswachstum ist heute nur etwa halb so hoch wie in den 60er und 70er Jahren" (WALTERSKIRCHEN 1994, S. 379). Umgekehrt jedoch stieg das Arbeitskräfteangebot aufgrund zunehmender Berufstätigkeit der Frauen und ausländischer Arbeitskräfte. Trotz massiver Frühpensionierungen erhöhte sich das Angebot an Erwerbspersonen in Europa seit Anfang der 80er Jahre um jährlich 0,6%.

Für Österreich konnte TICHY (1994) nachweisen, daß der Anstieg der Arbeitslosigkeit der vergangenen fünf Jahre hauptsächlich einen Effekt des gestiegenen Arbeitskräfteangebots darstellt. Arbeitskräfte sind zahlreich vorhanden und müßten daher auch billiger werden, was jedoch bei den Lohnverhandlungen nicht berücksichtigt wird. Ebenso müßten die Fragen der Arbeitszeit und der Verteilung der Arbeit mehr thematisiert werden.

Mit der zeitlichen Entwicklung der Arbeitslosigkeit ist sowohl eine Strukturierung der Arbeitslosen als auch eine Veränderung bei den beschäftigten Personen verbunden. In Zeiten zunehmender Arbeitskräftenachfrage verringert sich nicht nur die Zahl der Arbeitslosen, sondern auch ihre spezifische *Strukturierung*. Umgekehrt erfolgt in den Jahren nachlassender Arbeitskräftenachfrage nicht nur eine Erhöhung der Zahl der Arbeitslosen, sondern auch eine Strukturierung derselben. „Der Begriff Strukturierung der Arbeitslosigkeit beschreibt die zunehmende Konzentration von Arbeitslosigkeit auf bestimmte sozio-demographische Gruppen im Rahmen des laufenden Arbeitskräfteumschlags („Labor Turnover") bei anhaltend hoher Arbeitslosigkeit. Im Verlauf dieses Prozesses finden zwischen dem Zugang in die und dem Abgang aus der Arbeitslosigkeit Selektionsprozesse zu Lasten von Randgruppen statt mit der Konsequenz, daß im Arbeitslosenbestand nach und nach Personen mit bestimmten sozio-demographischen Merkmalen überrepräsentiert sind" (HURLER 1984, S. 199).

Die Strukturierung der Arbeitslosigkeit erfolgt sowohl beim Eintritt in als auch beim Austritt aus dem Beschäftigungssystem. Beim Marktaustritt – eine noble Umschreibung von Kündigung und Entlassung – werden jene Personen präferiert („selectivity of firing"), die unterdurchschnittliche Leistungen (Produktivität), eine schwache Bindung an die Erwerbstätigkeit (motivationale Anreizstruktur), ein geringes Sanktionspotential durch einen geringen Grad an gewerkschaftlicher Organisierung und schließlich eine geringe rechtliche oder kulturelle Absicherung aufweisen. Diese Merkmale sind oft mit geringem Humankapital und einer marginalen betrieblichen Position gekoppelt und gehen Hand in Hand mit primären und sekundären Arbeitsmärkten, mit Stamm- und Randbelegschaften.

Beim Markteintritt in das Beschäftigungssystem und damit beim Abgang aus der Arbeitslosigkeit findet ebenfalls eine Selektion statt. Die Selektivität beim Markteintritt („selectivity of hiring") verstärkt die Wirkung des Aussiebungseffekts: Personen mit einer sichtbaren Erwerbsmotivation und ohne Alternativrollen, mit einer angepaßten Erwerbsbiographie und hohem Humankapital werden bevorzugt. Je leichter jemand durch das Sieb der Arbeitsmarktstruktur durchfällt, desto schwerer wird es, wieder einzudringen. Der Markteintritt ist einer weit geringeren staatlichen Regulierung unterworfen als der Marktaustritt. Daraus ist zu folgern, daß ökonomische Produktivitätsgesichtspunkte und soziale Diskriminierungen die Selektivität beim Markteintritt stärker beeinflussen als die Selektivität beim Marktaustritt.

In Zeiten abnehmender Nachfrage kommt es somit zu Schließungstendenzen des Beschäftigungssystems und zur verstärkten Selektion der Arbeitslosen und der Markteintretenden. Gesellschaftlich schwächere Bevölkerungsgruppen wie Frauen, ältere Menschen, ausländische Arbeitskräfte, marginalisierte Gruppen und Jugendliche werden dabei generell benachteiligt. In den letzten Jahren zeigen sich folgende Regelhaftigkeiten:

1. Verlängerung der Arbeitslosigkeitsepisoden

Im Zuge des Konjunkturabschwungs erhöht sich zunächst der Zustrom zur Arbeitslosigkeit, während die Episodendauer noch unverändert bleibt. Bei fortschreitender Rezession verlängert sich auch die Dauer, und von Arbeitslosigkeit betroffene Personen können schwerer wieder in das Beschäftigungssystem zurückfinden. Beginnt die Wirtschaft wieder zu wachsen, dann verringert sich zunächst der Zustrom in die Arbeitslosigkeit, während der Abstrom nur zögerlich erfolgt und die Episodendauer sich erst langsam wieder verkürzt. Wenn der Aufschwung zu kurz andauert, in Produktivitätsgewinne umgelegt wird (Rationalisierungsinvestitionen) und die nächste Rezession bereits einsetzt, bevor die konjunkturelle Arbeitslosigkeit wieder abgebaut ist, dann erhöht sich der Sockel der Arbeitslosigkeit kontinuierlich.

2. Erhöhung des Anteils der Langzeitarbeitslosen

Eine stetige Erhöhung der Sockelarbeitslosigkeit geht Hand in Hand mit der Vermehrung der Langzeitarbeitslosen. In Österreich waren Mitte der 90er Jahre rund 25% aller Arbeitslosen dieser Gruppe zuzurechnen. Wer im fortgeschrittenen Alter in einer Branche, die vom Strukturwandel besonders betroffen ist (Textilien, Bekleidung, Leder, Papier, Chemie, Metall), und in einer Region, die einen generellen ökonomischen Niedergang erleben muß, arbeitslos wird, für den sind die Chancen sehr gering, bald wieder einen Arbeitsplatz zu finden. Mit fortdauernder Arbeitslosigkeit erhöht sich zudem das Risiko, langfristig arbeitslos zu bleiben oder bestenfalls eine „perforierte" Arbeitslosenkarriere zu erleben.[44] Die Konzentration des gesamten Arbeitslosigkeitsvolumens (Dauer und Betroffenheit) auf spezifische Problemgruppen ist daher ein generelles Kennzeichen.

3. Schließung gegenüber demographischen Randgruppen

Von der Arbeitslosigkeit waren in den letzten Jahren jüngere Altersgruppen bis etwa 25 Jahre härter betroffen als der Durchschnitt der Erwerbstätigen. Deren Episodendauer ist jedoch kurz. Sie werden öfter arbeitslos, finden jedoch wieder bald einen Arbeitsplatz. Umgekehrt ist die Situation bei über 50jährigen Personen. Ihre Betroffenheit ist geringer, wenn sie jedoch arbeitslos sind, dann ist die Dauer außergewöhnlich lang.

4. Schließung gegenüber Personen mit familiären „Vermittlungshemmnissen"

Die Arbeitslosenquoten von Individuen stehen auch in einem Zusammenhang mit dem Familienkontext. Der Einfluß des Familienkontexts wurde von BECKMANN/BENDER (1993) in Ostdeutschland untersucht. Erwartungsgemäß hatten Alleinerziehende (mit Kindern, aber ohne Partner) das höchste Arbeitslosigkeitsrisiko. Sie vereinigen die meisten Arbeitsmarkthemmnisse auf sich, sie sind von allen Familienkategorien am meisten einem Arbeitslosigkeitsrisiko ausgesetzt und bleiben auch länger arbeitslos, so daß sie in hohem Maße von der Unterstützung durch öffentliche und private Institutionen abhängen. Diese Situation ist dadurch bedingt, daß Alleinerziehende nicht so flexibel auf veränderte Anforderungen des Arbeitsmarktes reagieren können wie Personen ohne Kinder. Die positive Kontrastgruppe bilden „kinderlose Paare", die sehr flexibel auf den Arbeitsmarkt reagieren können. Man kann nicht generell von einem erhöhten Arbeitslosigkeitsrisiko von Familien mit Kindern im Vergleich zu Paaren ohne Kinder sprechen (BECKMANN/BENDER 1993).

5. Die „Vermännlichung" der Arbeitslosigkeit

In Deutschland war die Arbeitslosenquote der Frauen noch in den 60er Jahren niedriger als die der Männer, stieg ab 1970 stark an und übertraf dann jene der Männer. Aufgrund des Wegfalls einer großen Zahl von Industriearbeitsplätzen steigt die Männerarbeitslosenquote jedoch wieder stärker als jene der Frauen. Frauen sind schneller vermittelbar und weisen daher kürzere Arbeitslosigkeitsepisoden auf.

In Ungarn war und ist die Arbeitlosenquote der Frauen in allen Altersgruppen niedriger als jene der Männer (vgl. Abb. 40). Dies hängt u.a. damit zusammen, daß in Ungarn aufgrund des früheren Beginns der Liberalisierung der Wirtschaft, aufgrund der früheren Abkehr vom orthodoxen Marxismus und einer früheren Tolerierung des Protomarktes und nicht zuletzt wegen unterschiedlicher Wertvorstellungen (eine Frau im Stahlwerk oder im Bergwerk war für den Ungarn schwerer vorstellbar als für den Russen) schon in den 70er und 80er Jahren eine geschlechtsspezifische Segmentierung des Arbeitsmarktes eingesetzt hat. Anders als in der DDR oder der UDSSR waren in Ungarn Frauen in viel geringerem Maße in jenen

---

[44] Als *perforierte* Langzeitarbeitslosigkeit wird ein erwerbsbiographisches Muster bezeichnet, bei dem sich über einen längeren Zeitraum hinweg Phasen der Arbeitslosigkeit mit kurzfristigen Beschäftigungsverhältnissen (Perforations-Jobs) abwechseln (BÜCHEL 1993a, S. 336).

Arbeitslosenquote in %

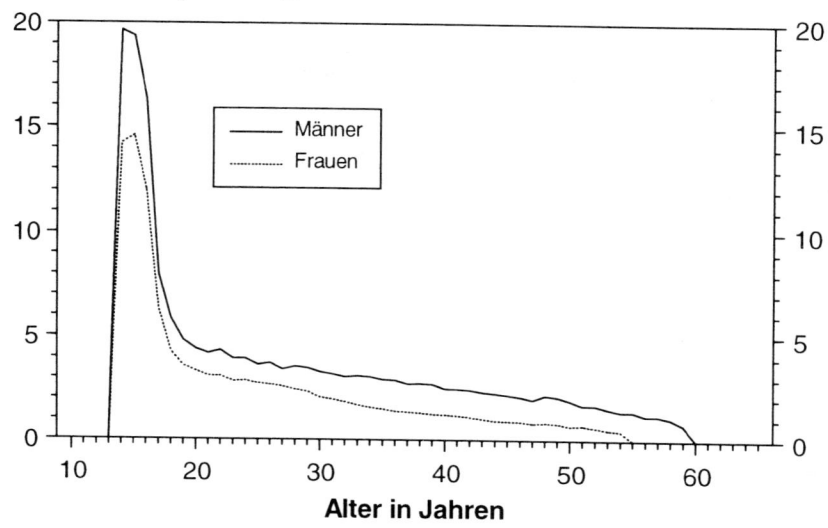

Abb. 40: Die Arbeitslosenquoten in Ungarn (1990) nach Alter und Geschlecht (Quelle: MEUSBURGER 1995b)

Industriebranchen (Schwerindustrie, chemische Industrie, Maschinenindustrie etc.) beschäftigt, die nach der Wende als erste zusammengebrochen sind und massenhaft Arbeitskräfte entlassen haben. Dafür waren sie zu einem höheren Prozentsatz im tertiären Sektor beschäftigt, der Frauen mehr Chancen und Sicherheit (öffentlicher Dienst) bietet als der sekundäre. Da beim Zusammenbruch der sozialistischen Staatsbetriebe wesentlich mehr Männer als Frauen ihren Arbeitsplatz verloren haben und der tertiäre Sektor nach der Wende einen großen Nachholbedarf hatte, waren Frauen in allen Altersgruppen weniger von Arbeitslosigkeit betroffen als Männer (MEUSBURGER 1995b).

6. Die Konzentration der Arbeitslosigkeit auf gering Qualifizierte

Arbeitslosigkeit konzentriert sich in allen west- und ostmitteleuropäischen Staaten, so auch in Österreich, auf jene Berufstätigen, die über keine abgeschlossene Schulbildung oder nur über einen Pflichtschulabschluß verfügen. Fast die Hälfte aller von Arbeitslosigkeit betroffenen Personen entfällt auf diese Gruppe. Über 85% aller österreichischen Arbeitslosen des Jahres 1995 haben nur eine Pflichtschulausbildung oder eine Lehre absolviert. Umgekehrt haben nur 2,5% aller Arbeitslosen eine Hochschulausbildung, weitere 6,2% ein Gymnasium (berufsbildendes und allgemeinbildendes) absolviert. Bezieht man die Arbeitslosenzahlen auf die jeweilige Gesamtpopulation, dann zeigt sich abermals, daß mit der Höhe der schulischen Qualifikation das Arbeitslosigkeitsrisiko sinkt. Die Arbeitslosenquote der Pflichtschulabsolventen beträgt 8,2%, jene der Universitätsabsolventen dagegen nur 1,7%.

162   5 Ungleichgewichte auf dem Arbeitsmarkt

Dieser für Österreich belegte Zusammenhang zeigt sich in allen Ländern, in denen diese Frage bisher empirisch untersucht worden ist. Überall läßt sich feststellen, daß die Arbeitslosigkeit mit zunehmendem schulischem Ausbildungsniveau abnimmt. Zwar steigt in den letzten Jahren auch die Arbeitslosigkeit von Akademikern, aber sie bleibt immer unter jener der niedrig Qualifizierten. Entscheidende Benachteiligungen ergeben sich vor allem für jene Personen, die keine Grundschule (Volksschule) abgeschlossen oder nur den niedrigsten Schulabschluß erreicht haben. Auch die höheren Arbeitslosenquoten der ausländischen Arbeitskräfte lassen sich größtenteils auf das unterschiedliche schulische und berufliche Ausbildungsniveau zurückführen.

Arbeitslosenquote in %

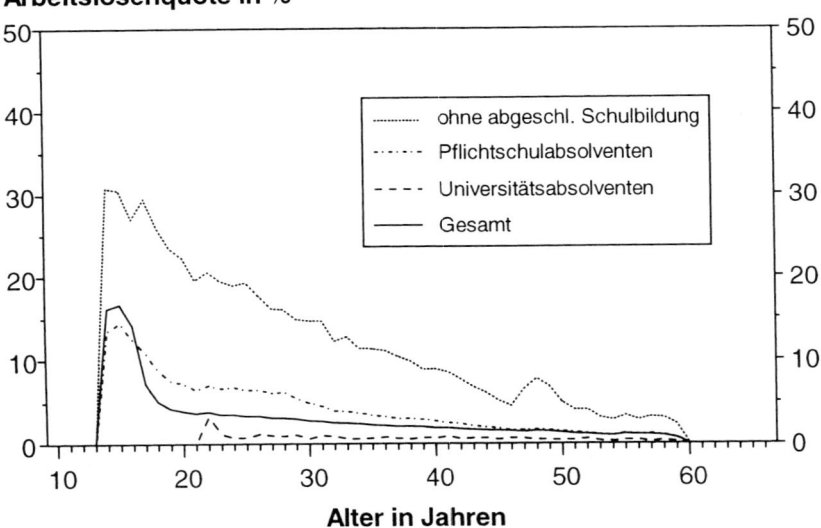

Abb. 41: Altersspezifische Arbeitslosenquoten in Ungarn (1990) nach Ausbildungsniveau (Quelle: Sonderauswertung der ungarischen Volkszählung 1990; Heidelberger Ungarn-Datenbank)

Um eine nach der höchsten abgeschlossenen Schulbildung differenzierte Arbeitslosenquote berechnen zu können, muß in Österreich auf die Volkszählung 1991 zurückgegriffen werden. Seitdem hat sich zwar die Arbeitslosigkeit erhöht, es gibt jedoch keine Hinweise auf eine Änderung der Struktur der Arbeitslosen. Die Auswirkungen einer reduzierten Nachfrage nach Universitätsabsolventen, die bisher mehrheitlich in den öffentlichen Dienst überwechselten, wird sich quantitativ – wenn überhaupt – erst in einigen Jahren auswirken.

Tabelle 6: Arbeitslosigkeit und Ausbildungsniveau in Österreich 1991 (Quellen: Volkszählung 1991; Berechnungen der Verfasser)

	Erwerbspersonen nach höchster abgeschlossener Schulbildung	Anteil an allen Erwerbspersonen	Arbeitslose	Anteil an allen Arbeitslosen	Arbeitslosenquote
Hochschule	263.149	7,1	4.600	2,5	1,8
AHS/BHS	364.475	9,9	11.418	6,2	3,1
Fachschule	479.820	13,0	10.786	5,9	2,2
Lehre	1.492.685	40,5	67.634	36,9	4,5
Pflichtschule	1.084.153	29,4	89.014	48,5	8,2
Insgesamt	3.684.282	100,0	183.452	100,0	5,0

7. Saisonale Arbeitslosigkeit

Ein unterschiedlich hoher Anteil an allen Arbeitslosen ist der Kategorie „Saisonarbeitslose" zuzurechnen. Dieser Anteil ist in manchen Regionen und Staaten sehr hoch, in anderen geringer. Ein Viertel bis ein Drittel aller von Arbeitslosigkeit betroffenen Personen stammen im Durchschnitt aus den Saisonbranchen Land- und Forstwirtschaft, Baugewerbe, Beherbergungs- und Gaststättenwesen. Dieser Wert ist in Österreich und in peripheren Regionen deutlich höher als in Zentralräumen

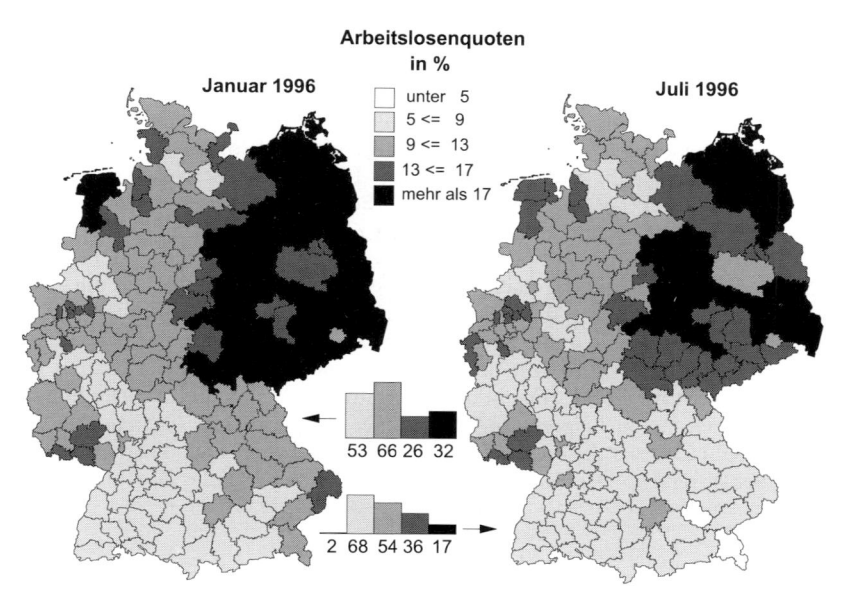

Abb. 42: Die Saisonalität der Arbeitslosigkeit in Deutschland (Quellen: IAB; Verfasser)

oder in Deutschland, wo die gesamtwirtschaftliche Bedeutung des Fremdenverkehrs und der Landwirtschaft geringer ist. Aber auch dort ist die Saisonalität erkennbar. In den agrarisch geprägten Gebieten der Oberpfalz, Thüringens, Sachsens und Mecklenburgs zeigen sich deutliche Differenzen der Arbeitslosenquoten im Vergleich von Winter- und Sommerhalbjahr (Abb. 42).

5.1.6 Konvergenz und Divergenz regionaler Arbeitslosigkeit

Für eine Arbeitsmarktgeographie ist das räumliche Muster der Arbeitslosigkeit von besonderer Bedeutung. Welche Regionen weisen ein hohes und welche ein geringes Arbeitslosigkeitsniveau auf? So vielfältig im Einzelfall auch die Begründungen sein können, so lassen sich dennoch verallgemeinerbare Tendenzen feststellen.

In Österreich weisen periphere Regionen mit einem hohen Anteil von Saisonarbeitsplätzen, alte Industriegebiete, die den industriellen Strukturwandel nicht bewältigt haben („blockierter Regionslebenszyklus") und Städte eine hohe Arbeitslosigkeit auf. Niedrige Arbeitslosenquoten finden sich dagegen in jungen Industriegebieten, in suburbanen Bezirken und im ländlichen Raum, wo einerseits die Landwirtschaft eine puffernde Funktion ausübt und andererseits das Arbeitskräfteangebot durch Abwanderung reduziert wird.

Für Deutschland läßt sich ein ähnliches Muster feststellen (vgl. Abb. 43).[45] Hohe Arbeitslosenquoten finden sich in den Industrierevieren im Ruhrgebiet und im Saarland, in ausgesuchten peripheren Regionen – insbesondere im ehemaligen Zonenrandgebiet – und auch jeweils höhere Quoten in den großen Metropolen im Vergleich zu ihren Umländern.

Die Beobachtung, daß die großen Metropolen zunehmend zu den Trägern der nationalen Arbeitslosigkeit werden, zählt zu den bemerkenswerten Entwicklungen der vergangenen Jahre und ist nicht nur auf Deutschland beschränkt. Über lange Zeit hinweg waren periphere Regionen von hoher und prosperierende Zentralräume von niedriger Arbeitslosigkeit betroffen. Wenn die Zentralräume auch noch Standorte für Industrie und produzierendes Gewerbe waren, dann stellte sich die Situation besonders günstig dar: Die Arbeitslosigkeit war gering und die Arbeitskräftenachfrage hoch. Mit der Deindustrialisierung und einer verstärkten und sozial ausgesprochen selektiven Suburbanisierung der Wohnbevölkerung hat sich dieses Muster zumindest in den west- und mitteleuropäischen Marktwirtschaften verändert. Die Arbeitslosigkeit stieg in den Zentralräumen um vieles stärker an und unterschied sich nur mehr geringfügig von jener der peripheren Gebiete. Die Städte sind sowohl Zentren der ökonomischen Entwicklung als auch Träger des Sockels an Arbeitslosigkeit. Das Paradoxon, daß auch bei wachsender Wirtschaft die Ar-

---

[45] Dargestellt werden nur die alten deutschen Bundesländer, weil für eine gesamtdeutsche Darstellung die Schwellenwerte so gewählt werden müssen, daß die räumlichen Unterschiede aufgrund des größeren Wertebereichs nicht deutlich erkennbar sind.

5.1 Arbeitslosigkeit 165

Arbeitslosenquoten in %

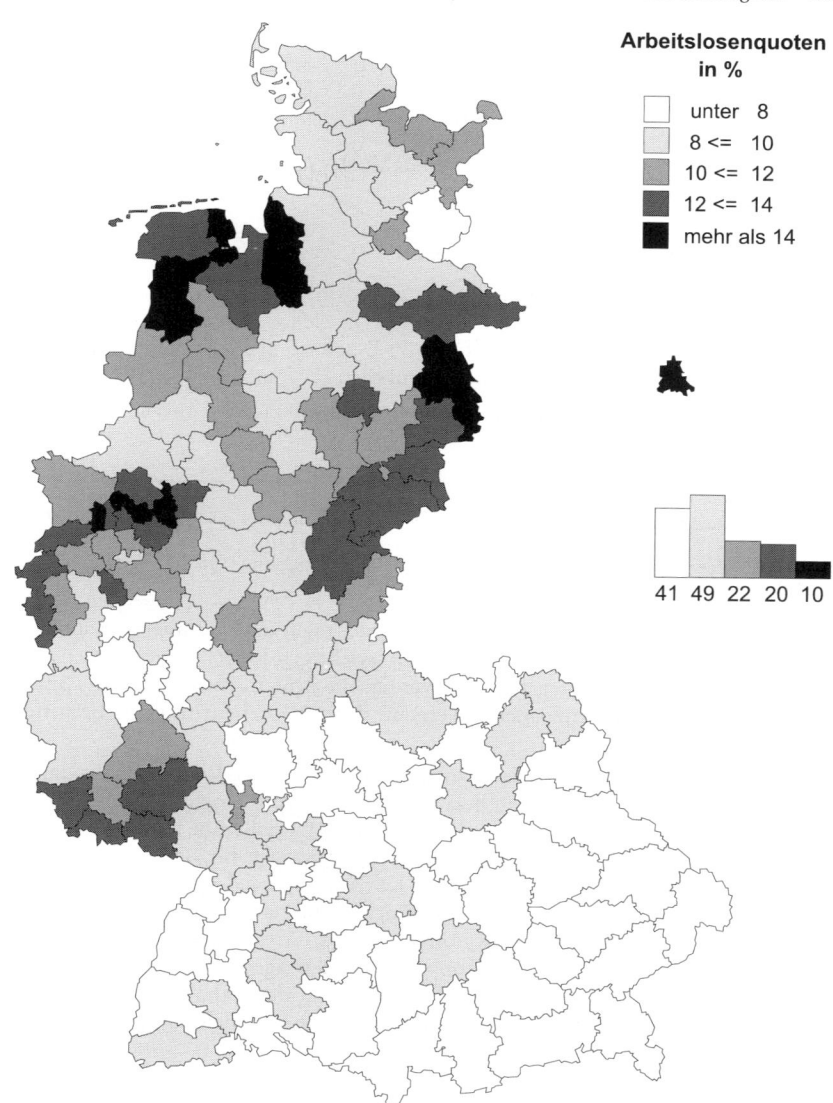

☐ unter 8
☐ 8 <= 10
☐ 10 <= 12
■ 12 <= 14
■ mehr als 14

41 49 22 20 10

Abb. 43: Arbeitslosigkeit in den alten deutschen Bundesländern 1996 (Quellen: IAB; Verfasser)

beitslosigkeit nicht abnimmt, findet sein räumliches Pendant: In den Städten finden sich rasches Wachstum und hohe Arbeitslosigkeit zugleich (Abb. 44).

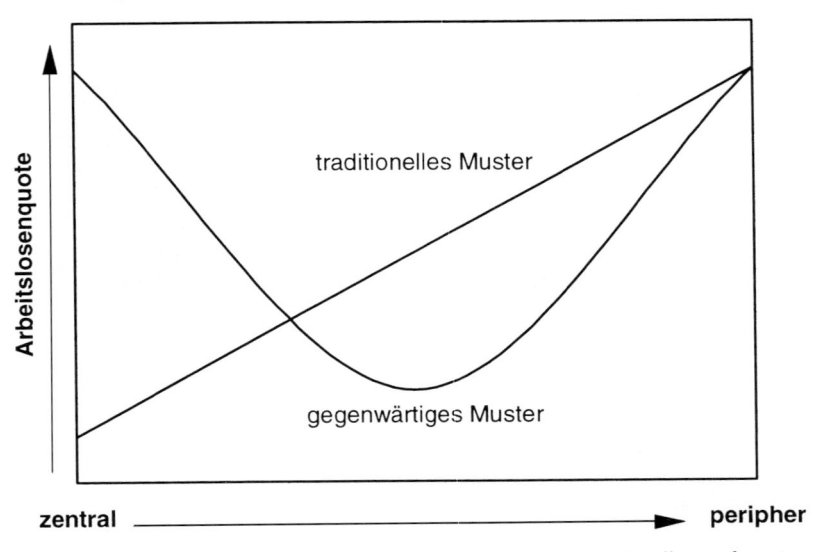

Abb. 44: Zentral-periphere Disparitäten der Arbeitslosenquote (Quelle: Verfasser)

Mit der Analyse der Arbeitslosigkeit in den zentralen und peripheren Räumen gelangt man zu einer theoretisch und politisch wichtigen Frage. Gleichen sich die regionalen Arbeitslosenquoten an oder werden die Unterschiede größer? Läßt sich eine regionale Konvergenz oder Divergenz der von Arbeitslosigkeit betroffenen Regionen beobachten?

Die Antworten darauf sind, wie so oft in den Sozial- und Wirtschaftswissenschaften, nicht eindeutig. In manchen Staaten konvergieren regionale Arbeitslosenquoten, in anderen jedoch nicht. SCHMID (1980, S. 46ff.) stellt eine abnehmende regionale Ungleichheit für die deutschen Arbeitsamtsbezirke für den Zeitraum 1965–1978, aber auch gleichzeitig eine negative Korrelation mit der nationalen Arbeitslosenquote fest. Bei guter konjunktureller Entwicklung und insgesamt abnehmender Arbeitslosigkeit steigen also die regionalen Disparitäten. Umgekehrt sinkt die regionale Varianz bei nachlassender Konjunktur und steigender gesamtstaatlicher Arbeitslosigkeit. Die regionalen Disparitäten nehmen dann ab, das Niveau der Arbeitslosigkeit verschiebt sich jedoch nach oben. Die regionale Gleichheit wird mit höherer Arbeitslosigkeit „bezahlt".

Ein Beispiel für die Ausbreitung von Arbeitslosigkeit bei gleichzeitig steigendem Niveau zeigt Abb. 45. Am Beginn der Betrachtungsperiode, im Juli 1991, war hohe Arbeitslosigkeit ein Phänomen der neuen deutschen Bundesländer. Die Disparitäten zwischen den Regionen des ehemaligen West- und Ostdeutschlands waren groß. In den darauffolgenden Jahren breitete sich die hohe Arbeitslosigkeit aus und erfaßte auch alte Bundesländer. Immer mehr Bezirke Niedersachsens, Schleswig-Holsteins und Nordrhein-Westfalens weisen gegenwärtig Arbeitslosenquoten auf,

5.1 Arbeitslosigkeit   167

Juli 1991

Juli 1992

Arbeitslosenquoten in %

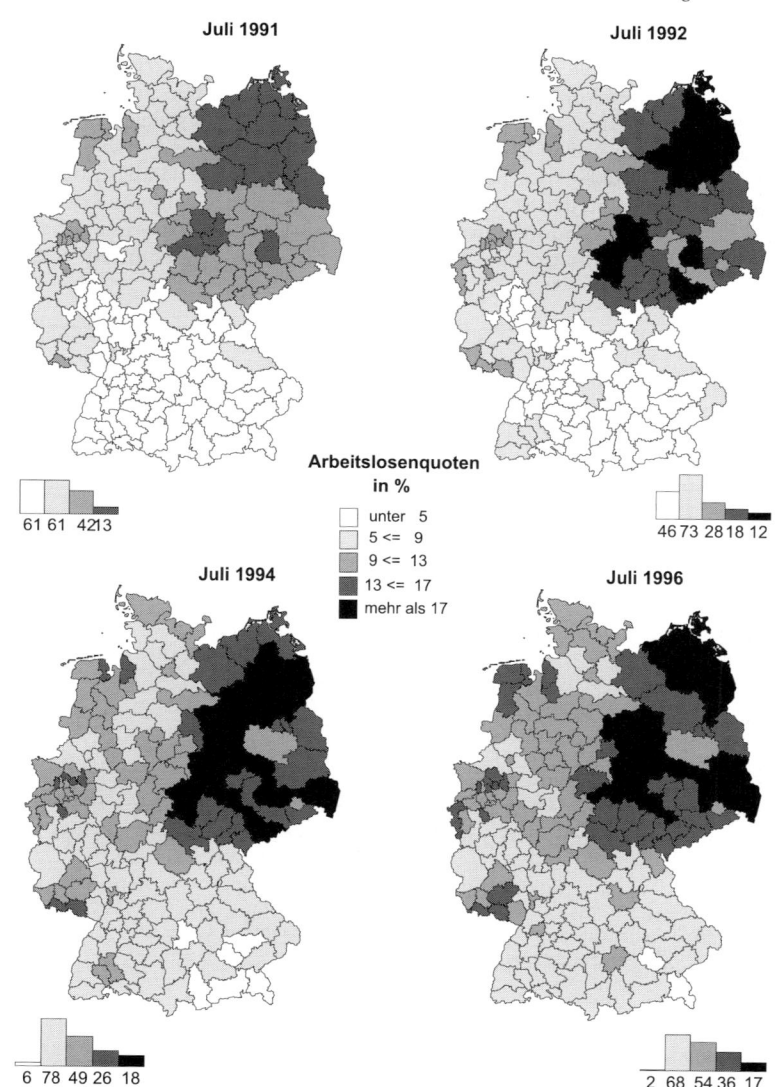

☐ unter 5
☐ 5 <= 9
▨ 9 <= 13
▨ 13 <= 17
■ mehr als 17

61 61 42 13

46 73 28 18 12

Juli 1994

Juli 1996

6 78 49 26 18

2 68 54 36 17

Abb. 45: Die Ausbreitung der Arbeitslosigkeit in Deutschland 1991–1996 (Quellen: IAB; Verfasser)

die vom Niveau her jenen Thüringens, Sachsens oder Mecklenburgs entsprechen. Das Arbeitslosigkeitsniveau hat sich in Deutschland insgesamt erhöht, die Unterschiede zwischen den Regionen sind dabei geringer geworden.

168   5 Ungleichgewichte auf dem Arbeitsmarkt

Zu ähnlichen Ergebnissen gelangten GLEAVE (1987) und FORSYTHE (1995) für England sowie RICHTER (1994) und FASSMANN (1995a) für Österreich: Regionale Arbeitslosenquoten konvergieren, wenn nationale Arbeitslosenquoten steigen, und sie divergieren, wenn nationale Quoten sinken. Der Anstieg der Arbeitslosigkeit in den 80er Jahren war in Österreich von einer konvergenten Entwicklung begleitet. Die Arbeitslosigkeit stieg besonders stark in jenen Bundesländern, die in den letzten Jahrzehnten zu den wirtschaftlichen Musterregionen zählten. Regionale Disparitäten haben sich dadurch zwar verringert, aber auf ein insgesamt höheres Niveau verlagert. Die Reduktion des Variationskoeffizienten mag dafür ein Indiz sein.

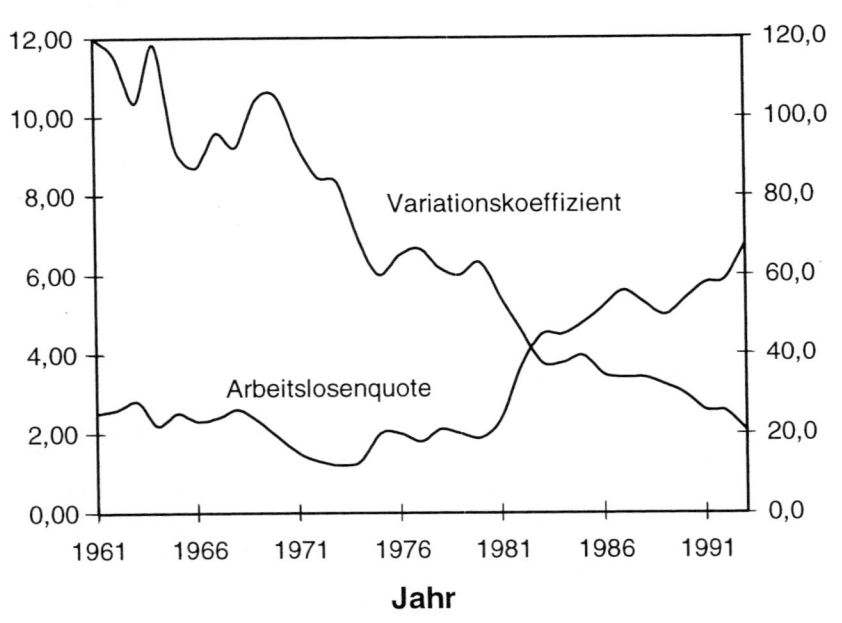

Abb. 46: Arbeitslosenquote und Variationskoeffizient in Österreich 1961–1993 (Quelle: FASSMANN 1995a)

Die Konvergenz bei steigenden Arbeitslosenquoten galt Mitte der 90er Jahre allerdings nicht für die ehemals sozialistischen Länder, die sich noch im Transformationsprozeß von der Plan- zur Marktwirtschaft befunden haben. In Ungarn war genau die gegenteilige Tendenz festzustellen. Die Spannweite der regionalen Arbeitslosenquote hat mit dem Ansteigen der nationalen Arbeitslosenquote zugenommen, mit dem Absinken der gesamtungarischen Arbeitslosenquote sind die regionalen Unterschiede wieder kleiner geworden. Dies geht in erster Linie darauf zurück, daß sich die negativen Auswirkungen des Transformationsprozesses auf den Arbeitsmarkt (Zusammenbruch veralteter, nicht konkurrenzfähiger Staatsbetriebe) aus verschiedenen Gründen (vgl. CSÉFALVAY 1995a, 1997) auf den Osten konzentriert haben, während die positiven Auswirkungen, nämlich die Schaffung neuer Arbeitsplätze, durch die Gründung neuer Unternehmen, die Gründung von Joint-ventures, die Niederlassung ausländischer Unternehmen und die Expansion des tertiären Sektors etc. vor allem der Hauptstadtregion und den nordwestlichen Grenzregionen zugute gekommen sind.

Sowohl die ungarischen als auch die österreichischen und deutschen Befunde sprechen gegen die neoklassische Annahme, daß die Arbeitslosenquoten bei flexiblen Rahmenbedingungen langfristig sinken und gleichzeitig konvergieren. Wer das Nichteintreten dieser Situation damit begründet, daß die flexiblen Rahmenbedingungen nicht realisiert sind, der übersieht ein wichtiges Faktum: Wenn auf einem regionalen Arbeitsmarkt mit hoher Arbeitslosenquote viele Arbeitslose, aber auch Erwerbstätige abwandern, dann wird zwar kurzfristig die Arbeitslosigkeit sinken und möglicherweise konvergieren, langfristig wird damit jedoch aufgrund der selektiven Abwanderung eine Entwicklung des regionalökonomischen Niedergangs eingeleitet. Nicht die Konvergenz der regionalen Arbeitsmärkte sollte zum Ziel der Regionalpolitik erklärt werden, sondern vielmehr das Kriterium Funktionsfähigkeit.

5.2 Räumliche Mobilität: Migration und Pendelwanderung

Räumliche Mobilität kann – ähnlich wie die Arbeitslosigkeit – als Ausdruck von quantitativen Ungleichgewichten auf den regionalen Arbeitsmärkten interpretiert werden. Migration und Pendelwanderung entstehen – stark verkürzt – in den Regionen mit geringer Nachfrage nach Arbeitskräften, aber hohem Angebot und zielt auf regionale Arbeitsmärkte, wo dieses Verhältnis genau umgekehrt ist.

Räumliche Mobilität kann aber auch, unabhängig davon, als „intrinsischer" Bestandteil von Berufslaufbahnen gesehen werden, die nichts mit regionalen Gleich- oder Ungleichgewichten zu tun haben. In vielen Berufen ist eine erfolgreiche Karriere mit Mobilitätsvorgängen von der Peripherie in Richtung Zentrum verbunden. Für viele Handwerker und Studenten zählt die Wanderung von einem Ausbildungsort zu einem anderen zu den festen Bestandteilen der Berufsausbildung.

Räumliche Mobilität besitzt in allen Theorien der räumlichen Entwicklung eine wichtige Funktion, wenn auch mit fundamental unterschiedlicher Kausalität: In den Gleichgewichtsmodellen der Neoklassik ist räumliche Mobilität das notwendige und zwangsläufig auftretende Phänomen, damit langfristig ein Gleichgewicht der Produktionsfaktoren entstehen kann. In den Ungleichgewichtsmodellen, insbesondere in der Polarisationstheorie, ist jedoch räumliche Mobilität nicht das Phänomen, das ein Gleichgewicht erzeugt, sondern genau umgekehrt: Weil räumliche Mobilität immer zur Selektion unterschiedlich produktiver Arbeitskräfte führt, trägt diese mehr zum wachsenden Ungleichgewicht bei als zum Gleichgewicht zwischen den regionalen Arbeitsmärkten.

5.2.1 Begriffe und Meßprobleme

Räumliche Mobilität ist ein sehr allgemeiner Begriff, der unterschiedliche Formen der Standortverlagerung miteinschließt. Allen gemeinsam ist ein Wechsel zwischen definierten Einheiten eines räumlichen Systems. Wer vom Land in die Stadt zieht, von einer Großstadt in eine andere, von der Innenstadt an den Stadtrand oder wer regelmäßig zu seinem Arbeitsort, der nicht identisch mit dem Wohnort ist, pendelt, der ist räumlich mobil. Der Begriff *Mobilität* wird häufig verwendet, oft kontrovers interpretiert und besitzt viele unterschiedliche Konnotationen. Wären nur alle Arbeitslosen mobil, dann würde sich die Arbeitslosigkeit reduzieren, meinen die einen; der „Zug in die Stadt" habe den ländlichen Raum qualifikatorisch ausgehöhlt, meinen die anderen.

Räumliche Mobilität ist der Oberbegriff für Migration und Pendelwanderung. Migration umfaßt den längerfristigen Wohnsitzwechsel von einem Standort zu einem anderen.[46] Es ist nicht klar, welche Distanz zwischen den beiden Wohnsitzen liegen muß, damit man von Migration sprechen kann. Wer die Wohnung im Erdgeschoß aufgibt und in das Obergeschoß zieht, hat zwar einen Wohnsitzwechsel vollzogen, dieser ist aber nur schwer als Migration zu bewerten. Wer eine Gemeindegrenze, eine Kreisgrenze, eine Landesgrenze oder gar eine Staatsgrenze überschreitet, der wird mit Sicherheit als Migrant anzusprechen sein. Auf jeder der hier aufgezählten Ebenen lassen sich unterschiedliche Wanderungen abgrenzen und definieren. Demnach kann man von gemeinde-, kreis- oder ländergrenzenüberschreitender sowie von internationaler Migration sprechen.

Unklar ist ebenfalls, wie lange jemand den neuen Wohnsitz einnehmen muß, damit man von Migration sprechen kann. Nicht jeder Wohnsitzwechsel begründet eine Wanderung. Wer seinen Wohnsitz aufgibt, für nur einige Wochen einen anderen annimmt und dann wieder zurückzieht, ist nur bedingt als Migrant zu klassifizieren. Die UNO-Empfehlung jedenfalls kennt eine Untergrenze von einem Jahr (faktische oder intendierte Aufenthaltsdauer), um eine „short-term migration" von einer „long-term migration" abzugrenzen. Eine „short-term migration" kann, wenn sie periodisch erfolgt, auch als saisonale Wanderung klassifiziert werden.

Eindeutiger ist demgegenüber die Definition der Berufspendelwanderung. Wesentliches Kennzeichen ist die Tatsache, daß kein Wohnortwechsel von einem Ort zum anderen erfolgt. Eine Berufspendelwanderung liegt dann vor, wenn der Arbeitsort in einer anderen Gemeinde, einem anderen Kreis, Land oder Staat liegt und eine mehr oder minder regelmäßige Rückkehr zum Wohnort erfolgt. Auch hier kann je nach überschrittener Grenze zwischen Berufspendelwanderung über eine Gemeinde-, Kreis-, Landes- oder Staatsgrenze unterschieden werden.

Eine weitere Differenzierung kann nach der Distanz oder dem Zeitaufwand für den Weg vom Wohnort zum Arbeitsort erfolgen. Pendler, die mehr als 50 km oder länger als 60 Minuten für den Hinweg zur Arbeit benötigen, werden im allgemeinen als Fernpendler bezeichnet, solche mit geringeren Distanzen als Nahpendler.

---

[46] Es bleibt einschlägigen Studienbüchern überlassen, Begriffe, Konzepte und Begründungen für Migration und Pendelwanderung im Detail zu erläutern (vgl. BÄHR 1992).

5.2 Räumliche Mobilität: Migration und Pendelwanderung 171

Eine besondere Kategorie von Pendlern stellen die zwischenstaatlichen Pendler oder Grenzgänger dar. Zwischenstaatliche Pendler, Grenzarbeitnehmer oder Grenzgänger sind Personen, die in einem Staat arbeiten, dort den Lohn beziehen und in einem anderen Staat ihren Wohnsitz haben, zu dem sie täglich oder mindestens einmal wöchentlich zurückkehren. Ein entscheidendes Kriterium für Grenzgänger besteht darin, daß sie ihre Einkommenssteuer in jenem Staat bezahlen, in dem sie ihren Wohnort haben. Personen, die von ihrer Firma vorübergehend zu Bau- oder Montagearbeiten etc. in einen anderen Staat gesandt werden, sind keine Grenzgänger, weil der Arbeitgeber seine Firma im selben Staat hat, in dem der Beschäftigte auch seinen ordentlichen Wohnsitz hat.[47]

Wanderungen werden häufig auch nach der primären Wanderungsursache eingeteilt. Wesentlich für eine Arbeitsmarktgeographie ist die Tatsache, daß nur ein Teil des gesamten Wanderungsvolumens auf eine ökonomisch motivierte Wanderung erwerbstätiger Personen entfällt. Erhebliche Teile der Migration, insbesondere bei der Binnenwanderung, können ausbildungs-, familienzyklus- und wohnungsbezogenen Motiven zugeschrieben werden: Man zieht in eine Wohnung, die der familiären Situation besser angepaßt ist, in eine kostengünstigere Wohnung oder in ein besseres Wohnumfeld. Man zieht für einige Jahre in eine Universitätsstadt, um dort ein bestimmtes Ausbildungsniveau zu erreichen.

Unterschiedlich kann auch die rechtliche Position der Migranten sein, die eine internationale Grenze überschreiten. Es kann sich dabei um *Flüchtlinge* handeln, die um Asyl ansuchen, oder um ausländische Arbeitskräfte und deren Familienangehörige oder um Grenzgänger, die täglich oder wöchentlich über die Staatsgrenze pendeln. In Deutschland spielt darüber hinaus die Zuwanderung von Aussiedlern eine besondere Rolle.

---

[47] Bei internationalen Vergleichen ist zu beachten, welche Quellen den Grenzgängerzahlen zugrunde liegen. Aus steuer- und sozialrechtlichen Gründen wurde entlang einiger Staatsgrenzen zwischen den betroffenen Staaten ein Korridor vereinbart, in welchem zwischenstaatliche Abkommen hinsichtlich der steuerlichen und sozialrechtlichen Behandlung von Grenzgängern angewendet werden. Zwischen der französischen und deutschen Arbeitsmarktverwaltung wurde vereinbart, daß auf deutscher Seite als Grenzraum eine 30-km-Zone entlang der Grenze gilt und auf französischer Seite die gesamte Region Elsaß, einschließlich der darüber hinausgehenden nördlichen Randgebiete. Im deutsch-niederländischen Grenzgebiet gelten als Grenzbereich die Grenzbezirke der Grenzämter der Arbeitsmarktverwaltungen (vgl. MEUSBURGER 1969, 1975; MOHR 1986; Werner 1993a, S. 30). Aus arbeitsmarktgeographischer Sicht ist diese Festlegung von Grenzregionen für die Definition von Grenzgängern nicht sehr sinnvoll, da die grenzüberschreitenden Pendlereinzugsgebiete in der Regel weit über diese amtlich festgelegten Grenzen hinausreichen. Die von den Arbeitsmarktverwaltungen oder der Fremdenpolizei von Nachbarstaaten veröffentlichten Grenzgängerzahlen beziehen sich in einigen Ländern nur auf diese Korridore und sind deshalb viel niedriger als die Grenzgängerzahlen, die bei Volkszählungen oder der Beschäftigtenstatistik der Bundesanstalt für Arbeit erfaßt werden.

5 Ungleichgewichte auf dem Arbeitsmarkt

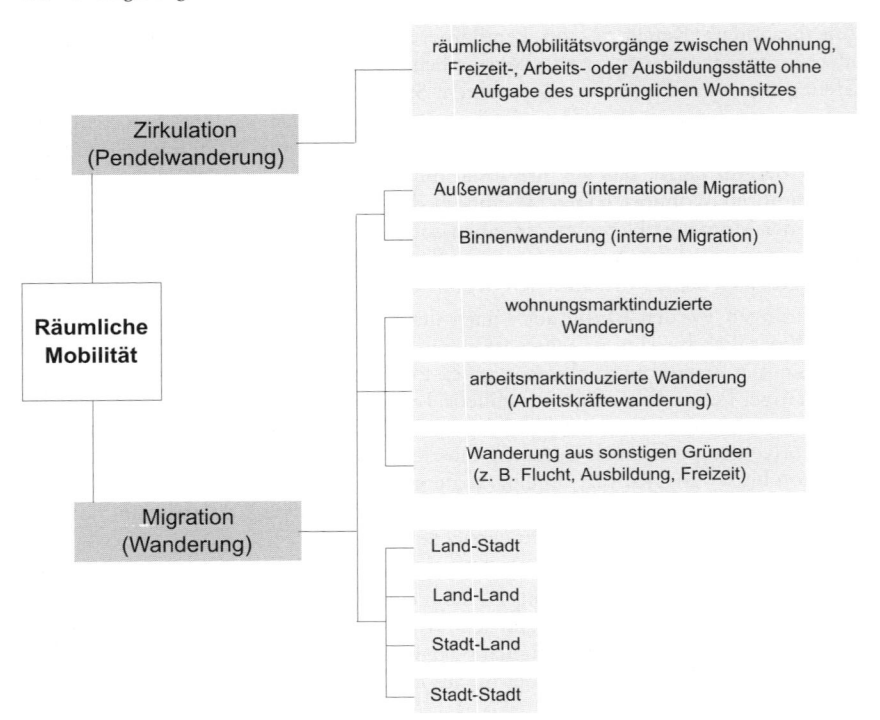

```
Räumliche          ┌── Zirkulation         ──── räumliche Mobilitätsvorgänge zwischen Wohnung,
Mobilität          │   (Pendelwanderung)        Freizeit-, Arbeits- oder Ausbildungsstätte ohne
                   │                            Aufgabe des ursprünglichen Wohnsitzes
                   │
                   │                        ┌── Außenwanderung (internationale Migration)
                   │                        ├── Binnenwanderung (interne Migration)
                   │                        ├── wohnungsmarktinduzierte Wanderung
                   └── Migration            ├── arbeitsmarktinduzierte Wanderung
                       (Wanderung)          │   (Arbeitskräftewanderung)
                                            ├── Wanderung aus sonstigen Gründen
                                            │   (z. B. Flucht, Ausbildung, Freizeit)
                                            ├── Land-Stadt
                                            ├── Land-Land
                                            ├── Stadt-Land
                                            └── Stadt-Stadt
```

Abb. 47: Eine arbeitsmarktrelevante Typologie der räumlichen Mobilität (Quelle: Verfasser)

Die einzelnen *Wanderungstypen* genießen in der amtlichen Statistik eine unterschiedliche Aufmerksamkeit. Eine exakte amtliche Vollerfassung der Pendler mit ihren sozioökonomischen Merkmalen wird in den meisten Ländern nur im Rahmen der Volkszählungen durchgeführt. Die *Beschäftigtenstatistik der Bundesanstalt für Arbeit*, in der alle Arbeitnehmer ausgewiesen sind, die sozialversicherungspflichtig beschäftigt sind (= ohne Selbständige, Beamte und geringfügig Beschäftigte) weist erst seit 1989 auch den Wohnort der Beschäftigten auf. Für Primärerhebungen stehen in einzelnen Ländern (z.B. Österreich) auch die sogenannten Haushaltslisten zur Verfügung, in denen für jeden Erwerbstätigen der Wohnort und der Arbeitgeber angegeben sind. Bei den Grenzgängern ist die statistische Datenlage etwas uneinheitlicher. In der Regel werden die zwischenstaatlichen Auspendler nur in den Volkszählungen genau erfaßt, während in den meisten Ländern über die Einpendler keine amtlichen Statistiken vorliegen. Eine Ausnahme stellen jene Länder dar, in denen Grenzgänger eine amtliche Bewilligung benötigen oder besonderen sozialrechtlichen Bestimmungen unterliegen. Die Schweiz erfaßt die einpendelnden Grenzgänger sehr genau, die französische Sozialversicherung hat genaue Daten über die auspendelnden Grenzgänger in die Bundesrepublik.

5.2 Räumliche Mobilität: Migration und Pendelwanderung 173

Die staatliche Verwaltung hat größeres Interesse an der Erfassung der Zuwanderung aus dem Ausland als an der Binnenwanderung. Dies hängt auch mit den Möglichkeiten der politischen Steuerung und obrigkeitlichen Kontrolle zusammen. Die Zuwanderung ausländischer Staatsbürger ist nicht nur Gegenstand eines öffentlichen Diskurses, sondern auch Inhalt vieler Gesetze, die kontrollierende und selektierende Aufgaben haben. Wenn ausländische Arbeitskräfte um eine Beschäftigungsgenehmigung ansuchen müssen, dann ist damit nicht nur ein administrativer Vorgang, sondern auch eine statistische Zählung verbunden.

Während die Zuwanderung von ausländischen Staatsbürgern aus dem Ausland gut erfaßt ist (in Deutschland durch das zentrale *Ausländerregister* in Köln, die Bundesanstalt für Arbeit in Nürnberg), weiß man über die Abwanderung von Inländern weniger Bescheid. Darüber können in der Regel nur Primärerhebungen Auskunft geben (vgl. MEUSBURGER/SCHMIDT 1996). Diese Primärerhebungen können entweder in den Herkunfts- oder in den Zielgebieten erfolgen. Bei Erhebungen in den Herkunftsgebieten wird häufig erfaßt, wieviel an Humanressourcen diesen Herkunftsregionen verloren gegangen ist und warum in bestimmten Standorttypen (Regionstypen) bestimmte Berufslaufbahnen dominieren oder unterrepräsentiert sind. Als Beispiel für diesen Forschungsansatz können die Arbeiten von NIEDZWETZKI (1977), WIESSNER (1978/79), MEUSBURGER/SCHMIDT (1996), ROLFES (1996) und SCHMIDT (1996) angeführt werden. Bei Erhebungen in den Zielgebieten wird neben den traditionellen Migrationsfragen im speziellen untersucht, über welche Laufbahn- und Mobilitätsstationen die befragten Personen ihr Ziel erreicht haben. Dieser Forschungsansatz wurde beispielsweise von MEUSBURGER (1986, 1990, 1991) und WEICK (1995) über die soziale und regionale Herkunft und die Laufbahnstrukturen von Professoren angewendet.

Die *Binnenwanderung* wird entweder durch ein *Melderegister* – wie in Deutschland – oder durch Befragung im Rahmen der Volkszählung erfaßt. Die Melderegister (Daten der Einwohnermeldeämter) bieten den erheblichen Vorteil, aktuelle und valide Daten zur Verfügung zu stellen. In den meisten Ländern haben sie jedoch den Nachteil, daß ihre Individualdaten nur in Ausnahmefällen für wissenschaftliche Zwecke zur Verfügung gestellt werden und daß sie nur relativ wenig sozioökonomische Daten über die Zu- und Abwanderer enthalten. Bei der Volkszählung wird in einigen Ländern u.a. die Frage nach dem Wohnort vor 5 Jahren (Österreich) oder vor einem Jahr gestellt. Weicht der Wohnort vor 5 Jahren von dem aktuellen ab, dann ist die befragte Person in diesem Zeitraum zugewandert.[48]

Binnenwanderer eines Staates werden in den Herkunftsgebieten als Abwanderer (AB) und in den Zielgebieten als Zuwanderer (ZU) gezählt. In beiden Fällen kann

---

[48] Die Frage nach dem Wohnort vor 5 Jahren hat zum Teil erhebliche methodische Defizite aufzuweisen. Alle Personen, deren Wohnort vor 5 Jahren identisch war mit dem Wohnort zum Zeitpunkt der Befragung, gelten nicht als Binnenwanderer, obwohl sie in dem 4jährigen Zeitraum bis zum Befragungszeitpunkt sehr oft gewandert sein könnten. Ebenso weiß man nichts über die Binnenwanderung der 0- bis 5jährigen, denn diese Altersgruppe kam erst im Betrachtungszeitraum zur Welt.

die entsprechende Zu- und Abwanderungsrate gebildet werden. In diesem Fall ist der Begriff Rate zutreffend, weil sich die Zahl der Migranten auf 1000 Personen einer mittleren Basisbevölkerung bezieht.

$$ZUW = \frac{ZU}{POP} \cdot 1000$$

$$ABW = \frac{AB}{POP} \cdot 1000$$

Analog dazu können *Bruttowanderungs-* und *Nettowanderungsraten* gebildet werden, wobei unter Bruttowanderung die Summe und unter Nettowanderung (Wanderungssaldo) die Differenz von Zu- und Abwanderung zu verstehen ist.

Wanderungen sind immer ein altersmäßig selektives Phänomen. Altersunspezifische Raten sind daher nur eingeschränkt zu vergleichen. Besser ist es, wenn Ab- und Zuwanderungsraten für einzelne Altersgruppen getrennt berechnet werden, indem beispielsweise die 20- bis 30jährigen Abwanderer eines Jahres auf die 20- bis 30jährige Bevölkerung des Herkunftsgebiets bezogen werden. Die derart berechnete altersspezifische Rate ist in der Folge für alle Regionen – unabhängig von der Altersstruktur – vergleichbar.

Analog zur Ratenbildung von Binnenwanderungsströmen lassen sich auch Raten der Außenwanderung berechnen, wobei sich die *Zuwanderungsrate*, insbesondere dann, wenn sie altersspezifisch berechnet wird, auf die Herkunftsbevölkerung im Ausland und die *Abwanderungsrate* auf jene des Inlands beziehen muß. In der Praxis bedient man sich aufgrund des Fehlens detaillierter Daten einfacherer Berechnungsmethoden oder beschränkt sich auf die Darstellung von absoluten Wanderungssalden. Wenn die amtliche Statistik die Zuwanderung aus dem Ausland ohne weitere Differenzierung nach den Herkunftsstaaten ausweist, dann steht man vor dem unlösbaren Problem, keine für die Ratenbildung notwendige Basisbevölkerung zugrundelegen zu können. Ob beispielsweise der Altersaufbau der ungarischen oder der sudanesischen Bevölkerung verwendet werden soll, stellt einen erheblichen Unterschied dar.

Die Berechnung von *Pendlerraten* erfolgt in analoger Weise wie die Ratenbildung der Binnenwanderung. Wird die Zahl der Auspendler einer Region auf die Herkunftsbevölkerung bezogen, so erhält man eine Auspendlerrate. Bezieht man die Einpendler auf die Bevölkerung im Zielgebiet der Pendelwanderung, dann berechnet man eine Einpendlerrate. In beiden Fällen ist es ratsam, alters- und geschlechtsspezifische Differenzierungen vorzunehmen.

Die Verwendung von Pendlerdaten leitet zu anderen Indikatoren über, die zur Darstellung regionaler Arbeitsmarktstrukturen sehr geeignet sind: das *Arbeitsplatzdefizit* und der *Arbeitsplatzüberschuß*. Beide Indikatoren ergeben sich aus dem Vergleich der Erwerbstätigen (Erwerbspersonen ohne Arbeitslose) einer Region, die einmal nach dem Wohnortprinzip und ein anderes Mal nach dem Arbeitsortprinzip gezählt werden. Die Erwerbstätigen am Wohnort (EWT) werden auch als *wohnhaft Berufstätige* bezeichnet, die Erwerbstätigen am Arbeitsort auch als

Arbeitsbevölkerung (AB). Die Differenz dieser beiden Größen wird durch Pendelwanderung ausgeglichen.

$AB_{Region} = ETW_{Wohnort} + Einpendler - Auspendler$

Arbeiten in einer Region 150.000 Personen und beträgt die Zahl der Erwerbstätigen, die auch in dieser Region wohnen, 100.000, dann liegt der Arbeitsplatzüberschuß bei 50.000, der durch einen positiven Pendlersaldo ausgeglichen wird. Wohnen in der Region 150.000 Erwerbstätige und stehen nur 100.000 Arbeitsplätze zur Verfügung, dann müssen 50.000 Personen mehr aus- als einpendeln. Das Arbeitsplatzdefizit beträgt somit 50.000 und kann als Anteilswert an der Zahl der wohnhaft Berufstätigen ausgedrückt werden. Arbeitsplatzdefizit und Arbeitsplatzüberschuß sind Indikatoren, die den Arbeitsmarkt des ländlichen Raums auf der einen und der Zentralräume auf der anderen Seite gut kennzeichnen.

Arbeitsmarktgeographische Untersuchungen sollten auf dieses Zusammenspiel von Erwerbstätigen am Arbeitsort, Erwerbstätigen am Wohnort und Pendelwanderung achten, das mit der Kleinräumigkeit an Bedeutung gewinnt, und kritisch reflektieren, welches Meßkonzept problemadäquat ist. Zu empfehlen ist dabei für viele arbeitsmarktgeographische Fragestellungen die Verwendung der Erwerbstätigen, die am Arbeitsort und nicht am Wohnort gezählt wurden. Insbesondere bei kleinräumig differenzierenden Untersuchungen über die regionale Arbeitsteilung, über die räumliche Konzentration der Arbeitsplätze für Hochqualifizierte, über den Zusammenhang zwischen der Hierarchie des Siedlungssystems und der Qualifikationsstruktur des Arbeitsplatzangebotes oder für die Erklärung verschiedener zentralperipherer Disparitäten des Arbeitsplatzangebotes bringt nur die Verwendung der Variablen „Arbeitsbevölkerung" sinnvolle und theoretisch gehaltvolle Ergebnisse. Die Variable „Erwerbspersonen am Wohnort" sollte nur dann als „Ersatz" für die Arbeitsbevölkerung verwendet werden, wenn sehr große räumliche Einheiten (z.B. Bundesländer oder Staaten) verglichen werden oder wenn wohnortbezogene Fragestellungen wie regionale Disparitäten der Arbeitslosenquoten, der Erwerbstätigenquoten, des Bildungsverhaltens oder der lebenszyklusorientierten Wanderung untersucht werden.

5.2.2 Theoretische Erklärungsmuster

Warum Migration erfolgt, ist Gegenstand sehr unterschiedlicher Erklärungsansätze. Die frühen Migrationsmodelle haben allzu häufig „erklären" mit dem Aufzeigen empirischer Regelhaftigkeiten gleichgesetzt. Die bekannten „Laws of Migration" von RAVENSTEIN sind keine Erklärungskonstrukte, sondern Verallgemeinerungen von empirischen Beobachtungen. Einen ähnlichen Stellenwert nehmen Gravitations- und Distanzmodelle ein. Sie beschreiben Migrationsströme durch entsprechende Abstraktionen, liefern aber keine Ursachenerklärung. Wenn sich zwei Städte mit jeweils spezifischen Bevölkerungszahlen in einer bestimmten Entfernung voneinander befinden, dann können die Wanderungen von der einen in die andere Stadt theoretisch berechnet und mit der Realität verglichen werden. Daß damit die Wanderung nicht erklärt wird, ist einsichtig.

Einen wichtigen Fortschritt in der theoretischen Fundierung von Binnen- und Außenwanderung stellt die Formulierung von Push-und-Pull-Modellen dar. Wesentlich ist dabei, daß sowohl Attraktionsfaktoren im Zielgebiet als auch abstoßende Faktoren im Herkunftsgebiet miteinander betrachtet werden. Die möglichen Kosten und der erwartete Nutzen einer Wanderung werden miteinander verglichen und die Wanderung erfolgt dann, wenn der erwartbare Nutzen größer ist als die Kosten. Die spezifischen und individuellen Motive der Binnenwanderer, der Flüchtlinge, der Aussiedler, der Arbeitsmigranten und ihrer Familienangehörigen mögen sehr unterschiedlich sein, dennoch lassen sie sich anhand dieses übergeordneten Rasters bestimmen. Ungleiche Lebensbedingungen in den Herkunfts- und Zielregionen lösen die Wanderung aus. Die ungleichen Lebensbedingungen können durch politische Repression, durch Unterdrückung ethnischer Gruppen, durch ökonomische Benachteiligung oder durch ökologische Gefährdung gegeben sein.

Die gängige und mit dem Push-und-Pull-Ansatz verbundene Migrationstheorie geht dabei von ökonomisch rational handelnden Individuen aus, die diese ungleichen Lebensbedingungen bewerten und nach Abwägung von möglichen Wanderungsgewinnen und erwartbaren Wanderungskosten zu einer Entscheidung gelangen. Eine positive Migrationsentscheidung wird dann getroffen, wenn der durch eine Migration erwartbare Nutzen höher ist als die Kosten, die mit der Wanderung verbunden sind. Diese einfache Abwägung von individuellen Kosten und Nutzen wird komplexer, wenn das strategische Verhalten von Haushalten betrachtet wird. Dabei kommen veränderte Kosten- und Nutzenüberlegungen, aber auch Möglichkeiten der Risikostreuung innerhalb der Haushalte zum Tragen.

Aus dem der Migration unterlegten Nutzenmaximierungskonzept ergeben sich spezifische Selektionsmechanismen. Wandern werden in erster Linie jüngere Menschen, denn sie können mit großer Wahrscheinlichkeit noch länger aus dem höheren Lohnniveau oder den besseren Erwerbschancen im Zielgebiet Nutzen ziehen als ältere Personen. Wandern werden jene Personen, deren Aufnahmekosten im Zielgebiet durch das Vorhandensein eines ethnischen Netzes, das bei der Wohnungs- und Arbeitssuche behilflich ist, gesenkt werden. Wandern werden schließlich jene Arbeitskräfte, die gute Chancen haben, im Zielgebiet ihre Arbeitskraft teurer verkaufen zu können als im Herkunftsgebiet.

Die aggregierten Migrationsentscheidungen vieler Haushalte und Individuen können auf einer räumlichen Ebene analytisch belegt werden. Wenn in einer Region ein geringes Lohnniveau und eingeschränkte Beschäftigungschancen zu beobachten sind und im Gegensatz dazu in einer anderen Region die Verhältnisse um vieles besser sind, dann müßten die Individuen und Haushalte entsprechende Migrationsentscheidungen treffen. Im Aggregat müßte sich daher eine Wanderung von einer Region in die andere feststellen lassen, die proportional zu den regionalen Disparitäten ist: Erhebliche regionale Unterschiede ergeben eine zahlenmäßig bedeutende Wanderung, geringe Unterschiede eine vernachlässigbare.

Nach dieser mit der Neoklassik verbundenen Theorie ist der *Wanderungsstrom* (M_{ij}) in erster Linie eine Funktion des Lohngefälles (L_{ij}) zwischen zwei Regionen, wobei es für eine ökonomisch begründbare Wanderungsentscheidung zunächst gleichgültig ist, ob es sich dabei um Städte, Bundesländer oder Staaten handelt. Wenn das Lohngefälle groß ist, dann wird auch der Wanderungsstrom entsprechend umfangreich ausfallen.

Mit dem Lohngefälle stehen unterschiedliche Erwerbschancen auf den regionalen Arbeitsmärkten i und j in einem engen Zusammenhang. Das Lohngefälle wird sehr groß, wenn für einen potentiellen Migranten in einer Region eine Erwerbsmöglichkeit besteht und in einer anderen keine. Der Wanderungsstrom ist daher auch eine Funktion unterschiedlicher Erwerbschancen, ausgedrückt und gemessen in der Differenz der Arbeitslosenquoten ($ALQDIF_{ij}$).

Dem erwartbaren Gewinn im Falle einer Migration aufgrund des höheren Lohnniveaus stehen Migrationskosten aufgrund der Distanz (D_{ij}) gegenüber. Je größer die Distanz ist, die bei der Migration überwunden werden muß, desto höher sind die Kosten und desto stärker verringert sich der Ertrag. Bei benachbarten Regionen genügen daher geringere Lohnunterschiede, damit Migration einsetzt, bei weit entfernten Regionen jedoch nicht. In diesem Fall müssen die Lohnunterschiede größer sein.

Die Distanz (D_{ij}) kann als eine rein geographische Entfernung zwischen den Regionen interpretiert werden. Die Distanzüberwindung ist dann nur eine Frage der reinen Transportkosten. Die Distanz kann aber auch als eine kulturelle Entfernung verstanden werden. Unterscheiden sich zwei Regionen hinsichtlich der Sprache, der Religion oder des gesellschaftlichen Entwicklungsstands beträchtlich, dann ist die kulturelle Distanz groß, sind einander dagegen zwei Regionen hinsichtlich der aufgezählten Merkmale sehr ähnlich, dann ist diese Distanz sehr gering. Je größer diese allgemeiner definierte Distanz ist, desto mehr steigen die sozialen Kosten der Bewältigung. Die sozialen Kosten bestehen u.a. darin, daß man das am früheren Arbeitsort erworbene soziale Kapital (Netzwerke, Vertrauen) nicht oder nur eingeschränkt an den neuen Arbeitsort mitnehmen kann, daß die Ehegattin am neuen Arbeitsort vielleicht kein gleich gutes Arbeitsklima oder geringere Aufstiegsmöglichkeiten vorfindet oder daß die Kinder in der neuen Schule Anpassungsprobleme haben.

Für einen *Binnenwanderungsstrom* von i nach j ergibt sich daher folgender funktionaler Zusammenhang:

$$M_{ij} = b_0 + b_1(L_{ij}) + b_2(DIST_{ij}) + b_3(ALQDIF_{ij})$$

Der Migrationsstrom (M_{ij}) setzt sich aus einem Basiswert (b_0), einem kleinen Migrationsstrom der unabhängig von allen anderen Faktoren zu beobachten ist, dem b_1 gewichteten Lohndifferential L_{ij}, der mit b_2 gewichteten Distanz $DIST_{ij}$ und schließlich aus der Differenz der Arbeitslosigkeit $ALQDIF_{ij}$, die abermals gewichtet wird (b_3), zusammen. Werden entsprechende Daten gesammelt, so kann man mit Hilfe eines Regressionsmodells die Koeffizienten bestimmen und damit den Einfluß der einzelnen Faktoren abschätzen.

Für die internationale Migration ist dieses Modell zu erweitern und der Außenhandel zu integrieren. Nach dem HECKSCHER-OHLIN-Theorem tendieren Regionen mit unterschiedlicher Ausstattung mit Produktionsfaktoren durch die Wanderung von Kapital und Arbeitskräften zu einem langfristigen Ausgleich. Regionen mit einem großen Angebot an Arbeitskräften und einem geringen Lohnniveau werden Kapital importieren und Arbeitskräfte „exportieren". Die Erhöhung des Kapitalstocks und die Verringerung des Arbeitskräfteangebots werden für einen Anstieg des Lohnniveaus sorgen. In den „Hochlohnregionen" ist die Entwicklung umgekehrt. Kapital wird exportiert, Arbeitskräfte werden „importiert", das Lohnniveau fällt, bis ein Gleichgewichtszustand erreicht ist.

OHLIN geht weiterhin davon aus, daß sich der Außenhandel und die Wanderung von Produktionsfaktoren zueinander substitutiv verhalten. Kapital- und Arbeitskräftewanderung sowie der Außenhandel tendieren zu einer gleichen regionalen Ausstattung mit Produktionsfaktoren sowie einer Angleichung der Preise und Löhne. Bis es jedoch soweit ist und sämtliche Handels- und Wanderungsbarrieren ausgeräumt sind (MUNDELL 1957, zitiert in MOLLE/van MOURIK 1988), existiert zwischen der Wanderung der Produktionsfaktoren und dem Außenhandel eine negative Korrelation: Je stärker die Außenhandelsverflechtung ist, desto schwächer ist die Wanderung der Produktionsfaktoren und umgekehrt.

Andere theoretische Ansätze lassen jedoch einen positiven Zusammenhang zwischen Wanderungen und Außenhandel vermuten. Wanderungen zwischen zwei Regionen und die Außenhandelsverflechtung dieser beiden Regionen tendieren zu einer parallelen Zu- oder Abnahme. Sie verhalten sich nicht substitutiv, sondern komplementär. Die Wanderung von Arbeitskräften erfolgt in jene Regionen, in denen ein Arbeitskräftebedarf besteht. Dies sind Regionen, die aufgrund ihrer Ausstattung mit Produktionsfaktoren konkurrenzfähige Produkte herstellen und diese dann auch exportieren, häufig auch in jene Staaten, aus denen die Migration erfolgt. Wanderungen und Außenhandel korrelieren daher positiv.

Die sozialwissenschaftlichen Ansätze, die Migration als eine Folge der zunehmenden ökonomischen und politischen Integration peripherer oder semiperipherer Regionen („*Weltsystemansatz*") erklären, postulieren ebenfalls einen positiven Zusammenhang zwischen der Außenhandelsverflechtung und der Wanderung von Arbeitskräften. Handel und Wanderungen sind Verflechtungsformen, die nur dann auftreten, wenn Regionen (oder Staaten) in einem gemeinsamen ökonomisch-politischen System verankert sind. Wenn Regionen außerhalb dieses Systems bleiben, dann werden weder Arbeitskräfte noch Güter dorthin exportiert oder von dort bezogen. Die Korrelation von Außenhandel und Migration läßt daher ein positives Vorzeichen erwarten.

Aufgrund dieser theoretischen Vorüberlegungen kann ein erweitertes Regressionsmodell formuliert werden: Die internationalen Wanderungen zwischen Staaten sind ein Effekt der Lohnunterschiede, der Einbindung der Staaten in den Außenhandel, der geographischen Distanz und der Arbeitslosigkeit in den Herkunftsstaaten als Ausdruck wachsender Ungleichgewichte auf den Arbeitsmärkten (vgl. DHIMA 1991 sowie MOLLE/van MOURIK 1988)

Wo liegen die Schwachpunkte des vorgestellten Wanderungsmodells, das Elemente der Neoklassik enthält?

1. Das vorgestellte Modell und alle ähnlich strukturierten Ansätze befassen sich nur mit den berufsorientierten Migrationen. Der große Bereich der ausbildungs-, wohnungs- und familienzyklusorientierten Migrationen sowie der Zwangsmigrationen, bei denen die Lohnhöhe überhaupt keine Rolle spielt, bleibt ausgeklammert.
2. Das Modell geht davon aus, daß die Lohndifferenz zwischen Zielgebiet und Herkunftsgebiet sowie die Migrationskosten (geographische oder kulturelle Distanz) auch bei berufsorientierten Migrationen die entscheidenden Faktoren für Migrationsentscheidungen darstellen. Wenn diese Annahme überhaupt zutrifft, dann ist sie bestenfalls für Grenzgänger[49] und für das kleine Segment der Jedermanns-Qualifikationen anwendbar. Nur bei ubiquitär angebotenen Arbeitsplätzen, und dies trifft nur für eine geringe Zahl von Berufen zu, können Lohnhöhe und Migrationskosten im Vordergrund der Überlegungen stehen.

Bei der Mehrzahl von qualifizierten Berufen wird der Zwang zur Binnenwanderung in erster Linie dadurch ausgelöst, daß es die Arbeitsplätze für die betreffenden Berufe nur in Zentren ab einer bestimmten Größe bzw. nur außerhalb der Pendeldistanz ihres bisherigen Wohnortes gibt. In Wirklichkeit besteht für die Mehrzahl der berufsorientierten Migranten, die nicht dem Segment der niedrigsten Qualifikationsebenen angehören, die erste Frage darin, an welchen Standorten bzw. auf welchen Ebenen der Siedlungshierarchie der erlernte oder ausgeübte Beruf überhaupt von einem Arbeitgeber angeboten wird oder als Selbständiger effizient ausgeübt werden kann. Arbeitsplätze für Rechtsanwälte, Wertpapierspezialisten, Universitätsprofessoren, Gymnasiallehrer, Werbegrafiker, Personalberater, Techniker, Flugzeugpiloten, Chemiker, Dolmetscher und vieler anderer Berufe werden je nach Entwicklungsniveau und Struktur eines Staates nur in geringer Anzahl angeboten, so daß für den Großteil der Akteure bereits die Entscheidung für einen bestimmten Lehrberuf oder für ein bestimmtes Studium eine spätere Migration zur Folge hat. Lohnhöhe und Migrationskosten mögen beim zweiten oder dritten Arbeitsplatzwechsel eine Rolle spielen, nicht jedoch beim ersten.

3. Das Modell übersieht weiterhin, daß bei vielen Berufen (z.B. im öffentlichen Dienst) die Löhne für eine bestimmte berufliche Position nicht verhandelbar sind, sondern für das gesamte Staatsgebiet gelten. In Berufen ohne regionale Lohnunterschiede dürfte es nach dieser Auffassung also keine oder nur wenige (berufsorientierte) Migrationen geben. In der Realität weisen aber gerade bestimmte Gruppen von Staatsbeamten, die für dieselbe Funktion überall denselben Lohn erhalten, eine hohe regionale Mobilität auf. Dies ist allerdings häufig nicht selbstbestimmt, sondern vom Arbeitgeber veranlaßt.

4. Der vierte Kritikpunkt ergibt sich aus der beruflichen Realität vieler Industriemanager, Diplomaten, Offiziere, Bundesbeamten, Techniker oder Monteure, die auch dann mehrmals ihren Arbeitsort wechseln, wenn sie in derselben Firma (Insti-

---

[49] Grenzgänger sind eher die Ausnahme als die Regel. Grenzgänger verhalten sich so, wie es die Neoklassik erwartet. Sie reagieren schnell auf Veränderungen im Nachbarland, sie sind um eines höheren Lohnes willen bereit, auch in Positionen zu arbeiten, die weit unter ihrem Ausbildungsniveau liegen, und ein hoher Lohn ist ihnen wichtiger als ein sozialer Schutz.

tution) bleiben. In solchen Berufen bildet regionale Mobilität einen wesentlichen Bestandteil der beruflichen Karriere. Über diese Art der regionalen Mobilität bestimmt jedoch weniger der einzelne Akteur, sondern sein Vorgesetzter bzw. sein Arbeitgeber. In diesen Fällen werden auch die (monetären) Migrationskosten vom Arbeitgeber übernommen. Die Migrationsentscheidungen sind in diesen Fällen also von langfristig erhofften Karrierevorteilen bestimmt und nicht von Lohndifferentialen zwischen der Herkunfts- und Zielregion oder den Migrationskosten.

5.2.3 Strukturmerkmale der Binnenwanderung

Eine eindeutige Antwort auf die Frage, ob die theoretischen Überlegungen auch empirisch gehaltvoll sind, fällt schwer. Zu unterschiedlich sind die realen Bedingungen für Wanderungen innerhalb der westeuropäischen Staaten und zu politisch sind die Bedingungen, die die internationale Migration steuern. Bei der Darstellung der empirischen Grundzüge geht es auch nicht darum, möglichst umfassende empirische Ergebnisse der Wanderungsforschung vorzustellen, sondern die einleitend aufgeworfene Frage zu erhellen: Ist der neoklassische Ansatz richtig, wonach Wanderungen zu einem langfristigen Ausgleich disparitärer Arbeitsmarktstrukturen führen oder spricht mehr für den polarisationstheoretischen Ansatz, der meint, daß Migration eher zu einer Vertiefung räumlicher Unterschiede führt?

Die Antwort ist klar zu differenzieren. Die Binnenwanderung und die internationale Migration müssen im Rahmen des regionalen Arbeitsmarktgeschehens getrennt betrachtet werden. Die meisten Analysen zur Binnenwanderung zeigen deutlich, daß nur ein Teil des gesamten Binnenwanderungsvolumens auf eine arbeitsmarktinduzierte Motivlage zurückzuführen ist. In der Regel dominieren familienzyklusorientierte und ausbildungsorientierte Wanderungen, also Wanderungen aufgrund von Eheschließungen, Wanderungen jüngerer Familien, die von der Kernstadt an den Stadtrand ziehen, Wanderungen von Abiturienten, die zu einem Hochschulstandort wandern und nach Abschluß des Studiums von diesem wieder wegziehen, oder Wanderungen von Pensionisten, die eine kleinere Wohnung suchen oder wieder in ihre ursprüngliche Heimat zurückkehren.

Die Karte über den Binnenwanderungssaldo der österreichischen Bezirke zeigt sehr deutlich, daß alle suburbanen Bezirke einen hohen und positiven Saldo aufweisen, die Kernstädte im Vergleich dazu einen schwach positiven oder bereits einen negativen Saldo. Damit ist ein Großteil der Binnenwanderung beschrieben: Es ist die Wanderung meist jüngerer Familien, die aus wohnungs- oder wohnumfeldbezogenen Gründen an den Stadtrand gezogen sind.

Die *arbeitsmarktinduzierten Wanderungen* zeigen sich ebenfalls im Kartenbild, sind jedoch nur für einen Teil der Binnenwanderung verantwortlich. Die Abwanderung konzentrierte sich im vergangenen Jahrzehnt auf inneralpine Bezirke außerhalb des Einzugsgebiets der Landeshauptstädte, auf periphere Bezirke im Südosten Österreichs und auf alte Industriegebiete in der Obersteiermark.

Gegen die neoklassische Ausgleichsannahme spricht auch die Tatsache, daß das Ausmaß der Binnenwanderung und die Zahl der von Arbeitslosigkeit betroffenen Personen in einem krassen Mißverhältnis zueinander stehen. In Österreich sind

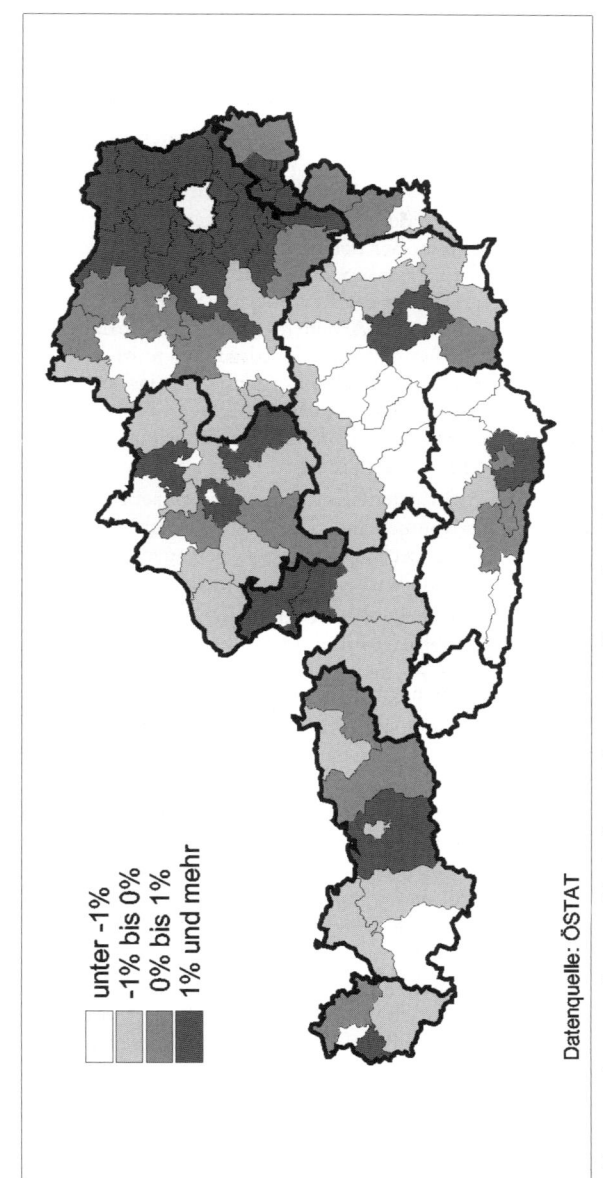

5.2 Räumliche Mobilität: Migration und Pendelwanderung 181

Abb. 48: Binnenwanderungssaldo in Österreich 1991 (Quellen: Volkszählung; Verfasser)

rund 600.000 Menschen jährlich mindestens einmal von Arbeitslosigkeit betroffen, jedoch nur rund 40.000 bis 50.000 Personen wechseln den Wohnort und ziehen dabei über eine Bezirksgrenze, mehr als die Hälfte davon wahrscheinlich aus Gründen, die im Bereich des Wohnens liegen. Das heißt, das Wanderungsvolumen ist im Vergleich zur Arbeitslosigkeit viel zu gering. Nur eine kleine Gruppe aller Arbeitslosen löst ihr Beschäftigungsproblem durch Binnenwanderung.

Diese Aussage findet auch auf der räumlichen Aggregatebene eine Bestätigung, wenn auch der Zusammenhang zwischen regionaler Arbeitslosigkeit und Binnenwanderungssaldo im Prinzip ambivalent zu interpretieren ist. Beide Merkmale korrelieren miteinander auf einem signifikanten Niveau, das Vorzeichen ist jedoch positiv. Das heißt: Je höher der Binnenwanderungssaldo ist, desto höher ist auch die Arbeitslosenquote. Dieser Sachverhalt läßt zwei Interpretationen zu. Trotz hoher Arbeitslosigkeit reagiert die Bevölkerung im neoklassischen Sinne „falsch", indem sie die Region mit hoher Arbeitslosigkeit nicht verläßt, sondern sogar in diese zuzieht. Oder: Eine hohe Arbeitslosigkeit führte in einer früheren Periode zu einer starken Abwanderung und damit zu einer Entlastung des regionalen Arbeitsmarktes. Nachdem die Gruppe der erwerbsfähigen Personen durch Abwanderung reduziert worden ist und die verbliebene Bevölkerung eine Erwerbsarbeit gefunden hat, ist sowohl die Arbeitslosigkeit gering als auch der Binnenwanderungssaldo.

Theoriekonform ist jedenfalls die demographische Struktur der Binnenwanderer in Österreich oder Deutschland. Der Frauenanteil ist höher als jener der Männer und hängt mit den im Durchschnitt relativ geringen Wanderungsdistanzen zusammen. Je größer die Distanz wird, desto eher beteiligen sich Männer an der Wanderung.

Die Binnenwanderung ist für drei große Altersgruppen wichtig: Zunächst für die Altersgruppe zwischen 15 und 45 Jahren („main labor force component"), die im Zuge der Ausbildung, der ersten Berufstätigkeit, der Familiengründung oder aufgrund der Vergrößerung ihres Haushalts räumlich mobil ist. Unter der räumlich mobilen Bevölkerung sind die 15- bis 45jährigen deutlich überrepräsentiert. Zwischen 1986 und 1991 entfielen in Österreich fast 70% aller Binnenmigranten auf diese Altersgruppe.

Wechseln junge Familien ihren Wohnsitz und ziehen in eine andere, oft größere Wohnung, dann wandern Kinder im Vorschul- und Volksschulalter in der Regel mit den Eltern mit. Die Altersgruppen der 0- bis 4jährigen und der 5- bis 9jährigen sind daher unter den Binnenwanderern meist stärker vertreten als jene der 10- bis 14jährigen. Insgesamt waren 1986 bis 1991 12 % der Binnenwanderer in Österreich jünger als 15 Jahre.

Mit steigendem Alter nimmt die Wanderungshäufigkeit deutlich ab. Dies hat viele Gründe. Ältere Menschen sind beruflich etabliert, die Haushaltsgröße älterer Menschen nimmt eher ab als zu, die Wohnbedürfnisse sind in der Regel befriedigt. Die Wanderung älterer Menschen, die nach dem Erreichen des Pensionsalters in landschaftlich attraktive Gegenden ziehen bzw. aus familiären Gründen, krankheitsbedingt oder wegen zunehmender Pflegebedürftigkeit ihren Wohnsitz aufgeben müssen („retirement migration"), ist in Österreich eher schwach ausgeprägt. 1986 bis 1991 waren lediglich 8% der Binnenwanderer über 60 Jahre alt, in Deutschland etwas mehr.

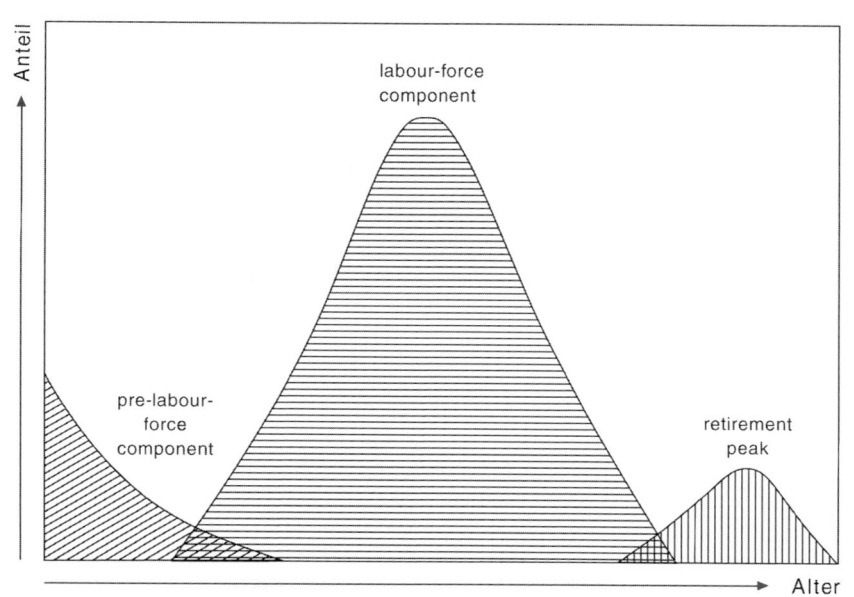

Abb. 49: Typische Altersverteilung von Migranten (Quelle: Verfasser)

Signifikant ist der Zusammenhang der Binnenwanderung mit der schulischen Qualifikation. Wanderungen sind weit davon entfernt, alle Bevölkerungsgruppen gleichmäßig zu erfassen. Der Anteil qualifizierter und hochqualifizierter Personen ist unter den Migranten deutlich höher als in der Gesamtbevölkerung. Die Volkszählung 1991 in Österreich zeigt, daß in der Gruppe derjenigen, die über die Grenzen eines politischen Bezirks gewandert sind, der Anteil der Universitätsabsolventen zweieinhalbmal größer ist als bei der seßhaften Bevölkerung. Dies hängt einerseits damit zusammen, daß die Suburbanisierung von Mittel- und Oberschichtangehörigen getragen wird und andererseits damit, daß mit zunehmender Qualifikation nicht nur der Suchradius nach potentiellen Arbeitsplätzen steigt, sondern daß viele Arbeitsplätze für Höherqualifizierte nur noch auf den obersten (und damit in größerer Distanz liegenden) Rangstufen des Städtesystems angeboten werden. Auf alle Fälle trägt die Binnenwanderung zur Entqualifizierung der Herkunftsgebiete bei und ist daher regionalpolitisch nicht immer unproblematisch.

GEIPEL (1965, 1966, 1971) hat schon in den 60er Jahren die Abwanderung von Hochqualifizierten aus dem ländlichen Raum als „soziale Erosion" bezeichnet und auf die negativen Folgen für den ländlichen Raum hingewiesen. Mit dem Begriff „soziale Erosion" wollte er die Aufmerksamkeit auf die Regionen lenken, die über Generationen hinweg ihre Hochqualifizierten an die städtischen Ballungsräume oder ans Ausland verlieren und ihren Rückstand hinsichtlich des ökonomischen und kulturellen Entwicklungsniveaus, des Ausbildungsniveaus der Bevölkerung oder der Übertrittsraten von Schülern in höhere Schulen nie aufholen können.

Die von GEIPEL angeschnittene, damals neue Forschungsfrage hat jedoch kaum Resonanz gefunden. In der überwiegenden Mehrheit der geographischen Publikationen zur Migrationsforschung wird man vergeblich nach Hinweisen auf das Ausbildungs- oder Qualifikationsniveau von Migranten suchen. Auch die Literaturverzeichnisse der meisten Lehrbücher zur Bevölkerungsgeographie lassen erkennen, wie wenig die regionalwissenschaftliche Migrationsforschung die wissenschaftliche Aktualität der wenigen, bereits vorliegenden Untersuchungen erkannt hat. Das weitgehende Außerachtlassen des Qualifikations- und Ausbildungsniveaus von Migranten ist um so erstaunlicher, als fast alle Aspekte des berufsorientierten Migrationsverhaltens in einem sehr engen Zusammenhang mit dem Informationsniveau, dem Ausbildungsniveau und vor allem der Berufslaufbahn der betreffenden Personen stehen (vgl. MEUSBURGER 1980, S. 180–207).

Tabelle 7: Wohnsitzwechsel und Ausbildungsniveau der 15- und mehrjährigen Wohnbevölkerung in Österreich 1977 (Quellen: MEUSBURGER 1980, S. 182; Sonderauswertung des Österreichischen Mikrozensus Juni 1977)

Ausbildungsniveau	0–1 Wechsel	2–3 Wechsel	4–5 Wechsel	6 und mehr Wechsel	zus.
Pflichtschule	83,1	14,8	1,7	0,4	100,0
Lehrausbildung	75,5	21,2	2,7	0,6	100,0
berufsbildende mittlere Schule	71,9	23,9	3,4	0,8	100,0
allgemeinbildende höhere Schule	68,2	26,5	4,1	1,2	100,0
berufsbildende höhere Schule	66,6	26,6	5,4	1,4	100,0
Universität, Hochschule	53,3	33,5	10,5	2,7	100,0

Anhand der Volkszählungen und Mikrozensen kann der Zusammenhang zwischen dem Ausbildungsniveau und der regionalen Mobilität dokumentiert werden (Tab. 7). Die Häufigkeit der Wohnsitzwechsel über Gemeindegrenzen hinweg nimmt mit zunehmendem Ausbildungsniveau deutlich zu, wobei der größte Anstieg der regionalen Mobilität zwischen Personen mit Abitur und Hochschulabschluß festzustellen ist. 13,2% der Universitäts- und Hochschulabsolventen, aber nur 2,1% der Pflichtschulabsolventen hatten mindestens vier Wohnsitzwechsel über Gemeindegrenzen hinweg aufzuweisen. Frauen hatten auf allen Ausbildungsniveaus außer auf jenem der Universitätsabsolventen jeweils eine höhere Zahl von Wohnsitzwechseln als Männer (vgl. MEUSBURGER 1980, S. 182).

Daß die sehr hohe regionale Mobilität von Universitätsabsolventen nicht nur auf ausbildungsorientierte Wanderungen (Wechsel vom Heimatort zum Universitätsstandort etc.) zurückzuführen ist, wird durch die Tabelle 8 belegt. Die Zahl der Wohnsitzwechsel über Gemeindegrenzen hinweg steigt mit zunehmendem Ausbildungsniveau sowohl bei familienzyklusorientierten Migrationen (Heirat, Geburt von Kindern) als auch bei wohnungsorientierten (Verbesserung der Wohnungsqualität) und berufsorientierten (durch Arbeitswechsel induzierten) Wanderungen.

Ein spezifischer Zusammenhang besteht zumindest bei der Binnenwanderung auch zwischen der Wanderungsdistanz und dem Ausbildungsniveau. Wenn gering Qualifizierte wandern, dann dominiert das engere regionale Umfeld. Ein Wohnsitz-

5.2 Räumliche Mobilität: Migration und Pendelwanderung 185

Tabelle 8: Familienzyklus-, wohnungs- und berufsorientierte Wohnsitzwechsel der 15- und mehrjährigen Wohnbevölkerung in Österreich 1977 (Quellen: MEUSBURGER 1980, S. 183; Sonderauswertung des Österreichischen Mikrozensus Juni 1977)

Ausbildungsniveau	Prozentanteil der Personen mit mindestens einem		
	familienzyklusorientierten Wohnsitzwechsel	wohnungsorientierten Wohnsitzwechsel	berufsorientierten Wohnsitzwechsel
Pflichtschule	13,5	8,1	3,3
Lehrausbildung	21,3	14,2	17,0
mittlere Schule	22,3	15,6	21,6
Abitur (Matura)	19,5	16,3	34,6
Universität etc.	28,1	23,1	65,3

wechsel über Gemeindegrenzen ist selten. Wenn Höherqualifizierte wandern, werden mit höherer Wahrscheinlichkeit größere Distanzen überwunden.

Dieser Befund wird auch durch andere Datenquellen bestätigt. Die in der BRD wohnenden Auslandsösterreicher hatten 1970 eine mehr als dreimal so hohe Akademikerquote (6,9%) wie die (1971) in Österreich wohnende Bevölkerung über 15 Jahre (2,1%). Unter den 40- bis 50jährigen Österreichern, die in der BRD lebten, war der Akademikeranteil sogar mehr als viermal so hoch wie unter der entsprechenden Altersgruppe in Österreich (PINC 1976, S. 401). Wenn man von angeworbenen ausländischen Arbeitskräften aus der Türkei und dem ehemaligen Jugoslawien absieht, hatten auch fast alle nach Österreich zugewanderten Ausländer ein wesentlich höheres Ausbildungsniveau als die österreichische Bevölkerung (vgl. MEUSBURGER 1980, S. 207). Dabei kommt es in den Zielgebieten zu einer Anhebung des Qualifikationsniveaus und in den Herkunftsgebieten zu einer Senkung.

Tabelle 9: Wanderungsdistanz und Ausbildungsniveau der über 15jährigen Wohnbevölkerung in Österreich (Quellen: MEUSBURGER 1980, S. 187; Sonderauswertung des Österreichischen Mikrozensus Juni 1977)

	Von allen Auskunft erteilenden Personen hatten ... %				
	keinen Wohnsitzwechsel über Bezirksgrenzen	Wohnsitzwechsel in einen anderen Bezirk desselben Bundeslandes	Wohnsitzwechsel in ein anderes Bundesland	Wohnsitzwechsel ins Ausland[50]	zus.
Pflichtschule	69,2	17,9	12,1	0,8	100
Lehrausbildung	57,2	26,2	15,0	1,6	100
Fachschule	51,9	26,5	19,6	2,0	100
Abitur (Matura)	50,6	25,6	21,0	2,8	100
Universität	30,6	30,4	33,7	5,3	100

---

[50] Dies sind nur Personen, die nach dem Auslandsaufenthalt wieder nach Österreich zurückgekehrt sind.

Das durchschnittliche Ausbildungsniveau der Bevölkerung wurde im Bundesland Salzburg durch die Binnenwanderung am stärksten verbessert und in Vorarlberg am meisten verschlechtert. Im Rahmen der österreichischen Binnenwanderung sind 4,9mal so viele Akademiker ins Bundesland Salzburg gezogen als von dort in andere Bundesländer abgewandert sind. Dagegen hat Vorarlberg aus den anderen Bundesländern 5,9mal so viele Pflichtschulabsolventen erhalten, wie es an diese abgegeben hat. Weniger als ein Drittel (30,9%) der 1977 im Bundesland Salzburg wohnhaften Universitätsabsolventen wurden auch in diesem Bundesland geboren, jeder vierte ist aus dem Ausland zugezogen (inkl. der Flüchtlinge und Vertriebenen) und rund 44% stammten aus den anderen österreichischen Bundesländern. Auch die in Wien lebenden Universitätsabsolventen waren nur zur Hälfte (50,2%) in Wien geboren worden. Weibliche Universitätsabsolventen tendierten im Rahmen der österreichischen Binnenwanderung noch stärker nach Wien als männliche (vgl. MEUSBURGER 1980). Von auswärts zugezogene Hochqualifizierte tragen also in entscheidendem Maße zum „kreativen Milieu" von Großstädten bei.

Die Wanderungsdistanzen hängen nicht nur mit dem Ausbildungsniveau zusammen, sondern auch mit der sozioökonomischen Struktur der Herkunftsgemeinde der Migranten. Mit abnehmender Gemeindegröße und zunehmender Agrarquote verringern sich bei allen Ausbildungsniveaus sowohl die Distanzen der Zuzüge als auch die der Wegzüge. Akademiker, die in Österreich zwischen 1966 und 1971 aus Gemeinden mit einer Agrarquote von weniger als 5% weggezogen sind, haben zu 70,1% in ein anderes Bundesland gewechselt. Akademiker, die aus Gemeinden mit einer Agrarquote von mehr als 30% weggezogen sind, sind nur zu 34,9% in ein anderes Bundesland übersiedelt. Pflichtschulabsolventen aus Herkunftsgemeinden mit einer Agrarquote von mehr als 30% sind bei einem Wohnsitzwechsel zu 48,3% innerhalb desselben Bezirkes geblieben, bei Pflichtschulabsolventen aus Gemeinden mit einer Agrarquote von weniger als 5% traf dies nur auf 22,3% der Wohnsitzwechsler zu (vgl. MEUSBURGER 1980, S. 195).

Eine mögliche Erklärung für diese zentral-peripheren Disparitäten liegt darin, daß Akademiker, die in Städten aufgewachsen sind, zu einem höheren Anteil aus Oberschichtfamilien stammen, deshalb andere Studienfächer und Berufe gewählt haben, über bessere Kontakte verfügen und auch besser über den Arbeitsmarkt informiert sind als Akademiker aus dem ländlichen Raum, deren Eltern zu einem großen Anteil noch Pflichtschulabsolventen waren. Um diesen Zusammenhang jedoch empirisch belegen zu können, sind Studien auf der Mikroebene notwendig (vgl. SCHMIDT 1996). Die entscheidenden Weichen für eine spätere Migration werden, wie schon erwähnt, bereits beim Übertritt in weiterführende Schulen, bei der Wahl des Studienfaches und des Studienortes gestellt (vgl. Kap. 4.4.3).

Neben den funktionalen Gesichtspunkten tragen aber auch noch andere Gründe zur Abwanderung bei. Ein mehrjähriges Studium an einem fremden Hochschulort kann nicht nur zu neuen, höheren beruflichen Zielen führen, sondern es vermittelt auch neue persönliche Kontakte und Netzwerke, so daß ein überraschend großer Anteil von Studierenden in der Hochschulregion ihren ersten Arbeitsplatz antritt oder aus persönlichen Gründen (Partnerschaft, Ehe) in der Hochschulregion bleibt.

Diese Hypothese wird durch die Ergebnisse einer empirischen Studie über Vorarlberg bestätigt (MEUSBURGER/SCHMIDT 1996, SCHMIDT 1996). Von allen untersuchten Vorarlberger Maturanten, die ein Hochschulstudium abgeschlossen haben, haben nur 55,7% ihre erste Arbeitsstätte in Vorarlberg angetreten. Dieser Wert verringert sich mit zunehmender Distanz des Studienortes. Von jenen Akademikern, die ihren Abschluß an der Universität Innsbruck erworben haben, sind rund zwei Drittel (65,2%) nach Abschluß des Studiums nach Vorarlberg zurückgekehrt. Jene Vorarlberger, die ihren Universitätsabschluß an einem anderen, weiter entfernt liegenden österreichischen Hochschulstandort (Wien, Graz, Salzburg, Linz) absolviert haben, haben dagegen nur zu rund 38% einen Arbeitsplatz in Vorarlberg angenommen und jene, die ihr Studium im Ausland abgeschlossen haben, gar nur zu 31%.

Auch die Art und Höhe des akademischen Abschlusses haben einen Einfluß darauf, ob der erste Arbeitsplatz innerhalb oder außerhalb Vorarlbergs angetreten wird. Die Absolventen einer Pädagogischen Akademie (Ausbildungsstätte für Grundschullehrer) haben ihren ersten Arbeitsplatz zu 98,0% in Vorarlberg angetreten, bei den Maturanten, die ohne weiteres Studium sofort einen Beruf ergriffen haben, lag dieser Prozentsatz bei 82,4%, die Absolventen mit einem Lehramt für höhere Schulen haben zu 78,0% ihren ersten Arbeitsplatz in Vorarlberg gefunden, die Promovierten (ohne Medizin) zu 57,3%, die Mediziner zu 51,7% und die Diplomingenieure zu 47,2%.

Diese und andere Befunde stützen das polarisationstheoretische Modell. Binnenwanderung führt zur sozialen Erosion in den Herkunftsregionen und nicht zum automatischen Ausgleich der Ausstattung der Regionen mit Produktionsfaktoren. Humankapital geht dabei den Herkunftsregionen verloren und wird den Zentralräumen zugeführt. Diese qualifikatorisch sehr ungleichen Binnenwanderungen zwischen Peripherie und Zentrum verfestigen die regionalökonomischen Disparitäten.

5.2.4 Internationale Arbeitskräftewanderung

Die Erklärung der internationalen Wanderungen mit den Überlegungen von „cost" und „benefit", Nutzenmaximierung und Humankapitalinvestition ist schlüssig, zumindest für jenen Teil der Außenwanderung, der arbeitsmarktinduziert ist. „Migration ist eine Antwort auf ungelöste Verteilungsfragen"; „Wanderungen sind eine Abstimmung mit den Füßen gegen unzureichende Lebensbedingungen"; „Kommt das Kapital nicht zu den Menschen, dann kommen die Menschen zum Kapital" - solche Stehsätze unterstellen einen engen Zusammenhang zwischen wirtschaftlicher Ungleichheit und Migration. Dieser wird aus dem neoklassischen Modell abgeleitet. Tatsächlich läßt sich die internationale Migration jedoch nur teilweise als Folge ökonomischer Ungleichheiten beschreiben.

Die Verknüpfung von Ungleichheit und Migration ist Kern des gängigen Push-und-Pull-Modells. Staaten mit einer prosperierenden Wirtschaft, einer starken Nachfrage nach Arbeitskräften und einem hohen Lohnniveau entwickeln Anziehungskräfte (Pull-Faktoren). Sie werden damit für Migranten aus Staaten mit Unterbeschäftigung, geringem Lohnniveau, stagnierender Wirtschaft und krisenanfälligem politischem System (Push-Faktoren) attraktiv.

Dieser Ansatz erklärt zwar, warum Migrationsprozesse in Gang kommen, liefert aber keine Erklärung dafür, warum bestimmte Zielländer eindeutig bevorzugt werden. Ginge es allein nach der ökonomischen Logik, dann müßten die Portugiesen eher nach Deutschland als nach Frankreich kommen. Die Chance auf legale Zuwanderung haben sie als EU-Bürger in beiden Staaten. Trotz deutlich höherem Lohnniveau lebt aber nur eine kleine Minderheit aller Auslandsportugiesen in Deutschland. Die Mehrzahl der portugiesischen Gastarbeiter zieht Frankreich vor, weil sich zwischen den beiden Ländern schon seit langem intensive historische und kulturelle Beziehungen entwickelt haben. Die europäischen Migrationsmuster werden durch kulturelle, politische und historische Verbindungen zwischen bestimmten Herkunfts- und Zuwanderungsgesellschaften überformt; bestehende wirtschaftliche Ungleichgewichte stellen dabei nur ein auslösendes Moment für Stärke und Richtung der Wanderungsströme dar.

In Westeuropa leben derzeit rund 380 Millionen Menschen. Wer davon Ein- bzw. Auswanderer ist, läßt sich im nachhinein nur näherungsweise feststellen. Nicht jeder Zuwanderer wird in einschlägigen Statistiken als Migrant geführt, nicht jeder ausländische Staatsbürger ist ein Zuwanderer. Privilegierte Gruppen (z.B. Volksdeutsche aus Rußland und Kasachstan) erhalten sofort die Staatsbürgerschaft des Aufnahmelandes und „verschwinden" somit aus einschlägigen Statistiken. Umgekehrt erhalten die Kinder von Migranten in fast allen Staaten Europas aufgrund des „ius sanguinis" die Staatsbürgerschaft ihrer Eltern. Wenn diese Eltern Ausländer sind, so zählen auch die Kinder zur ausländischen Wohnbevölkerung, unabhängig davon, ob sie das Heimatland ihrer Eltern je gesehen haben oder nicht. Als kleinster gemeinsamer Nenner, der über die statistischen Probleme hinweg eine vergleichbare Basis liefert, bleibt demnach nur das Kriterium der Staatsbürgerschaft (vgl. FASSMANN/MÜNZ 1996b). Während der letzten Jahrzehnte kam es in fast allen westeuropäischen Staaten zu einer außerordentlich starken Zunahme der ausländischen Wohnbevölkerung.

Von den Flächenstaaten Europas hat die Schweiz mit Abstand den größten Ausländeranteil,[51] gefolgt von Deutschland, Frankreich, Österreich, den Niederlanden, Belgien und Großbritannien. Die wichtigsten europäischen Herkunftsstaaten sind im Unterschied dazu Polen, die ehemalige Sowjetunion, das ehemalige Jugoslawien, Italien und Portugal. Allgemein gesprochen sind die „reichen" westeuropäischen Staaten die Aufnahmeländer und die „ärmeren" süd- und osteuropäischen Staaten

---

[51] Die hohen Ausländeranteile in der Schweiz und in Liechtenstein hängen mit der unterschiedlichen Definition eines Ausländers und der unterschiedlichen Art der Einbürgerung zusammen. Da die Einbürgerung in der Schweiz über eine Abstimmung der Gemeindebürger erfolgt, ist sie wesentlich restriktiver als bei einem normalen Verwaltungsakt der staatlichen Bürokratie und erfolgt auch erheblich später. Damit wird der „wahre" Ausländeranteil in der Schweiz quantitativ überschätzt.

5.2 Räumliche Mobilität: Migration und Pendelwanderung

Ausländische Wohnbevölkerung in Europa (1993)

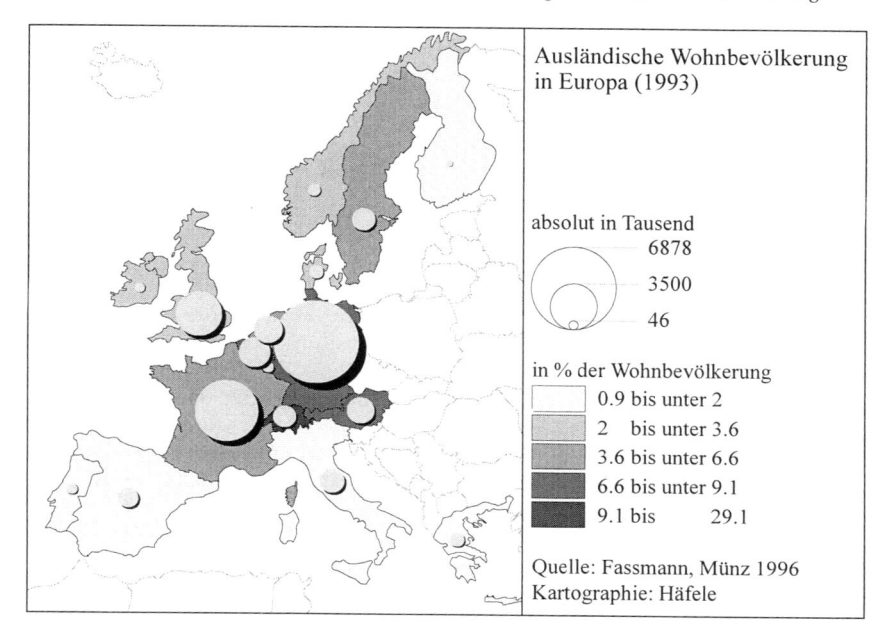

absolut in Tausend
- 6878
- 3500
- 46

in % der Wohnbevölkerung
- 0.9 bis unter 2
- 2 bis unter 3.6
- 3.6 bis unter 6.6
- 6.6 bis unter 9.1
- 9.1 bis 29.1

Quelle: Fassmann, Münz 1996
Kartographie: Häfele

Abb. 50: Anteil der ausländischen Wohnbevölkerung in Europa 1993 (Quellen: FASSMANN/ MÜNZ 1996; Verfasser)

die Herkunftsländer. Die Berechnung der statistischen Korrelation zwischen dem Bruttoinlandsprodukt zu Kaufkraftparitäten pro Kopf als Wohlstandsindikator und dem Ausländeranteil ergibt einen Koeffizienten von +0,66 (1991). Das heißt, mit wirtschaftlicher Ungleichheit lassen sich rund zwei Drittel der Varianz der Ausländeranteile in Europa erklären. Hinzu kommen Distanzfaktoren und wesentliche historisch-kulturelle Verflechtungen.

So schlüssig das Push-und-Pull-Modell auf einer hohen Aggregatebene internationale Migrationsströme begründen kann, so fehlerhaft wird es auf einer regionalen oder sogar auf der individuellen Ebene. Analysen, die auf der Individualebene ansetzen, zeigen, daß der Anteil der qualifizierten Personen mit hoher Erwerbsmotivation bei Migranten höher ist als bei jenen, die nicht wandern. Diese Selektion nimmt mit der Wanderungsdistanz tendenziell zu. Die neoklassische Annahme, daß ein Arbeitsloser oder jemand der vergleichsweise wenig verdient, seinen Wohnstandort wechselt, wenn im Rahmen des regionalen Arbeitsmarktes keine andere Möglichkeit besteht, stimmt in vielen Fällen nicht. In der empirisch feststellbaren Realität ist der Zusammenhang zwischen Migration und Arbeitslosigkeit häufig genau umgekehrt: Wer arbeitslos ist, bleibt am Wohnstandort. Wer dagegen eine Beschäftigung hat, seine Situation aber hinsichtlich Einkommen, Karrierechancen oder Arbeitsbedingungen verbessern möchte, der migriert. Dies gilt für die internationale Migration und die Binnenwanderung.

Die Personen, die migrieren, sind häufig qualifizierter und motivierter als der Rest der Bevölkerung. Sie entziehen damit aber auch der Herkunftsregion Produktionsfaktoren (qualifizierte Humanressourcen) und führen zu einer Attraktivitätssteigerung der ohnehin schon attraktiven Zielregionen. Die Wanderung hochqualifizierter Arbeitskräfte war daher schon sehr früh Gegenstand der Wissenschaft und Politik. Bereits 1962 ist in einem Bericht der British Royal Society der Begriff „brain drain" verwendet worden, um auf die Problematik der Wanderung von Hochqualifizierten für die Herkunftsländer hinzuweisen. Der „brain drain" oder „transfer of talent" wird aus der Sicht der Auswanderungsländer als negativ bewertet, weil nicht nur die Investitionen und laufenden Kosten, welche für die Ausbildung der Hochqualifizierten verwendet wurden, dem Investor nicht mehr zugute kommen, sondern weil diese Emigranten auch Wissen und Innovationspotential mitnehmen, das die Herkunftsländer dringend selbst benötigen würden. Weil die Emigranten in den Zielländern z.T. in der Forschung und Entwicklung eingesetzt werden, tragen sie dazu bei, daß der Entwicklungsvorsprung zwischen Industrie- und Entwicklungsländern sogar noch vergrößert wird. Die Konzeption einer zirkulären Verursachung ist passend. Die demographisch, sozial und qualifikatorisch selektive Binnen- und Außenwanderung stützt in einer langfristigen Perspektive die Polarisationsannahme und widerspricht der Neoklassik.

Die regionalökonomische Basisfrage, ob Migration zum Ausgleich regionaler und nationaler Disparitäten beiträgt, muß daher aus einer kurz- und mittelfristigen Perspektive heraus sowohl für die Binnenwanderung als auch für die internationale Migration mit Nein beantwortet werden. Die Wanderungen des Arbeitskräfteangebots von einer Region in die andere oder von einem Staat in den anderen führen zwar kurzfristig immer zu einem Entlastungseffekt auf der Angebotsseite und damit zu einer Reduktion der Arbeitslosigkeit, aber niemals zu einem langfristigen regionalen Ausgleich. Ganz im Gegenteil: Die Tatsache, daß Hochqualifizierte besonders mobil sind, hat schon im Merkantilismus viele Territorialherren bewogen, Flüchtlinge und Einwanderer (z.B. Hugenotten, Juden, Deutsche etc.) zur Ankurbelung der Wirtschaft anzuwerben. Die meisten klassischen „Einwanderungsländer" (USA, Kanada, Australien etc.) haben bis heute eine selektive Einwanderungspolitik betrieben, die vor allem die Zuwanderung von hochqualifizierten oder stark nachgefragten Berufen begünstigt und den Staaten selbst sehr nützt.

5.3 Räumliche Einkommensdisparitäten

Der Lohn repräsentiert eine Schlüsselgröße im neoklassischen Arbeitsmarktmodell. Er steuert und reguliert Arbeitskräfteangebot und -nachfrage. Er drückt Knappheits- und Überschußrelationen aus und ist das Steuerungsinstrument auf dem Arbeitsmarkt, das langfristig für ein Gleichgewicht Sorge trägt.

Nach den Vorstellungen der Neoklassik werden regionale Lohnunterschiede innerhalb eines freien Binnenmarktes verschwinden und nur den Charakter friktioneller Differenzierungen annehmen, wenn die Bedingungen der Neoklassik erfüllt werden. Abermals zeigen jedoch einschlägige empirische Befunde, daß die regionalen Lohnunterschiede beachtlich sind und auch längerfristig keine Konvergenztendenz aufweisen. Regionale Einkommensunterschiede stellen keine kurzfristigen Störungen, sondern ein immanentes geographisches Phänomen dar.

5.3.1 Methodische Vorüberlegungen

Untersuchungen zur Geographie der Einkommen, zur regional differenzierten Lohn- und Einkommenssituation sind ausgesprochen selten. Nur wenige Literaturhinweise können in diesem Kapitel angeführt werden. Dies hängt einerseits mit der Fragestellung zusammen, die bisher nicht aufgeworfen wurde, und andererseits mit der ausgesprochen schwierigen Datensituation. Einkommensdaten sind zumindest in Europa selten verfügbar und die Möglichkeiten der regionalen Disaggregierung sehr beschränkt.

Woher kommen regionale Einkommensdaten? Wenn man von den USA und einigen anderen Ländern absieht, stellen die Volkszählungen keine Daten über das Einkommen der Bevölkerung zur Verfügung, so daß man Stichprobenerhebungen (z.B. den Mikrozensus) heranziehen muß, die, wie bereits erwähnt, aufgrund der geringen Fallzahl keine kleinräumige Differenzierung der Daten zulassen.

Eine andere Datenquelle ist die von der Sozialversicherung erstellte Lohn- und Gehaltsstatistik. Diese Quelle stellt valide Informationen zur Verfügung, die sich auch zur regionalen Disaggregierung eignen. Zwei erhebliche Einschränkungen sind jedoch anzubringen: Aufgrund der Einkommenshöchstgrenze (in Österreich derzeit rund 38.000 öS und in Deutschland 6.100 DM), bis zu der die Versicherungsbeiträge exakt berechnet werden, sind keine Informationen über höhere Einkommen verfügbar. Über der Bemessungshöchstgrenze wird nur mehr ein Fixbetrag an die Sozialversicherung abgeführt. Der rechte Rand der Einkommensverteilung ist damit gekappt.

Zu berücksichtigen ist auch, daß die Einkommensstatistik der Sozialversicherungen auf den sozialversicherungspflichtigen Einkommen basiert. Die Einkommen der Beamten, der Selbständigen, der geringfügig beschäftigten Personen oder der Bauern bleiben daher unberücksichtigt. In Deutschland werden damit von der Einkommensstatistik der Sozialversicherung rund 85% der Erwerbstätigen erfaßt.

Die erste Großzählung der Bundesrepublik Deutschland, welche auch das Einkommen der Berufstätigen erfaßt hat, wurde im Juni 1993 in den neuen Bundesländern durchgeführt und umfaßt mehr als 5,3 Mio. Personen.[52]

Wenn es sich als notwendig erweist, eine eigene Erhebung durchzuführen, dann sollte zunächst geklärt werden, ob ein umfassender Einkommensbegriff, der die Höhe der Sparguthaben der Bevölkerung, finanzielle Zuwendungen der Großeltern

---

[52] BLIEN/HIRSCHENAUER (1994, S. 327f.) haben die regionalen Einkommensdisparitäten in den neuen Bundesländern anhand dieser Datenquelle analysiert und sind zum Ergebnis gekommen, daß die Einkommen pro Kopf und Tag zwischen 91 DM (Ostberlin) und 75 DM (Plauen) schwankten.

oder mögliche Einnahmen aus Vermietung und Verpachtung enthält, erfaßt werden sollen oder lediglich laufende Einkommen aus selbständiger und unselbständiger Erwerbstätigkeit. Wenn die Höhe laufender Einkommen, insbesondere die Lohnhöhe (LOHN)[53], erfragt werden soll, so muß weiters geklärt werden, ob damit Brutto- oder Nettolöhne gemeint sind. Die Erfassung von Bruttolöhnen ist zu bevorzugen, wenn es darum geht, regionale Arbeitsmarktbedingungen zu analysieren. Denn die familiäre Situation und das Geschick des Lohnempfängers hinsichtlich der steuerschonenden Behandlung von Teilen seines Einkommens sind nicht Gegenstand der Untersuchung. Aus der Perspektive der Vergleichbarkeit sind Bruttolöhne daher eindeutig zu bevorzugen. Dem widerspricht lediglich die Erfahrung, daß man meistens nur die Beträge kennt, die man tatsächlich ausbezahlt bekommt und nicht das Bruttoeinkommen.

Wichtig bei der Erhebung von Einkommen ist auch die Erfassung von finanziellen Zusatzleistungen (SONDERZAHLUNGEN). Erfolgsprämien, Bilanzgelder, Kollegiengelder oder Sonderzahlungen sind zwar nicht Bestandteile des monatlichen Lohns, stellen aber einen oft erheblichen Anteil des Gesamteinkommens dar. Wenn mit Hilfe der Angaben über das monatliche Bruttoeinkommen ein Jahresbruttogehalt berechnet wird, dann sind diese Einkommensbestandteile zu berücksichtigen.

Im übrigen sind Daten über das Jahreseinkommen zu bevorzugen. In manchen Branchen oder Ländern ist nämlich die Auszahlung von 14, 15 oder sogar 16 Monatsgehältern üblich (MONATE). Das monatliche Bruttoeinkommen mag in einer Branche, die 16 Gehälter auszahlt, geringer sein, in der Summe ist das Jahreseinkommen jedoch möglicherweise höher.

Schließlich ist eine weitere Information notwendig, um valide Einkommensdaten zu erhalten: die durchschnittliche wöchentliche Arbeitszeit (AZEIT). Es ist naheliegend, daß Teilzeitarbeiter weniger verdienen als Vollzeitbeschäftigte und daß derjenige, der viele Überstunden absolviert, noch mehr verdient als letztere. Um den Effekt der Arbeitszeit zu kontrollieren, ist es daher notwendig, ein arbeitszeitbereinigtes und standardisiertes Jahreseinkommen (JEINK) zu berechnen.

$$JEINK = \frac{LOHN}{AZEIT} \cdot 160 \cdot MONATE + SONDERZAHLUNGEN$$

Erhebungen werden umfassender, aber auch um vieles komplexer, wenn zusätzlich nichtmaterielle Einkommensbestandteile erfaßt werden sollen. Ein günstiger Mittagstisch in der firmeneigenen Werksküche, ein Dienstauto, das auch für eine private Nutzung zur Verfügung steht, billige Einkaufsgelegenheiten, Freiflüge, eine Betriebspension und vieles andere mehr trägt zwar zum materiellen Wohlstand bei, ist jedoch in der Gesamtheit schwierig zu erfassen.

---

[53] Begriffe, die als Variable in Formeln vorkommen, werden in Blockbuchstaben geschrieben.

5.3.2 Lohnfunktion

Wovon die Lohnhöhe abhängt, ist Gegenstand einer Vielzahl von Analysen und politischen Diskussionen. Von der Produktivität und Qualifikation des Arbeitnehmers, sagen die Vertreter der Humankapitaltheorie, von der individuellen und kollektiven Verhandlungsmacht („bargaining power"), argumentieren die Anhänger einer politischen Ökonomie. Oder alles ist lediglich von ungleichen Angebots- und Nachfragerelationen abhängig, ganz im Sinne des neoklassischen Standpunkts. Untersuchungen über die Determinanten der Lohnhöhe beinhalten sehr häufig eine sogenannte Lohnfunktion. Diese postuliert einen funktionalen Zusammenhang zwischen der Höhe des Lohns, dem Ausmaß formaler Qualifikation und der Dauer der bisherigen Berufstätigkeit. Die Höhe des Lohns nimmt mit der Dauer der absolvierten Schulausbildung (SCHOOL) und der bisherigen Berufserfahrung (EXP) zu, weil die Arbeitskraft – so die humankapitaltheoretische Begründung – mit gestiegener Qualifikation produktiver wird und das höhere Gehalt daher auch verdient.

$$JEINK = a + b_a SCHOOL + b_s EXP$$

Die Lohnfunktion wird als multiples Regressionsmodell operationalisiert und anhand geeigneter Individualdaten getestet. Tatsächlich kann ein humankapitaltheoretisches Modell einen Teil der Varianz unterschiedlicher Löhne erklären. Ein Großteil der Lohnunterschiede bleibt jedoch anderen Merkmalen überlassen (Geschlecht, Alter, Zugehörigkeit zu bestimmten Sektoren, Unternehmen, sozialrechtlichen Gruppen).

Die Lohnfunktion kann auch dazu benützt werden, segmentierte Arbeitsmärkte nachzuweisen, nämlich dann, wenn es sich herausstellt, daß die Lohnfunktion bei Berücksichtigung des segmentierten Arbeitsmarktes bessere Erklärungswerte bereitstellt als bei einer ausschließlich am Humankapitalmodell orientierten Betrachtungsweise. DICKENS und LANG haben 1985 eine entsprechende Arbeit publiziert. Abb. 51 stellt diesen Zusammenhang auch graphisch dar. Beim traditionellen Modell wird eine Regressionsgleichung verwendet und damit implizit unterstellt, daß bei allen Personen der Zusammenhang von Qualifikationsniveau und Lohnhöhe gleichermaßen gilt (linkes Diagramm). Damit wird die Inhomogenität dieses Zusammenhanges ignoriert. DICKENS und LANG erweitern dieses Regressionsmodell (rechtes Diagramm) und gehen davon aus, daß die Abhängigkeiten von Qualifikation und Einkommen in einzelnen Arbeitsmarktsegmenten unterschiedlich sind. Im sekundären Arbeitsmarktsegment wird, so die Ableitung aus der Theorie, Qualifikation weder benötigt noch sonderlich entlohnt. Eine Anhebung der Qualifikation wird daher nicht mit einer Lohnsteigerung verbunden sein. Die Koeffizienten werden nur eine geringe Höhe aufweisen. Im primären Segment dagegen werden Qualifikationserwerb und Berufserfahrung honoriert, die Koeffizienten werden daher hoch und signifikant sein und belegen, daß jede Qualifikationsanhebung auch eine Lohnsteigerung zur Folge hat.

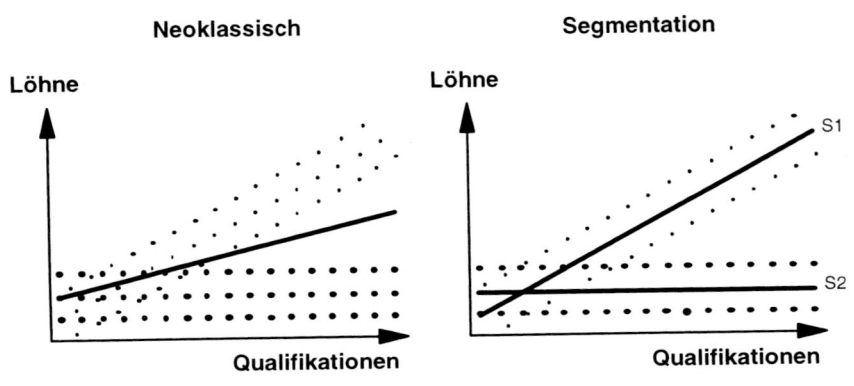

Abb. 51: Lohnfunktion und Arbeitsmarktsegmentation (Quelle: Verfasser)

DICKENS und LANG arbeiten mit zwei Lohnfunktionen und erwarten damit – falls die Annahmen der dualen Arbeitsmarkttheorie schlüssig sind – eine bessere Erklärung der Einkommensverteilung. Die Ergebnisse der Regressionsschätzung bestätigen die Annahme eines segmentierten Arbeitsmarktes: Während die standardisierten Regressionskoeffizienten der Lohnfunktion des primären Segments signifikante Ergebnisse zeigen, sind diese für das sekundäre Segment insignifikant. Die Annahme von zwei getrennten Lohnfunktionen ergibt also einen deutlich höheren Erklärungswert. Die Vorstellung eines „single labor market model" ist daher zu verwerfen und jene eines dualen Modells in Betracht zu ziehen.

Eine ähnliche Beweisführung haben NEUMANN und ZIDERMAN (1986) vorgelegt. Anhand von Individualdaten des „Israel Labor Mobility Survey" untersuchten die Autoren den Einfluß einer Reihe von unabhängigen Merkmalen auf das Einkommen. Auch sie kamen zu dem Schluß, daß disaggregierte Lohnfunktionen einen höheren Erklärungswert besitzen als eine uniforme Lohnfunktion.

Bei NEUMANN und ZIDERMAN weist die Variable „Dauer der Betriebszugehörigkeit" bei Personen des primären Segments einen signifikanten Wert von +0,011 aus (mit der Länge der Betriebszugehörigkeit erhöht sich auch das Einkommen), bei Personen des sekundären Segments jedoch einen insignifikanten Wert von lediglich +0,003. Dies entspricht den theoretischen Überlegungen, wonach das primäre Segment Stabilität durch Senioritätsregelungen erzeugt, während im sekundären Segment Instabilität gar nicht unerwünscht ist, und lange Betriebszugehörigkeit auch nicht weiter honoriert wird. Die Zuordnung zu den Segmenten erfolgt anhand einer beruflichen Prestigeskala.

MAIER und WEISS haben 1988 in einer empirischen Untersuchung für Österreich die Konzeption von DICKENS und LANG aufgegriffen und erweitert. MAIER und WEISS haben den Mikrozensus 1981, der ihrer Analyse zugrunde lag, in 7 Gebietstypen disaggregiert und konnten nachweisen, daß die Schätzergebnisse des segmentierten Lohnmodells mit regional differenzierten Daten einem Lohnmodell, welches mit gesamtösterreichischen Daten arbeitet, statistisch überlegen sind. Die Autoren folgern somit zu Recht, daß jenes Modell, welches bei regional differenzierten Arbeitsmärkten deren segmentierten Aufbau berücksichtigt, die besten Ergebnisse liefert.

5.3.3 Zentral-periphere Einkommensdisparitäten

Die Lohnfunktion hilft bei der Bestimmung der determinierenden Faktoren der Einkommenshöhe. Schulbildung, Berufserfahrung, die Zugehörigkeit zu bestimmten Arbeitsmarktsegmenten, persönliche und regionale Merkmale haben sich als bestimmende Faktoren erwiesen. Wie groß das quantitative Ausmaß regionaler Lohndisparitäten ist, hat FASSMANN (1996) für Österreich bestimmt. Der Mikrozensus des Jahres 1985 zeigt, daß die Einkommensunterschiede (standardisiertes Jahreseinkommen) zwischen dem ländlichen Raum und den Zentralräumen insgesamt fast 40% betragen. 1985 verdiente die erwerbstätige Bevölkerung im ländlichen Raum im Durchschnitt rund 10.000 öS, in den Landeshauptstädten und in Wien rund 14.000 öS. Die regionalen Einkommensunterschiede sind ebenso ausgeprägt wie jene zwischen Männern und Frauen.

Ein Teil der Bruttodisparität ist strukturbedingt. Weil bestimmte Arbeitsplätze, die ein geringeres Lohnniveau aufweisen, im ländlichen Raum dominieren, sinkt das Durchschnittseinkommen. Die strukturbedingten Einflüsse sind zu berücksichtigen, um von einer Bruttodisparität zu einer Nettodisparität zu gelangen.

Hilfsarbeiter verdienen im ländlichen Raum in etwa gleich viel wie Hilfsarbeiter in den Zentralräumen. Dies gilt gleichermaßen für Männer wie für Frauen. In den Zentralräumen ist das Arbeitskräfteangebot für Jedermann-Tätigkeiten groß genug (Zuwanderung ausländischer Arbeitskräfte, Aktivierung unqualifizierter Arbeitskräfte), so daß die Bezahlung eines „städtischen Zuschlags" nicht notwendig erscheint. Wenn ein „städtischer Zuschlag" auch für Hilfsarbeiter bezahlt werden müßte, dann könnte jedes Unternehmen, das keine hohen qualifikatorischen Anforderungen stellt, an die Peripherie verlagert werden. Auf der anderen Seite kann dort der Lohn nicht weiter gedrückt werden, weil dies einerseits durch kollektivvertragliche Barrieren verhindert wird und andererseits ein existierender Markt für Hilfsarbeiter mittels Angebotsrestriktion reagieren würde. Die Flexibilität des Arbeitskräfteangebots ist aufgrund der vorhandenen „Alternativrollen" (Nebenerwerbslandwirte, Zimmervermietung) und der geringeren laufenden Lebenshaltungskosten durchaus gegeben.

Umgekehrt muß in den Zentralräumen für qualifizierte Mitarbeiter ein spezifischer Lohnzuschlag bezahlt werden. Die Konzentration der Nachfrage auf der einen Seite und ein limitiertes Angebot an erfolgreichen und qualifizierten Fach- und Führungskräften auf der anderen Seite zwingen Unternehmen auf dem städtischen Arbeitsmarkt dazu, mehr zu bezahlen, als es für Fach- und Führungskräfte auf einem peripheren Arbeitsmarkt üblich wäre. Tatsache ist jedenfalls, daß leitende oder hochqualifizierte Angestellte in den Zentralräumen ein um ein Drittel höheres Gehalt beziehen als im ländlichen Raum. Die Zunahme des zentral-peripheren Lohngradienten gilt besonders für Männer und weniger für Frauen.

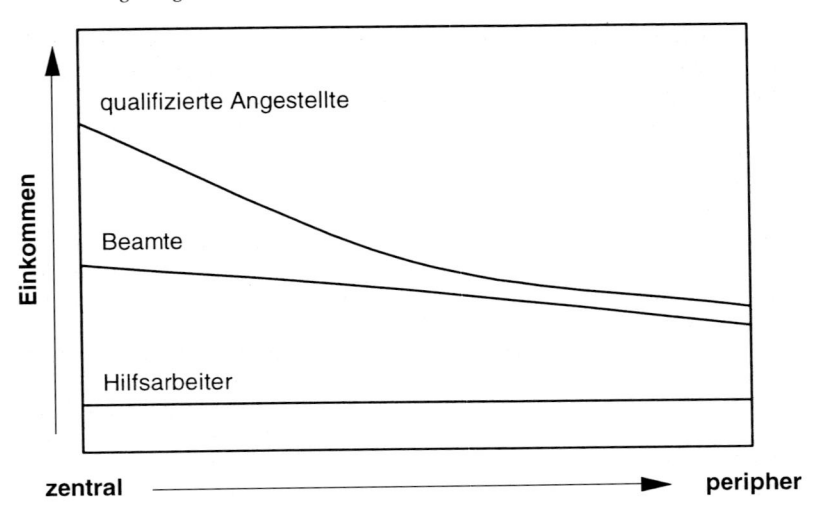

Abb. 52: Zentral-peripherer Lohngradient für Hilfsarbeiter und qualifizierte Angestellte (Quelle: Verfasser)

Zu berücksichtigen ist jedoch, daß die Kategorien „leitende Angestellte", „qualifizierte Angestelle" oder „höhere Beamte" sehr heterogen sind und sich im Zentrum aus ganz anderen beruflichen Positionen, Qualifikationen und Entscheidungsbefugnissen zusammensetzen als an der Peripherie. Im Zentrum sind die höchsten Entscheidungsbefugnisse und Gehaltsstufen lokalisiert, an der Peripherie gehören sogenannte „qualifizierte Angestellte" oder „höhere Beamte" nur den mittleren Rangstufen und Gehaltsklassen an. Der zentral-periphere Lohngradient der „qualifizierten Angestellten" kann also auch auf unterschiedliche Aufgaben, Anforderungen und Kompetenzen zurückgeführt werden und erst in zweiter Linie auf spezifische „Ortszuschläge", die nur in relativ wenigen Berufen (z.B. bei Beamten des öffentlichen Dienstes) explizit ein Bestandteil des Gehalts sind. Dagegen stellen die „Hilfsarbeiter" hinsichtlich ihrer Kompetenzen und Qualifikationen eine viel homogenere Kategorie dar, so daß auch wenig Anlaß für die Herausbildung eines zentral-peripheren Lohngradienten besteht.

Zentral-periphere Lohngradienten sind keine kurzfristigen Erscheinungen. Sie weisen im Gegenteil eine erhebliche Persistenz auf und zählen zu den immanenten Strukturunterschieden zwischen den Zentralräumen und der Peripherie, die sich zudem eher verstärken als automatisch abschwächen. ANGEL und MITCHELL (1991) dokumentieren, daß sich trotz des Niedergangs der Industrie in den nordöstlichen Zentralräumen der USA die regionalen Muster der Löhne nicht wesentlich verändert haben. Nur auf einer sehr kleinräumigen Ebene zeigen sich Verschiebungen, die mit einem ungleichen Timing der Restrukturierung in einem Zusammenhang stehen. „Our analysis provides little evidence of an erosion of real wage differentials at the scale of census regions. Rather, the tendency is towards increasing intraregional variance in wages, especially within the north central United States, reflecting the geographically uneven effects of restructuring within regions" (ANGEL/MITCHELL 1991, S. 124).

Für Deutschland kommen BELLMANN und BLIEN (1996) zum Ergebnis, daß sich Löhne in Abhängigkeit von der regionalen Arbeitslosenquote ein wenig verändern. Der entsprechende Koeffizient ist signifikant, wenn auch viel niedriger als andere Merkmale. Ist die regionale Arbeitslosigkeit hoch, dann sinken tendenziell die Löhne und umgekehrt steigen die Löhne bei abnehmender Arbeitslosigkeit. Die Begründung fällt nicht schwer: Hohe regionale Arbeitslosigkeit schwächt die gewerkschaftliche und individuelle Verhandlungsmacht, die ein relatives Zurückfallen der Lohnabschlüsse nicht verhindern können. Dazu kommt, daß – so die Annahme – hohe Arbeitslosigkeit und hohe Löhne substitutiv auf die Motivation der Mitarbeiter wirken. Entweder werden Mitarbeiter durch hohe Löhne motiviert, produktiv zu sein, oder sie werden durch hohe Arbeitslosigkeit dazu gezwungen.

Hohe Arbeitslosigkeit findet sich in den Städten, in peripheren Regionen und an jenen Standorten, die eine besondere regionalökonomische Problemlage aufweisen. Daraus folgt, daß sich am zentral-peripheren Lohngradienten wenig ändern wird, wenn an beiden Enden hohe Arbeitslosenquoten zu beobachten sind. Den stärksten Effekt auf die Lohnentwicklung fand BLIEN bei der Berücksichtigung der Arbeitslosenquote der einzelnen deutschen Länder auf der Kreisebene. Dieser föderale Effekt ändert abermals wenig am zentral-peripheren Gradienten, aber er akzentuiert die großräumigen Unterschiede.

6 Teilarbeitsmärkte

Unter dem Begriff Teilarbeitsmarkt werden Einheiten des Gesamtarbeitsmarktes verstanden, die anhand statistischer Kenngrößen disaggregiert worden sind. Teilarbeitsmärkte sind als mehr oder minder homogene Teilmengen – im Vergleich zum Gesamtarbeitsmarkt – zu interpretieren. Die Disaggregierung des Gesamtarbeitsmarktes in spezifische Teilarbeitsmärkte erfolgt nach arbeitsplatz- oder arbeitskräftespezifischen Merkmalen. Relevante und nur beispielhaft aufgezählte Kategorien sind in diesem Zusammenhang:

- Geschlecht („weiblicher Arbeitsmarkt"),
- Nationalität („Gastarbeiterarbeitsmarkt"),
- Qualifikation („Arbeitsmarkt für Ungelernte"),
- Alter („Arbeitsmarkt für Jugendliche oder Ältere"),
- Region („ländlicher oder städtischer Arbeitsmarkt"),
- Branche („Tourismusarbeitsmarkt").

Die Teilarbeitsmarktanalyse kann nur einen indirekten Nachweis der Arbeitsmarktspaltung erbringen. Jene Bereiche des Arbeitsmarktes, in denen der Anteil bestimmter und a priori ausgewählter Bevölkerungsgruppen hoch ist, erhalten ein spezifisches Etikett. So wird jener Teil des Arbeitsmarktes, der einen hohen Anteil an Gastarbeitern aufnimmt, als Gastarbeiterteilarbeitsmarkt bezeichnet. Ob sich dieser Teilmarkt verändert oder stabil bleibt, kann im Rahmen der statistischen Teilarbeitsmarktanalyse zunächst nicht geklärt werden. Dies ist erst dann möglich, wenn Analysen zu mehreren Zeitpunkten durchgeführt werden.

6.1 Meßkonzepte

Als methodisches Instrument zur Erfassung und Messung von Teilarbeitsmärkten bieten sich einige Konzepte an, die in einem anderen Zusammenhang in der Stadtgeographie gebräuchlich sind. Im Rahmen einer Teilarbeitsmarktanalyse lassen sich Segregationsindizes berechnen, die das Ausmaß unterschiedlicher geschlechtsspezifischer Zusammensetzungen der Berufe messen. Der Segregationsindex, so wie er in der Stadtgeographie Verwendung findet, drückt das Ausmaß räumlicher Ungleichverteilung einer ethnischen Minderheit im Vergleich zur Gesamtbevölkerung aus. Der Segregationsindex ist in der Arbeitsmarktgeographie sehr ähnlich zu interpretieren. Er mißt das Ausmaß der Ungleichverteilung von Frauen, Regionen oder ethnischen Gruppen in einzelnen Berufen (oder Sektoren) im Vergleich zur gesamten Erwerbsbevölkerung oder zu einer anderen Referenzgruppe (z.B. Männer, Inländer, Stadt). Der Dissimilaritätsindex (D) mißt den Unterschied in der räumlichen Verteilung von zwei Teilmengen (z.B. Arbeitsplätze in zwei Wirtschaftsklassen oder in zwei Berufen). Sowohl der Segregationsindex als auch der Dissimilaritätsindex haben dieselbe Formel, lediglich die eingesetzten Variablen sind unterschiedlich.

Beispiel für die Berechnung eines Dissimilaritätsindex:

$$D = 0{,}5 \cdot \Sigma \left| \frac{F_i}{F} - \frac{M_i}{M} \right| \cdot 100$$

Branche	Frauen	Männer	F_i/F	M_i/M
1	100	0	1	0
2	0	100	0	1
	100	100		

$D = 0{,}5 \cdot + (|1-0| + |0-1|) \cdot 100 = 100$

Ist der Anteil aller Frauen in einzelnen Sektoren oder Berufen (F_i/F) genauso groß wie jener der Männer (M_i/M), dann wird die Summe über alle Sektoren (oder Berufsgruppen) 0 sein und damit die perfekte Gleichverteilung messen. Sind dagegen alle Frauen in Sektoren tätig, in denen keine Männer zu finden sind, und umgekehrt alle Männer, wo keine Frauen arbeiten, dann wird der Dissimilaritätsindex 100 betragen und die perfekte Ungleichverteilung anzeigen. Anstelle von Männern und Frauen können auch Inländer und Ausländer oder die städtische mit der ländlichen Bevölkerung verglichen werden. In beiden Fällen erhält man ein Maß für Gleich- oder Ungleichverteilung. Die Interpretation eines größenstandardisierten Dissimilaritätsindex entspricht dem des unstandardisierten.

Beispiel für die Berechnung eines standardisierten Dissimilaritätsindex:

$$D_{stand} = 0{,}5 \cdot \Sigma \left| \frac{\frac{F_i}{T_i}}{\Sigma \frac{F_i}{T_i}} - \frac{\frac{M_i}{T_i}}{\Sigma \frac{M_i}{T_i}} \right| \cdot 100$$

Branche	Frauen	Männer	T_i	F_i/T_i	M_i/T_i
1	100	0	100	1	0
2	0	100	100	0	1
Summe	100	100		1	1

$D_{stand} = 0{,}5 \cdot \left(\left| \frac{1}{1} - \frac{0}{1} \right| + \left| \frac{0}{1} - \frac{1}{1} \right| \right) \cdot 100 = 100$

Weil die Ungleichverteilung für jeden Sektor (oder Beruf) getrennt berechnet und dann summiert wird und damit jeder Sektor (oder Beruf) gleich gewichtig zum Dissimilaritätskoeffizienten beiträgt, sollte dieser gewichtet werden. Die relative Beschäftigungsgröße der einzelnen Sektoren (oder Berufe) dient dabei als Maßstab der Gewichtung. Man gelangt somit zu einem standardisierten Dissimilaritätskoeffizient D_{stand}.

Eine dritte Maßzahl zur Berechnung von Gleich- oder Ungleichverteilung und damit statistisch abgegrenzter Teilarbeitsmärkte ist der Sex-Ratio-Index (vgl. KREIMER 1995).

Beispiel für die Berechnung eines Sex-Ratio-Index:

$$SR = \Sigma \left[\left(\frac{\frac{F_f}{F} \cdot 100}{\frac{T_f}{T} \cdot 100} \right) - \left(\frac{\frac{F_m}{F} \cdot 100}{\frac{T_m}{T} \cdot 100} \right) \right]$$

Branche	Frauen	Männer	T_f	T_m	F_f/F	F_m/F
1	100	0	100	–	1	0
2	0	100	–	100	0	0
Summe	100	100				

$$SR = \left[\left(\frac{1 \cdot 100}{0,5 \cdot 100} \right) - \left(\frac{0 \cdot 100}{0,5 \cdot 100} \right) \right] + \left[\left(\frac{0 \cdot 100}{0,5 \cdot 100} \right) - \left(\frac{0 \cdot 100}{0,5 \cdot 100} \right) \right] = 2$$

Er vergleicht das Geschlechterverhältnis innerhalb der Sektoren (oder Berufe) mit dem Geschlechterverhältnis aller Erwerbspersonen, indem die Differenz zwischen der Überrepräsentation von Frauen in Frauensektoren (oder -berufen; F_f = Frauen in Sektoren mit Frauenanteil > Durchschnitt) und der Unterrepräsentation von Frauen in Männersektoren (oder -berufen; F_m = Frauen in Sektoren mit Männeranteil > Durchschnitt) gebildet wird. Frauensektoren sind durch einen überdurchschnittlichen Frauenanteil gekennzeichnet. Bei Männersektoren gilt das Umgekehrte. T_f stellt die Zahl der Berufstätigen in Frauensektoren insgesamt dar, T_m jene in Männerberufen. Liegt weder Über- noch Unterrepräsentation vor und damit keine meßbare Segregation, dann ist der Index 0, andernfalls größer oder kleiner als 0. Das Beispiel ergibt einen Sex-Ratio-Index von 0 und zeigt damit die perfekte Gleichverteilung an.

Ersetzt man abermals Männer und Frauen durch andere dichotome Merkmale (Inländer und Ausländer, Stadt und Land), so gelangt man zu entsprechenden Indizes (Inländer-Ausländer-Index, Stadt-Land-Index). Die Interpretation bleibt inhaltlich gleich. Ein Wert von 0 eines Stadt-Land-Index würde bedeuten, daß das Stadt-Land-Verhältnis der Erwerbspersonen in allen „städtischen" Sektoren identisch ist mit jenem der „ländlichen" Sektoren.

6.2 Der geschlechtsspezifische Arbeitsmarkt

In der Arbeitsmarktforschung herrscht Konsens darüber, daß die geschlechtsspezifische Differenzierung zu den zentralen Merkmalen des Arbeitsmarktes, oder allgemeiner, der Gesellschaft zählt. Die Veränderung der Frauenerwerbstätigkeit gehört zu den wichtigsten Trends des 20. Jahrhunderts und ist für das Verständnis vieler soziökonomischer, arbeitsmarktrelevanter und demographischer Strukturveränderungen notwendig. In den nachfolgenden empirischen Abschnitten wird daher herausgearbeitet, worin die Geschlechtsspezifik des Arbeitsmarktes besteht. Gleichzeitig sollen auch die gängigen und oftmals sehr unterschiedlich argumentierenden theoretischen Grundlagen dargestellt werden.

6.2.1 Kennzeichen des weiblichen Arbeitsmarktes

Zu den geschlechtsspezifischen Charakteristika des Arbeitsmarktes zählt die spezifische gesellschaftliche Aufgabenteilung zwischen Männern und Frauen. Bestimmte Beschäftigungen werden von Frauen überdurchschnittlich oft übernommen oder es stehen für sie ausschließlich Frauen zur Verfügung. In verschiedenen Kulturen werden jedoch höchst unterschiedliche Beschäftigungen als typisch weiblich oder als nur für Männer geeignet angesehen. Dies zeigt, daß sogenannte weibliche Berufe gesellschaftlich konstruiert sind.

Sektorale Position

In europäischen Industrieländern sind Frauen überdurchschnittlich stark im Bereich der Landwirtschaft, des Grundschulwesens, des Fremdenverkehrs, des Handels, des Gesundheitswesens sowie diverser sozialer und öffentlicher Dienstleistungen tätig. In einigen Entwicklungsländern sind dagegen Frauen überdurchschnittlich oft im Straßenbau beschäftigt. Selbst innerhalb der kommunistischen Länder

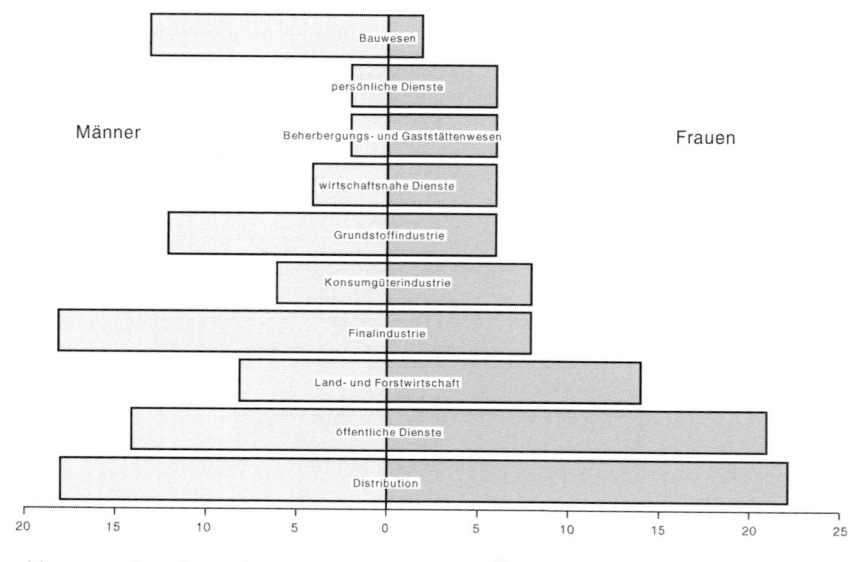

Abb. 53: Sektorale Struktur der Erwerbstätigen in Österreich nach dem Geschlecht (Quellen: Mikrozensus 1993; Verfasser)

Mittel- und Osteuropas waren die unterschiedlichen historischen und kulturellen Traditionen stärker als die marxistische Ideologie, so daß in allen kommunistischen Ländern, trotz der postulierten Gleichheit im Erwerbsleben, eine starke geschlechtsspezifische Segmentierung existierte, die sich allerdings auf unterschiedliche Branchen bezog.

Hierarchische Stellung
Die Arbeitsplätze, die Frauen übernehmen bzw. die ihnen offenstehen, sind häufig mittlere und untergeordnete Tätigkeiten und nur selten hochqualifizierte oder leitende Funktionen. Bei Männern verhält es sich genau umgekehrt. Frauen konzentrieren sich auf mittlere und einfache Angestelltentätigkeiten, beispielsweise als Buchhalterin, Sekretärin, Verkäuferin, Stenotypistin oder auch als Telefonistin, Kassiererin und Locherin. In Österreich erfüllte in den 90er Jahren etwa ein Drittel aller erwerbstätigen Frauen diese untergeordneten Angestelltentätigkeiten. Ein weiteres Viertel entfällt auf angelernte oder Hilfsarbeitertätigkeiten, für die keine nennenswerte Qualifikation erforderlich ist.

Umgekehrt zeigt sich, daß überall dort, wo die Arbeitsinhalte in leitenden und dispositiven Funktionen bestehen, Frauen gegenüber Männern deutlich unterrepräsentiert sind. Im Teilarbeitsmarkt der Arbeiter sind dies Fach- und Vorarbeitertätigkeiten und in jenem der Angestellten hochqualifizierte und leitende Funktionen. Innerhalb des öffentlichen Dienstes besitzen Frauen etwas größere Chancen, in höhere Positionen vorzurücken, als in der Privatwirtschaft. Diese Beobachtung hängt u. a. auch mit den in bürokratischen Systemen stärker reglementierten Einstellungs-

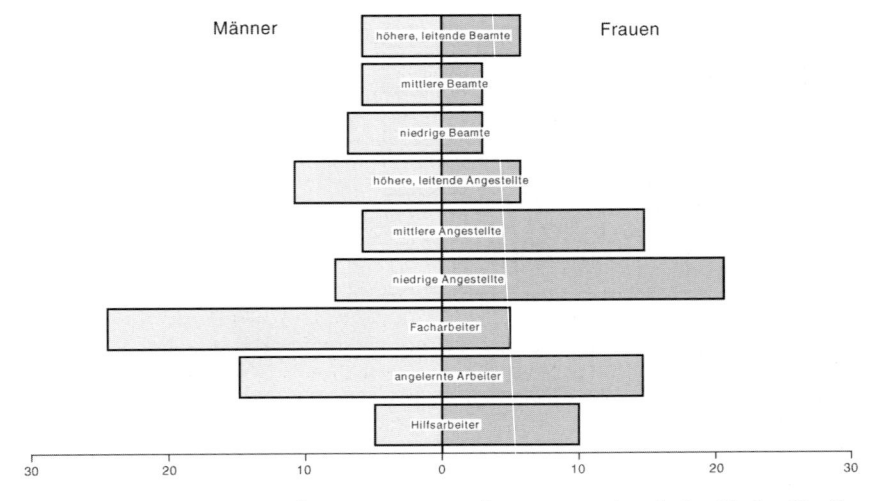

Abb. 54: Erwerbstätige in Österreich nach Stellung im Beruf und Geschlecht (Quellen: Mikrozensus 1993; Verfasser)

voraussetzungen zusammen. Dies gilt besonders für höhere Beamtentätigkeiten, bei denen der Frauenanteil höher ist als jener der Männer. Die Kategorie „höhere Beamte" umfaßt Sachbearbeiter, Referenten und besonders – und darin liegt die quantitative Begründung – Pflicht- und Mittelschullehrer. Gerade in der zuletzt genannten Berufsgruppe hat sich die Feminisierung, zumindest im städtischen Raum, durchgesetzt (vgl. SCHMUDE 1988; MEUSBURGER/SCHMUDE 1991). Bei den hochqualifizierten und leitenden Beamten bilden Frauen jedoch noch immer eine Minderheit, so daß die Ernennung einer Frau zum Bezirkshauptmann, Sektionschef oder Stadtamtsdirektor als exemplarischer Beweis für das gesellschaftliche Umdenken öffentlich „verkauft" wird.

Spezifische Berufsverläufe

Auch am Ende des 20. Jahrhunderts unterscheiden sich die Berufsverläufe jüngerer Kohorten von Männern und Frauen deutlich voneinander (vgl. MAYER/ALLMENDINGER/HUININK 1991). Die Unterschiede lassen sich anhand der unterschiedlichen Berufsausbildung, der Studienfachwahl, der Berufswahl, der Berufseinmündung, der Stellung im Beruf, der ausgeübten Tätigkeiten, des Durchschnittseinkommens und der Konzentration auf bestimmte Wirtschaftsklassen aufzeigen. Selbst bei gleicher Berufsausbildung kam es, zumindest bisher, bereits in den ersten Berufsjahren zu einer vertikalen Segregation hinsichtlich des Einkommens und der ausgeübten und unterschiedlich bewerteten Tätigkeiten (ENGELBRECH/KRAFT 1992, S. 17f.). Diese schon zu Beginn der Berufslaufbahn gesetzten Benachteiligungen können Frauen im Laufe ihres weiteren Berufslebens nur selten ausgleichen. Trotz des auf Frauen bezogenen Slogans „von der industriellen Reservearmee über die Begabungsreserve hin zum Innovationspotential" (DAMMER 1988; HAUSSMANN 1991) hat bisher nur ein relativ kleiner Anteil von Frauen eine Topkarriere in Führungspositionen geschafft. Zwei Drittel der berufstätigen Frauen sind der Meinung, daß „Frauen – auch bei gleichen Voraussetzungen – geringere Aufstiegsmöglichkeiten als Männer haben" (ENGELBRECH 1989, S. 100ff.).

In jenen Fällen, in denen Frauen innerhalb einer Unternehmenshierarchie höhere Positionen erreicht haben, waren sie – zumindest bisher – vorwiegend in der Verwaltung und der sogenannten „Technostruktur" (Stabsabteilungen, Referate für Weiterbildung, Kultur, Sozialpolitik, Kundenbetreuung etc.) konzentriert, wo Entscheidungen vorbereitet und „unterstützende Funktionen" wahrgenommen werden, und nur sehr selten in den Linienstrukturen, in denen Entscheidungen gefällt und Macht ausgeübt wird. Diese Regelhaftigkeit läßt sich besonders eindrucksvoll in den ehemals sozialistischen Ländern nachweisen. Die kommunistischen Systeme haben unter Hinweis auf die sehr hohen Frauenerwerbsquoten und auf die gesetzlichen Bestimmungen zur Gleichberechtigung von Frauen den Anspruch erhoben, daß sie als erste die Gleichberechtigung von Männern und Frauen im Erwerbsleben erreicht hätten. Diese These schien auch durch eindrucksvolle Daten über den Anteil von Frauen in diversen Akademikerberufen (Ärztinnen, Ingenieurinnen, Technikerinnen etc.) gestützt zu sein. Wenn man allerdings der Frage nachgeht, wie groß der Anteil der Frauen in der Nomenklatura war, die über alle wichtigen politischen, wirtschaftlichen, kulturellen und gesellschaftlichen Fragen entschieden hat und auf allen Hierarchieebenen über ein unumschränktes Machtmonopol verfügte, dann hatten Frauen auch in den kommunistischen Systemen sehr wenig Entscheidungsbefugnisse.[54]

Generell muß man feststellen, daß die mangelnde Durchlässigkeit des Arbeitsmarktes nach „oben" hin das Entstehen eines typischen weiblichen Verlaufsmusters der Berufstätigkeit gefördert hat. Weibliche Berufslaufbahnen können als gleichbleibende, „Steady-state-Laufbahnen" auf niedrigem oder mittlerem Niveau im Beschäftigungssystem charakterisiert werden. Frauen beginnen ihre Tätigkeit als Verkäuferin, Sekretärin oder Lehrerin und sie bleiben es auch im Laufe ihres Berufslebens. Es ist eine gleichbleibende, stabile Laufbahn, die durchaus eine hohe betriebliche Fluktuation aufweisen mag, aber an der Position innerhalb des Beschäftigungssystems wenig ändert. Zynisch formuliert könnte man eigentlich von einer „Nicht-Karriere" sprechen.

Einkommensbenachteiligung

Frauen werden nicht nur beim beruflichen Einstieg benachteiligt, sondern sie erhalten auch für vergleichbare Tätigkeiten eine geringere Bezahlung. Insgesamt betrug im vergangenen Jahrzehnt der Einkommensunterschied in Österreich rund 30%. Das männliche Durchschnittseinkommen lag bei rund 20.000 öS (3.000 DM), jenes der Frauen lediglich bei 15.000 öS (2.000 DM). Auch in vielen anderen Staaten betragen die geschlechtsspezifischen Einkommensunterschiede zwischen 30 und 40%.

Dabei sind jedoch die strukturbedingten Einkommensunterschiede von den „reinen" geschlechtsspezifischen Diskriminierungen zu unterscheiden. DIEKMANN/-ENGELHARDT/HARTMANN (1993) haben anhand des Mikrozensus 1985 gezeigt, daß letzteres – nämlich die „rein" geschlechtsspezifische Diskriminierung – eher gering ist und ein Großteil der Einkommensunterschiede auf Strukturunterschiede zurückzuführen ist. Sie kamen zum Ergebnis, daß deutsche Frauen ein um 25% höheres Einkommen erzielen würden, wenn sie bezüglich Ausbildungsniveau, Berufserfahrung und Arbeitszeit mit den Männern gleichzögen (allein die Arbeitszeit machte 18–20% aus). Um weitere 15% würde das Einkommen deutscher Frauen zunehmen, wenn diese das gleiche Erwerbsverhalten zeigten wie Männer (DIEKMANN/ENGELHARDT/HARTMANN 1993, S. 394).

---

[54] In Ungarn waren beispielsweise in der zweiten Hälfte der 80er Jahre unter den Mitgliedern der Nomenklatura nur rund 16,7% Frauen, obwohl ihr Anteil an der gesamten Erwerbsbevölkerung fast 50% ausmachte. Je höher die Machtpositionen und je weitreichender die Entscheidungsbefugnisse, um so geringer wurde der Anteil der Frauen. Auf der 2. Leitungsebene der Gerichte und Staatsanwaltschaften waren noch 33,1% der Angehörigen der Nomenklatura Frauen, auf der 1. Leitungsebene der Massenmedien (z.B. Chefredakteure) gab es noch 11,2% Frauen, im Hochschulwesen 8,1%, auf der ersten Führungsebene von großen staatlichen Unternehmen waren 4,4% Frauen und auf der ersten Führungsebene der Staatsmacht waren nur noch 0,8% Frauen anzutreffen (HARCSA 1995, S. 274f.).

6.2.2 Die Feminisierung von Berufen

Trotz der Benachteiligungen, denen Frauen beim Eintritt in das Beschäftigungssystem und im Laufe ihres weiteren Berufslebens ausgesetzt sind, nimmt der Frauenanteil in vielen Berufen und Wirtschaftsbranchen zu. Dieser Prozeß einer zunehmenden Integration weiblicher Arbeitskräfte wird in der Literatur als Feminisierung bezeichnet. SCHMUDE (1988) hat eine klare Definition des Begriffes und eine Typisierung der verschiedenen Formen einer Feminisierung vorgelegt. Dabei hat er drei Grundformen der Feminisierung unterschieden:

- Typ A: die Zahl der Frauen steigt und die Zahl der Männer nimmt ab,
- Typ B: die Zahl der Frauen steigt schneller als die der Männer,
- Typ C: die Zahl der Männer sinkt schneller als die der Frauen.

Bei den Typen A und B werden die Männer durch Frauen vom Berufsfeld verdrängt bzw. substituiert. Dagegen kommt die Feminisierung im Fall C nicht durch ein „Vordringen" oder „Aufholen" von Frauen in einem Beruf zustande, sondern durch einen langsameren Rückzug der Frauen aus einem wenig attraktiven oder nicht mehr nachgefragten Beruf, so daß sie auch als *„passive Feminisierung"* bezeichnet wird. Dagegen können Typ A und B auch als *„tatsächliche Feminisierung"* aufgefaßt werden, weil zwischen zwei Zeitpunkten t_1 und t_2 der relative Anteil der Frauen ansteigt und die Differenz zwischen den absoluten Zahlen von Männern und Frauen abnimmt.

Die Feminisierung wurde im Detail am Beispiel des Lehrberufs analysiert. Erste Untersuchungen dazu sind bereits um die Jahrhundertwende erschienen. Damals wurde jedoch der Begriff der Feminisierung, besonders in Verbindung mit dem Lehrberuf, nicht immer wertneutral, sondern oft als antifeministischer Kampfbegriff verwendet (ZINNECKER 1973b, S. 87; SCHMUDE 1988).[55] Was sich in den einschlägigen Untersuchungen zeigt, ist die klare Zuordnung der Feminisierung der Volksschullehrer zum Typ B: Die Zahl der Lehrerinnen stieg schneller als die der Männer. In den meisten Industrieländern konnte eine ähnliche Entwicklung beobachtet werden. In Österreich hat sich der Frauenanteil zwischen den Schuljahren 1926/27 und 1995/96 mehr als verdoppelt.

Tabelle 10 belegt, daß die regionalen Disparitäten des Frauenanteils am Lehrkörper viele Jahrzehnte lang eine bemerkenswerte Persistenz aufwiesen. Die mannigfaltigen Ursachen für diese zentral-peripheren Disparitäten wurden von SCHMUDE (1988) und MEUSBURGER/SCHMUDE (1991) ausführlich erklärt.

---

[55] So warnte der Chemnitzer Oberlehrer Laube im Jahre 1906, als der Anteil der Lehrerinnen am Volksschullehrkörper in den Ländern des Deutschen Reiches lediglich 10% bis 20% betrug: „In der Verweiblichung des Lehrkörpers der Volksschule liegt eine Gefahr für die Entwicklung der Schule, für ihre Unabhängigkeit und unser gesamtes Volkstum" (zitiert nach ZINNECKER, 1970, S. 26).

Tabelle 10: Der Frauenanteil am Lehrkörper der österreichischen Volksschulen in Prozent
(Quellen: Statistische Handbücher der Republik Österreich, diverse Jahrgänge)

	1926/27	1934/35	1970/71	1981/82	1987/88	1995/96
Burgenland	28,2	29,2	45,2	59,8	69,9	75,4
Kärnten	34,2	38,2	58,3	70,5	78,6	81,6
Niederösterreich	29,7	31,3	58,8	76,3	81,0	84,1
Oberösterreich	36,8	37,1	62,5	77,0	80,7	82,3
Salzburg	30,8	32,9	62,5	78,1	81,3	83,7
Steiermark	51,7	50,2	69,4	80,4	83,4	86,0
Tirol	47,9	46,9	54,5	62,1	66,2	70,9
Vorarlberg	34,5	35,3	45,7	64,7	69,6	74,3
Wien	55,5	56,8	85,5	91,3	92,5	92,8
Österreich	41,5	41,4	63,5	76,6	80,6	83,2

Aus einem hohen Frauenanteil oder einer zunehmenden Feminisierung darf man jedoch nicht vorschnelle Schlüsse auf bessere Karrierechancen oder eine Gleichberechtigung von Frauen in einem attraktiven Beruf ziehen. Viele Autoren haben darauf hingewiesen, daß ein tatsächlicher Feminisierungsprozeß vor allem in jenen Berufen festzustellen ist, die für Männer an Attraktivität und Prestige verloren haben (z.B. Grundschullehrerberuf). Ein solcher Trend ist selten umkehrbar und dann auch nur aufgrund massiver externer Effekte.[56]

Bei der Interpretation des Feminisierungsprozesses müssen Unterschiede in der rechtlichen Stellung (Vollzeit- und Teilzeitbeschäftigte) und Besoldung von Männern und Frauen sowie die Dauer und Gründe eines Feminisierungsprozesses berücksichtigt werden. Selbst Phasen einer „tatsächlichen Feminisierung" sind nicht unbedingt mit einer beruflichen Besserstellung, einer Substituierung der Männer durch Frauen oder einem dauerhaften Vordringen von Frauen in einen Beruf gleichzusetzen. SCHMUDE (1988, S. 126) hat für Baden bzw. Baden-Württemberg zwischen 1880 und 1985 drei Phasen einer „Feminisierung" festgestellt. Zwei dieser Phasen fielen in die Zeit der beiden Weltkriege und wurden vor allem durch die Einberufung von männlichen Lehrern zum Militär ausgelöst, so daß es sich eigentlich um eine „passive Feminisierung" gehandelt hat. Nur zwischen 1950 und 1975 gab es infolge der Expansion des Bildungswesens eine bedeutende Periode „tatsächlicher Feminisierung", in der die Zahl der Lehrerinnen stärker angestiegen ist als die Zahl der Lehrer. In den übrigen Zeitabschnitten (1880–1914) fand entweder nur eine „scheinbare Feminisierung" statt oder der Frauenanteil nahm sogar wieder ab (1918–1936 sowie 1976–1984).

---

[56] Nach der Machtergreifung der kommunistischen Systeme hat z.B. der Bankensektor in der Planwirtschaft an Bedeutung verloren, bis er nach der politischen Wende im Jahre 1989/90 in der Marktwirtschaft wieder sehr an Attraktivität und Einflußmöglichkeiten gewonnen hat. Diese Attraktivitätskurve spiegelte sich auch im Anteil der Frauen unter den Beschäftigten des Bankwesens wider.

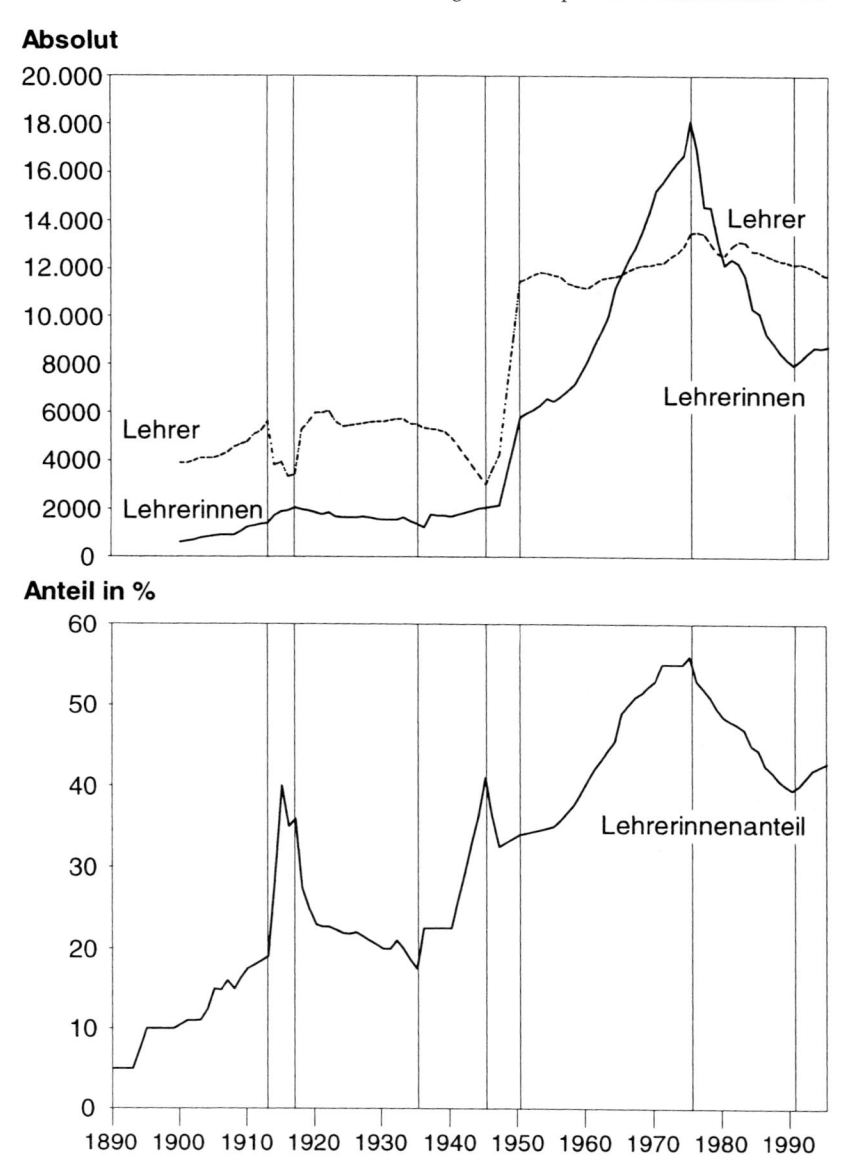

6.2 Der geschlechtsspezifische Arbeitsmarkt 207

Abb. 55: Die Typisierung der Feminisierungsphasen an den Volks- bzw. Grund- und Hauptschulen Badens bzw. Baden-Württembergs (Quelle: MEUSBURGER/SCHMUDE 1991)

Bemerkenswert ist, daß hinsichtlich der Feminisierung des Volksschullehrerberufs seit dem Erscheinen der ersten Statistiken immer große regionale Unterschiede festzustellen waren, deren Spannweite sich viele Jahrzehnte lang kaum verringert hat. Diese sind auf allen Generalisierungsebenen festzustellen und variieren sowohl mit der Hierarchie des Siedlungssystems als auch mit der Organisationsform und Größe der Schulen. Unabhängig davon, ob man diese Fragestellung auf der regionalen Mikroebene analysiert, wo es noch möglich ist, unter Verwendung verschiedener Kriterien (z.B. Distanz zu größeren Ortschaften, Verkehrserschlossenheit, Höhenlage etc.) den Standort jeder einzelnen Schule als „zentral", „peripher" oder „extrem peripher" zu klassifizieren, oder ob man dieselbe Thematik auf der regionalen Makroebene untersucht, wo nur noch die Gemeindegrößenklasse oder der zentralörtliche Rang der Schulstandortgemeinden berücksichtigt werden können, läßt sich seit dem Erscheinen der ersten ausführlichen Lehrerstatistiken (in Österreich etwa seit 1870) bis heute ein deutlich ausgeprägtes zentral-peripheres Gefälle des Frauenanteils am Lehrkörper der Volksschulen (Grundschulen) nachweisen.

Für die analytische Makroebene (Gemeindegrößenklassen) sei diese Gesetzmäßigkeit kurz am Beispiel von Österreich belegt. Dies dokumentiert, daß der Frauenanteil am Lehrkörper mit jeder Gemeindegrößenklasse zunimmt, wobei die kleinste Gemeindegrößenklasse noch einen so niedrigen Frauenanteil aufweist, der im gesamtösterreichischen Durchschnitt schon Anfang der 30er Jahre und in Wien schon um die Jahrhundertwende erreicht wurde. Diese niedrigen Werte sind um so erstaunlicher, als in den 60er und 70er Jahren bereits Hunderte von „extrem peripher" gelegenen kleinen Volksschulen, an denen kaum Frauen unterrichtet haben, aufgelassen worden sind, was eigentlich zu einer stärkeren Verringerung der *zentral-peripheren Disparitäten* beitragen hätte müssen.

Diese zentral-peripheren Disparitäten des Frauenanteils am Lehrkörper lassen sich selbst im ländlichen Raum zwischen zentral und peripher gelegenen Schulen nachweisen. Vor allem solche Schulen, die außerhalb von geschlossenen Siedlungen in peripherer oder extrem peripherer Lage (meist Streusiedlungen oder Bergbauernge-

Tabelle 11: Der Frauenanteil am Lehrkörper der österreichischen Volksschulen nach der Einwohnerzahl des Schulstandortes in Prozent (Quelle: MEUSBURGER/SCHMUDE 1991)

Gemeindegrößenklasse des Schulstandortes (Zahl der Einwohner)	1981 Frauenanteil
bis 500	47,6
501–1 000	63,6
1 001–2 000	70,9
2 001–5 000	75,8
5 001–10 000	79,7
10 001–20 000	81,7
20 001–100 000	85,5
100 001–1 Mio	87,9
über 1 Mio. (= Wien)	90,3
Österreich gesamt	80,6

biete) situiert sind, wiesen außerordentlich niedrige Frauenanteile auf und blieben im Feminisierungsprozeß um Jahrzehnte hinter den größeren Ortszentren zurück. Die soziale Innovation „Lehrerin" ist also selbst 200 Jahre nach Beginn der allgemeinen Schulpflicht aus verschiedenen Gründen noch kaum in periphere ländliche Gebiete vorgedrungen. Das von Beginn an stark ausgeprägte zentral-periphere Gefälle des Lehrerinnenanteils hat sich zwar im Laufe der Zeit auf immer höhere Ebenen (Prozentwerte) verlagert, aber die Disparitäten zwischen den Großstädten und den peripheren ländlichen Gebieten haben sich in den letzten Jahrzehnten nur geringfügig verändert.

6.2.3 Erklärungsansätze für die geschlechtsspezifische Diskriminierung

Warum stehen für Frauen andere Arbeitsplätze zur Verfügung als für Männer? Warum haben Frauen geringere Karrierechancen? Warum verdienen Frauen weniger als Männer? Wieso bildet sich ein spezifischer weiblicher Teilarbeitsmarkt heraus, der zeitlich und räumlich weitgehend invariant ist und der sich als längerfristige Struktureinheit des Arbeitsmarktes etabliert hat? Die Antworten darauf sind vielfältig.

Humankapitaltheoretische Begründung

Die Herausbildung eines spezifischen weiblichen Teilarbeitsmarktes ist eine Folge unterschiedlicher Bildungsinvestitionen. So lautet die humankapitaltheoretische These. Aus einer Reihe von Gründen investieren Frauen weniger in ihr Bildungskapital als Männer, Eltern weniger in die Bildung der Töchter als in jene der Söhne. Bildungsinvestitionen „lohnen" sich bei den Töchtern weniger als bei den Söhnen, weil Töchter heiraten und dann nicht mehr erwerbstätig sind, mögen manche meinen. Oder dies wird gar nicht hinterfragt und die geringere Schulbildung von Töchtern als traditionelle Verhaltensweise akzeptiert.

Der US-amerikanische Ökonom und Nobelpreisträger BECKER (1964/1975) meinte, daß es für Frauen, die die Absicht haben, Kinder zur Welt zu bringen, rational ist, weniger in ihre Ausbildung zu investieren. Er begründet dies mit dem Arbeitsausfall während der Zeit der Kindererziehung. Denn Frauen müßten in ihrem gesamten Erwerbsleben deutlich höhere Löhne erzielen als Männer, um auf die gleiche Verzinsung ihrer Bildungsinvestitionen zu kommen. Weil dies nicht durchsetzbar ist, erscheint es dem Autor rational, auf Bildungsinvestitionen gleich zu verzichten und nur untergeordnete Tätigkeiten anzunehmen, die dann, wenn die Kinder zu betreuen sind, ohne Humankapitalverlust wieder aufgegeben werden können.

Eine ähnliche Auffassung vertreten MINCER und POLACHEK (1974). Sie unterstellen Frauen, jene Berufe zu ergreifen, in denen ihr Humankapital während der Zeit, in der sie wegen der Kindererziehung nicht erwerbstätig sind, eine möglichst geringe Abschreibung erfährt. Das sind im allgemeinen wenig spezialisierte, traditionelle Tätigkeiten mit niedrigem Einkommen.

Ob diese Annahmen stimmen, welcher spezifische gesellschaftspolitische Hintergrund damit transportiert wird und ob Frauen heutzutage tatsächlich eine geringere Schulbildung aufweisen, soll hier nicht diskutiert werden. Humankapitaltheoretisch wird lediglich argumentiert, daß Frauen, wenn sie geringere Bildungsinvestitionen tätigen, bereits bei der beruflichen Erstplazierung untergeordnete Positionen mit geringerem Einkommen und schlechteren Karrierechancen einnehmen müssen. Im weiteren Berufsleben wird die geschlechtsspezifische Segregation nicht aufgehoben, sondern eher noch verschärft. Dazu tragen auch Berufsunterbrechungen nach der Heirat oder der Geburt von Kindern bei. Die Phase der Nichterwerbstätigkeit aus familiären Gründen ist mit einem Verlust an berufsspezifischen Kenntnissen und Berufserfahrungen und damit an Humankapital verbunden. Der relative Qualifikationsverlust im Vergleich zu den Männern „erlaubt" eine weitergehende Positions- und Einkommensbenachteiligung.

Statistische Diskriminierung und interne Arbeitsmärkte

Die Erklärung der geschlechtsspezifischen Diskriminierung im Rahmen der Segmentationstheorie basiert auf den humankapitaltheoretischen Rentabilitätsüberlegungen von Bildung und verknüpft diese mit den Mechanismen innerbetrieblicher Arbeitsmärkte. Auf innerbetrieblichen Arbeitsmärkten werden nur jenen Arbeitskräften Ausbildungsinvestitionen zuteil werden, von denen angenommen werden kann, daß die Erträge wieder an den Betrieb zurückfließen. Diese Arbeitskräfte werden daher über spezifische Regelungen an den Betrieb gebunden. Ob sich nun eher bei Frauen oder bei Männern betriebliche Ausbildungsinvestitionen rechnen, könnte eigentlich erst am Ende einer Berufslaufbahn entschieden werden. Da dies nicht möglich ist, findet eine Entscheidung in Ungewißheit statt. Ein Kalkül bei dieser Entscheidung ist statistische Diskriminierung, also die Anwendung gruppenspezifischer Vorurteilsmuster als „screening device" bei Einstellung, Beförderung, Entlassung und Entlohnung von Arbeitskräften. Die Übertragung erscheint kostengünstiger als eine aufwendige Einzelüberprüfung.

„Dabei sind die Einzelentscheidungen möglicherweise falsch, d.h. diskriminierend, jedoch in bezug auf die Gruppen wahrscheinlichkeitstheoretisch richtig. Derartige Entscheidungsregeln sind dem Ansatz zufolge informationskostensparend und risikominimierend. Dabei müßten die Kosten des bewerteten Restrisikos kleiner sein als die Kosten einer verbesserten Informationsbeschaffung" (PRIEWE 1984, S. 87). Daraus folgt, daß Frauen schon am Beginn ihrer Berufslaufbahn Nachteile gegenüber Männern erleiden, da von ihnen in viel höherem Maße Erwerbsunterbrechungen erwartet werden. Mit der beruflichen Erstplazierung und der damit verbundenen Zuweisung in ein bestimmtes Arbeitsmarktsegment ist die nachfolgende Berufslaufbahn in einem hohen Maße vorbestimmt.

Das Konzept der „statistischen Diskriminierung" wurde von PHELPS (1972) formuliert: Arbeitgeber haben möglicherweise insofern bestimmte Erfahrungen gemacht, als einzelne Personengruppen (Frauen, ausländische Arbeitskräfte, ehemals Arbeitslose etc.) für sie ungünstige Berufslaufbahncharakteristika aufweisen. Sie übertragen diese Einzelerfahrungen auf alle, die einer dieser Gruppen angehören. Kollektive Wahrnehmungen (z.B. „Frauen sind zwar gute Arbeitskräfte, fallen aber wegen einer Schwangerschaft und der Kinderbetreuung manchmal aus") werden zum Zeitpunkt der Einstellung auf den individuellen Fall übertragen.

Ähnlich argumentiert ARROW (1972). Die These von der Wahrnehmungsverzerrung geht von den betrieblichen Einarbeitungskosten aus, die von den Unternehmen zu tragen sind. Die kostenintensive Einarbeitung wird nur jenen zuteil, denen eine ausreichende Eignung zugetraut wird. Daraus folgt der Ausschluß bestimmter Personengruppen von bestimmten Tätigkeiten. Umgekehrt entsteht die (ungeschriebene) Festlegung der sogenannten typischen Frauenberufe, für die Frauen eine „angeborene" Eignung mitbringen oder die wenig Einarbeitungskosten erfordern (Putzfrau, Näherin, Verkäuferin, Schreibarbeiten, Erziehungs- und soziale Berufe etc.).

Konzept des weiblichen Arbeitsvermögens

Ein umfassender Ansatz zur Erklärung geschlechtsspezifischer Unterschiede stellt das Konzept des weiblichen Arbeitsvermögens dar. Es argumentiert auf zwei Ebenen: Einerseits betrachtet es Bedingungen und Ziele der Sozialisation, aus der letztlich das Arbeitsvermögen hervorgeht, und andererseits die spezifischen Verwertungs- und Nutzungsinteressen von Frauen, die zu einer bestimmten Stellung auf dem Arbeitsmarkt führen. Aufgrund der im historischen Verlauf entwickelten geschlechtsspezifischen Sozialisation werden Frauen auf jenen Teil der gesellschaftlich notwendigen Arbeit hinorientiert, der mit Hausarbeit etikettierbar ist und der sich durch vielfältige inhaltliche Aufgaben in einem überschaubaren sozialen Kontext auszeichnet. Die typischen Frauenberufe verlangen diese Elemente des weiblichen Arbeitsvermögens, wie die Versorgung, Pflege und Erziehung von Mitmenschen.

Die Besonderheiten des weiblichen Arbeitsvermögens sind gleichzeitig Ansatzpunkte für betrieblich-ökonomische Interessen. Die über den Sozialisationsprozeß vermittelten geschlechtsspezifischen Fähigkeiten sind damit sowohl Voraussetzung als auch Folge der geschlechtsspezifischen Segregation in der Berufswelt (vgl. BLOSSFELD 1989, S. 40). Frauen wählen jene Berufe, die ihren vermittelten Fähigkeiten am besten entsprechen: haushaltsnahe, helfende Berufe und Tätigkeiten mit direktem Kontakt zu Menschen. Umgekehrt stellen Karriereberufe „männliche" Anforderungen wie Konkurrenzverhalten und Berufsorientierung, die traditionell sozialisierte Frauen schlechter erfüllen können.

Das Alternativrollenkonzept

Das Alternativrollenkonzept von OFFE und HINRICHS (1977) ist ein soziologischer Erklärungsansatz für Diskriminierungen auf dem Arbeitsmarkt. Die zentrale These unterstellt jenen Gruppen von Arbeitnehmern, die eine Alternativrolle annehmen können, daß sie stärkeren Diskriminierungen auf dem Arbeitsmarkt ausgesetzt sind. Die Diskriminierungen werden von seiten der Arbeitgeber den Gruppen mit alternativen sozialen Rollen gegenüber häufiger ausgeübt und von diesen Bevölkerungsgruppen auch eher akzeptiert. Alternativrollen haben Frauen (Hausfrau), Jugendliche (längerer Verbleib im Ausbildungssystem), ältere Personen (Frühpension) und Ausländer (Rückkehr ins Heimatland). Keine Alternativrollen haben dagegen Männer mittleren Alters, die „Kerngruppen" der Erwerbsbevölkerung.

Bevölkerungsgruppen mit einer Alternativrolle haben die Möglichkeit, ihren Lebensunterhalt auch außerhalb des Beschäftigungssystems zu sichern. Ob dies im

Einzelfall tatsächlich so ist, bleibt offen und ist auch nicht weiter wichtig. Entscheidend ist abermals die Übertragung spezifischer Erfahrungen und Vorurteilsmuster auf eine Bevölkerungsgruppe insgesamt. Die statistische Diskriminierung begleitet die Diskriminierung von Bevölkerungsgruppen mit Alternativrollen, die in hohem Maß auf das sekundäre Segment bzw. den externen Arbeitsmarkt angewiesen sind.

6.3 Ethnische Segmentierung

6.3.1 Zuwanderung und berufliche Positionierung

Ein anderer merkmalsbezogener Teilarbeitsmarkt ist jener für niedrig qualifizierte ausländische Arbeitskräfte. Basiert die Definition eines weiblichen Teilarbeitsmarktes auf gesellschaftlichen Normen und tradierten Wertmustern, so wird ein Arbeitsmarkt für ausländische Arbeitskräfte in viel stärkerem Ausmaß auch durch gesetzliche Regelungen strukturiert. Schon die Anwerbung und Rekrutierung ausländischer Arbeitskräfte war ein politischer Akt und hatte wenig mit den neoklassischen Push-und-Pull-Modellen zu tun.

Die Anwerbung ausländischer Arbeitskräfte begann in Deutschland und Österreich in der ersten Hälfte der 60er Jahre. Die beiden Volkswirtschaften haben sich gegen Ende der 50er Jahre erholt und die Flüchtlinge, Displaced persons und die Vertriebenen der Jahre nach dem Zweiten Weltkrieg in das Beschäftigungssystem integriert. Jede Nachfrageausweitung stieß im Rahmen der damals gängigen gesellschaftlichen Bedingungen auf Angebotsgrenzen. Anfang der 60er Jahre forderten Vertreter der Wirtschaft, das Rekrutierungsgebiet für das Arbeitskräfteangebot über die Staatsgrenzen hinaus ausdehnen zu dürfen.

Ausländische Arbeitskräfte wurden angeworben, um meistens manuelle Tätigkeiten in Industrie, Gewerbe und bei den Dienstleistungen zu übernehmen. In Österreich und in Deutschland ist die überwiegende Majorität der ausländischen Arbeitskräfte als manuelle Arbeiter tätig. In Deutschland beträgt der Anteil der un- und

Tabelle 12: Berufliche Stellung der Arbeitskräfte in Deutschland und Österreich nach der Staatsbürgerschaft (Quelle: FASSMANN/SEIFERT 1997)

	Deutschland (1994)			Österreich (1993)		
	Türkei	(Ex-)Jugoslawien	Inländer	Türkei	(Ex-)Jugoslawien	Inländer
Ungelernte Arbeiter	20	10	4	48	40	5
Angelernte Arbeiter	40	41	9	28	35	11
Facharbeiter/Meister	21	32	16	18	15	20
Einfache Angestellte	6	9	12	1	4	12
Mittlere und gehobene Angestellte	5	7	39	2	2	20
Selbständige	8	2	10	4	4	20
Beamte	–	–	10	–	–	12
	100	100	100	100	100	100

angelernten Arbeiter sowie der Facharbeiter aus der Türkei an allen türkischen Arbeitskräften 81%, in Österreich 94%. Die entsprechende Werte für Arbeitskräfte aus dem ehemaligen Jugoslawien betragen 83% in Deutschland und 90% in Österreich. Nur wenige ausländische Arbeitskräfte konnten in Österreich oder Deutschland eine Angestelltenposition einnehmen, ebenfalls gering blieb der Anteil der Selbständigen.

Zu einem ähnlichen empirischen Befund gelangt man, wenn nicht die berufliche, sondern die sektorale Plazierung betrachtet wird. Ausländische Arbeitskräfte fanden sowohl in Deutschland als auch in Österreich Beschäftigung im Bereich des produzierenden Gewerbes und der Industrie sowie im Baugewerbe und – besonders in Österreich – im Bereich der persönlichen Dienstleistungen. Aufgrund des höheren Industrialisierungsgrades liegt in Deutschland der Anteil ausländischer Arbeitskräfte im sekundären Sektor über dem in Österreich. Umgekehrt ist die Situation im tertiären Sektor. In Österreich finden dort relativ mehr ausländische Arbeitskräfte eine Beschäftigung als in Deutschland.

Tabelle 13: Branchenverteilung der Arbeitskräfte in Deutschland und Österreich nach der Staatsbürgerschaft (Quelle: FASSMANN/SEIFERT 1997)

	Deutschland (1994)			Österreich (1993)		
	Türkei	(Ex-)Jugoslawien	Inländer	Türkei	(Ex-)Jugoslawien	Inländer
Primärer Sektor	1	2	4	6	2	9
Produzierendes Gewerbe	51	46	33	53	39	25
Bau	8	16	6	14	17	8
Handel, Verkehr	12	12	17	9	14	21
Produktionsnahe Dienste	7	5	8	1	2	8
Persönliche Dienste	7	7	3	16	20	8
Staatliche und soziale Dienste	14	12	30	2	6	21
	100	100	100	100	100	100

Entscheidend für die Annahme einer ethnischen Arbeitsmarktsegmentierung ist die zeitliche Stabilität der beruflichen Positionierung. Zum Teil rigide Filtermechanismen sorgen dafür, daß ausländische Arbeitskräfte nur in einzelne Segmente Eintritt finden und dort auch bleiben. Der Vergleich der beruflichen Plazierung zu unterschiedlichen Zeitpunkten verweist auf eine relativ stabile berufliche Plazierung. Ob man Daten aus den 70er, 80er oder 90er Jahren miteinander vergleicht, ändert nichts an den grundsätzlichen Aussagen. Es gibt zwar Tendenzen in Richtung Höherqualifikation, diese bleiben jedoch quantitativ gering. Einzig die Tätigkeit als Facharbeiter zeigt bei türkischen und ehemaligen jugoslawischen Arbeitskräften in Deutschland und Österreich eine leichte Zunahme. Ein massives Eindringen von ausländischen Arbeitskräften in Angestelltenpositionen ist jedoch weder in Deutschland noch in Österreich zu beobachten. Dieser Befund spricht sehr deutlich für die Stabilität eines ethnischen Teilarbeitsmarktes.

Erst mit zunehmender Integration der ausländischen Arbeitskräfte steigt deren Chance, den ethnischen Teilarbeitsmarkt zu verlassen. Wenn Ausländer die Staatsbürgerschaft des Ziellandes annehmen und damit eine fortgeschrittene Integration demonstrieren, erweitert sich der ihnen zur Verfügung stehende Arbeitsmarkt. Dies kann am Beispiel der Arbeitslosigkeit von eingebürgerten und nicht eingebürgerten Ausländern sowie am stark ansteigenden Anteil der Selbständigen und Angestellten unter den ausländischen Arbeitskräften nachgewiesen werden. In Schweden betrug die Arbeitslosenquote der inländischen Arbeitskräfte 1991 2,9%, die Arbeitslosenquote der ausländischen Arbeitskräfte jedoch 8,1%. Eingebürgerte Ausländer lagen mit 5,2% genau dazwischen. Ähnlich verhielten sich Arbeitslosenquoten in Frankreich mit 10,9% bei den inländischen, 18,8% bei den ausländischen und 13,8% bei den eingebürgerten Arbeitskräften (WERNER 1993b, S. 355).

Tabelle 14: Der Anteil der Selbständigen, Angestellten und Arbeiter unter den Erwerbstätigen verschiedener Nationalitäten in der Bundesrepublik Deutschland im Jahre 1994 (Quelle: Mikrozensus 1994; zit. bei CORNELSEN 1996, S. 151)

Nationalität	Anteil der Selbständigen an allen Erwerbstätigen derselben Nationalität	Anteil der Angestellten an allen Erwerbstätigen derselben Nationalität	Anteil der Arbeiter an allen Erwerbstätigen derselben Nationalität
Österreich	16,6	55,5	26,3
Italien	13,0	22,9	63,4
Spanien	/	31,8	64,1
Griechenland	13,0	18,9	65,7
ehemal. Jugoslawien	5,1	20,5	73,8
Türkei	4,0	13,9	81,6
Ausländer zus.	8,2	27,2	63,8
Deutsche	9,2	48,5	33,5

Wenn in der Literatur von ausländischen Arbeitskräften die Rede ist, wird davon ausgegangen, daß es sich um niedrig qualifizierte Arbeitskräfte handelt. Dies ist in der Regel auch korrekt. Es gibt jedoch Beispiele dafür, daß Ausländer überproportional stark die Spitzenpositionen der Wirtschaft einnehmen. Lehrbuchbeispiele für diese Art der Ausländerbeschäftigung sind Liechtenstein oder die Golfstaaten. Der schnelle Übergang Liechtensteins von einem armen Agrarland zu einem der fortschrittlichsten und reichsten Industrieländer der Welt wurde zwar durch günstige Voraussetzungen (Steuer- und Finanzpolitik etc.) initiiert, war aber nur deshalb möglich, weil nach dem 2. Weltkrieg „Ausländer" aus der Schweiz, Österreich und der BRD für mehrere Jahrzehnte einen Großteil des Topmanagements, der Positionen in Forschung und Entwicklung, der Ingenieur- und Technikerberufe sowie der spezialisierten und hochqualifizierten Dienstleistungsberufe eingenommen haben. Die ausländischen Arbeitskräfte aus Südeuropa haben die untersten Ebenen der Qualifikations- und Prestigehierarchie der Berufe besetzt, und die aus den Nachbarstaaten rekrutierten „Ausländer" haben die obersten Positionen eingenommen (vgl. MEUSBURGER 1970, 1981). Die „Einheimischen" haben zuerst vorwiegend die mittleren Führungsebenen und die politisch sensiblen Positionen (Polizei, öffentlicher Dienst) erhalten und sind dann mit der Höherqualifizierung der Bevölkerung im Rahmen des Generationenwechsels langsam in höhere Funktionen der Wirtschaft aufgestiegen. In den Golfstaaten wurden die wichtigsten Führungskräfte der Wirtschaft sowie Wissenschaftler, Techniker und Ingenieure größtenteils aus den USA und Europa geholt, die niedrigqualifizierten Arbeitskräfte aus Indien, Pakistan, Bangladesh, Malaysia und Thailand. In beiden Fällen kam es also sowohl zu einer Überschichtung als auch zu einer Unterschichtung der „einheimischen" Bevölkerung durch ausländische Arbeitskräfte.

6.3.2 Overcrowding, Netzwerke, statistische Diskriminierung

Die Herausbildung eines spezifischen Teilarbeitsmarktes für ausländische Zuwanderer kann im Detail beschrieben und auf einer abstrakteren Ebene theoretisch begründet werden. Kennzeichnend sind abermals das Fehlen einer großen und umfassenden Theorie und das Vorherrschen unterschiedlicher Ansätze. Drei Erklärungsansätze eignen sich, die ethnische Segmentierung zu begründen:

Der Overcrowding-Ansatz

Die politische Regulation der Ausländerbeschäftigung bestimmt in einem hohen Ausmaß Zahl und sektorale Verteilung der ausländischen Arbeitskräfte. Dabei kommt es auf der einen Seite zu einer gesetzlich limitierten Nachfrage; Unternehmer würden in vielen Fällen die Beschäftigung einer größeren Anzahl von relativ billigen ausländischen Arbeitskräften präferieren, entsprechende Regulationen verhindern dies jedoch und beschränken damit de jure und de facto die Nachfrage. Auf der anderen Seite befindet sich ein Angebot an ausländischen Arbeitskräften, das aufgrund der Attraktivität westeuropäischer Arbeitsmärkte und der oft kärglichen Lebensbedingungen in den Herkunftsländern sehr groß ist. Dazu kommt, daß in den meisten Herkunftsländern ein demographisches Wachstum für ein zusätzliches Arbeitskräfteangebot sorgt.

Auf den westeuropäischen Arbeitsmärkten kann somit die Situation beobachtet werden, die im Rahmen des Overcrowding-Ansatzes von BERGMANN (1971) beschrieben wurde. Der Overcrowding-Ansatz, der sich ursprünglich auf den weiblichen Arbeitsmarkt bezog, geht davon aus, daß manche Arbeitsplätze für Personen mit bestimmten Merkmalen (z.B. ausländische Staatsbürger) nicht zugänglich sind. Für jene Teile des Arbeitsmarktes, die für die betreffenden Personengruppen zugänglich sind, besteht ein Arbeitskräfteüberangebot (beispielsweise im Baugewerbe, in der Tourismusbranche, bei einfachen persönlichen Dienstleistungen). Das Zusammentreffen eines hohen Arbeitskräfteangebots und einer geringeren und limitierten Nachfrage senkt den Lohn und ermöglicht eine längerfristige Arbeitsplatzdiskriminierung.

Das Netzwerkkonzept

Eine eher sozialwissenschaftliche Begründung für die Entstehung eines Teilmarktes für ausländische Arbeitskräfte ergibt sich aus der Anwendung des Netzwerkkonzepts. Dieses basiert auf dem Vorhandensein eines ethnischen Netzwerkes und auf einer selektiven Informationsweitergabe. Informationen werden nur innerhalb des ethnischen Netzwerkes transportiert und sind daher nicht allgemein zugänglich. Informationen über freigewordene Arbeitsplätze beispielsweise werden über persönliche Kontakte innerhalb des Netzes weitergegeben und nicht nach außen transportiert. Der Nachteil dieses Informationsflusses im ethnischen Netz ist die Beobachtung, daß der Informationsstand sehr einseitig auf gewisse Berufe und Wirtschaftsklassen ausgerichtet ist. Ethnische Segmentierung wird damit „angebotsseitig" verstärkt.

Je stärker das ethnische Zusammengehörigkeitsgefühl und die Abschottung (soziale Distanz) gegenüber der Mehrheitsbevölkerung sind, desto größer ist die Wahrscheinlichkeit, daß Informationen über freie Stellen innerhalb dieser Gruppe verbleiben und von Angehörigen derselben nachbesetzt werden. Es entsteht somit ein sich selbst verstärkender Prozeß der Rekrutierung neuer ausländischer Arbeitskräfte. Wenn also eine ethnische Gruppe in einem Sektor (z.B. im Gesundheitswesen) stark präsent ist, belegt sie eine günstige Position bei der Informationsbeschaffung und wird die sektoral dominierende Position halten oder ausbauen können.

Das Netzwerkkonzept erklärt das empirisch zu beobachtende Phänomen, daß der Teilmarkt für ausländische Arbeitskräfte nochmals mehrfach geteilt ist. Einzelne Teile des Beschäftigungssystems sind für einzelne Nationalitäten gleichsam reserviert. So existieren spezifische Beschäftigungsmuster für türkische, exjugoslawische, polnische, ungarische, slowakische, portugiesische oder asiatische Arbeitskräfte. Das Netzwerkkonzept führt weiter zu Modellen von „ethnic business", „enclave economy" oder „ethnic niches".

Statistische Diskriminierung

Ähnlich wie bei der Frage, wieso Frauen seltener als Männer primäre Arbeitsmärkte erreichen, kann abermals das Konzept der statistischen Diskriminierung herangezogen werden, um die spezifische Plazierung ausländischer Arbeitskräfte zu erklären. Das Konzept geht davon aus, daß auf innerbetrieblichen Arbeitsmärkten nur jenen Arbeitskräften Ausbildungsinvestitionen zuteil werden, von denen angenommen werden kann, daß die Erträge wieder an den Betrieb zurückfließen. Weil die Frage, wer von den Arbeitskräften lernbereit ist, geringe Kosten verursacht und lange im Betrieb bleibt, eigentlich nur retrospektiv beantwortet werden kann, muß anhand von „Erfahrungswerten" eine Auswahl getroffen werden. Diese Erfahrungswerte sind Grundlage einer statistischen Diskriminierung.

Das Vorurteilsmuster über ausländische Arbeitskräfte wirkt sich für die innerbetriebliche Plazierung ungünstig aus. Ausländische Arbeitskräfte gelten als arbeitswillig, aber auch als unstet und bereit, den Arbeitsplatz zu wechseln, wenn das Einkommen höher ist, wenn in der Heimat ein Arbeitsplatz gefunden wird oder wenn Aufenthaltsgenehmigungen auslaufen. Obwohl bei Befragungen ein ethnisch unterschiedliches Einstellungsverhalten nur zögerlich zugegeben wird, haben in einer niederländischen Untersuchung rund 30% der befragten Personalmanager angegeben, daß sie bei gleicher Qualifikation dem niederländischen Bewerber den Vorzug gegenüber dem Bewerber einer ethnischen Minderheit geben (zit. bei WERNER

1993b, S. 355). In der Realität dürften diese Prozentsätze noch wesentlich höher sein. Bei einer Untersuchung in Berlin hat etwa die Hälfte der Betriebe Inländer bei Einstellungen bevorzugt. Zwei Fünftel dieser Betriebe begründeten dies damit, daß bestimmte Nationalitäten mit personalwirtschaftlich negativen Signalen im Sinne von mangelnden Sprachkenntnissen, nicht ausreichender Qualifikation oder mangelnder Flexibilität behaftet sind (WERNER 1993b, S. 355).

6.4 Der „städtische" Arbeitsmarkt

Als Teilarbeitsmärkte können auch räumliche Unterteilungen nationaler Arbeitsmärkte aufgefaßt werden, denn jeweils sehr spezifische Bedingungen kennzeichnen einen städtischen oder einen ländlichen Arbeitsmarkt. Wesentlich im Sinne des Segmentationsansatzes ist die Tatsache, daß diese Unterschiedlichkeit keine kurzfristige Erscheinung ist, die genauso schnell vergeht, wie sie gekommen ist, sondern zu den stabilen Trennlinien eines Gesamtarbeitsmarktes zählt.

6.4.1 Städtische Standortbedingungen

Wie die Stadt definiert wird, ist Gegenstand unterschiedlicher Definitionsansätze. Der historische Stadtbegriff basiert auf der rechtlichen Sonderstellung der Stadt, auf der spezifischen Siedlungsform, die durch räumliche Geschlossenheit, durch ein Zentrum und durch eine Viertelsgliederung gekennzeichnet ist. Der aktuelle geographische Stadtbegriff betont ebenfalls die zentrierte Siedlungsform, die Dichte der Bebauung und damit der Bevölkerung und deren spezifische Erwerbsstruktur (LICHTENBERGER 1991). Die Erwerbsstruktur der städtischen Bevölkerung ist durch das weitgehende Fehlen des primären Sektors und durch das Übergewicht des sekundären und tertiären Sektors gekennzeichnet. In industriell geprägten Städten ist der Anteil der in der Industrie und im produzierenden Sektor beschäftigten Personen deutlich höher als in Städten mit einem ausgeprägten Dienstleistungssektor.

Warum es in der Stadt zu der Herausbildung einer sehr spezifischen Erwerbsstruktur kommt, hat sehr viel mit vertikaler Arbeitsteilung sowie mit betrieblichen und unternehmerischen Standortfaktoren zu tun. Diese auf Alfred WEBER („Industrielle Standortlehre", 1914) zurückgehende Frage zielt auf jene Kostenvorteile ab, die ein Unternehmen dann erzielt, wenn es an einem bestimmten Ort lokalisiert ist. Zu den gängigen Standortfaktoren zählen

- die Distanz zu Absatzmärkten und Rohstoffvorkommen,
- die Transportbedingungen,
- das Flächenangebot,
- die Agglomerationseffekte,
- das Arbeitskräfteangebot.

Die Transportbedingungen waren für die Industrie des 19. und frühen 20. Jahrhunderts äußerst wichtig und stellten einen entscheidenden Kostenfaktor dar. Die Transportkosten waren hoch und die Erreichbarkeit der Bezugs- oder Absatzmärkte repräsentierte einen wesentlichen Standortfaktor. Mit der relativen Verbilligung der Transportkosten und der Weiterentwicklung der Verkehrstechnologie hat die Bedeutung dieses Standortfaktors abgenommen. Die Qualität der Verkehrsanbindung und deren Integration in die gesamte Logistik des Unternehmens ist dennoch ein Standortfaktor geblieben.

Bei der Standortfrage eines Unternehmens war und ist das Verhältnis von Transportkosten zu den Absatz- und den Bezugsmärkten wichtig. Überwiegen die Transportkosten zu den Bezugsmärkten im Vergleich zu jenen der Absatzmärkte, dann wird der Standort so gewählt, daß die Entfernungen zu den Rohstoffen oder Vorprodukten möglichst gering sind. Die Standorte der Grundstoffindustrie in der Nähe von Kohlelagerstätten können so schlüssig erklärt werden. Überwiegen dagegen die Transportkosten zu den Absatzmärkten, so wird ein Standort gewählt, der das Unternehmen möglichst nahe an die potentiellen Kunden heranführt. Städtische Siedlungen mit einer großen Dichte von möglichen Konsumenten stellen somit gute Standorte für spezielle Industrien und ganz besonders für alle Dienstleistungssektoren dar. Der Rohstoffinput für die Erbringung von Dienstleistungen ist in der Regel sehr gering, die Minimierung der Wegstrecken der Kunden zum Dienstleister (oder umgekehrt) dagegen sehr wichtig. Wer als Friseur seine Dienstleistung zur Verfügung stellt, braucht nur wenige Vorprodukte und Geräte, aber Kunden in ausreichender Zahl. Allein aus den Überlegungen hinsichtlich der Transportkosten, Transportbedingungen und Erreichbarkeit ergibt sich eine spezifische Selektion von Produkten und Dienstleistungen, die auf einem großstädtischen, kleinstädtischen oder ländlichen Standort angeboten werden.

Als weiterer Filter kommen das Flächenangebot der Standorte und der Flächenbedarf der Unternehmen hinzu. Aufgrund der Knappheit des Bodens und des unterschiedlichen Preises werden einzelne Unternehmen, Branchen und Sektoren selektiert. „Der „Standortfaktor Boden" wirkt über seine unterschiedlichen Preisniveaus sowohl innerhalb des Städtesystems als auch im innerstädtischen Raum zum Teil wie eine „Ansiedlungsschranke" (oder auch wie ein „Verlagerungsanreiz") für manche gewerbliche Wirtschaftsaktivitäten, insbesondere für flächenextensive industrielle Nutzungen. Gleichzeitig wirken sich hohe Grundstückspreise insofern geradezu „anziehend" auf andere Wirtschaftsaktivitäten als sie einen Gradmesser der Wirtschaftskraft bzw. wirtschaftlichen „Attraktivität" eines Standortzentrums darstellen" (KRÄTKE 1995, S. 28).

Sowohl die Transportkostenüberlegungen als auch die Standortkosten aufgrund des Flächenbedarfs machen es für einige Unternehmen und Branchen wünschenswert, einen städtischen Standort zu wählen, andere dagegen werden den ländlichen Raum bevorzugen. Für die Stadt sprechen noch weitere spezifische Standortfaktoren, die mit dem Begriff „Agglomerationseffekte" zusammengefaßt werden. Agglomerationseffekte können in „positive" und „negative" eingeteilt werden.

Als negative Agglomerationseffekte gelten die hohe Verkehrs- und Umweltbelastung. Als positive Effekte werden folgende Faktoren angesehen:

1. Umsatzsteigerungen aufgrund der Konzentration von Wirtschaftseinheiten derselben Branche („localization economies") und Kostensenkung aufgrund der Konzentration verschiedener und miteinander gekoppelter Branchen („urbanization economies"). Die räumliche Nähe bietet – neben den schon erwähnten Transportkostenvorteilen – Koppelungs- und Verbundvorteile sowie im Falle der Konzentration von Unternehmen gleicher Branche eine verstärkte Aktivierung von Kaufkraftpotentialen.

2. Fühlungsvorteile aufgrund der Nähe zu Entscheidungsträgern. Der in der Stadt um vieles intensiver ablaufende Informationsfluß und eine dichte Kommunikationsverflechtung zwischen Unternehmen einerseits und den Unternehmen und Einrichtungen der öffentlichen Hand andererseits können zu einem Wissens- und Informationsvorsprung führen. Die Anwesenheit von Konkurrenten kann unter Umständen auch den Lern- und Anpassungsprozeß von Unternehmen fördern.

3. Externe Ersparnisse aufgrund des Vorhandenseins einer von der öffentlichen Hand zur Verfügung gestellten Infrastrukturausstattung. Diese Ausstattung mit Infrastruktur kann sachkapital- oder humankapitalorientiert sein. Unter sachkapitalorientierter Infrastruktur sind Verkehrsanbindungen oder Telekommunikationsnetze zu verstehen, unter humankapitalorientierter Infrastruktur das Ausmaß und die Qualität des Arbeitskräfteangebots.

4. Mit der humankapitalorientierten Infrastruktur ist ein vierter Standortfaktor angesprochen, der zunehmend an Bedeutung gewinnt. Das breit gefächerte Arbeitskräfteangebot mit einer Vielzahl von Qualifikationen entscheidet, ob ein bestimmter Standort einem anderen vorgezogen wird. Die Transportorientierung tritt bei der Standortwahl in den Hintergrund und die Arbeitsorientierung in den Vordergrund. Als Alfred WEBER dies sinngemäß formulierte, handelte es sich noch um eine prognostische Aussage, heute ist es bereits Realität geworden.

Im Detail bedeutet „Arbeitskräfteangebot" als Standortfaktor zweierlei. Erstens muß das Arbeitskräfteangebot quantitativ ausreichend sein, weil damit Transaktionskosten, die bei der Suche nach neuen Arbeitskräften entstehen, gering bleiben und weil auch ein genügend großes Arbeitskräfteangebot lohndämpfend wirkt. Unternehmen stehen im Falle einer Nachfrageerhöhung vor einer sehr ungünstigen Situation, Projekte nicht fertigstellen oder Bestellungen nicht nachkommen zu können, weil die vorhandene Belegschaft dafür nicht ausreicht und es unmöglich ist, neue qualifizierte Mitarbeiter zum üblichen Lohn zu rekrutieren. Zweitens muß das Arbeitskräfteangebot auch qualitativ breit gestreut sein. Hochqualifizierte und sehr spezialisierte Arbeitskräfte müssen genauso verfügbar sein wie Arbeitskräfte mit Jedermannsqualifikation. Auch hier gilt es für Unternehmen als vorteilhaft, im Falle von Nachfrageausweitungen Mitarbeiter zu geringen Transaktionskosten anstellen zu können.

Ein Standort in der Stadt ist nicht für alle Branchen und nicht für alle Ebenen einer Organisationshierarchie gleich attraktiv und finanzierbar. Städtische Agglomerationen werden von jenen Branchen bevorzugt, die kapitalkräftig sind, ein wirtschaftliches Wachstum aufweisen, forschungsintensive Produkte erzeugen, auf die Nähe eines großen Absatzmarktes (einer großen Kundenzahl) angewiesen sind, Güter des langfristigen Bedarfs anbieten und dabei einen geringen Flächenbedarf beanspruchen. Neben dieser horizontalen Differenzierung nach Branchen, Institutionen oder Berufsgruppen ist das städtische Arbeitsplatzangebot vor allem dadurch charakterisiert, daß es Standort jener beruflichen Positionen und Organisationsebenen ist, deren Hauptaufgabe die Koordination, Planung, Entscheidungsfindung, Kontrolle und Informationsverdichtung ist (vgl. Kap. 3.2.3).

Die angeführten Standortargumente verschaffen den Zentren einen Konkurrenzvorteil gegenüber abseits gelegenen Standorten. Die Tatsache, daß die Standorte bestimmter Entscheidungsträger, Dienstleistungen, Berufe und Institutionen zum Zentrum hin tendieren, kann jedoch nicht nur mit Kostenargumenten und Organisationsvorteilen funktional und rational erklärt werden. Das Zentrum hat auch einen enormen symbolischen Gehalt, es vermittelt Status, Prestige, Sicherheit, Macht und Einfluß. Wer die „richtige Adresse" hat, genießt mehr Vertrauen. Aus funktionalen Gründen spielt eine Entfernung von 200 m zur „richtigen Adresse" oder eine Distanz von 20 km zum Zentrum keine Rolle, für das Prestige einer Firma kann eine solche Entfernung jedoch Welten bedeuten. Der Wettbewerb um die „städtische Mitte" symbolisiert dabei ökonomische und gesellschaftliche Macht. Wer am kapitalkräftigsten ist und damit die Macht in einer freien Wirtschaft besitzt, darf innerstädtische Standorte einnehmen. Bankzentralen und Versicherungen sind, sofern sie nicht neue Bürohochhäuser errichtet haben, in Adelspaläste, Bürgerhäuser oder Bischofspalais eingezogen und demonstrieren damit, wo die ökonomische und politische Macht zu Hause ist.

6.4.2 Arbeitsplatzüberschuß und Arbeitslosigkeit

Die Attraktivität der Stadt hatte und hat einen massiven Zustrom von Kapital und damit verbunden ein Wachstum der Zahl der Arbeitsplätze zur Folge. Das Arbeitsplatzwachstum in der Stadt und – nachdem dort die freien Flächen knapp und das vorhandene Angebot teuer geworden sind – auch am Stadtrand war um einiges stärker als das der erwerbsfähigen Bevölkerung. Ein Arbeitsplatzüberschuß, womit das „Überangebot" an Arbeitsplätzen im Vergleich zur Wohnbevölkerung gemeint ist, kann als Kennzeichen aller städtischen Arbeitsmärkte betrachtet werden. Den wohnhaft Berufstätigen steht eine oft beträchtlich größere Zahl an Beschäftigten am städtischen Arbeitsort gegenüber. Pendelwanderung ist ein immanenter Bestandteil städtischer Arbeitsmärkte, die Tagbevölkerung übersteigt die Nachtbevölkerung um ein Vielfaches.

Typisch für den Arbeitsmarkt von Großstädten (Primatstädten) ist auch die große Schere im Angebot von besonders hoch und besonders niedrig qualifizierten Arbeitsplätzen, das Nebeneinander von extrem hohem Einkommen und schlecht bezahlter Gelegenheitsarbeit sowie das Paradoxon (mismatch), daß es gleichzeitig ein „Überangebot" an Arbeitsplätzen und eine überdurchschnittlich hohe Arbeitslosigkeit gibt.[57] Die großen Metropolen übernehmen zunehmend die „Grundlast" der

---

[57] Diese Erscheinung ist allerdings nicht neu. Schon die Städte der griechischen Antike und des Mittelalters hatten neben der Elite auch immer ein verarmtes Proletariat.

nationalen Arbeitslosigkeit, die konjunkturellen und saisonalen Spitzen werden dagegen von der Bevölkerung des ländlichen und peripheren Raums getragen. Die geringe saisonale Schwankung der Arbeitslosigkeit und die ebenfalls geringe räumliche Varianz stellen weitere Merkmale der städtischen Arbeitslosigkeit dar.
Dieser Befund überrascht und steht – vordergründig – auch im Widerspruch zum reichhaltigen Arbeitsplatzangebot. Überdies dürfte die auf dem städtischen Arbeitsmarkt tatsächlich produzierte Arbeitslosigkeit angesichts ihrer „Exportmöglichkeiten"[58] höher sein, als es die Zahlen zu vermitteln vermögen. Dabei muß zweierlei beachtet werden:
1. Die umfangreichen und besonders auch für Frauen attraktiven Beschäftigungsmöglichkeiten bewirken ein überdurchschnittlich hohes Ausschöpfen des Arbeitskräfteangebots. Die Erwerbsquote von Frauen in den Städten ist generell sehr hoch. Zusätzlich drängen jene Bevölkerungsgruppen auf den Arbeitsmarkt, die in anderen Siedlungseinheiten die Stille Reserve darstellen. Niedrigqualifizierte Personen, ältere Berufstätige und jüngere Schulabgänger sind in der Stadt häufiger erwerbstätig als im ländlichen Raum und in der Tendenz auch häufiger arbeitslos.
2. Der Arbeitsplatzüberschuß hat einen hohen positiven Pendlersaldo zur Folge. Die Suburbanisierung verstärkt diesen Pendlersaldo, weil erwerbstätige Bevölkerungsgruppen an den Stadtrand ziehen und von dort regelmäßig in die Stadt pendeln. An der Suburbanisierung beteiligen sich soziale Mittel- und Oberschichten viel häufiger als städtische Grundschichten. Es kommt zu einer großräumigen sozialen Entmischung. Mittel- und Oberschichten übersiedeln in die Stadtumlandgemeinden, soziale Grundschichten verbleiben in der Stadt. Die in den Städten verbleibenden gesellschaftlichen Schichten weisen ein tendenziell höheres Arbeitsplatzrisiko auf und tragen damit zur hohen Arbeitslosenquote bei.
Die neue Form der sozialen Segregation, die über die Stadtgrenzen hinausgeht, ist auch Inhalt der sogenannten „spatial mismatch hypothesis". Sie erklärt die zunehmende Armut und Arbeitslosigkeit in den Kernstädten durch den Arbeitsplatzverlust in der innerstädtischen Industrie und im produzierenden Gewerbe sowie durch die Verlagerung von Arbeitsplätzen und Wohnbevölkerung an den Stadtrand. Die an den Verhältnissen in den USA orientierte Spatial-mismatch-Hypothese, die für Europa nur bedingt anwendbar ist, geht davon aus, daß der Übergang der städtischen Ökonomie zu einer dienstleistungs- und informationsorientierten Wirtschaft zu einer Verlagerung jener Arbeitsplätze geführt hat, die traditionell von städtischen Arbeiterschichten und ausländischen Arbeitskräften eingenommen wurden (vgl. COOKE/SHUMWAY 1991; MCLAFFERTY/PRESTON 1992). Insbesondere die männlichen Arbeiter verloren damit den Zugang zu relativ gut bezahlten Industriearbeitsplätzen. Für diese männlichen Arbeitskräfte ist es zunehmend schwierig geworden, einen neuen qualifikationsadäquaten Arbeitsplatz zu finden. Ihr potentiel-

---

[58] Die Exportmöglichkeiten bestehen darin, daß arbeitslose Pendler am Wohnort gezählt werden und arbeitslose ausländische Arbeitnehmer, nach einem möglichen Verlust der Aufenthaltsgenehmigung, wieder in ihr Herkunftsland zurückkehren müssen.

les Einkommen ist zu gering, um lange Pendeldistanzen auf sich nehmen zu können, und aufgrund ihres Wohnstandortes in ethnisch oder sozial segregierten Vierteln ist es für sie auch schwierig, Zugang zu Informationen und zu den neuen städtischen Wachstumszentren zu gewinnen. Die neuen sozialen Trennlinien, verbunden mit unterschiedlich hoher Arbeitslosigkeit, verlaufen damit nicht mehr innerstädtisch, sondern zwischen der prosperierenden Suburbia und den in Abwertung befindlichen innerstädtischen Wohnvierteln.

3. Das dritte Argument zur Erklärung der hohen städtischen Arbeitslosenquoten bezieht sich auf die Struktur der Arbeitsplätze. Der städtische Arbeitsmarkt weist – und dies wird noch gezeigt – ein klare Polarisierung in ein primäres und in ein sekundäres Arbeitsmarktsegment auf. Das sekundäre Segment umfaßt jene Arbeitsplätze, die gering entlohnt sind und ein hohes Arbeitslosigkeitsrisiko tragen: „Hire and fire" gilt in erster Linie für die Arbeitskräfte des sekundären Segments. Weil das sekundäre Segment in der Stadt stärker ausgeprägt ist als auf anderen regionalen Teilarbeitsmärkten, ist auch mit einer höheren Arbeitslosigkeit zu rechnen.

Die hohe Arbeitslosigkeit gehört zu den immanenten Problemen der Kernstädte, nicht nur in Deutschland oder in Österreich, sondern auch international. Eine sich verfestigende Arbeitslosigkeit ist für eine Reihe weiterer sozialer Desorganisationserscheinungen verantwortlich zu machen, die in den Städten zuerst auftreten.

6.4.3 Städtische Branchen

Die Standortbedingungen der Stadt wirken wie ein Filter. Nicht alle Unternehmen und Branchen können oder müssen einen städtischen Standort suchen. Einige werden „hereingelassen", andere gefiltert. Wer die Stadt benötigt, unterliegt einer Selektion. Der städtische Arbeitsmarkt weist hinsichtlich der sektoralen Verteilung der Arbeitsplätze eine signifikant unterschiedliche Struktur auf.

1. Der geringe Anteil der Beschäftigten im primären Sektor und der höhere im sekundären und tertiären Sektor zählen zur Definitionsgrundlage einer Stadt. Wenn es sich um eine Industriestadt handelt, dann überwiegt der sekundäre Sektor. Dominiert der tertiäre Sektor, dann spricht man von einer Dienstleistungsstadt.

Der sekundäre und tertiäre Sektor stellt jeweils eine sehr grobe Zusammenfassung einzelner Branchen dar. Eine grundstofforientierte Eisen- und Stahlindustrie ist im Vergleich zu einer Final- oder einer Konsumgüterindustrie hinsichtlich der Struktur und der Entwicklungsperspektiven sehr unterschiedlich zu bewerten. Gleiches gilt für den tertiären Sektor. Er beinhaltet personenorientierte Dienste, den Verkehrssektor, Groß- und Einzelhandel, produktionsorientierte Dienste (Banken, Versicherungen, sonstige wirtschaftsnahe Dienste) oder die von der öffentlichen Hand zur Verfügung gestellten Dienstleistungen (Schule, Gesundheitswesen, Kultur, Verwaltung). Was einen Hauswart, einen Kindergärtner, einen Schuldirektor, einen Devisenhändler oder einen Opernsänger verbindet, ist die Erbringung einer – wenn auch sehr unterschiedlichen – Dienstleistung.

2. Alle Dienstleistungsbranchen erreichen auf städtischen Arbeitsmärkten jeweils die höchsten Anteile der Berufstätigen. Der deutliche Anstieg erfolgt gleichsam „theoriekonform", weist aber innerhalb des tertiären Sektors Unterschiede auf. Si-

gnifikant für das städtische Beschäftigungssystem sind produktionsorientierte Dienstleistungen. Banken, Versicherungen, Rechts- oder Realitätenbüros sowie alle anderen produktionsnahen Dienstleistungen weisen in den Städten den relativ höchsten Anteil im Vergleich zu anderen regionalen Teilmärkten auf. Für diese Sektoren ist der (groß)städtische Standort am profitabelsten. Sie benötigen ihn aber auch, weil sie auf die Face-to-face-Kontakte mit wichtigen Entscheidungsträgern und Kunden angewiesen sind (vgl. Kap. 3.2.3). Räumlich gleichmäßiger verteilt sind dagegen Dienstleistungen, die von der öffentlichen Hand zur Verfügung gestellt werden. Die öffentliche Hand hat in erster Linie einen Versorgungsauftrag zu erfüllen. Unabhängig von den Kosten muß sie ihre Dienstleistungen „überall" anbieten.

3. Hoch ist auf städtischen Arbeitsmärkten auch der Anteil der Erwerbstätigen im distributiven Sektor (Handel, Transport und Lagerung), wenn auch nicht signifikant. Arbeitsplätze im Handel sowie in den Bereichen Transport und Lagerung finden sich auf allen regionalen Teilarbeitsmärkten und sind daher gleichsam ubiquitär verteilt.

4. Eine sehr ähnliche Differenzierung nach regionalen Teilarbeitsmärkten läßt sich für Erwerbstätige des sekundären Sektors feststellen. Erwerbstätige in der Grundstoffindustrie und in einer eher traditionellen Konsumgüterindustrie finden sich auf allen städtischen Arbeitsmärkten. Auf großstädtischen Arbeitsmärkten nimmt der Anteil an Erwerbstätigen in der Finalindustrie deutlich zu. Die Finalindustrie (z.B. Elektronik, Mechanik, Maschinen) ist weniger flächenintensiv als die Grundstoffindustrie und benötigt ein sehr spezifisches Arbeitskräfteangebot, nämlich einerseits qualifizierte Facharbeiter und Entwicklungsingenieure und andererseits billige (weibliche) Arbeitskräfte für die fließbandgestützte Montage.

6.4.4 Qualifikatorische Polarisierung in den Städten

Die sektorale Gliederung der Erwerbstätigen sagt noch wenig über die „Qualität" der Arbeitsplätze aus. Hochqualifizierte Arbeitskräfte können in der Grundstoffindustrie genauso beschäftigt werden wie in einer Werbeagentur. Was macht nun die „Qualität" eines städtischen Arbeitsmarktes aus?
Es ist die Vielfalt der Möglichkeiten, die den städtischen Arbeitsmarkt auszeichnet. Die Attraktivität des städtischen Arbeitsmarktes ist dabei einerseits durch das vorhandene breite und polarisierte Arbeitsplatzspektrum gegeben. Hochqualifizierte und Niedrigqualifizierte, Zuwanderer und Inländer, Männer und Frauen sowie Alte und Junge haben in den Städten die größte Chance, eine Beschäftigung zu finden. Dazu kommen andererseits die Möglichkeiten beruflicher Veränderungen, die Möglichkeiten der Mobilität und des sozialen Aufstiegs. Der städtische Arbeitsmarkt ist – verkürzt formuliert – ein Karrierearbeitsmarkt. Für das Erreichen bestimmter Positionen auf dem Arbeitsmarkt sind das Einpendeln oder eine Übersiedlung in die städtischen Zentren fast zwangsläufig notwendig. Den „Lohn" dafür stellt ein nach oben hin offener Arbeitsmarkt dar. Wenn der „Tellerwäschermythos" Gültigkeit besitzen würde, dann wäre dies in erster Linie für den städtischen Arbeitsmarkt der Fall.

Die polarisierte Struktur der Erwerbstätigen und der Arbeitsplätze hinsichtlich ihrer Qualifikation ist mit der Stadtgröße gekoppelt. Je größer die Stadt ist, desto eher findet man die Aufspaltung des Arbeitsmarktes in hochqualifizierte, international agierende und gut bezahlte Arbeitskräfte auf der einen Seite und gering qualifizierte, meist aus dem Ausland zugewanderte und schlecht bezahlte Arbeitskräfte auf der anderen Seite. Am deutlichsten ist diese Polarisierung in den „global cities" erkennbar.

Als Motor der polarisierten Struktur der Berufstätigen in den großen Städten kann die Verlagerung und Abnahme der Industriearbeitsplätze auf der einen und die Zunahme dispositiver und informationsverarbeitender Dienstleistungsarbeitsplätze auf der anderen Seite angesehen werden. Aus Industriestädten werden Informations- und Dienstleistungsstädte. Die Zahl der Facharbeiter geht zurück, die Zahl qualifizierter und gut bezahlter Dienstleister nimmt zu. Deren Kaufkraft und Konsumverhalten stimuliert das Wachstum niedrig qualifizierter Dienstleistungsarbeitsplätze. Wäschereien, Restaurants, Einzelhandelsgeschäfte mit langen Öffnungszeiten ermöglichen neue Lebensstile und familiäre Strukturen, die quantitativ an Bedeutung gewinnen.

Das qualifikatorische Profil des Beschäftigungssystems der großen Städte wird aufgrund dieser Veränderungen zunehmend dem Bild einer Sanduhr vergleichbar: Der Basis mit gering qualifizierten Arbeiten, die von ausländischen Arbeitskräften eingenommen werden, steht eine Spitze mit hochqualifizierten Tätigkeiten gegenüber.

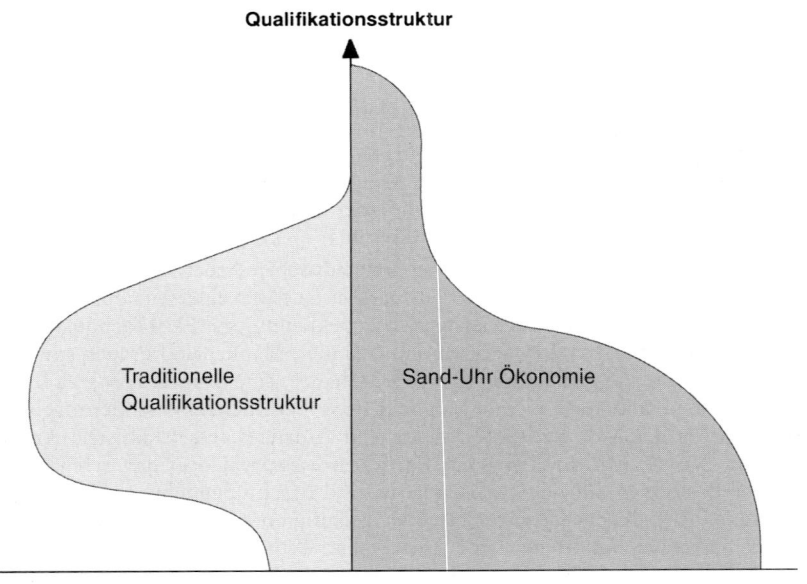

Abb. 56: Qualifikatorische Polarisierung in den Städten (Quelle: Verfasser)

Die soziale Mitte schrumpft, weil die Zahl der traditionellen Facharbeiter als Folge der globalen Auslagerung der fordistischen Massenproduktion zurückgeht. Die Entwicklung der urbanen „Sanduhr-Ökonomie" ist durch die Zunahme des informellen Sektors an der Basis des Beschäftigungssystems begünstigt. Die quantitative Bedeutung dieses Sektors, der außerhalb des gesetzlichen und fiskalischen Rahmens tätig ist, zeigt sich in den Städten der Entwicklungsländer um vieles deutlicher als in denen der entwickelten Welt. Dennoch besitzt der informelle Sektor auch für die Städte Westeuropas eine zunehmende Bedeutung.

Die soziale Polarisierung übt einen starken Einfluß auf innerstädtische Differenzierungsprozesse aus. Die Zunahme hochqualifizierter und gut bezahlter Dienstleistungsarbeitsplätze erhöht die Nachfrage nach qualitativ gut ausgestattetem Wohnraum. Die Aufwertung des Baubestands innerstädtischer Wohnquartiere (Gentrification) wird in Gang gesetzt bzw. beschleunigt. Auf der anderen Seite ist die Konzentration unterer sozialer Schichten in weniger attraktiven Teilen des Wohnungsmarktes und der Stadt Folge und Merkmal der wachsenden sozialen Marginalisierung. Die veränderte berufliche Stratifizierung ist mit einer wachsenden sozialen Segregation gekoppelt.

6.5 Der Arbeitsmarkt des ländlichen Raums

6.5.1 Standortbedingungen des ländlichen Raums

Wie eine Stadt abgegrenzt wird, ist nicht Gegenstand einer einfachen Definition. Ebenso ist der ländliche Raum nicht immer eindeutig zu klassifizieren. Das DIERCKE Wörterbuch der Allgemeinen Geographie sieht im ländlichen Raum „ein Gebiet, in dem dörfliche bis kleinstädtische Siedlungsstrukturen vorherrschen, die Bevölkerungsdichte relativ gering ist und die erwerbstätige Bevölkerung größtenteils bis überwiegend in der Landwirtschaft beschäftigt ist" (LESER, HAAS, MOSIMANN und PAESLER 1993, S. 345). Eine Definition dieser Art ist nicht zu operationalisieren. Was „größtenteils bis überwiegend" heißt, bleibt ebenso unklar wie die Bezeichnung jener Gebiete, die dörflich strukturiert sind, deren Bevölkerungsdichte gering ist und deren Bevölkerung nicht nur von der Landwirtschaft lebt (vgl. HENKEL 1993).

Wenn die Arbeitsmarktstrukturen des ländlichen Raums skizziert werden, dann ist damit der Raum außerhalb der Einzugsgebiete der städtischen Arbeitsmärkte zu verstehen, meist gekennzeichnet durch geringe Bevölkerungsdichte und dörfliche Siedlungsstrukturen. Operationalisiert wird dieser Raum beispielsweise als Summe aller Gemeinden bis 2.500 Einwohner. Der ländliche Raum kann ökonomisch und geographisch peripher sein, muß es aber nicht sein. Periphere Räume sind nicht generell mit ländlichen Räumen gleichzusetzen, wenn auch in der empirischen Realität sehr häufig beides zusammenfällt.

Die Standortbedingungen des ländlichen Raums sind grundsätzlich anders zu beurteilen als jene der Stadt. Die Transportkosten zu den Absatzmärkten sind aufgrund der geringen Bevölkerungsdichte hoch. Um einen gleich großen Kundenkreis zu erreichen, müssen die Distanzen des Einzugsbereichs um vieles größer sein. Ein Teil der Kaufkraft der Bevölkerung wird als Transportkosten wieder abgeschöpft. Außerdem werden die von der Bevölkerung des ländlichen Raums erzielten Ersparnisse nur selten für Investitionen im ländlichen Raum eingesetzt.

Wenn man vom ländlichen Raum absieht, der sich in der Nähe städtischer Agglomerationen oder entlang wichtiger Verkehrsachsen befindet, gibt es im (peripheren) ländlichen Raum nur selten eine Konzentration von Wirtschaftseinheiten derselben Branche und besonders selten gekoppelter Branchen. Gleichermaßen rar sind damit Möglichkeiten zur Kostensenkung oder Gewinnsteigerung. Es bestehen keine Fühlungsvorteile, die über den unmittelbaren Bereich hinausgehen. Die Fühlungsvorteile, die der ländliche Raum offeriert, beschränken sich auf die Geschehnisse innerhalb des Dorfes und der Gemeinde. Der ländliche Raum kann schließlich nur in den seltensten Fällen externe Ersparnisse aufgrund des Vorhandenseins einer besonders guten humankapital- und sachkapitalorientierten Infrastruktur aufweisen.

Der größte Nachteil des ländlichen Raums besteht darin, daß er wenig Arbeitsplätze mit hohen und weitreichenden Entscheidungsbefugnissen aufweist, daß er von außen bestimmt wird, daß er ein weniger innovatives Milieu aufweist und daß er zu vielen technischen Innovationen erst mit größerer Verspätung Zugang erhält.

Die Standortvorteile des ländlichen Raums sind anderer Art. Hier wäre vor allem das großzügige Flächenangebot zu nennen, das zu günstigen Preisen zur Verfügung steht und für die Produktion landwirtschaftlicher Güter unerläßlich ist. Unternehmen mit einem großen Flächenanspruch, die auf Fühlungsvorteile der Stadt verzichten können und keine besonderen Ansprüche an das Humankapital stellen, finden ebenfalls gute Voraussetzungen für eine kostengünstige Produktion. Dazu kommen billige Arbeitskräfte – häufig Frauen – und Heimgewerbe, die nicht selten mit Landwirtschaft oder Tourismus kombiniert sind.

Zu den wichtigsten Standortvorteilen des ländlichen Raums zählt schließlich die hohe ökologische Qualität der Umwelt. Diese ist eine notwendige Grundlage für die Tourismuswirtschaft, für die die Umweltqualität eine Produktionsvoraussetzung darstellt.

6.5.2 Arbeitsplatzdefizit und Arbeitslosigkeit

Die Standortbedingungen des ländlichen Raums sind für viele Bereiche der Wirtschaft weniger attraktiv. Dienstleistungsunternehmen und auch moderne Industrieunternehmen, die nicht von dispositiven Funktionen entledigt sind oder ausschließlich verlängerte Werkbänke darstellen, benötigen Verkehrsanbindungen, Agglomerationsvorteile und einen qualifizierten Arbeitsmarkt. Eines der Hauptprobleme des Arbeitsmarktes des ländlichen Raums sind daher die fehlenden Arbeitsplätze. Der Anteil der Wohnbevölkerung im erwerbsfähigen Alter, der in der Wohnortgemeinde einen Arbeitsplatz besitzt oder nur über eine einzige Gemeindegrenze pendeln muß, ist gering.

6.5 Der Arbeitsmarkt des ländlichen Raums

Das Arbeitsplatzdefizit des ländlichen Raums ist beachtlich und beträgt beispielsweise in Österreich fast 40%. Das bedeutet für mehr als ein Drittel der Bevölkerung des ländlichen Raums, daß Beschäftigungsmöglichkeiten nur über Pendelwanderung zu erlangen sind. Damit ist ein oft sehr erheblicher Zeit-, Kosten- und Müheaufwand verbunden. Pendelwanderung erfolgt meist mit dem privaten PKW, weil aufgrund der geringen Bevölkerungsdichte Massenverkehrsmittel unrentabel sind. Damit kommt zum erheblichen finanziellen und zeitlichen Aufwand auch das erhöhte Risiko eines Verkehrsunfalls.

Das Angebot von und die Nachfrage nach Arbeitskräften sind dynamische Größen. Sie sind nicht statisch vorgegeben, sondern passen sich einander an. Der Arbeitsmarkt des ländlichen Raums dokumentiert diese gegenseitige Beeinflussung sehr eindrucksvoll. Das Arbeitsplatzdefizit führt nicht, wie es theoretisch zu erwarten wäre, zu einer durchgehend hohen Arbeitslosigkeit, sondern, ganz im Gegenteil, zu einer durchschnittlichen, in manchen Regionen sogar zu einer unterdurchschnittlichen Arbeitslosenquote. Ein Teil des potentiellen Arbeitskräfteangebots zieht sich vom Arbeitsmarkt zurück und versucht erst gar nicht, eine Erwerbsarbeit zu finden. Frauen, die bei fehlenden oder defizitären Kinderbetreuungseinrichtungen keine weiten oder gar keine Pendelwege auf sich nehmen können, verzichten auf eine Arbeitsplatzsuche. Ihnen fällt der Entschluß um so leichter, als das Lohnniveau gering ist und in einem ungünstigen Verhältnis zum Pendel- und Familienbetreuungsaufwand steht. Dazu kommt die Beobachtung, daß die in Pendeldistanz verfügbaren Arbeitsmöglichkeiten, vom Arbeitsinhalt her gesehen, nur mäßig attraktiv sind. Die Folge davon ist die faktische Übernahme von Klein- oder Nebenerwerbslandwirtschaften oder der Rückzug in die unbezahlte Haushaltsarbeit.

Bei der Analyse von Arbeitslosenquoten ist immer zu berücksichtigen, daß nur jene Personen als arbeitslos gezählt werden, die sich als arbeitslos betrachten und sich beim Arbeitsamt melden. Hierbei spielt zum einen ein unterschiedliches Ausmaß an sozialer Kontrolle in Kleingemeinden bzw. in Städten eine Rolle, zum anderen sind aber auch Möglichkeiten des regionalen Arbeitsmarktes relevant, um eine Person dazu zu bewegen, aus der Nichterwerbstätigkeit in die Erwerbstätigkeit zu wechseln. Sind diese unzureichend, so kann zwar die Zahl an „discouraged workers" groß sein, es werden aber dennoch weniger Personen als erwartet aktiv einen Arbeitsplatz suchen. Zusätzlich offeriert die Landwirtschaft auch alternative Beschäftigungsmöglichkeiten, weshalb zu vermuten ist, daß die Arbeitslosenzahlen im ländlichen Raum tendenziell das wahre Problem der Unterbeschäftigung unterschätzen.

Kennzeichnend für die meßbare Arbeitslosigkeit im ländlichen Raum sind das Niveau und besonders die zeitliche Periodizität. Aufgrund der spezifischen sektoralen Struktur übernimmt der ländlichen Raum saisonale und konjunkturelle Spitzen. Im Winterhalbjahr wird die Arbeitslosigkeit durch arbeitslos gemeldete Bauarbeiter und im Sommerhalbjahr durch arbeitslose Beschäftigte im Wintertourismus erhöht. Im Falle von Konjunktureinbrüchen werden die ausgelagerten Produktionen, Zweigbetriebe und „verlängerten Werkbänke" als erste geschlossen. Die Arbeitslosigkeit im ländlichen Raum ist daher stärker konjunkturelastisch als diejenige in den

Zentralräumen. Die Zählweise der Arbeitslosen am Wohnort unterstützt diese „Exportmöglichkeit".[59] Im Zusammenhang mit der ungleichen Lastenverteilung zwischen Stadt und Land zeigt sich, daß der ländliche Raum durch Übernahme des instabilen Teiles der Güternachfrage entscheidend zur Stabilität des städtischen Arbeitsmarktes beiträgt.

6.5.3 Die sektorale Einengung der Arbeitsplätze

Das Arbeitsplatzdefizit stellt aber nicht nur ein quantitatives, sondern auch ein qualitatives Problem dar. Blendet man zur Struktur der Arbeitsplätze über, so ergibt sich auf den ersten Blick eine hohe Konzentration der Arbeitsplätze im Bereich der Landwirtschaft. Dabei mag die Hervorhebung der Bedeutung der Landwirtschaft für den ländlichen Raum ein wenig tautologisch erscheinen, denn der Umstand, daß die Landwirtschaft den wichtigsten Beschäftigungsschwerpunkt des ländlichen Raumes darstellt, erscheint selbstverständlich.

Bemerkenswert ist eher die geschlechtsspezifische Differenzierung. Von allen landwirtschaftlichen Arbeitsplätzen sind in Österreich bereits mehr als die Hälfte von Frauen besetzt. Frauen tragen also im zunehmenden Maße den landwirtschaftlichen (Neben)erwerb des Mannes. Sie sind Träger einer traditionell „weiblichen" Subsistenzwirtschaft und sichern durch die Erwerbskombination von Landwirtschaft und Fremdenverkehr ganz entscheidend die ökonomische Fundierung der Haushalte ab, während Männer durch saisonale Arbeitslosigkeit und durch ihre berufliche Plazierung als Hilfsarbeiter tendenziell gefährdet sind. Man kann aber auch davon ausgehen, daß die Landwirtschaft auch eine „Schutzfunktion" für die Frau ausübt, die hier in einem Residualbereich noch einen Arbeitsplatz findet.

Der zweite Beschäftigungsschwerpunkt im ländlichen Raum ist das Baugewerbe. Bei Männern stellt das Baugewerbe den wichtigsten Erwerbszweig dar. Die Saisonalität der Beschäftigung ist damit dem ländlichen Raum in einem überdurchschnittlichen Ausmaß übertragen, der periodische Wechsel von Erwerbstätigkeit und Arbeitslosigkeit durch die sektorale Struktur vorgegeben. Frauen erleiden dieses Schicksal aufgrund ihres starken Engagements im Beherbergungs- und Gaststättenwesen.

Der ländliche Raum ist selbstverständlich auch an der industriellen Produktion beteiligt. In Österreich sind insgesamt ein Drittel aller Männer und ein Fünftel aller Frauen mit der Herstellung oder Verarbeitung von Gütern befaßt. Frauen arbeiten vor allem in der Erzeugung traditioneller Konsumgüter (Nahrung und Textilien), Männer eher in der Grundstoffindustrie. Moderne Industriebetriebe sind selten.

---

[59] Die „Exportmöglichkeit" von Arbeitslosen ist grundsätzlich symmetrisch, das heißt, werden Pendler arbeitslos, dann werden sie am Wohnort gezählt und „belasten" damit die Quellgebiete der Pendelwanderung. Verlegen jedoch Arbeitslose ihren Wohnort in Regionen mit besseren Wiedereingliederungschancen, dann werden sie in den Zielgebieten der Wanderung gezählt. Zu vermuten ist aber, daß die erste Möglichkeit quantitativ wohl bedeutender ist.

Gering sind im ländlichen Raum die Beschäftigungsmöglichkeiten im Dienstleistungssektor. Wenn man von Regionen mit hochentwickeltem Tourismus absieht, setzen sich die im ländlichen Raum vorhandenen Dienstleistungen aus den Bereichen Handel, Transport und Lagerung sowie – besonders bei Frauen – aus öffentlichen Dienstleistungen zusammen. Wer Kleingemeinden im ländlichen Raum kennt, kann diese statistischen Werte mit der beobachtbaren Realität sogleich zur Deckung bringen. Ein Lebensmittelgeschäft, eine Tankstelle und vielleicht ein kleines Transportunternehmen gehören gleichsam zum Standardrepertoire der Gemeinde. Dazu kommen für Frauen noch Tätigkeiten im Gemeindesekretariat, im Kindergarten oder in der Pfarre.

Damit ist das dritte immanente Problem des Arbeitsmarktes im ländlichen Raum angesprochen. Die Konzentration der Arbeitsplätze auf die Landwirtschaft, auf den sekundären Sektor sowie auf stark konsumentenorientierte Dienstleistungen führt dazu, daß die gesellschaftliche Entwicklung – Stichwort Dienstleistungs- und Informationsgesellschaft – in erster Linie den Verdichtungsräumen zugute kommt und den ländlichen Raum nur am Rande tangiert. Umgekehrt jedoch treffen konjunkturelle Einbrüche diesen Raumtyp – aufgrund der hohen Konzentration im Produktions- und Agrarsektor – in einem viel höheren Ausmaß. Dieser Umstand wird noch dadurch verstärkt, daß die Betriebsstruktur im ländlichen Raum eher eine kleinbetriebliche ist. Damit ist auch die geringe Bedeutung betriebsinterner Arbeitsmärkte impliziert.

6.5.4 Qualitative Nachfragedefizite und Berufslaufbahnen

Die Konzentration der Arbeitsplätze des ländlichen Raumes auf wenige Sektoren ist mit der Zuweisung untergeordneter und häufig extern kontrollierter Tätigkeiten verknüpft. Auf dem ländlichen Arbeitsmarkt dominieren Arbeiter, Landwirte und niedrige Angestellte. Ein klares Defizit ergibt sich bei mittleren und höheren Angestellten- und Beamtenpositionen.

Wer „Karriere" machen möchte, eine höhere Schule besucht oder studiert und nach Beendigung der Ausbildung einen adäquaten Arbeitsplatz sucht, der muß auspendeln oder den Wohnort wechseln, denn im ländlichen Raum sind qualifizierte Arbeitsplätze Mangelware. Der Ausbau von Schulstandorten im ländlichen Raum hat daran nur begrenzt etwas ändern können, teilweise sogar kontraproduktiv gewirkt. Jene Absolventen, die nicht als Lehrer an der eigenen Schule einen Arbeitsplatz fanden, mußten den Wohnort verlassen oder sich mit einem Arbeitsplatz zufriedengeben, der nicht ausbildungsadäquat war. Der Ausbau von Schulstandorten ohne eine Hilfestellung bei der Schaffung weiterer neuer Arbeitsmöglichkeiten führte also häufig zur qualifikatorischen Erosion des ländlichen Raumes und ist daher als regionalpolitische Maßnahme negativ zu bewerten.

Bemerkenswert ist, daß die Bevölkerung auf dieses qualitative und quantitative Defizit sehr spezifisch reagiert und eigene berufliche Lebensformen entwickelt hat. Dazu zählt die Schaffung beruflicher Mehrfachexistenzen zur Risikoabsicherung gegen drohende Arbeitslosigkeit und zur Kumulierung von Einkommen. Landwirtschaft und Baugewerbe, Landwirtschaft und Zimmervermietung sind typische duale Existenzformen der Bevölkerung des ländlichen Raums.

Eine andere Form der Anpassung ist das stabile Erwerbsverhalten auf sekundären Arbeitsplätzen. Berufslaufbahnen im ländlichen Raum sind häufig auch dann sehr stabil, wenn die Erwerbstätigen Arbeitsplätze einnehmen, die aufgrund der theoretischen Überlegungen als sekundär zu bezeichnen sind und eine hohe Fluktuation erwarten lassen würden. Bauarbeiter, die halbjährlich den Betrieb wechseln, Hilfsarbeiter, die aufgrund geringer Lohnanreize den alten Arbeitsplatz aufgeben, wären die Erwartungen. Die Realität zeigt jedoch genau das umgekehrte Verhalten: Die Dauer einzelner Berufsetappen ist im ländlichen Raum länger als im Durchschnitt. Daraus folgt, daß die simple Übertragung des dualen Arbeitsmarktmodells mit einem primären stabilen und einem sekundären instabilen Segment auf eine duale, bipolare Raumstruktur mit Zentrum und Peripherie bzw. Stadt und Land nicht schlüssig ist.

Zutreffend ist, daß das Spektrum der Arbeitsstätten und der Arbeitsplätze (außerhalb der Landwirtschaft) eingeschränkt ist und sich auf ein unteres und wenig qualifiziertes Segment des Arbeitsmarktes konzentriert. Die Reaktion der berufstätigen Bevölkerung ist aber nicht so, wie es die Theorie erwarten lassen würde: Also ein Arbeitsplatzwechsel immer dann, wenn auch nur geringfügige Lohnverbesserungen zu erwarten wären, da mit einem Wechsel kein oder nur ein marginaler Verlust an betriebsspezifischem Humankapital verbunden ist. Empirisch belegbar ist vielmehr, daß im ländlichen Raum ein Arbeitsplatzwechsel seltener erfolgt. Die langen Etappen deuten den Mangel an alternativen Beschäftigungsmöglichkeiten bei gleicher Pendeldistanz an. Gleichzeitig werden die Unternehmen im ländlichen Raum aufgrund ihrer quasimonopolistischen Position nur geringe Lohnunterschiede offerieren. Möglicherweise führt auch das kollektive Wissen über die kurze Lebensdauer von Betrieben im ländlichen Raum dazu, einen Arbeitsplatz, der persönlich als sicher erscheint, nicht leichtfertig zu verlassen. Darüber hinaus wird ein Arbeitsplatzwechsel im ländlichen Raum auch durch die hohe Eigenheimquote und die niedrigeren Lebenshaltungskosten (Eigenproduktion von Lebensmitteln) eingeschränkt. Die Summe der genannten Faktoren führt zur Modifizierung der gängigen theoretischen Annahmen. Der Arbeitsmarkt des ländlichen Raumes ist zwar als sekundär im Sinne von untergeordneten Arbeitsplatzstrukturen zu bezeichnen, weist aber nicht die hohe Fluktuation eines sekundären Arbeitsmarktes auf.

7 Arbeitsmarktpolitik und Forschungsperspektiven

7.1 Arbeitsmarktpolitische Ansätze

Die Arbeitsmarktgeographie besitzt kein direktes politisches Widerlager, wie beispielsweise die Stadtgeographie, die in der Stadtplanung ihren Ansprechpartner findet. Dies stellt von den Gesichtspunkten der Nützlichkeit und der Gesellschaftsrelevanz einer Wissenschaft aus gesehen einen Nachteil dar. Implizit sind arbeitsmarktgeographische Fragen jedoch Kern der Regionalpolitik, die die Gleichwertigkeit der Lebensbedingungen zu ihren Zielen erkoren hat. Denn die Gleichwertigkeit der Lebensbedingungen schließt die Erhaltung der Vollbeschäftigung und den Abbau struktureller Arbeitslosigkeit in ausgesuchten Problemregionen mit ein.

Zwei Politikbereiche werden somit durch eine Arbeitsmarktgeographie erreicht: die Arbeitsmarktpolitik und die Regionalpolitik. Die Arbeitsmarktpolitik ist in der Regel gesamtstaatlich ausgerichtet und negiert in den meisten Fällen eine regionale Ebene. Umgekehrt ist die Regionalpolitik naturgemäß regional orientiert, bedient sich jedoch nur implizit arbeitsmarktpolitischer Instrumente.

7.1.1 Arbeitsmarktpolitische Ansätze im engeren Sinne

Viele arbeitsmarktpolitische Strategien basieren auf dem neoklassischen Modell des Arbeitsmarktes. Arbeitslosigkeit wird als Störung des Marktes und der Allokation aufgefaßt. Aus unterschiedlichen Gründen finden die Arbeitslosen keine offenen Stellen: Entweder weil sie zu teuer sind, keine Informationen darüber besitzen, wo welche Arbeitsplätze frei geworden sind, oder weil sie die falschen Qualifikationen aufweisen.

Eine traditionelle und neoklassisch inspirierte Arbeitsmarktpolitik fordert daher auch in erster Linie „mehr Markt für den Arbeitsmarkt". Mehr Markt heißt beispielsweise mehr Lohnflexibilität. Denn Mindestlöhne begrenzen die Nachfrage nach Arbeitskräften von seiten der Unternehmer und sollten daher gelockert oder überhaupt abgeschafft werden. Von Jahr zu Jahr lauten auch die Forderungen von seiten der Arbeitgeber, Lohnerhöhungen mögen entfallen oder sehr bescheiden ausfallen, damit die Arbeitskraft verbilligt und nicht verteuert werde. Dies hätte abermals einen nachfragestimulierenden Impuls und würde die Vollbeschäftigung sichern.

Mehr Markt bedeutet in vielen Fällen auch einen Abbau von Regulationen. Feste Ladenöffnungszeiten oder eine Gewerbeordnung, die die Selbständigkeit von einer bestimmten Qualifikation und einem oft recht komplizierten Instanzenzug abhängig macht, verhindern das Entstehen neuer Arbeitsplätze. Sie gehören daher – so die Meinung – liberalisiert, entbürokratisiert oder ganz abgeschafft.

Hinter diesen Forderungen steckt das Vertrauen, der Markt werde seine Ungleichgewichtsprobleme ohnehin alleine lösen, wenn er von administrativen und gesetzlichen Fesseln gelöst wird. Manchmal bedürfe es nur kleinerer technischer Hilfen, damit die allokative Funktion wiederhergestellt wird. So werden die Bemühungen

Maßnahmen	Effektivität und Empfehlungen
Erhöhung der Anpassungsfähigkeit des Arbeitsmarktes	
Förderung der Arbeitsmobilität	restriktive Bestimmungen zur Arbeitsplatzsicherheit sollten gelockert bzw. flexibilisiert werden; Reform des Wohnungsmarktes; erleichterte „Mitnahme" von Sozialleistungen
Lohnflexibilität	erhöhte relative Lohnflexibilität zur sektoralen Beschäftigungsanpassung
arbeitnehmerbezogene Unterstützung	
Umschulung	Sicherung eines breiten und effektiven Schulungs- und Weiterbildungsangebots.
Unterstützung bei der Arbeitsplatzssuche	Informationsbörsen, EDV-unterstützte Informationsvermittlung
Zuwendungen zur Förderung von Unternehmensgründungen	Subventionen, Darlehen, Steuernachlaß, Hilfestellungen, Gründerzentren
staatliche Beschäftigungsprogramme für benachteiligte Jugendliche und staatliche Förderung von Lehrstellen	Programme müssen auf Bedürfnisse und Lebenslagen der Randgruppen bzw. Minderheiten zugeschnitten sein; Verknüpfung mit On-the-Job-Training
arbeitgeberbezogene Unterstützung	
Lohnsubventionen	nur sinnvoll bei begrenzten und genau definierten Zielen (Einstellungserleichterungen)
Kurzarbeit	kurzfristig wirksamer Puffer bei Konjunkturschwankungen
Bereitstellen von Transfer- bzw. Überbrückungsleistungen	
Arbeitslosenunterstützung	vor allem zur sozialen Absicherung; Problem der Effekte längerfristiger Unterstützungszahlungen
Alters- und Erwerbsunfähigkeitsrenten	treten häufig an die Stelle von Arbeitslosenunterstützung; Finanzierungsprobleme der Sozialversicherungen
Sozialhilfe und Beihilfen für Familien	lindert Armut; Einkommensprüfung kann schwierig sein

Abb. 57: Arbeitsmarktpolitische Maßnahmen im Überblick (Quelle: modifiziert und ergänzt nach WELTBANK 1995, S. 132)

der Arbeitsmarktverwaltungen, die Daten über offene Stellen und die Angaben über Arbeitslose EDV-gestützt zu erfassen und damit ein automationsunterstütztes Zusammenführen durchzuführen, von der Überzeugung getragen, ein Teil der Arbeitslosigkeit sei nur einem Informationsdefizit zuzuschreiben. Arbeitslose wüßten nichts von den offenen Stellen; wäre deren Informationsstand besser, dann fiele ein

7.1 Arbeitsmarktpolitische Ansätze

Teil der Arbeitslosigkeit ohnehin weg. Arbeitslosigkeit ist jedoch weder in erster Linie ein Problem des Informationsstandes, noch vergleichbar mit einer Krankheit, die man mit Medikamenten behandeln kann. Arbeitslosigkeit ist vielmehr – ähnlich dem Fieber – ein Indikator, der verborgene Krankheiten anzeigt. Die Arbeitsmarktpolitik sollte nicht das Fieber, sondern die Krankheit behandeln.

Humankapitaltheoretisch untermauert sind die positiven Effekte von Maßnahmen zur Um- und Weiterqualifizierung. Es dominiert die Auffassung, daß sich Arbeitslosigkeit in erster Linie als ein Qualifikationsproblem darstellt. Gestützt wird diese Auffassung auch durch die empirische Realität, die deutlich zeigt, daß mit der Abnahme der Qualifikation das Arbeitslosigkeitsrisiko steigt. Wenn also alle Arbeitslosen jenes Qualifikationsniveau aufweisen würden, das von Arbeitgebern nachgefragt wird, dann würde ein Teil der Arbeitslosigkeit verschwinden. Die Arbeitsmarktverwaltungen unterstützen daher Kurse, Weiterqualifizierungsmaßnahmen und Umschulungen.

Neoklassisch inspiriert sind schließlich jene arbeitsmarktpolitischen Maßnahmen, die für mehr räumliche Mobilität sorgen. Diese Strategien gehen von der Auffassung aus, daß Arbeitslosigkeit eine Folge der in Europa vorherrschenden geringen räumlichen Mobilität sei. Arbeitsplätze entstehen in jenen Regionen, in denen das Arbeitskräfteangebot bereits ausgeschöpft ist. Die Arbeitslosen in wirtschaftsschwachen Regionen hingegen zeigen nur eine geringe Neigung, in die prosperierenden Zentren zu wandern oder zu pendeln. Dies hängt mit den damit verbundenen Kosten, aber auch mit der vorherrschenden Mentalität geringer Mobilität zusammen. Es werden daher Umzugskosten finanziert oder erste Wohnunterkünfte für abwanderungsbereite Arbeitslose von der Arbeitsmarktverwaltung bereitgestellt.

Die Beseitigung der Qualifikationsdefizite, die Verbesserung des Informationsstandes über das Arbeitsmarktgeschehen, der erleichterte Zugang zur Gründung von Unternehmen und eine Deregulierung des Arbeitsmarktes nach Jahrzehnten zunehmender Regulierung zeitigen positive Effekte auf den Arbeitsmarkt und helfen mit, hohe Arbeitslosenzahlen zu reduzieren. Aber sie sind insgesamt nicht ausreichend, um ein grundsätzliches Ungleichgewicht zwischen einem leicht wachsenden Arbeitskräfteangebot und einer stagnierenden Nachfrage zu verhindern. Die Produktivitätsfortschritte sind in den letzten Jahren deutlich größer gewesen als das Wirtschaftswachstum und haben somit keinen Raum für eine Erhöhung der Arbeitsnachfrage gewährt.

Zur Frage, ob konkrete und neoklassisch inspirierte arbeitsmarktpolitische Maßnahmen erfolgreich sind oder nicht, tritt die grundsätzliche Frage, ob ein bestehendes Arbeitsmarktungleichgewicht durch einen ungehinderten Markt tatsächlich wieder in einen Gleichgewichtszustand kommt. Einer der prominentesten Gegner der neoklassischen Arbeitsmarkttheorie, M. KEYNES, verneinte dies mit Entschiedenheit. Seiner Beobachtung nach weist der Arbeitsmarkt auch bei deutlichen Abweichungen vom Zustand der Vollbeschäftigung keine automatische Tendenz zur Wiederherstellung eines neuen Gleichgewichts auf. Nach KEYNES könnte Vollbeschäftigung erst dann wieder erreicht werden, wenn eine entsprechende Nachfrage herrscht. Die gesamtwirtschaftliche Nachfrage stellt somit die Schlüsselgröße der Vollbeschäftigung dar und nicht eine Deregulierung oder eine neoklassische Renaissance des Arbeitsmarktes. Wenn die gesamtwirtschaftliche Nachfrage zu gering ist, so ist sie durch staatlichen Einfluß (Investitionsmaßnahmen, steuerliche Impulse, Förderungen) zu heben. Die berühmte Deficit-spending-Politik, die Vollbeschäftigung als eines der wichtigsten wirtschaftspolitischen Ziele anerkennt, geht auf die Ideen von KEYNES zurück und bildet auch heute noch – wenn auch mit abnehmendem Einfluß – in vielen Staaten die Grundlage der offiziellen Beschäftigungspolitik.

Kritik an den neoklassisch inspirierten Maßnahmen kommt auch von Vertretern der Segmentationstheorie. Kritisiert wird vor allem der Adressat diverser arbeitsmarktpolitischer Instrumente. Mit der Fokussierung auf die Angebotsseite werden die Strukturen auf den unterschiedlichen Arbeitsmärkten übersehen. So nützt es Arbeitslosen in peripheren Regionen mit einer Dominanz von sekundären Arbeitsmärkten wenig, wenn sie Aus- und Weiterbildungsmaßnahmen, Umschulungen oder sonstige qualifikationsfördernde Maßnahmen erfahren, in der Region aber schlichtweg zu wenige Arbeitsplätze existieren. Ebenso müßte darauf geachtet werden, daß die Eintrittsbarrieren für Arbeitskräfte auf primären Arbeitsmärkten vermindert werden, etwa durch eine Unterstützung der Arbeitgeber zur Einstellung „benachteiligter" Arbeitskräfte. Eine andere Möglichkeit stellen Antidiskriminierungsgesetze dar, beispielsweise in Form von Quotenregelungen.

Eine wichtige nachfrageorientierte Maßnahme bezieht sich auf die Verbesserung der Arbeitsbedingungen auf dem kritischen sekundären Arbeitsmarkt. So ist vorstellbar, daß auf diesen Arbeitsplätzen Ausbildungsmaßnahmen gefördert werden oder daß die Qualität dieser Arbeitsplätze durch Festsetzung von Mindestlöhnen gehoben wird.

Nachfrageorientierte Maßnahmen wären auch jene, die das Entstehen von Arbeitsplätzen fördern. Arbeitslose, die sich selbständig machen wollen, sollten finanzielle Hilfe sowie professionelle Beratung und Begleitung erhalten. Unternehmen, die arbeitsplatzschaffende Investitionen tätigen wollen, sollten unterstützt werden, wobei darauf zu achten wäre, daß es sich bei den neu entstehenden Arbeitsplätzen um keine sekundären, unsicheren, mit einem hohen Arbeitslosigkeitsrisiko behafteten handeln sollte. Ebenso sollte Risikokapital bereitgestellt werden, um die Firmen- und Existenzgründungen zu erleichtern.[60] Viele Unternehmensgründer sind jedoch gar nicht so anspruchsvoll: Sie beanspruchen gar keine Unterstützung, sondern sie wären schon zufrieden, wenn man sie nicht durch überholte Regelungen behindern würde.

---

[60] Bei der Bereitstellung von Risikokapital hinken die europäischen Staaten weit hinter den globalen Konkurrenten USA oder Japan zurück. Zweifelsohne liegt in der Schaffung entsprechender Instrumente eine wichtige arbeitsmarktpolitische Aufgabe.

7.1.2 Regionalpolitik und Arbeitsmarktpolitik

Die mangelde Berücksichtigung der unterschiedlichen „Qualität" der Arbeitsplätze ist auch ein klar erkennbares Manko der traditionellen Regionalpolitik. Dies gilt gleichermaßen für die nationale als auch für die von der EU unterstützte Regionalpolitik. Arbeitslosigkeit gilt als Schlüssel- und Erfolgsindikator. Die Schaffung neuer Arbeitsplätze ist oberstes regionalpolitisches Ziel, unabhängig davon, welche Arbeitsplätze geschaffen werden. Gefördert wird in erster Linie die Zahl der Arbeitsplätze. Selten wird thematisiert, daß die meisten Arbeitsplätze nur verlängerte Werkbänke darstellen und im Zuge betrieblicher Umstellungen oder in Zeiten nachlassender Nachfrage sehr schnell wieder verschwinden.

Die Arbeitslosenquote ist das diskriminierende Merkmal für drei der fünf Zielgebietsabgrenzungen. Wenn die Arbeitslosenquote höher als der nationale Durchschnitt ist, dann haben die entsprechenden Regionen gute Chancen, höhere Fördergelder für sich beanspruchen zu können. Mit diesen Förderungen werden traditionelle, manchmal auch innovative regionalpolitische Maßnahmen gesetzt. Der Ausbau der Infrastruktur, von Straßen, Schienen und Flughäfen etc., wird gefördert, wenn der Nationalstaat ebenfalls entsprechende Förderungen vergibt. Dazu kommen Unterstützungen für spezielle Projekte. Die Errichtung eines Thermalbades oder eines Heimatmuseums kann ebenso dabei sein wie die Förderung eines Automobilwerkes. Spezielle Förderprogramme zielen auf innovative Projekte ab, die sich auch zum Ziel gesetzt haben, daß Arbeitsplätze nachhaltig geschaffen werden (§ 10 des ERDF = European Regional Development Fund).

Die regionalpolitischen Ziele beinhalten in der Regel arbeitsmarktpolitische. Die Schaffung neuer Arbeitsplätze, die Erhaltung und Absicherung bestehender Arbeitsplätze und die Erlangung von Vollbeschäftigung in peripheren Regionen sind beispielhaft aufgezählte Zielsetzungen. Regionalpolitik kennt aber auch andere Aufgaben, wie die Erhaltung der Umwelt, der natürlichen Ressourcen oder die Regulierung des öffentlichen und privaten Verkehrs. Oft führt jedoch dieses Nebeneinander unterschiedlicher Zielsetzungen zu Konflikten und gegenseitigen Behinderungen. Was arbeitsmarktpolitisch wünschenswert ist, erscheint aus umweltschützerischen Gesichtspunkten nachteilig. Dieses immanente Dilemma ist zumindest teilweise für die relative Erfolglosigkeit der Regionalpolitik als Ersatz einer regionalisierten Arbeitsmarktpolitik verantwortlich.

7.2 Arbeitsmarktpolitische Problemlagen in Europa

Die vergleichende arbeitsmarktgeographische Forschung liefert wichtige Erkenntnisse über Prozesse auf der Makroebene und den Einfluß des politischen Systems. Staatliche Regulationen beeinflussen über das Steuersystem, über die Wirtschafts- und Sozialpolitik und über regionalpolitische Maßnahmen nachhaltig das Beschäftigungssystem, die Arbeitslosigkeit und das Ausmaß regionaler Disparitäten.

Für vergleichende Analysen bietet sich auf der Makroebene europäischer Staaten eine Typenbildung von drei unterschiedlichen Staatengruppen an: ein neokonservatives, ein korporatistisches und ein egalitär-skandinavisches Staatsmodell. Dazu kommen Staaten mit einem unterschiedlichen Modernisierungsrückstand und ehemals kommunistische Staaten Ost- und Ostmitteleuropas, die sich im Transformationsprozeß befinden.

Zu den *neokonservativen Staaten* Europas zählt in erster Linie Großbritannien, das Mutterland des politischen Liberalismus. Der Staat übt einen geringen Einfluß auf die Regulation der Arbeitsmärkte und der sozialen Sphäre aus. Der Familie und den lokalen Behörden kommen viele Funktionen zu, die in anderen europäischen Staaten übergeordnete Institutionen übernommen haben. Das Familienmodell ist ein patriarchalisches. Dennoch ist die hohe Erwerbsquote von Frauen überraschend.

Typus	Staaten (Beispiele)	Arbeitslosigkeit	Frauenerwerbstätigkeit	Arbeitsmarkt-, Sozial- und Regionalpolitik
neokonservativ	Großbritannien	abhängig von der wirtschaftlichen Entwicklung	hoch, jedoch sehr viel Teilzeitarbeit	wenig entwickelt, als Eingriff in Marktmechanismen empfunden, Sozialpolitik wird der Familie und der lokalen Ebene übertragen
korporatistisch	Frankreich, Deutschland, Österreich	relativ niedrig und eher stabil	relativ hoch	in der Tradition der Gewährung obrigkeitlichen Schutzes weiterentwickelt
egalitär-skandinavisch	Schweden, Norwegen	niedrig	sehr hoch	als Teil der bürgerlichen Rechte hoch entwickeltes System
hinsichtlich des Modernisierungsprozesses rückständig	Spanien, Portugal, Italien	je nach Strukturwandel sehr hoch (Spanien) oder niedrig (Portugal)	unterdurchschnittlich	wenig entwickelt, sozialpolitische Schutzfunktion verbleibt in der Familie oder auf einer lokalen Ebene
transformatorisch	Ungarn, Polen, Tschechien, Slowakei	sehr hoch (bis auf Tschechien)	stark rückläufig	starker Rückbau und Stabilisierung auf niedrigem Niveau, Funktionszuweisung an Familie und lokale Einrichtungen

Abb. 58: Typologie arbeitsmarktpolitischer Problemlagen in Europa (Quelle: Verfasser)

Die weibliche Erwerbsbeteiligung zählt zu den höchsten Europas. Sie basiert jedoch im wesentlichen auf einem Zuwachs an Teilzeitbeschäftigung mit geringen Sozialleistungen und einer prekären sozialen Absicherung. Die Segmentierung des Arbeitsmarktes ist weit vorangeschritten.

Als Folge eines tiefgreifenden Strukturwandels im Bergbau und in der Eisen- und Stahlindustrie ist in Großbritannien die Arbeitslosigkeit an den Standorten von alten Industriebetrieben und stillgelegten Bergwerken noch immer sehr hoch. Ebenfalls hohe Arbeitslosenquoten sind unter den ethnischen Minderheiten zu verzeichnen. Dennoch ist eine akzentuierte staatliche Arbeitsmarktpolitik sehr schwach ausgeprägt. Lokale Behörden, private Arbeitsvermittler und die Funktionstüchtigkeit des Marktes treten an seine Stelle. Der Glaube, daß der Markt die Beschäftigungsprobleme ohne Eingriffe des Staates besser lösen kann, ist stark ausgeprägt. Und tatsächlich ist es in den vergangenen Jahren gelungen, die gesamtstaatliche Arbeitslosigkeit zu reduzieren. Daß dabei einige statistische „Tricks" angewendet wurden und das allgemeine Lohnniveau deutlich unter dem Deutschlands liegt, sind die selten berichteten Kapitel des englischen Wirtschaftswunders.

Einem anderen Typus von Staat sind Frankreich, Deutschland oder Österreich zuzuordnen. Wesentliches Kennzeichen ist die *korporatistische Durchdringung* vieler gesellschaftlicher Bereiche und eine paternalistische Einstellung zum Staat. Die korporatistische Durchdringung hat viele historische Wurzeln. Sie basieren auf der zünftischen Verfassung von Handwerk und Gewerbe, auf der Arbeiterbewegung und den Gewerkschaften sowie auf institutionalisierten Formen des Kooperatismus (z.B. Sozialpartnerschaft). Die Wirtschafts- und Sozialpolitik wird von den korporatistischen Institutionen maßgeblich mitbestimmt. Gewerkschaften und Industriellenvereinigungen bestimmen in oft langwierigen Verhandlungen die Höhe der Löhne und schließen autonom Kollektivverträge ab.

Der *Paternalismus* in den genannten Staaten hat ebenfalls eine lange Tradition. Die Unternehmer, die Patrons, aber auch der Adel und der Grundherr fühlten sich für „ihre" Untergebenen, für ihre Arbeiterfamilien, für ihr Gesinde und ihre Dienstbotenschaft verantwortlich. Werkssiedlungen wurden errichtet, Kinderbetreuungseinrichtungen zur Verfügung gestellt und Sozialleistungen erbracht. Die sozialpolitische Verantwortung wurde im 20. Jahrhundert vom Staat übernommen. Heute übernimmt er die Funktionen der Unternehmer und der Obrigkeit vergangener Jahrhunderte. Wohnbaupolitik, Familienpolitik und Sozialpolitik sind wesentliche Aufgaben der öffentlichen Hand geworden.

Der Arbeitsmarkt im korporatistisch-paternalistischen Staatsmodell ist ein hochgradig reguliertes System. Die wohlfahrtsstaatliche Entwicklung hat zu einer relativ hohen weiblichen Erwerbstätigkeit geführt. Der Anstieg war in Frankreich deutlich stärker als in Deutschland oder Österreich. Einerseits wurde die Aufnahme einer Berufstätigkeit durch ein Netz von Familienbetreuungseinrichtungen ermöglicht, andererseits war mit dem Ausbau des Wohlfahrtsstaates eine Vielzahl von Arbeitsplätzen im Gesundheits- und Erziehungsbereich verbunden.

Die regionalen Disparitäten auf dem Arbeitsmarkt wurden in den korporatistisch-paternalistischen Staaten eher gemildert. Während in neokonservativen Staaten der

Ausgleich regionaler Unterschiede nicht im Zentrum politischer Maßnahmen steht, hat der Staat in Deutschland oder Österreich durch Verlagerung von Arbeitsplätzen der öffentlichen Hand und durch die flächenhafte Verbreitung qualifizierter Arbeitsplätze für eine Milderung zentral-peripherer Gradienten gesorgt. Auch in Frankreich, wo traditionell alles was Rang und Namen hat, in Paris konzentriert ist, kann eine Abschwächung des zentral-peripheren Gradienten nachgewiesen werden.

Das hohe Ausmaß an Regulation verhindert jedoch die rasche Anpassung an geänderte wirtschaftliche Rahmenbedingungen. Deutschland, Österreich und auch Frankreich stehen vor historisch markant hohen Arbeitslosenzahlen und können traditionelle arbeitsmarktpolitische Maßnahmen der Nachfragestimulierung (im keynesianischen Sinne) angesichts der hohen öffentlichen Verschuldung und internationaler Verpflichtungen nicht mehr implementieren. Die Arbeitslosigkeit wird damit häufig zur Causa prima der innenpolitischen Diskussion, ohne daß jedoch neue politische Konzepte zur Senkung derselben bereitstünden.

Schließlich ist das *egalitär-skandinavische Staatsmodell* der nordeuropäischen Staaten zu nennen. Diese haben ein institutionelles und universalistisches Wohlfahrtssystem geschaffen, das eine breite Palette von Infrastrukturleistungen bereitstellt, die als bürgerliche Rechte beansprucht werden. Korporatistische Institutionen sind sehr viel früher in ein bürgerliches Staatssystem integriert worden. Gleichbehandlung und Gleichberechtigung, insbesondere von Frauen, waren wesentliche Ziele der Sozialpolitik, hohe Erwerbsquoten von Frauen die Folge.

Nicht alle Staaten Europas lassen sich problemlos in diese Typologie einordnen. In den südeuropäischen Staaten dominiert die *patriarchalische Familienverfassung*, die weibliche Erwerbsquote ist jedoch im Unterschied zu Großbritannien eher gering und weist hinsichtlich der altersspezifischen Erwerbstätigenquoten der Frauen einen deutlichen Abfall nach der Geburt der Kinder auf. Fehlende Kinderbetreuungseinrichtungen und eine klare Zuweisung der Erziehungsfunktion an Frauen unterbindet vielfach eine Wiederaufnahme der Berufstätigkeit.

Ebenfalls nicht der Gruppe neokonservativer Staaten zuzuordnen ist Spanien. Die Erklärung der hohen Arbeitslosigkeit erfordert daher eine andere Argumentation. Im internationalen Vergleich ist die spanische Arbeitslosenquote seit Anfang der 80er Jahre regelmäßig die höchste unter den Ländern der Europäischen Gemeinschaft. Sie ist seit 1980 zweistellig und bewegte sich mehrere Jahre lang bei rund 20%. Die Arbeitsmarktstrukturen Spaniens verweisen daher eher auf demographische Angebotsstrukturen und auf einen spezifischen Modernisierungsprozeß, der von einer massiven sektoralen Strukturänderung begleitet ist, als auf die Zugehörigkeit zu einem staatlichen Wohlfahrtsmodell (vgl. GUERRERO 1995).

Die unterschiedliche Modernisierungsentwicklung ist auch beim Vergleich der Arbeitsmarktstrukturen Spaniens mit jenen Portugals zu berücksichtigen. Portugal zählt zu den europäischen Staaten mit der geringsten Arbeitslosigkeit, einer deutlich höheren weiblichen Erwerbsquote als Spanien und einer höheren Beschäftigungsquote insgesamt. Das in Portugal erzielbare Einkommen ist deutlich geringer, der sektorale Strukturwandel hinkt noch jenem Spaniens nach, und die Ersatzleistungen aus der Arbeitslosenversicherung sind niedriger. Die überraschend hohen Unterschiede der beiden Nachbarstaaten Portugal und Spanien lassen sich also nur mit spezifischen regionalgeographischen Aussagen erklären und weniger mit einer allgemeinen Regelhaftigkeit (vgl. MIKUS 1991).

Nahe liegt schließlich auch, daß die *Arbeitsmarktstrukturen der ostmittel- und osteuropäischen Staaten* wenig mit der Zuordnung zu einem neokonservativen, korporatistisch-paternalistisch oder sozialdemokratisch-egalitären Staatsmodell zu tun haben, sondern auf die spezifischen Bedingungen der Transformation vom Plan zum Markt zurückzuführen sind (vgl. LICHTENBERGER 1991b; MEUSBURGER/ KLINGER 1995; CSÉFALVAY 1997). Die Konsequenzen sind tiefgreifend und in vielen gesellschaftlichen Bereichen zu beobachten. Die Liberalisierung des Arbeitsmarktes zählt dabei zu den wichtigsten gesellschaftlichen Konsequenzen. Sie führt in allen Staaten Ostmittel- und Osteuropas zu einem massiven Anstieg der Arbeitslosigkeit. Diese war im wesentlichen Folge der Kompetenzverlagerung wirtschaftlicher Entscheidungen in die Unternehmen, der freien Lohnbildung, der Möglichkeit, Anstellungen und Entlassungen von Mitarbeitern durchführen zu können, und schließlich Folge von Betriebsauflösungen. Dazu kam ein massiver Nachfragerückgang nach Arbeitskräften – als Folge der Auflösung des RGWs. Mit der verstärkten Arbeitslosigkeit ist eine Tendenz zur Schließung des Arbeitsmarktes gegenüber jüngeren Menschen, die ihre Ausbildung beendet haben und mit einer Erwerbstätigkeit beginnen wollen, sowie eine Verdrängung von Frauen und älteren Arbeitskräften aus dem Beschäftigungssystem gekoppelt.

Die Diskussion um die Verschlechterung der Arbeitsmarktchancen von Frauen in den ehemals sozialistischen Ländern zeigt, welche Stabilität durch Theorien begründete Erwartungen oder propagandistisch aufgebaute Stereotype auch in der Arbeitsmarktforschung haben können. Entgegen der weit verbreiteten Ansicht, daß Frauen zu den Verlierern des Transformationsprozesses gehören, muß festgestellt werden, daß in Ungarn Frauen bis Mitte der 90er Jahre eine niedrigere Arbeitslosenquote hatten als Männer und insgesamt zwischen 1980 und 1995 weniger Arbeitsplätze verloren haben als Männer. HEERING und SCHROEDER (1996) haben für die ehemalige DDR auf die große Diskrepanz zwischen der objektiven und der subjektiv empfundenen Lage von Frauen auf dem Arbeitsmarkt hingewiesen. „Betrachtet man die Erwerbstätigkeit in Ostdeutschland nach dem Inlandskonzept, so ist der Frauenanteil zwischen September 1989 und November 1994 lediglich um 1%-Punkt gefallen [...] Alle Indizien sprechen dafür, daß der geringe Rückgang im Erwerbstätigenanteil der Frauen nicht eine Folge einer rigorosen Entlassungspolitik ostdeutscher Unternehmen zu ihren Lasten ist, daß das Problem vielmehr in den schlechteren Einstellungschancen von Frauen besteht. Darin manifestieren sich jedoch im wesentlichen Diskriminierungen der Frauen im Beschäftigungssystem der DDR" (HEERING/SCHROEDER 1996, S. 394).

Literaturverzeichnis

Abkürzungen

AER	American Economic Review
AJS	American Journal of Sociology
ASR	American Sociological Review
MittAB	Mitteilungen aus der Arbeitsmarkt- und Berufsforschung
NBER	National Bureau of Economic Research
SFB	Sonderforschungsbereich
VASMA	Vergleichende Analyse sozialstatistischer Massendaten
VWGÖ	Verband der wissenschaftlichen Gesellschaften Österreichs
WIFO	Wirtschaftsforschungsinstitut
WSI	Wirtschafts- und sozialwissenschaftliches Institut

ABBOTT, L. F.: Theories of the Labour Market and Industrial Employment: A Review of the Social Science Literature. Manchester Industrial System Research. 1980

ABRAHAMSEN, Y.; KAPLANEK, H.; SCHIPS, B.: Arbeitsmarkttheorie, Arbeitsmarktpolitik und Beschäftigung in der Schweiz. Grüsch. 1986

ADAMS, K. H.; ECKEY, H. F.: Regionale Beschäftigungskrisen in der Bundesrepublik Deutschland. Ursachen und Erscheinungsformen. WSI-Mitteilungen 8 (1984), 474-481

AEPPLI, R.: Methodische Probleme der Arbeitslosigkeit. Die Ansätze der walrasianischen Gleichgewichts- und Ungleichgewichtsmodelle und der Mikroökonomie. Wirtschaftswissenschaftliche Beiträge 13. Freiburg (Schweiz) 1979

AHNER, D.: Arbeitsmarkt und Lohnstruktur. Zum Einfluß von Aufbau und Funktionsweise des Arbeitsmarktes auf die Lohnstruktur. Tübingen 1978

ALTERMATT, K.: Räumliche Lohndisparitäten in der Schweiz. Arbeits- und Sozialwissenschaft 5. Diessenhofen 1981

ALTHAUSER, R.; KALLEBERG, A.: Firms, Occupations and the Structure of Labor Markets: A Conceptual Analysis. In: Berg, I. (Ed.): Sociological Perspectives on Labor Markets. New York 1981, 119-149

ANDRISANI, P. J.: An Empirical Analysis of the Dual Labor Market Theory. Center for Human Resource Research. Columbus 1973

ANGEL, D.; MITCHELL, J.: Intermetropolitan Wage Disparities and Industrial Change. Economic Geography 67 (1991), 124-135

ARROW, K. J.: Models of Job Discrimination. In: Pascal, A. (Ed.): Racial Discrimination in Economic Life. Lexington 1972

ARROW, K. J.: The Limits of Organizations. New York-London 1974

ASHENFELTER, O.; LAYARD, R. (Eds.): Handbook of Labor Economics. 2nd vol. Amsterdam 1986

AVERITT, R. T.: The Dual Economy: The Dynamics of American Industry Structure. New York 1968

AZARIADIS, C.: Implicit Contracts and Underemployment Equilibria. Journal of Political Economy 83 (1975), 1183-1202

BACH, H.-U.; KOHLER, H.; LEIKEB, H.; MAGVAS, E.; SPITZNAGEL, E.: Der Arbeitsmarkt 1994 und 1995 in der Bundesrepublik Deutschland. MittAB 4 (1994), 269-299

BADE, F.-J.: Der Beitrag von Standortveränderungen zum Abbau regionaler Unterschiede. Informationen zur Raumentwicklung 7 (1978), 555-568

BADE, F.-J.: Funktionale Arbeitsteilung und regionale Beschäftigungsentwicklung. Informationen zur Raumentwicklung 9/10 (1986), 695-713
BADE, F.-J.: Regionale Beschäftigungsprognose 1995. Forschungen zur Raumentwicklung 21. Bonn 1991
BADEN, CHR.; KOBER, TH.; SCHMID, A.: Technischer Wandel und Arbeitssegmentation. Ein ausgewählter Literaturüberblick. MittAB 1 (1992), 61-72
BAETHGE, M.; OBERBECK, H.: Zukunft des Angestellten. Frankfurt-New York 1986
BAHRENBERG, G.; GIESE, E; NIPPER, J.: Statistische Methoden in der Geographie. Stuttgart 1990
BAILY, M.: Wages and Employment under Uncertain Demand. Review of Economic Studies 41 (1974), 37-50
BALDWIN, G.: Brain Drain or Overflow? Foreign Affairs 48, No. 2 (1970), 358-372
BALOG, A.; CYBA, E.: Geschlecht als Ursache von Ungleichheiten. Frauendiskriminierung und soziale Schließung. Forschungsbericht 266 des Instituts für Höhere Studien. Wien 1990
BARON, J.; BIELBY, W.: The Organization of Work in a Segmented Economy. ASR 49 (1984), 454-474
BECK, E.; HORAN, P.; TOLBERT, C.: Stratification in a Dual Economy: A Sectoral Model of Earnings Determination. ASR 43 (1978), 704-720
BECKER, G. S.: Human Capital: A Theoretical and Empirical Analysis, with Special Reference to Education. NBER, General Series 80. New York 1964
BECKER, G. S.: The Economics of Discrimination. Economics Research Center Studies in Economics. Chicago 1971
BECKER, G. S.: Human Capital. New York 1975
BECKER, W.: Bedeutung des universitären Wissenschaftstransfers als regionaler Standortfaktor. Das Beispiel der Universität Augsburg. Beiträge zur Hochschulforschung 3 (1994), 489-501
BECKMANN, P.; BENDER, ST.: Arbeitslosigkeit in ostdeutschen Familien. Der Einfluß des Familienkontexts auf das individuelle Arbeitslosigkeitsrisiko. MittAB 2 (1993), 222-231
BELL, D.: The Coming of Post-Industrial Society; A Venture in Social Forecasting. New York 1973
BELL, D.: Die nachindustrielle Gesellschaft. Frankfurt-New York 1975
BENDER, ST.; KARR, W.: Arbeitslosigkeit von ausländischen Arbeitnehmern. Ein Versuch, nationalitätenspezifische Arbeitslosenquoten zu erklären. MittAB 2 (1993), 192-203
BENTERBUSCH, U.: Neuabgrenzung des Fördergebiets der Gemeinschaftsaufgabe „Verbesserung der regionalen Wirtschaftsstruktur". MittAB 2 (1994), 130-136
BERGER, S.; PIORE, M.: Dualism and Discontinuity in Industrial Societies. Cambridge-New York 1980
BERGMANN, B.: The Effect of White Incomes on Discrimination in Employment. Jounal of Political Economy 79 (1971), 294-313
BIEHLER, H.; BRANDES, W.: Arbeitsmarktsegmentation in der BRD. Theorie und Empirie des dreigeteilten Arbeitsmarktes. Frankfurt/Main-New York 1981
BIEHLER, H.; BRANDES, W.; BUTTLER, F.; GERLACH, K.: Interne und externe Arbeitsmärkte – Theorie und Empirie zur Kritik eines neoklassischen Paradigmas. Beiträge zur Arbeitsmarkt- und Berufsforschung 33 (1979), 102-147
BIEHLER, H.; BRANDES, W.; BUTTLER, F.; GERLACH, K.; LIEPMANN, P.: Arbeitsmarktstrukturen und -prozesse. Zur Funktionsweise ausgewählter Arbeitsmärkte. Schriftenreihe zur angewandten Wirtschaftsforschung 41. Tübingen 1981
BIFFL, G.: Der Wandel im Erwerbsverhalten in Österreich und im Ausland. WIFO-Monatsberichte 1 (1988), 32-53

BILLER, M.: Arbeitsmarktsegmentation und Ausländerbeschäftigung. Ein Beitrag zur Soziologie des Arbeitsmarktes mit einer Fallstudie aus der Automobilindustrie. Frankfurt-New York 1989

BIRG, H.; J. FLÖTHMANN, J.; REITER, I.: Biographische Theorie der demographischen Reproduktion. Demographische Verhaltensweisen regionaler Arbeitsmarktkohorten im biographischen Kontext. Institut für Bevölkerungsforschung und Sozialpolitik. Bielefeld 1990

BLASCHKE, D.; PLATH, H.-E.: „Beruf" und „berufliche Verweisbarkeit". Kritische Reflexionen zu einer Herausforderung an die Arbeitsmarkt- und Berufsforschung. MittAB 4 (1994), 300-322

BLAUG, M.: The Empirical Status of Human Capital Theory: A Slightly Jaundiced Survey. Journal of Economic Literature 14 (1976), 827-855

BLIEN, U.: Arbeitsmarktprobleme als Folge industrieller Monostrukturen. Raumforschung und Raumordnung 51 (1993), 347-356

BLIEN, U.: Konvergenz oder dauerhafter Entwicklungsrückstand? Einige theoretische Überlegungen zur empirischen Regionalentwicklung in den neuen Bundesländern. Informationen zur Raumentwicklung 20 (1994), 273-285

BLIEN, U.; HIRSCHENAUER, F.: Die Entwicklung regionaler Disparitäten in Ostdeutschland. MittAB 4 (1994), 323-337

BLIEN, U.; RUDOLPH, H.: Einkommenseffekte bei Betriebswechsel und Betriebsverbleib im Vergleich. MittAB 4 (1989), 553-567

BLOSSFELD, H.-P.: Berufseintritt und Berufsverlauf. Eine Kohortenanalyse über die Bedeutung des ersten Berufs in der Erwerbsbiographie. MittAB 2 (1985), 177-197

BLOSSFELD, H.-P.: Karriereprozesse im Wandel der Arbeitsmarktstruktur – Ein dynamischer Ansatz zur Erklärung intragenerationaler Mobilität. MittAB 1 (1987), 74-88

BLOSSFELD, H.-P.: Kohortendifferenzierung und Karriereprozeß. Eine Längsschnittstudie über die Veränderung der Bildungs- und Berufschancen im Lebenslauf. Frankfurt/Main-New York 1989

BLOTEVOGEL, H.: Zentrale Orte: Zur Karriere und Krise eines Konzepts in Geographie und Raumplanung. Erdkunde 50 (1996), 9-25

BODENHÖFER, H. J. (Hrsg.): Bildung, Beruf, Arbeitsmarkt. Schriften des Vereins für Sozialpolitik 174. Berlin 1988

BOLLE, M. (Hrsg.): Arbeitsmarkttheorie und Arbeitsmarktpolitik. Opladen 1976

BOLLE, M.: Keynesianische Beschäftigungstheorie und Segmentierungskonzepte. Beiträge zur Arbeitsmarkt- und Berufsforschung 33 (1979), 285-314

BOLTE, K. M.: Sozialer Aufstieg und Abstieg. Eine Untersuchung über Berufsprestige und Berufsmobilität. Stuttgart 1959

BOLTE, K. M.: Leistung und Leistungsprinzip. Zur Konzeption, Wirklichkeit und Möglichkeit eines gesellschaftlichen Gestaltungsprinzips. Opladen 1979

BOLTE, K. M.; RECKER, H.: Vertikale Mobilität. In: König, R. (Hrsg.): Handbuch der empirischen Sozialforschung, Band 5. Stuttgart 1976, 40-103

BOMBACH, G.; GAHLEN, B.; OTT A. E. (Hrsg.): Arbeitsmärkte und Beschäftigung – Fakten, Analysen, Pespektiven. Schriftenreihe des wirtschaftswissenschaftlichen Seminars Ottobeuren 16. Tübingen 1987

BOSANQUET, N.; DOERINGER, P.: Is There a Dual Labour Market in Great Britain. Economic Journal 83 (1973), 421-435

BOSS, A.: Die Erwerbstätigkeit verheirateter Frauen in der Bundesrepublik Deutschland. Erklärung und Prognose. Beiträge zur Arbeitsmarkt- und Berufsforschung 56 (1981), 69-81

BOTTOMORE, T.: Soziale Schichtung. In: König, R. (Hrsg.): Handbuch der empirischen Sozialforschung, Band 5. Stuttgart 1976, 1-39

BOTTOMORE, T.: Communism. In: Bottomore, T. (Ed.): A Dictionary of Marxist Thought. Cambridge Ma.. 1983, 87-90
BOURDIEU, P.: Die Intellektuellen und die Macht. Hamburg 1991
BOWRING, J.: Competition in a Dual Economy. Princeton 1986
BRANDES, W., 1983: Arbeitsmarktsegmentation und regionale Arbeitsmarktpolitik. In: Garlichs, D.; Maier, F.; Semlinger, K. (Hrsg.): Regionalisierte Arbeitsmarkt- und Beschäftigungspolitik. Arbeitsberichte des Wissenschaftszentrums Berlin – Internationales Institut für Management und Verwaltung/Arbeitsmarktpolitik. Frankfurt/Main-New York 1983, 74-82
BRAVERMAN, H.: Labor and Monopoly Capital. New York 1974
BRAVERMAN, H.: Die Arbeit im modernen Produktionsprozeß. Frankfurt/Main-New York 1980
BRINKMANN, C.: Segmentierung, Strukturalisierung, Flexibilität – Zur Relevanz einiger segmentationstheoretischer Aussagen für den Gesamtarbeitsmarkt. Beiträge zur Arbeitsmarkt- und Berufsforschung 33 (1979), 205-252
BRINKMANN, C.: Arbeitszeitpräferenzen: Ein Hinweis auf neue Repräsentativ-Befragungen. MittAB 3 (1983), 106-109
BRINKMANN, C.: Arbeitszeitpräferenzen und Partnerarbeitsvolumen. In: Peters, W. (Hrsg.): Frauenerwerbstätigkeit – Berichte aus der laufenden Forschung – Arbeitspapier des Arbeitskreises Sozialwissenschaftliche Arbeitsmarktforschung 7. Paderborn 1989, 113-141
BRINKMANN, G.: Ökonomik der Arbeit. Band 1: Grundlagen; Band 2: Die Allokation der Arbeit; Band 3: Die Entlohnung der Arbeit. Stuttgart 1981
BRINKMANN, M.: Die regionale Verteilung der Problemgruppen bei den Arbeitslosen. Informationen zur Raumentwicklung 3/4 (1980), 119-134
BRÖCKER, J.: Regionale Arbeitsmarktbilanzen 1978 bis 1984. Methoden und Ergebnisse. Raumforschung und Raumordnung 3 (1988), 87-97
BRUGGER, E. (Hrsg.): Arbeitsmarktentwicklung: Schicksalsfrage der Regionalpolitik? „NFP Regionalprobleme" des Schweizerischen Nationalfonds. Bern 1984
BUCHEGGER, R.; ROTHSCHILD, K.; TICHY, G. (Hrsg.): Arbeitslosigkeit. Ökonomische und soziologische Perspektiven. Studies in Contemporary Economics. Berlin 1990
BÜCHEL, F.: Die Einkommensentwicklung nach unterbrochener und nach klassischer Langzeitarbeitslosigkeit. In: Rendtel, U.; Wagner, W. (Hrsg.): Lebenslagen im Wandel. Zur Einkommensdynamik in Deutschland seit 1984. Frankfurt/Main-New York 1991, 297-327
BÜCHEL, F.: Die Einkommensstruktur der Perforations-Jobs bei perforierter Langzeitarbeitslosigkeit. Eine Überprüfung der Leistungsfähigkeit mikroökonomischer Arbeitsmarkttheorien in einem peripheren Job-Segment. MittAB 3 (1993a), 336-347
BÜCHEL, F.: Perforierte Langzeitarbeitslosigkeit als Strukturtyp der Arbeitslosenforschung. Konjunkturpolitik, H. 1/2 (1993b), 49-74
BÜCHEL, F.; PANNENBERG, M.: Erwerbsbiographische Folgerisiken von Kurzarbeit und Arbeitslosigkeit. MittAB 2 (1992), 158-167
BÜCHTEMANN, CHR. F.; SCHUPP, J.; SOLOFF, D. J.: Übergänge von der Schule in den Beruf – Deutschland und USA im Vergleich. MittAB 4 (1993), 507-520
BUDDE, R.; ECKEY H.-F.; KLEMMER, P: Vorschlag für die Abgrenzung von Arbeitsmarktregionen in den neuen Bundesländern. Gutachten im Auftrag des Unterausschusses der Gemeinschaftsaufgabe ÖVerbesserung der regionalen Wirtschaftsstruktur. Essen 1993
Bundesanstalt für Arbeit (Hrsg.): Situation und Tendenz der Beschäftigung und des Erwerbsverhaltens von Frauen. Amtliche Nachrichten der Bundesanstalt für Arbeit. 1989, 938-951
BUTSCHEK, F.: Historische Arbeitsmarktdaten für Österreich. Österreichische Zeitschrift für Statistik und Informatik 3 (1987), 213-227

BUTTLER, F.; GERLACH, K.: Die regionalwirtschaftliche Bedeutung interner Arbeitsmärkte in der Bundesrepublik Deutschland. Raumforschung und Raumordnung 5 (1978), 219-225
BUTTLER, F.; GERLACH, K.; LIEPMANN, P.: Funktionsfähige regionale Arbeitsmärkte als Bestandteil ausgewogener Funktionsräume. In: Marx, D. (Hrsg.): Ausgeglichene Funktionsräume. Grundlagen für eine Regionalpolitik des mittleren Weges. Veröffentlichungen der Akademie für Raumforschung und Landesplanung, Forschungs- und Sitzungsberichte 94. Hannover 1975, 63-91
BUTTLER, F.; GERLACH, K.; LIEPMANN, P.: Grundlagen der Regionalökonomie. Hamburg 1977
BUTTLER, F.; GERLACH, K.; SCHMIEDE, R. (Hrsg.): Arbeitsmarkt und Beschäftigung: neuere Beiträge zur institutionalistischen Arbeitsmarktanalyse. Sozialwissenschaftliche Arbeitsmarktforschung, Band 14. New York-Frankfurt/Main 1987
BUTTLER, F.; TESSARING, M.: Humankapital als Standortfaktor. Argumente zur Bildungsdiskussion aus arbeitsmarktpolitischer Sicht. MittAB 4 (1993), 467-476
BUTZIN, B.: Zur These eines regionalen Lebenszyklus im Ruhrgebiet. In: Mayr, A.; Weber, P. (Hrsg.): 100 Jahre Geographie an der Westfälischen Wilhelms-Universität Münster. Münstersche Geographische Arbeiten 26. Paderborn 1987, 191-210

CAIN, G. G.: The Challenge of Dual and Radical Theories of the Labor Market to Orthodox Theory. Institute for Research on Poverty, University of Wisconsin. Madison 1975
CAIN, P.; TREIMAN, D.: The Dictionary of Occupational Titles as a Source of Occupational Data. ASR 46 (1981), 253-278
CARLBERG, M.: Theorie der Arbeitslosigkeit: Angebotspolitik versus Nachfragepolitik. München 1988
CARROLL, G. R.; MAYER, K.-U.: Job Mobility in the Federal Republic of Germany: The Effects of Social Class, Industrial Sector, and Organizational Size. Berlin 1984
CARROLL, G.; MAYER, K.-U.: Job-Shift Patterns in the Federal Republic of Germany: The Effects of Social Class, Industrial Sector, and Organisational Size. ASR 51 (1986), 323-341
CHRISTALLER, W.: Die Zentralen Orte in Süddeutschland. Eine ökonomisch-geographische Untersuchung über die Gesetzmäßigkeit der Verbreitung und Entwicklung der Siedlungen mit städtischen Funktionen. Jena 1933
CLARK, G.: Spatial Search Theory and Indeterminant Information. In: Fischer, M.; Nijkamp, P. (Eds.): Regional Labour Markets. Contribution to Economic Analysis. Amsterdam-New York-Oxford-Tokyo 1987, 169-185
CLARK, K.; SUMMERS, L.: Labor Market Dynamics and Unemployment: A Reconsideration. Brookings Papers on Economic Activity 1 (1979), 13-67
COOKE, T.; SHUMWAY, M: Developing the Spatial Mismatch Hypothesis: Problems of Accessibility to Employment for Low-Wage Central City Labor. Urban Geography 12 (1991), 310-323
CORNELSEN, C.: Erwerbstätigkeit der ausländischen Bevölkerung. Wirtschaft und Statistik 3 (1996), 147-155
CORNETZ, W.: Theorie und Empirie des Arbeitskräfteangebots. Über die Bestimmungsgründe und den Wandel des geschlechtsspezifischen Erwerbsverhaltens. MittAB 3 (1986), 422-438
CRAMER, U.: Zur regionalen Entwicklung der Arbeitslosigkeit seit 1970 – Eine Regressionsanalyse für Arbeitsamtsbezirke. MittAB 11 (1978), 15-18
CRAMER, U.: Probleme der Genauigkeit der Beschäftigtenstatistik. Allgemeines Statistisches Archiv 69 (1986), 56-68

CSÉFALVAY, Z.: Die Transition des ungarischen Arbeitsmarktes – ein Fünf-Stufen-Modell. In: Lichtenberger, E. (Hrsg.): Die Zukunft von Ostmitteleuropa. ISR-Forschungsberichte 2, Institut für Stadt- und Regionalforschung der Öst. Akad. Wiss. Wien 1991, 21-26
CSÉFALVAY, Z.: Die Transition des Arbeitsmarktes in Ungarn – Konsequenzen für die sozialräumliche Entwicklung. Petermanns Geographische Mitteilungen 137, 1 (1993), 33-44
CSÉFALVAY, Z.: The Regional Differentiation of the Hungarian Economy in Transition. GeoJournal 32 (1994a), 351-361
CSÉFALVAY, Z.: Mit und ohne Förderung. Finanzielle, sektorale, soziale und regionale Probleme der Mittelstandsförderung in Ungarn. In: Schmude, J. (Hrsg.): Neue Unternehmen. Interdisziplinäre Beiträge zur Gründungsforschung. Wirtschaftswissenschaftliche Beiträge 108. Heidelberg 1994b, 230-241
CSÉFALVAY, Z.: Modernisierung durch Auslandskapital – Beispiel Ungarn. In: Bayreuth, Lehrstuhl für Wirtschaftsgeographie und Regionalplanung (Hrsg.): Forschungsnetze als Beitrag zum kreativen Milieu von Regionen in einem Europa im Umbruch. Arbeitsmaterialien zur Raumordnung und Raumplanung 139. Bayreuth 1994c, 209-227
CSÉFALVAY, Z.: Fünf Jahre Transformation des ungarischen Arbeits- und Wohnungsmarktes. In: Fassmann, H. (Hrsg.): Immobilien-, Wohnungs- und Kapitalmärkte in Ostmitteleuropa „Ostmitteleuropa". Beiträge zur regionalen Transformationsforschung. ISR-Forschungsberichte 14, Institut für Stadt- und Regionalforschung der Öst. Akad. Wiss. Wien 1995a, 87-103
CSÉFALVAY, Z.: Ostmitteleuropa im Umbruch. In: Meusburger, P; Klinger, A. (Hrsg.): Vom Plan zum Markt. Eine Untersuchung am Beispiel Ungarns. Heidelberg 1995b, 19-28
CSÉFALVAY, Z.: Raum und Gesellschaft Ungarns in der Übergangsphase zur Marktwirtschaft. In: Meusburger, P; Klinger, A. (Hrsg.): Vom Plan zum Markt. Eine Untersuchung am Beispiel Ungarns. Heidelberg 1995c, 80-98
CSÉFALVAY, Z.: Die Dualität des ungarischen Arbeitsmarktes. In: Fassmann, H.; Lichtenberger, E. (Hrsg.): Märkte in Bewegung. Metropolen und Regionen in Ostmitteleuropa. Böhlau Verlag. Wien 1995d, 113-129
CSÉFALVAY, Z.: Aufholen durch regionale Differenzierung? Von der Plan- zur Marktwirtschaft – Ostdeutschland und Ungarn im Vergleich. Erdkundliches Wissen 122. Stuttgart 1997

DAMMER, CH.: Von der Reservearmee zur Begabungsreserve. Frauen ins Management. Wiesbaden 1988
DANSON, M.: The Industrial Structure and Labour Market Segmentation: Urban and Regional Implications. In: Regional Studies 16, 1982, 255-265
DEITERS, J.: Zur empirischen Überprüfbarkeit der Theorie Zentraler Orte. Fallstudie Westerwald. Arbeiten zur rheinischen Landeskunde 44. Bonn 1978
DICKENS, W.; LANG, K.: A Test of Dual Labor Market Theory. AER 75 (1985), 792-805
DICKENS, W.; LANG, K.: A Goodness of Fit Test of Dual Labor Market Theory. NBER Working Paper 2350. Cambridge 1987
DICKENS, W.; LANG, K.: The Re-emergence of Segmented Labor Market Theory. AER 78 (1988), 129-134
DIEKMANN, A.; MITTER, P.: Methoden zur Analyse von Zeitverläufen. Teubner Studienskripten zur Soziologie. Stuttgart 1984
DIEKMANN, A.; ENGELHARDT, H.; HARTMANN, P.: Einkommensungleichheit in der Bundesrepublik Deutschland: Diskriminierung von Frauen und Ausländern? MittAB 3 (1993), 386-397
DHIMA, G.: Politische Ökonomie der schweizerischen Ausländerregelung, WWZ-Beiträge 6, Chur-Zürich 1991

DOERINGER, P.; PIORE, M.: Internal Labor Markets, Technological Change, and Labor Force Adjustment. Cambridge, Mass. 1966

DOERINGER, P.; PIORE, M.: Internal Labor Markets and Manpower Analysis. Lexington, Mass. 1971

DRUCKER, P. F.: The New Society of Organizations. Harvard Business Review (Sept./Oct. 1992), 95-104

DUNLOP, J.: Wage Determination Under Trade Unions. New York 1944

EBMER, R.: Stigma Dauerarbeitslosigkeit: Heterogenität oder Statusabhängigkeit im Abgangsprozeß? In: Buchegger, R.; Rothschild, K.; Tichy, G. (Hrsg.): Arbeitslosigkeit. Ökonomische und soziologische Perspektiven. Studies in Contemporary Economics. Berlin 1990, 167-177

ECKEY, H.-F.; HORN, K.; KLEMMER, P: Abgrenzung von regionalen Diagnoseeinheiten für die Zwecke der regionalen Wirtschaftspolitik. Gutachten im Auftrag des Untersuchungsausschusses der Gemeinschaftsaufgabe „Verbesserung der regionalen Wirtschaftsstruktur". Bochum-Kassel 1990

EDWARDS, R.; REICH, M.; GORDON, D. (Eds.): Labor Market Segmentation. Lexington-Toronto-London 1975

EGLE, F.: Beziehungen zwischen Berufsbezeichnungen und Tätigkeitsinhalten. MittAB 1 (1977), 112-124

EGLE, F.: Strukturalisierung der Arbeitslosigkeit und Segmentation des Arbeitsmarktes. Einige empirische Befunde. Beiträge zur Arbeitsmarkt- und Berufsforschung 33 (1979), 184-204

ELLGER, CHR.: Informationssektor und räumliche Entwicklung – dargestellt am Beispiel Baden-Württembergs. Tübinger Geographische Studien 99. Tübingen 1988

ENGELBRECH, G.: Erwerbsverhalten und Berufsverlauf von Frauen: Ergebnisse neuerer Untersuchungen im Überblick. MittAB 2 (1987), 181-196

ENGELBRECH, G: Erfahrungen von Frauen an der Ödritten Schwelle£. MittAB 1 (1989), 100-113

ENGELBRECH, G.; KRAFT, H.: Sind Frauen das zukünftige Innovationspotential? Gegenwärtige Hemmnisse und berufliche Möglichkeiten von Frauen. MittAB 1 (1992), 13-26

ENGELEN-KEFER, U.: Arbeitsmarkt und regionale Strukturpolitik. In: Engelen-Kefer, U; Klemmer, P. (Hrsg.): Abgrenzung regionaler Aktionsräume der Arbeitskräftepolitik. Göttingen 1976, 1-176

ENGELEN-KEFER, U.; KLEMMER, P.: Abgrenzung regionaler Aktionsräume der Arbeitskräftepolitik. Göttingen 1976

FARLEY, J. (ed.): Women Workers in Fifteen Countries. Cambridge 1985

FASSMANN, H.: Die Struktur der Arbeitskräfte im historischen Wandel. Ein sektoraler Vergleich Wien 1857-1971. In: Haller, M. (Hrsg.): Beschäftigungssystem im Wandel: Historische Entwicklungen und Internationale Strukturdifferenzen. Frankfurt/Main 1983, 76-95

FASSMANN, H.: Aspekte beruflicher Chancen im ländlichen Raum. Wissenschaftliche Mitteilungen des Instituts für Geographie und Geoökologie der Akademie der Wissenschaften der DDR 19 (1986), 87-100

FASSMANN, H.: Zur Geographie des städtischen Arbeitsmarktes. Verhandlungen des Deutschen Geographentages 45. Stuttgart 1987, 298-305

FASSMANN, H.: Prognose des Arbeitskräfteangebots – Wien und sein Umland. Wirtschaft und Gesellschaft 3 (1989), 389-406

FASSMANN, H.: Was macht die Peripherie peripher? Arbeitsmarktbezogene Kennzeichen der Peripherie. In: H. Fassmann, H.; Pröll, U. (Hrsg.): Standort Burgenland. Probleme und Entwicklungschancen der Peripherie. Eisenstadt 1990, 6-22

FASSMANN, H.: Warum ist eine räumlich differenzierte Betrachtungsweise des Arbeitsmarktes notwendig? In: Aufhauser, E.; Giffinger, R.; Hatz, G. (Hrsg.): Regionalwissenschaftliche Forschung: Fragestellungen einer Disziplin. Beiträge zur 3. Tagung für Regionalforschung und Geographie. Wien 1989/90, 143-154

FASSMANN, H.: Die Entwicklung des Arbeitskräfteangebots in Österreich 1961-1990. Eine Komponentenzerlegung. In: Fassmann, H et al.: Erhöhte Mobilität. Die Struktur des österreichischen Arbeitsmarktes 1990. Textband. Regensburg 1991, 35-50

FASSMANN, H.: Räumliche Arbeitsmarktsegmentierung – Ein Beitrag zu einem geographischen Forschungsdesiderat. Klagenfurter Geographische Schriften 10. Klagenfurt 1992a, 9-18

FASSMANN, H.: Phänomene der Transformation – Ökonomische Restrukturierung und Arbeitslosigkeit in Ost-Mitteleuropa. Petermanns Geographische Mitteilungen 136 (1992b), 49-59

FASSMANN, H.: Funktion und Bedeutung der Arbeitsmigration nach Österreich seit 1963. In: Althaler, K.; Hohenwarter, A. (Hrsg.): Torschluß. Wanderungsbewegungen und Politik in Europa. Wien 1993a, 100-110

FASSMANN, H.: Arbeitsmarktsegmentation und Berufslaufbahnen. Ein Beitrag zur Arbeitsmarktgeographie Österreichs. Beiträge zur Stadt- und Regionalforschung 11, Institut für Stadt- und Regionalforschung. Wien 1993b

FASSMANN, H.: Der österreichische Arbeitsmarkt. Wirtschaftspolitischer Paradigmenwechsel und räumliche Disparitäten. Geographische Rundschau 1 (1995a), 18-24

FASSMANN, H.: Inseratenanalyse. Arbeitsmarktanalysen anhand von Zeitungsannoncen. Methodische Hinweise zu einem alternativen Erhebungsinstrument. In: Matis, H. (Hrsg.): Pressedokumentation – Presseauswertung/Teil 2, Relation 2/1 (1995b), 151-162

FASSMANN, H.: Unterschiede und Ausgleich – Regionalpolitik in Österreich. In: Bmuk (Hrsg.): Politik und Ökonomie. Wirtschaftspolitische Handlungsräume Österreichs. Informationen zur Politischen Bildung 11 (1996), 83-96

FASSMANN, H.; Kohlbacher, J.; Reeger, U.: Wie suchen Ausländer einen Arbeitsplatz? Eine Analyse von Stellengesuchen in Österreich. In: Morokvasic, M; Rudolph, H. (Hrsg.): Wanderungsraum Europa. Menschen und Grenzen in Bewegung. Berlin 1994, 203-225

FASSMANN, H.; KOHLBACHER, J.; REEGER, U.: Forgetting Skills at Borderline: Foreign Job Seekers on the Viennese Labour Market. In: Paganono, T.; Todisco, E. (eds.): Skilled migrations. Studio Emigrazione 117. Roma 1995, 78-89

FASSMANN, H.; MÜNZ, R. (Hrsg.): Migration in Europa. Frankfurt/Main-New York 1996

FASSMANN, H.; SEIFERT, W.: Beschäftigungsstrukturen ausländischer Arbeitskräfte in Österreich und Deutschland – Unterschiede und Gemeinsamkeiten. Erdkunde 1997 (in Druck)

FELDMAN, M.: The Geography of Innovation. Dordrecht-Boston-London 1994

FENGER, H.: Arbeitsmarktforschung, Berufsforschung, Bildungsforschung: Versuch zur Bestimmung von Schwerpunkten, Abgrenzungen und Überschneidungsbereichen. MittAB 5 (1968), 325-335

FESL, M.; BOBEK, H.: Zentrale Orte Österreichs II. Ergänzungen zur Unteren Stufe; Neuerhebung alle Zentralen Orte Österreichs 1980/81 und deren Dynamik in den letzten zwei Dezennien. Beiträge zur Regionalforschung, Band 4. Kommission für Raumforschung der Österreichischen Akademie der Wissenschaften. Wien 1983

FINDLAY, A.: Skilled International Migration: A Research Agenda. Area 21 (1989), 3-11

FISCHER, C.; HEIER, D.: Entwicklung der Arbeitsmarkttheorien. Frankfurt/Main 1983

FISCHER, M.; NIJKAMP, P.: Spatial Labour Market Analysis: Relevance and Scope. In: Fischer, M.; Nijkamp, P. (Eds.): Regional Labour Markets. Contribution to Economic Analysis. Amsterdam-New York-Oxford-Tokyo 1987, 1-26

FLORE, K.: Zur Frage der Qualität regionaler Arbeitsmärkte. Informationen zur Raumentwicklung 7 (1977), 499-514

FOGARTY, M. P.; RAPOPORT, R.; RAPOPORT, R. N.: Sex, Career and Family. Including an International Review of Women's Roles. Beverly Hills 1971

FORSYTHE, F. P.: Male Joblessness and Job Search: Regional Perspectives in the UK, 1981-1993. Regional Studies 5 (1995), 453-463

FOURASTIÉ, J.: Die große Hoffnung des 20. Jahrhunderts. 3. Aufl. Köln-Deutz

FRANZ, W.: Arbeitslosigkeit: Ein makrotheoretischer Analyserahmen. In: Franz, W. (Hrsg.): Mikro- und makroökonomische Aspekte der Arbeitslosigkeit. Beiträge zur Arbeitsmarkt- und Berufsforschung 165. Nürnberg 1992a, 9-24

FRANZ, W. (Hrsg.): Structural Unemployment. Heidelberg 1992b

FRANZ, W.: Arbeitsmarktökonomik. 2. Aufl. Heidelberg etc. 1994

FRANZ, W.; SIEBECK, K.: A Theoretical and Econometric Analysis of Structural Unemployment in Germany: Reflections on the Beveridge Curve. In: Franz, W. (Ed.): Structural Unemployment. Heidelberg 1992, 1-58

FRANZEN, D.: Altersspezifische Frauenerwerbsquoten im europäischen Vergleich. In: Klauder, W.; Kühlewind, G. (Hrsg.): Probleme der Messung und Voraussschätzung des Frauenerwerbspotentials. Beiträge zur Arbeitsmarkt- und Berufsforschung 56 (1981), 206-215

FREIBURGHAUS, D.: Zentrale Kontroverse der neuen Arbeitsmarkttheorie. In: Bolle, M. (Hrsg.): Arbeitsmarkttheorie und Arbeitsmarktpolitik. Opladen 1976, 417-448

FREIBURGHAUS, D.: Arbeitsmarktsegmentation – Wissenschaftliche Modeerscheinung oder arbeitsmarkttheoretische Revolution? Beiträge zur Arbeitsmarkt- und Berufsforschung 33 (1979), 159-183

FREIBURGHAUS, D.; SCHMID, G.: Theorie der Segmentierung. Darstellung und Kritik neuerer Ansätze mit besonderer Berücksichtigung arbeitsmarktpolitischer Konsequenzen. Leviathan 3 (1975), 417-448

FRIEDMAN, A. L.: De-skilling. The New Palgrave. A Dictionary of Economics, vol. 1. 1987, 814-816

FRIEDMAN, M.: The Role of Monetary Policy. AER, Review 58 (1968), 1-17

FRIEDMANN, J.: A General Theory of Polarized Development. In: Hansen, N. (Eds.): Growth Centers in Regional Economic Development. New York 1972

FRIEDMANN, J.: The World City Hypothesis. In: Knox, P.; Taylor, P. (Eds.): World Cities in a World System. Cambridge 1995, 317-331

GAEBE, W.: Neue räumliche Organisationsstrukturen in der Automobilindustrie. Geographische Rundschau 45 (1993), 493-497

GALE, D.: What have we Learned from Social Learning? European Economic Review 40 (1996), 617-628

GALBRAITH, J. K.: Capital and Power. In: Olsen, M. E. (Ed.): Power in Societies. London 1970, 386-393

GANSER, K.: Die Arbeitslosenquote als Indikator erwerbsstruktureller Benachteiligungen. Informationen zur Raumentwicklung 3/4 (1980), 135-144

GARLICHS, D.; MAIER, F.; SEMLINGER, K. (Hrsg.): Regionalisierte Arbeitsmarkt- und Beschäftigungspolitik. Arbeitsberichte des Wissenschaftszentrums Berlin – Internationales Institut für Management und Verwaltung/Arbeitsmarktpolitik. Frankfurt/Main-New York 1989

GATZWEILER, H.-P.: Regionalisierte Arbeitsmarktpolitk und Raumordnung. In: Hurler, P.; Pfaff, M. (Hrsg.): Gestaltungsspielräume der Arbeitsmarktpolitik auf regionalen Arbeitsmärkten. Berlin 1984, 25-44

GEBHARDT, H.: Industrie im Alpenraum: alpine Wirtschaftsentwicklung zwischen Außenorientierung und endogenem Potential. Erdkundliches Wissen 99. Stuttgart 1990

GEBHARDT, H.: Zentralitätsforschung – ein „alter Hut" für die Regionalforschung und Raumordnung heute? Erdkunde 50 (1996), 1-8

GEIPEL, R.: Sozialräumliche Strukturen des Bildungswesens. Studien zur Bildungsökonomie und zur Frage der gymnasialen Standorte in Hessen. Frankfurt 1965

GEIPEL, R.: Angewandte Geographie auf dem Feld der Bildungsplanung. Tagungsbericht des Deutschen Geographentages in Bochum. Wiesbaden 1966, 448-457

GEIPEL, R.: Die räumliche Differenzierung des Bildungsverhaltens. Forschungs- u. Sitzungsberichte d. Akademie für Raumforschung und Landesplanung 61. Hannover 1971, 47-61

GERFIN, H.: Informationsprobleme des Arbeitsmarktes. Kyklos 35 (1982), 398-429

GERSBACH, H.; SCHMUTZLER A.: The Consequences of Intrafirm Knowledge Spillovers for Industry Localization. Discussion Papers Nr. 233, Wirtschaftswissenschaftliche Fakultät, Universität Heidelberg. Heidelberg 1995

GERSBACH, H.; SCHMUTZLER A.: External Spillovers, Internal Spillovers and the Geography of Production and Innovation. Discussion Papers Nr. 238, Wirtschaftswissenschaftliche Fakultät, Universität Heidelberg. Heidelberg 1996

GERSBACH, H.; SCHMUTZLER A.: Endogenous Spillovers, the Market for Human Capital, and Incentives for Innovation. Discussion Papers Nr. 248, Wirtschaftswissenschaftliche Fakultät, Universität Heidelberg. Heidelberg 1997

GERSHUNY, J.: Die Ökonomie der nachindustriellen Gesellschaft. Frankfurt/Main 1981

GESER, H.: Strukturformen und Funktionsleistungen sozialer Systeme. Ein soziologisches Paradigma. Opladen 1983

GILPATRICK, E.: Structural Unemployment and Aggregate Demand. A Study of Employment and Unemployment in the United States 1948-1964. Baltimore 1966.

GLEAVE, D.: Dynamics in Spatial Variations in Unemployment. In: Fischer, M.; Nijkamp, P. (Eds.): Regional Labour Markets. Contribution to Economic Analysis. Amsterdam-New York-Oxford-Tokyo 1987, 269-288

GODDARD, J. B.: Office Communications and Office Location: A Review of Current Research. Regional Studies 5 (1971), 263-280

GODDARD, J. B.: Office Linkages and Location. A Study of Communication and Spatial Patterns in Central London. Progress in Planning, vol. 1, part 2 (1973)

GOLDBERG, C.: Weibliche Erwerbsverläufe im Wandel. SWS-Rundschau 2 (1990), 187-206

GORDON, D.: Theories of Poverty and Underemployment. Orthodox, Radical and Dual Labor Market Perspectives. Lexington 1972

GORDON, D.; EDWARDS, R.; REICH, M.: Segmented Work, Divided Workers: The Historical Transformation of Labor in the United States. Cambridge-New York 1982

GOTTMANN, J.: Office Work and the Evolution of Cities. Ekistics 46, No. 247 (1979), 4-7

GOTTMANN, J.: Organizing and Reorganizing Space. In: Gottmann, J. (Ed.): Centre and Periphery. Spatial Variation in Politics. Beverly Hills-London 1980, 217-224

GOTTMANN, J.: The Coming of the Transactional City. Institute of Urban Studies, University of Maryland, Monograph Series No. 2. College Park, 1983

GOULD, W.: Skilled International Labour Migration: An Introduction. Geoforum 19/4 (1988), 381-385

GUERRERO, T.-J.: Legitimation durch Sozialpolitik? Die spanische Beschäftigungskrise und die Theorie des Wohlfahrtsstaates. Kölner Zeitschrift für Soziologie und Sozialpsychologie 4 (1995), 727-752

HABBEL, W.: Innerbetriebliche Mobilität und Aufstiegschancen. In: Papalekas, J. (Hrsg.): Strukturfragen der Ausländerbeschäftigung. Herford 1969, 64-68
HABERMAS, J.: Strukturprobleme im Spätkapitalismus. Frankfurt/Main 1973
HACKER, W. (Hrsg.): Spezielle Arbeits- und Ingenieurpsychologie, Bd. 3. Berlin (Ost) 1983
HACKER, W.; IWANOWA, A.; RICHTER, A.: Tätigkeitsbewertungssystem (TBS). Psychodiagnostisches Zentrum der Humboldt-Universität Berlin (Ost). Göttingen 1983/1994
HAGGETT, P.: Geographie. Eine moderne Synthese. Nach der dritten, revidierten Originalausgabe aus dem Englischen übertragen und mit Adaptionen versehen von R. Hartmann, U. Meyer-Neumann, M. Preyssinger, H. Stöckl und mit einer Einleitung von R. Geipel. New York 1983
HAKIM, C.: Segregated and Integrated Occupations – A New Framework for Analysing Social Change. European Sociological Review 9 (1993), 289-314
HALLER, M.; HODGE, R. W.: Class and Status as Dimensions of Career Mobility. VASMA-Arbeitspapier 15. 1980
HANSON, S.; PRATT, G.: Dynamic Dependencies: A Geographic Investigation of Local Labor Markets. Economic Geography 4 (1992), 373-405
HARCSA, I.: Ungarische Kader in den achtziger Jahren. In: Meusburger P.; Klinger, A. (Hrsg.): Vom Plan zum Markt. Eine Untersuchung am Beispiel Ungarns. Heidelberg 1995, 270-284
HARDES, H.-D.: Arbeitsmarktstrukturen und Beschäftigungsprobleme im internationalen Vergleich: theoretische und empirische Analyse aus Beispielen von USA, Großbritannien und der Bundesrepublik Deutschland. Tübingen 1981
HARRISON, B.; SUM, A.: The Theory of „Dual" or Segmented Labor Markets. Journal of Economic Issues 13 (1979), 687-706
HARTOG-NIEMANN, E.: Der Frauenarbeitsmarkt als geographisches Forschungsfeld. Geographische Rundschau 47 (1995), 246-248
HÄUSSERMANN, H.: Die Konsequenzen neuer regionalökonomischer Strukturen für die Großstadtentwicklung. Informationen zur Raumentwicklung 11-12 (1986), 839-844
HAUSSMANN, H.: Frauen – Personalressource und Innovationspotential für Wirtschaft und Gesellschaft. Frauen im Beruf. Nürtinger Hochschulschriften 11. 1991
HAYEK, F. A.: Vorwort. In: Soltwedel, R. (Hrsg.): Mehr Markt am Arbeitsmarkt. Ein Plädoyer für weniger Arbeitsmarktpolitik. München-Wien 1984, 9-10
HEERING, W.; SCHROEDER, K.: Zur Entwicklung der Frauenbeschäftigung in Ostdeutschland. Empirische Trends und subjektive Wahrnehmungen im deutschen Vereinigungsprozeß. Deutschland Archiv. Zeitschrift für das vereinigte Deutschland 29 (1996), 391-407
HEINRITZ, G.: Der „tertiäre Sektor" als Forschungsobjekt der Geographie. Praxis Geographie 1 (1990), 6-13
HELBERGER, CHR.: Frauenerwerbstätigkeit und die Entwicklung der sozialen Sicherungssysteme im internationalen Vergleich. Zeitschrift für Sozialreform 39 (1988), 735-749
HENKEL, G.: Der ländliche Raum: Gegenwart und Wandlungsprozesse in Deutschland seit dem 19. Jahrhundert. Stuttgart 1993
HENNINGES, V. H.: Auf dem Wege zu homogenen, tätigkeitsorientierten Berufseinheiten. MittAB 3 (1976), 285-301
HENNINGES, V. H.; STOOSS, F.; TROLL, L.: Berufsforschung im IAB – Versuch einer Standortbestimmung. MittAB 1 (1976), 1-18
HERLYN, U.: Zur Aneignung von Raum im Lebensverlauf. In: Bertels, L.; Herlyn, U. (Hrsg.): Lebenslauf und Raumerfahrung. Opladen 1990, 7-34
HICKEL, R. (Hrsg.): Radikale Neoklassik. Ein neues Paradigma zur Erklärung der Massenarbeitslosigkeit? – Die Vogt-Kontroverse. Opladen 1986
HICKS, J. R.: The Theory of Wages. London 1963

HILL, W.; FEHLBAUM, R.; ULRICH, P.: Organisationslehre 1 und 2, 3. Auflage. Stuttgart 1981
HIRSCH, S.: Location of Industry and International Competition. Oxford 1967.
HIRSCHMANN, A.: The Strategy of Economic Development. New Haven 1958
HIRSCHENAUER, F.: Indikatoren zur Neuabgrenzung des regionalpolitischen Fördergebietes 1993. MittAB 2 (1993), 108-129
HODGE, R.; MEYER, G.: Social Stratification, the Division of Labor and the Urban System. In: Hawley, A. E. (Hrsg.): Societal Growth. New York 1979, 114-140
HOF, B.: Regionale Arbeitsmarktanalyse für die Bundesrepublik Deutschland 1960/78. Beiträge zur Wirtschafts- und Sozialpolitik des Instituts der Deutschen Wirtschaft II. Köln 1979
HOFBAUER, H.: Die Untersuchung des IAB über Berufsverläufe bei Frauen. Bericht über Methode und erste Ergebnisse. MittAB 11 (1978), 131-147
HOFBAUER, H.; BINTIG, U.; DADZIO, W.: Die Rückkehr von Frauen in das Erwerbsleben. MittAB 2 (1969), 713-733
HOFMANN, K.; SCHMITT, R.: Arbeitsmarksegmentation. Die Karriere eines Konzepts. WSI-Mitteilungen 1 (1980), 33-43
HOFFMANN, W.; REYHER, L.: Ziele und Möglichkeiten regionaler Arbeitsmarktforschung im IAB. MittAB 3 (1970), 212-219
HOFFMANN-NOWOTNY, H. J.: Weibliche Erwerbstätigkeit und Kinderzahl. In: Gerhardt, U.; Schütz, Y. (Hrsg.): Frauensituationen. Veränderungen in den letzten zwanzig Jahren. Frankfurt/Main 1988, 219-250
HÖFLE, K.: Bildungsgeographie und Raumgliederung. Das Beispiel Tirol. Innsbrucker Geographische Studien 10. Innsbruck 1984
HÖHN, CH.: Frauenerwerbstätigkeit und soziale Sicherheit. Zeitschrift für Bevölkerungswissenschaft 9 (1983), 475-486
HOLLER, M.: Ökonomische Theorie des Arbeitsmarktes. Darmstadt 1986
HÖNEKOPP, E. (Hrsg.): Aspekte der Ausländerbeschäftigung in der Bundesrepublik Deutschland. Beiträge zur Arbeitsmarkt- und Berufsforschung 114 (1987)
HURLER, P.: Regionale Arbeitslosigkeit in der Bundesrepublik Deutschland. Eine empirische Analyse ihrer Entwicklung, ihrer Erscheinungsformen und ihrer Ursachen. Beiträge zur Arbeitsmarkt- und Berufsforschung 84 (1984)
HURLER, P.; PFAFF, M. (Hrsg.): Gestaltungsspielräume der Arbeitsmarktpolitik auf regionalen Arbeitsmärkten. Schriftenreihe des Internationalen Instituts für Empirische Sozialökonomie 8. Berlin 1984
HUTCHENS, R. M.: Seniority, Wages and Productivity: A Turbulent Debate. The Journal of Economic Perspectives 3/4 (1989), 49-64

IRMEN, E.; MARETZKE, ST.: Frauen und ihre Erwerbsmöglichkeiten. Informationen zur Raumentwicklung 1 (1995), 15-35
ISARD, W.: The General Theory of Location and Space-Economy. Quarterly Journal of Economics 63 (1949), 476-506
ISARD, W.: Location and Space-Economy. A General Theory Relating to Industrial Location, Market Areas, Land Use, Trade, and Urban Structure. Cambridge, Mass. 1956
ISARD, W. et. al.: Methods of Regional Analysis: An Introduction to Regional Science. Cambridge, Mass.-London 1969

JENSON, J.; HAGENAND, E.; REDDY, C. (Eds.): Feminization of the Labour Force. Cambridge 1988

KALLEBERG, A.: Work and Industry: Structures, Markets, and Processes. Plenum Studies in Work and Industry. New York 1987

KELLER, B.: Zur Soziologie von Arbeitsmärkten. Segmentationstheorien und die Arbeitsmärkte des öffentlichen Sektors. Kölner Zeitschrift für Soziologie und Sozialpsychologie 4 (1985), 648-675

KELLER B.; KLEIN, T.: Berufseinstieg und Mobilität von Akademikern zwischen Öffentlichem Dienst und Privatwirtschaft. Evidenz aus der Konstanzer Absolventenbefragung bei Diplom-Verwaltungswissenschaftlern. MittAB 2 (1994), 152-160

KERR, C.: LABOUR MARKETS: Their Character and Consequences. AER, Papers and Proceedings 40 (1950), 278-291

KERR, C.: The Balkanization of Labor Markets. In: Bakke, E. et al. (Eds.): Labor Mobility and Economic Opportunity. Cambridge, Mass. 1954, 92-110

KERR, C.: The Neoclassical Revisionists in Labor Economics (1940-1960) – R.I.P. In: Kaufmann, B. (Ed.): How the Labor Markets Work. Reflections on Theory and Practice by John Dunlop, Clark Kerr, Richard Lester, and Lloyd Reynolds. Lexington-Toronto 1988

KLAUDER, W.: Wirtschaftliche und gesellschaftliche Bedeutung der Frauenerwerbstätigkeit heute und morgen. Zeitschrift für Bevölkerungswissenschaft 18 (1992), 435-463

KLEIN, TH.: Sozialstrukturveränderung und Kohortenschicksal. Mikrozensusergebnisse zu den Einflüssen von Bildungs- und Altersstrukturverschiebungen auf kohortenspezifische Einkommenskarrieren. MittAB 4 (1988), 512-529

KLEIN, TH.: Arbeitslosigkeit und Wiederbeschäftigung im Erwerbsverlauf. Kölner Zeitschrift für Soziologie und Sozialpsychologie 44 (1990), 688-705

KLEIN, TH.: Die Einkommenskarriere von Hochschulabsolventen. Ein empirischer Beitrag zur Kontroverse zwischen Humankapitaltheorie und Senioritätsentlohnung. MittAB 3 (1994), 205-211

KLEMMER, P.: Auswirkungen der Bevölkerungsimplosion auf die Entwicklung des Arbeitsmarktes im ländlichen Raum. In: Akademie für Raumforschung und Landesplanung (Hrsg.): Geburtenrückgang – Konsequenzen für den ländlichen Raum. Schriftenreihe für ländliche Sozialfragen 73. Hannover 1975, 73-86

KLEMMER, P.: Probleme einer arbeitskräfterelevanten Typisierung von Regionen. In: Engelen-Kefer, U.; Klemmer, P.: Abgrenzung regionaler Aktionsräume der Arbeitskräftepolitik – Zwei Gutachten. Göttingen 1976

KLEMMER, P.: Zur qualitativen Differenzierung regionaler Arbeitsmärkte. Raumforschung und Raumordnung 5 (1978), 225-229

KLEMMER, P.; ECKEY, H.-F.: Qualitative Bewertung des regionalen Arbeitsplatzangebots. In: Qualität von Arbeitsmärkten und regionale Entwicklung. Veröffentlichungen der Akademie für Raumforschung und Landesplanung. Forschungs- und Sitzungsberichte 143. Hannover 1982, 63-88

KLEMMER, P.; KRÄMER, D.: Regionale Arbeitsmärkte – Ein Abgrenzungsvorschlag für die Bundesrepublik Deutschland. Bochum 1975

KNAUTH, B.: Frauenerwerbsbeteiligung in den Staaten der Europäischen Gemeinschaft. Acta Demographica (1992), 7-25

KNEPEL, H.; HUJER, R.: Mobilitätsprozesse auf dem Arbeitsmarkt. Schriftenreihe SFB 3 der Universitäten Frankfurt und Mannheim „Mikroanalytische Grundlagen der Gesellschaftspolitik" 13. Frankfurt-New York 1985

KNIGHT, F. H.: Risk, Uncertainty and Profit. Chicago 1921

KNOX, P.; TAYLOR, P. (Eds.): World Cities in a World System. Cambridge 1995

KÖHLER, C.: Betrieblicher Arbeitsmarkt und Gewerkschaftspolitik. Innerbetriebliche Mobilität und Arbeitsplatzrechte in der amerikanischen Automobilindustrie. Frankfurt/Main-New York 1981

KÖHLER, C.; GRÜNER, H.: Stamm- und Randbelegschaften – Ein überlebtes Konzept? In: Köhler, C.; Preisendörfer, P. (Hrsg.): Betrieblicher Arbeitsmarkt im Umbruch. Frankfurt-New York 1989, 175-206

KÖHLER, C.; PREISENDÖRFER, P.: Innerbetriebliche Arbeitsmarktsegmentation in Form von Stamm- und Randbelegschaft. MittAB 2 (1988), 268-277

KÖHLER, C.; SCHULTZ-WILD, R.: Technischer Wandel und innerbetriebliche Mobilität – Mechanismen der Verdeckung von Rationalisierungserfolgen. In: Knepel, H.; Hujer, R. (Hrsg.): Mobilitätsprozesse auf dem Arbeitsmarkt. Frankfurt-New York 1985, 329-350

KOHLER, H.; REYHER, L.: Zu den Auswirkungen von Förderungsmaßnahmen auf regionale Arbeitsmärkte. Ein Beitrag zur Erfolgskontrolle in der Regionalpolitik. MittAB 8 (1975), 1-48

KOHLI, M. (Hrsg.): Soziologie des Lebenslaufs. Darmstadt 1978

KOHLI, M.: Die Institutionalisierung des Lebenslaufs. Kölner Zeitschrift für Soziologie und Sozialpsychologie 37 (1985), 1-29

KOLLER, M.: Segmentationstheorien – eine heuristische Herausforderung. Beiträge zur Arbeitsmarkt- und Berufsforschung 33 (1979), 253-284

KONAU, E.: Raum und soziales Handeln. Stuttgart 1977

KÖNIG, H.: Job-Search-Theorien. In: Bombach, G.; Gahlen, B.; Ott, A. (Hrsg.): Neuere Entwicklungen in der Beschäftigungstheorie und -politik. Tübingen 1979, 63-115

KÖNIG, R.: Handbuch der empirischen Sozialforschung, Band 5: Soziale Schichtung und Mobilität. Stuttgart 1976

KÖRNER, H.: Internationale Mobilität der Arbeit. Darmstadt 1990

KRÄTKE, S.: Stadt-Raum-Ökonomie: Einführung in aktuelle Problemfelder der Stadtökonomie und Wirtschaftsgeographie. Basel 1995

KREIMER, M.: Arbeitsmarktsegregation nach dem Geschlecht in Österreich. Wirtschaft und Gesellschaft 4 (1995), 579-608

KROMPHARDT, J.: Zur Erklärung der Persistenz nichtnatürlicher Arbeitslosigkeit. In: Franz, W. (Hrsg.): Mikro- und makroökonomische Aspekte der Arbeitslosigkeit. Beiträge zur Arbeitsmarkt- und Berufsforschung 165. Nürnberg 1992, 212-222

KRUGMAN, P.: Increasing Returns, Monopolistic Competition, and International Trade. Journal of International Economics 9 (1979), 469-479

KRUGMAN, P.: History versus Expectations. Quarterly Journal of Economics 56 (1991a), 651-667

KRUGMAN, P.: Geography and Trade. Cambridge Ma. 1991b

KUBIN, I.; Steiner, M.: Dauer der Arbeitslosigkeit – ein regional differenziertes Problem. Wirtschaft und Gesellschaft 13/1 (1987), 55-70

KUHN, A.; Beam, R. D.: The Logic of Organization. San Francisco-Washington-London 1982

KUHN, T.: Die Struktur wissenschaftlicher Revolutionen. Frankfurt/M. 1967

LANG, K.; DICKENS, W. T.: Neoclassical and Sociological Perspectives on Segmented Labor Markets. NBER Working Paper 2127. Cambridge, Mass. 1987

LAPPE, L.: Die Arbeitssituation erwerbstätiger Frauen. Geschlechtsspezifische Arbeitsmarktsegmentation und ihre Folgen. Frankfurt/Main-New York 1981

LÄPPLE, D.: Trendbruch in der Raumentwicklung. Auf dem Weg zu einem neuen industriellen Entwicklungstyp. Informationen zur Raumentwicklung 11-12 (1986), 909-920

LÄRM, T.: Arbeitsmarkttheorien und Arbeitslosigkeit: Systematik und Kritik arbeitsmarkttheoretischer Ansätze. Frankfurt/Main 1982

LATACK, J.; D'AMICO, R.: Career Mobility among Young Men: A Search for Patterns. In: Hills, S. (Ed.). The Changing Labor Market. A Longitudinal Study of Young Men. Lexington, Mass.-Toronto 1986, 91-112

LAWRENCE, P. R.; LORSCH, J. W.: Organization and Environment. Managing Differentiation and Integration. Boston 1967

LEHR, U.: Berufstätigkeit. Anteil der Frauen am Erwerbsleben. In: Wisniewski, R.; Kunst, H. (Hrsg.): Handbuch für Frauenfragen. Zur Stellung der Frau in der Gegenwart. Informationen – Analysen – Anregungen. Stuttgart 1988, 54-62

LEIGH, D.: Occupational Advancement in the Late 1960s: An Indirect Test of the Dual Labor Market Hypothesis. The Journal of Human Resources 11 (1976), 155-171

LEPSIUS, M. R.: Handlungsräume und Rationalitätskriterien der Wirtschaftsfunktionäre in der Ära Honecker. In: Pirker, Th.; Lepsius, M. R.; Weinert R.; Hertle, H. H. (Hrsg.): Der Plan als Befehl und Fiktion. Wirtschaftsführung in der DDR. Gespräche und Analysen. Opladen 1995, 347-362

LESER, H.; HAAS, H.-D.; MOSIMANN, T.; PAESLER, R.: Diercke Wörterbuch der Allgemeinen Geographie. München-Braunschweig 1993

LEWIN, R.: Arbeitsmarktsegmentierung und Lohnstruktur. Theoretische Ansätze und Hauptergebnisse einer Überprüfung am Beispiel der Schweiz. Basler sozialökonomische Studien 17. 1982

LICHTENBERGER, E.: Der ländliche Raum im Wandel. In: Österreichische Gesellschaft für Land- und Forstwirtschaftspolitik (Hrsg.): Das Dorf als Lebens- und Wirtschaftsraum. o.O. 1981, 16-37

LICHTENBERGER, E.: Gastarbeiter – Leben in zwei Gesellschaften. Wien-Köln 1984

LICHTENBERGER, E.: Stadtgeographie 1. Begriffe, Konzepte, Modelle, Prozesse. 2. Aufl. Teubner Studienbücher Geographie. Stuttgart 1991a.

LICHTENBERGER, E. (Hrsg.): Die Zukunft von Ostmitteleuropa. Vom Plan zum Markt. ISR-Forschungsberichte 2. Wien 1991b.

LIEBRECHT, C. H.: Die Frau als Chef. Frankfurt 1985

LINDBECK, A.; SNOWER, D.: The Insider-Outsider Theory of Employment and Unemployment. Cambridge Ma. 1988

LIPSET, S. M.; BENDIX, R.: Social Mobility in Industrial Society. Berkeley 1959

LIPSEY, R.; STEINER, P.; PURVIS, D.: Economics. New York 1987

LOVERIDGE, R.; MOK, A. L.: Theories of Labour Market Segmentation: A Critique. Boston 1979

LÜDEKE, R. (HRSG.): Bildung, Bildungsfinanzierung und Einkommensverteilung. Schriften des Vereins für Socialpolitik 221/II. Berlin 1994

LUHMANN, N.: Soziale Systeme. Grundriß einer allgemeinen Theorie. Frankfurt/Main 1984

LUTZ, B.: Qualifikation und Arbeitsmarktsegmentation. Beiträge zur Arbeitsmarkt- und Berufsforschung 33 (1979), 45-73

LUTZ, B.: Arbeitsmarktsegmentation und Unterbeschäftigung. Vierteljahreshefte zur Wirtschaftsforschung 1 (1980), 37-42

LUTZ, B.: Der kurze Traum immerwährender Prosperität. Eine Neuinterpretation der industriell-kapitalistischen Entwicklung im Europa des 20. Jahrhunderts. Frankfurt-New York 1984

LUTZ, B.; SENGENBERGER, W.: Segmentationsanalyse und Beschäftigungspolitik. WSI-Mitteilungen 5 (1980), 291-299

MAIER, F.: The Labour Market for Women and Employment Perspectives in the Aftermath of German Unification. Cambridge Journal of Economics 3 (1993), 267-280

MAIER, G.; WEISS, W.: Die regionale Dimension der Arbeitsmarktsegmentierung. Eine empirische Untersuchung für Österreich. Arbeitskreis sozialwissenschaftliche Arbeitsmarktforschung (SAMF), Arbeitspapier 10. 1988

MALINSKY, A. H.: Entwicklungsschwerpunkte in strukturschwachen Räumen. Berichte zur Raumforschung und Raumordnung 1 (1980), 257-275

MALINSKY, A. H.: Regionale und umweltpolitische Komponenten der Arbeitsmarkt- und Beschäftigungspolitik. Arbeitsmarktpolitik 31 (1986), 7-92

MARFELS, CHR.: Absolute and Relative Measures of Concentration Reconsidered. Kyklos 24 (1971), 753-766

MARUANI, M.: Erwerbstätigkeit von Frauen in Europa. Informationen zur Raumentwicklung 1 (1995), 37-47

MARX, D.: Zur regionalpolitischen Konzeption ausgeglichener Funktionsräume. Berichte zur Raumforschung und Raumplanung 16 (1972), 34-38

MARX, D. (Hrsg.): Ausgeglichene Funktionsräume. Grundlagen für eine Regionalpolitik des mittleren Weges. Veröffentlichungen der Akademie für Raumforschung und Landesplanung, Forschungs- und Sitzungsberichte 94. Hannover 1975

MASSEY, D.: Spatial Division of Labour. Social Structures and the Geography of Production. London 1984

MASSEY, D.; MEEGAN, R.: The Anatomy of Job Loss. The How, Why and Where of Employment Decline. London 1982

MAYER, K.-U.: Lebensverläufe und Wohlfahrtsentwicklung. Projektantrag im Rahmen des Sonderforschungsberichts 3. Universitäten Frankfurt und Mannheim 1978

MAYER, K.-U. (Hrsg.): Lebensverläufe und sozialer Wandel. Kölner Zeitschrift für Soziologie und Sozialpsychologie, Sonderheft 31. Opladen 1990

MAYER, K.-U.; ALLMENDINGER, J.; HUININK, J.: Vom Regen in die Traufe: Frauen zwischen Beruf und Familie. Frankfurt-New York 1991

MAYNTZ, R. (Hrsg.): Bürokratische Organisationen. 2. Aufl. Köln-Berlin 1971

MAYNTZ, R.: Bürokratie. In: Grochla, E.; Wittmann, W. (Hrsg.): Handwörterbuch der Betriebswirtschaft. 1. Bd., 4. Aufl. Stuttgart 1974

MAYNTZ, R.; ZIEGLER, R.: Soziologie der Organisation. In: König, R. (Hrsg.): Handbuch der empirischen Sozialforschung II. Stuttgart 1969, 444-513

MCDOWELL, L.: Women, Gender and the Organisation of Space. In: Gregory, D.; Walford, R. (Eds.): Horizons in Human Geography. London 1991, 136-151

MCLAFFERTY, S.; PRESTON, V.: Spatial Mismatch and Labor Market Segmentation for African-American and Latina Women. Economic Geography 68 (1992), 406-431

MERTENS, D.: Der unscharfe Arbeitsmarkt. Eine Zwischenbilanz der Flexibilitätsforschung. MittAB 4 (1973), 314-325

MERTENS, D.: Der Arbeitsmarkt als System von Angebot und Nachfrage. In: Mertens, D. (Hrsg.): Konzepte der Arbeitsmarkt- und Berufsforschung. Eine Forschungsinventur des IAB. Beiträge zur Arbeitsmarkt- und Berufsforschung 70. 1984, 13-30

MERTENS, D. (Hrsg.): Konzepte der Arbeitsmarkt- und Berufsforschung. Beiträge zur Arbeitsmarkt- und Berufsforschung 70, 3. Aufl. Nürnberg 1988

MEUSBURGER, P.: Die Vorarlberger Grenzgänger. Alpenkundliche Studien 3. Innsbruck 1969

MEUSBURGER, P.: Die Ausländer in Liechtenstein. Eine wirtschafts- und sozialgeographische Studie. Innsbruck-München 1970

MEUSBURGER, P.: Landes-Schulentwicklungsplan von Vorarlberg. Bildungsplanung in Österreich 3. Wien 1974

MEUSBURGER, P.: Die Auswirkungen der österreichisch-schweizerischen Staatsgrenze auf die Wirtschafts- und Bevölkerungsstruktur der beiden Rheintalhälften. Mitteilungen der Österreichischen Geographischen Gesellschaft 117 (1975), 303-333

MEUSBURGER, P.: Beiträge zur Geographie des Bildungs- und Qualifikationswesens. Regionale und soziale Unterschiede des Ausbildungsniveaus der österreichischen Bevölkerung. Innsbrucker Geographische Studien, Bd. 7. Innsbruck 1980

MEUSBURGER, P.: Bevölkerung und Wirtschaft. Ausländeranteil und Qualifikationsstruktur. In: Müller, W. (Hrsg.): Das Fürstentum Liechtenstein. Ein landeskundliches Porträt. Veröffentlichung des Alemannischen Instituts Freiburg i.Br. Nr. 50. Bühl/Baden 1981, 147-174

MEUSBURGER, P.: Die Heidelberger Professoren im Jahre 1984 mit besonderer Berücksichtigung ihrer regionalen und sozialen Herkunft. Beiträge zur Hochschulforschung 1/2. München 1986, 63-106

MEUSBURGER, P.: Das Ausbildungsniveau der österreichischen Arbeitsbevölkerung im Jahre 1981 nach der Gemeindegröße des Arbeitsortes. Ein organisationstheoretischer Erklärungsansatz. Österreich in Geschichte und Literatur mit Geographie (1988), 31-54

MEUSBURGER, P.: Die regionale und soziale Herkunft der Heidelberger Professoren zwischen 1850 und 1932. In: Meusburger, P.; Schmude, J. (Hrsg.): Bildungsgeographische Arbeiten über Baden-Württemberg. Heidelberger Geographische Arbeiten 88. 1990, 187-239

MEUSBURGER, P.: Die frühe Alphabetisierung als Einflußfaktor für die Industrialisierung Vorarlbergs? In: Jahrbuch des Vorarlberger Landesmuseumsvereins 1991 (Festschrift f. E. Vonbank). Bregenz 1991, 95-100

MEUSBURGER, P.: Wissenschaftliche Fragestellungen und theoretische Grundlagen der Geographie des Bildungs- und Qualifikationswesens. Münchener Geographische Hefte 72 (1995a), 53-95

MEUSBURGER, P.: Zur Veränderung der Frauenerwerbstätigkeit in Ungarn beim Übergang von der sozialistischen Planwirtschaft zur Marktwirtschaft. In: Meusburger, P.; Klinger, A. (Hrsg.): Vom Plan zum Markt. Eine Untersuchung am Beispiel Ungarns. Heidelberg 1995b, 130-181

MEUSBURGER, P.: Spatial Disparities of Labour Markets in Centrally Planned and Free Market Economies – A Comparison between Austria and Hungary in the Early 1980's. In: Flüchter, W. (Ed.): Japan and Central Europe Restructuring. Geographical Aspects of Socioeconomic, Urban and Regional Development. Wiesbaden 1995c, 67-82

MEUSBURGER, P.: Regionale und soziale Ungleichheit in der sozialistischen Planwirtschaft und beim Übergang zur Marktwirtschaft. Das Beispiel Ungarn. In: Glatzer, W. (Hrsg.): Lebensverhältnisse in Osteuropa. Prekäre Entwicklungen und neue Konturen. Frankfurt-New York 1996a, 177-210

MEUSBURGER, P.: Zur räumlichen Konzentration von „Wissen und Macht" im realen Sozialismus. In: 100 Jahre Geographie an der Ruprecht-Karls-Universität Heidelberg (1895-1995). Heidelberger Geographische Arbeiten 100. 1996b, 216-236

MEUSBURGER, P.: Geographie des Bildungs- und Qualifikationswesens. Wissen, Qualifikation, Informationsverarbeitung und Bildungsverhalten in der räumlichen Dimension. Heidelberg 1998 (im Druck)

MEUSBURGER, P.; SCHMIDT, A.: Ausbildungsniveau und regionale Mobilität. Zur Abwanderung von Hochqualifizierten aus Vorarlberg. In: Horvath, T.; Neyer, G. (Hrsg.): Auswanderungen aus Österreich. Von der Mitte des 19. Jahrhunderts bis zur Gegenwart. Wien-Köln-Weimar 1996, 411-431

MEUSBURGER, P.; SCHMUDE, J.: Regionale Disparitäten in der Feminisierung des Lehrerberufes an Grundschulen (Volksschulen). Dargestellt an Beispielen aus Österreich, Baden-Württemberg und Ungarn. Geographische Zeitschrift 79 (1991), 75-93

MEW (Abkürzung für Marx-Engels-Werke), 42 Bände. Berlin 1956-1983

MICHAEL, R. T.: Consequences of the Rise in Female Labor Force Participation Rates: Questions and Probes. Journal of Labor Economics 3 (Supplement 1985), 117-146

MIETH, W.: Zur Bedeutung regionaler Arbeitsmärkte für die Raumordnungspolitik. Raumforschung und Raumordnung 5 (1978), 215-219

MIETH, W.: Die Qualität des Arbeitsmarktes in Abhängigkeit von seiner Größe. In: Akademie für Raumforschung und Landesplanung (Hrsg.): Industrie und Zentrale Orte. Veröffentlichungen der Akademie für Raumforschung und Landesplanung, Forschungs- und Sitzungsberichte 49. Hannover 1996

MIKUS, W.: Regionale Differenzierungen von Arbeitsmärkten. Geographische Rundschau 33 (1981), 444-457

MIKUS, W.: Tendenzen der Arbeitsmarktentwicklung im Mittelmeerraum. Geographische Rundschau 43 (1991), 461-465

MINCER, J.: On-The-Job-Training – Costs, Returns and Some Implications. Journal of Political Economy 70 (1962), 50-79

MINCER, J.: Schooling, Experience and Earnings. New York 1974

MINCER, J.; POLACHEK, S.: Family Investment in Human Capital: Earnings of Women. Journal of Political Ecnonomy 82 (1974), 576-581

MINTZBERG, H.: The Structuring of Organizations. A Synthesis of the Research. Englewood Cliffs 1979

MOHR, B.: Deutsche Grenzgänger in der Nordwestschweiz. Pendlerverflechtungen am Hochrhein. Schriften der Regio 9.1. Basel-Frankfurt/Main 1986

MOLLE, W.; VAN MOURIK, A.: International Movements of Labour under Conditions of Economic Integration: The Case of Western Europe. Journal of Common Market Studies 26 (1988), 318-342

MÖLLER, C.: Flexibilisierung – Eine Talfahrt in die Armut. WSI-Mitteilungen 8 (1988), 466-475

MÜLLER, H. G.: Regionale Arbeitsmarktprobleme. München 1983

MÜLLER, W.; WILLMS, A.; HANDL, J.: Strukturwandel der Frauenarbeit 1880-1980. Frankfurt/Main-New York 1983

MUNDELL, R.: International Trade and Factor Mobility. AER 47 (1957), 321-335

MUSKE, G.: Theoretische Arbeitsmarktforschung in der Entwicklung: Ein forschungsstrategisches Angebot aus einer sozialgeographischen Perspektive. Raumforschung und Raumordnung 3 (1980), 115-125

MYRDAL, G.: Economic Theory and Under-developed Regions. London 1957

MYRDAL, A.; KLEIN, V.: Die Doppelrolle der Frauen in Familie und Beruf. Köln-Berlin 1960

NEFIODOW, L. A.: Der fünfte Kondratieff: Strategien zum Strukturwandel in Wirtschaft und Gesellschaft. Frankfurt/Main 1990

NEUMANN, S.; ZIDERMAN, A.: Testing the Dual Labor Market Hypothesis. Evidence from the Israel Labor Mobility Survey. The Journal of Human Resources 21 (1986), 230-237

NIEDZWETZKI, K: Soziale Herkunft und regionale Mobilität. Dargestellt am Beispiel von Abiturienten aus einem großstadtfernen, stark traditionell geprägten Raum (Mittelbereich Ellwangen). Mitteilungen der Geographischen Gesellschaft München 62 (1977), 113-134

NISHIYAMA, CH.; LEUBE, K.-R. (Eds.): The Essence of Hayek. Stanford 1984

NUHN, H.: Industriegeographie – Neuere Entwicklungen und Perspektiven für die Zukunft. Geographische Rundschau 37 (1985), 187-193

NUHN, H.; SINZ, M.: Industriestruktureller Wandel und Beschäftigungsentwicklung in der Bundesrepublik. Geographische Rundschau 40 (1988), 42-52

OECD (Ed.): The Role of Women in Employment. Paris 1975

OECD (Ed.): Part-Time Employment in OECD Countries. In: OECD (Ed.): Employment Outlook 1983. Paris 1983, 43-52

OECD (Ed.): The Integration of Women into the Economy. Paris 1985
OECD (Ed.): Women's Economic Activity, Employment and Earnings. A Review of Recent Developments. In: OECD (Ed.): Employment Outlook 1988. Paris 1988, 129-172
OFER, G.; VINOKUR, A.: Work and Family Roles of Soviet Women: Historical Trends and Cross-Section Analysis. Journal of Labor Economics 3 (Supplement 1985), 328-354
OFFE, C.: Strukturprobleme des kapitalistischen Staates. Aufsätze zur Politischen Soziologie. Frankfurt/Main 1972
OFFE, C.; HINRICHS, K.: Sozialökonomie des Arbeitsmarktes und die Lage „benachteiligter" Gruppen von Arbeitnehmern. In: Offe, C. (Hrsg.): Opfer des Arbeitsmarktes. Zur Theorie der strukturierten Arbeitslosigkeit. Darmstadt 1977, 3-61.
OPPENHEIMER, V. K.: Work and the Family. A Study in Social Demography. New York-London 1982.
OSTERMAN, P.: An Empirical Study of Labour Market Segmentation. Industrial and Labour Relation Review 28 (1974), 508-521
OSTERMAN, P.: Internal Labor Markets. Cambridge, Mass. 1984

PEARCE, D. (Ed.): The MIT-Dictionary of Modern Economics. Cambridge, Mass. 1986, 233-234, 248
PERROUX, F.: Note sur la notion de pole de croissance. Economique Applique 7 (1955), 307-320
PETERS, W. (Hrsg.): Frauenerwerbstätigkeit. Paderborn 1989
PFAFF, M.; HURLER, P.: Employment Policy for Regional Labor Markets. Environment and Planning: Government and Policy 1 (1983), 163-178
PFAFF, M.; HURLER, P.; KOHLER, R.: Regionale Arbeitslosigkeit. Zwischenbericht im Rahmen des DFG-Schwerpunktes „Regionalforschung und Regionalpolitik". Augsburg 1978
PFAU-EFFINGER, B.: Erwerbsbeteiligung von Frauen im europäischen Vergleich. Am Beispiel von Finnland, den Niederlanden und Westdeutschland. Informationen zur Raumentwicklung 1 (1995), 49-59
PFAU-EFFINGER, B.; GEISSLER, B.: Entscheidung verheirateter Frauen für Teilzeitarbeit. Ein Beitrag zu einer Soziologie des Erwerbsverhaltens. MittAB 3 (1992), 358-370
PFRIEM, H.: Die Grundstruktur der neoklassischen Arbeitsmarkttheorie. In: Sengenberger, W. (Hrsg.). Der gespaltene Arbeitsmarkt. Probleme der Arbeitsmarktsegmentation. Frankfurt/Main-New York 1978, 43-53
PFRIEM, H.: Konkurrierende Arbeitsmarkttheorien: neoklassische, duale und radikale Ansätze. Frankfurt/Main-New York 1979
PIORE, M.: Labor Market Segmentation: To What Paradigma Does it Belong? AER 73 (1983), 249-253
PIORE, M.; SABEL, C.: The Second Industrial Divide: Possibilities for Prosperity. New York 1984
PLICHT, H.; SCHOBER, K.; SCHREYER, F.: Zur Ausbildungsadäquanz der Beschäftigung von Hochschulabsolventinnen und -absolventen. Versuch einer Quantifizierung anhand der Mikrozensen 1985 bis 1991. MittAB 3 (1994), 177-204
POHLE, H.: Arbeitslosigkeit und ihre räumliche Transmission. Schriften zu Regional- und Verkehrsproblemen in Industrie- und Entwicklungsländern 35. Berlin 1982.
PRIES, L.: Abhängige und selbständige Erwerbsarbeit in Lateinamerika. Eine empirische Überprüfung des Konzepts vom ‚Informellen Urbanen Sektor'. Kölner Zeitschrift für Soziologie und Sozialpsychologie 4 (1992), 655-676
PRIEWE, J.: Zur Kritik konkurrierender Arbeitsmarkt- und Beschäftigungstheorien und ihrer politischen Implikationen: Ansatzpunkte für eine Neuorientierung einer Theorie der Arbeitslosigkeit. Europäische Hochschulschriften, Reihe 5, Volks- und Betriebswirtschaft 501. 1984

Prognos AG: Arbeitslandschaft bis 2010 nach Umfang und Tätigkeitsprofilen. Beiträge zur Arbeitsmarkt- und Berufsforschung 131.1 und 131.2. Nürnberg 1989

Rabe-Kleberg, U.: Frauenberufe – Zur Segmentierung der Berufswelt. Bielefeld 1987

Reich, M.; Gordon, D.; Edwards, R.: A Theory of Labor Market Segmentation. AER 63 (1973), 359-365

Reyher, L.; Bach, H.-U.: Arbeitskräfte-Gesamtrechnung. Bestände und Bewegungen am Arbeitsmarkt. In: Mertens, D. (Hrsg.): Konzepte der Arbeitsmarkt- und Berufsforschung. Eine Forschungsinventur des IAB. Beiträge zur Arbeitsmarkt- und Berufsforschung 70 (1984), 120-144

Rhein, T.: Europäische Währungsunion: Mögliche Konsequenzen und Lohn. Ein Literaturbericht. MittAB 4 (1994), 372-378

Richardson, H.: Regional Economics, Location Theory, Urban Structure and Regional Change. London 1969

Richardson, H.: Regional Growth Theory. New York 1973

Richter, U.: Geographie der Arbeitslosigkeit in Österreich. Theoretische Grundlagen – Empirische Befunde. Beiträge zur Stadt- und Regionalforschung 13. Wien 1994

Riese, M.: Die Messung der Arbeitslosigkeit. Berlin 1986

Rima, I.: Labor Markets, Wages, and Employment. New York 1981

Rolfes, M.: Regionale Mobilität und akademischer Arbeitsmarkt. Hochschulabsolventen beim Übergang vom Bildungs- in das Beschäftigungssystem und ihre potentielle und realisierte Mobilität. Osnabrücker Studien zur Geographie 17. Osnabrück 1996

Romer, P. M.: Increasing Returns and Long-Run Growth. Journal of Political Economy 94 (1986), 1002-1037

Romer, P. M.: Endogeneous Technological Change. Journal of Political Economy 98 (1990), 71-102

Roos, P. A.: Gender and Work: A Comparative Analysis of Industrial Societies. Albany 1985

Ross, A.: Do We have a New Industrial Feudalism? AER 48 (1958), 903-920

Ross, A. (Ed.): Employment Policy and the Labor Market. Berkeley-Los Angeles 1995

Rothschild, K.: Zyklisches Verhalten und Niveau der österreichischen Arbeitslosigkeit. Zwei hypothetische Betrachtungen. Zeitschrift für Nationalökonomie 37 (1977), 183-196

Rothschild, K.: Arbeitslose: Gibt's die? Kyklos 31 (1978), 21-35

Rothschild, K.: Kritische Darstellung der theoretischen Grundlagen der Vollbeschäftigungspolitik. Deutsches Institut für Wirtschaftsforschung, Vierteljahreshefte zur Wirtschaftsforschung 1. 1980, 10-17

Rothschild, K.: Der Wechsel vom keynesianischen zum neoklassischen Paradigma in der neueren Wirtschaftspolitik. Versuch einer soziologisch-historischen Einordnung. In: Krupp, H.-J.; Rohwer, B.; Rothschild, K. (Hrsg.): Wege zur Vollbeschäftigung. Freiburg 1987, 107-123

Rothschild, K. W.: Theorien der Arbeitslosigkeit. München-Wien 1988

Rottenberg, S.: Occupational Licensing. In: International Encyclopedia of the Social Sciences, vol. 9. 1968, 283-285

Rubery, J.: Structured Labour Markets, Worker Organisation and Low Pay. Cambridge Journal of Economics 2 (1978), 17-36

Rudolph, H.: Beschäftigungsstrukturen in der DDR vor der Wende. Eine Typisierung von Kreisen und Arbeitsämtern. MittAB 4 (1990), 474-503

Rudolph, H.: Struktur und Dynamik der Langzeitarbeitslosigkeit in der Bundesrepublik Deutschland 1980-1990. Beiträge zur Arbeitsmarkt- und Berufsforschung 163 (1992), 147-188

Rumberger, R.; Carnoy, M.: Segmentation in the US Labour Market: Its Effect on the Mobility and Earnings of Whites and Blacks. Cambridge Journal of Economics 4 (1980), 117-132

Sassen, S.: The Global City. New York-London-Tokyo-Princeton 1991
Sassen, S.: Metropolen des Weltmarkts. Die neue Rolle der Global Cities. Frankfurt/Main 1994
Saunders, M.; Flowerdew, R.: Spatial Aspects of the Provision of Job Information. In: Fischer, M.; Nijkamp, P. (Eds.): Regional Labour Markets. Contribution to Economic Analysis. Amsterdam-New York-Oxford-Tokyo 1987, 205-228
Schettkat, R.: Die Erwerbsquote, ein geeigneter Indikator zur Analyse der Erwerbsbeteiligung? Zur internationalen und intertemporären Vergleichbarkeit der Erwerbsbeteiligung. Berlin, Wissenschaftszentrum Berlin, Discussion Papers 1987a
Schettkat, R.: Dynamik der Erwerbsbeteiligung in Schweden und der Bundesrepublik Deutschland. Internationale Chronik zur Arbeitsmarktpolitik 29 (1987b), 1-4
Schettkat, R.: The Impact of Taxes on Female Labour Supply. International Review of Applied Economics 3 (1987c), 1-24
Schettkat, R.: Innovation und Arbeitsmarktdynamik. Berlin-New York 1989
Schettkat, R.: Mobilität im Arbeitsmarkt – eine Funktion der Makroökonomie. In: Franz, W. (Hrsg.): Mikro- und makroökonomische Aspekte der Arbeitslosigkeit. Beiträge zur Arbeitsmarkt- und Berufsforschung 165. Nürnberg 1992, 25-35
Schettkat, R.: Beschäftigtenmobilität in den Ländern der Europäischen Gemeinschaft. MittAB 3 (1993), 362-374
Schmid, G.: Zur Konzeption einer aktiven Arbeitsmarkpolitik. In: Bolle, M. (Hrsg.): Arbeitsmarkttheorie und Arbeitsmarktpolitik. Opladen 1976, 165-185
Schmid, G.: Strukturelle Arbeitslosigkeit in der BRD II; Bedingungsfaktoren der Arbeitslosigkeit. Multivariate Analysen von Merkmalen der Unterbeschäftigung, der Wirtschafts- und Erwerbsstruktur sowie der örtlichen Arbeitsmarktbedingungen für 139 Arbeitsamtsbezirke 1971-1975, 1975, 1975-1977. IIM Papers 78. Berlin 1978
Schmidt, A.: Abwanderung von Hochqualifizierten aus Vorarlberg. Österreich in Geschichte und Literatur mit Geographie 40 (1996), 371-383
Schmidt, M. G.: Erwerbsbeteiligung von Frauen und Männern im Industrieländervergleich. Opladen 1993
Schmidtberg, U.: Chancenverteilung auf dem Arbeitsmarkt: Zugangs- und Verbleibsrisiken der Arbeitslosigkeit. Frankfurt-New York 1981
Schmude, J.: Die Feminisierung des Lehrberufs an öffentlichen, allgemeinbildenden Schulen in Baden-Württemberg. Heidelberger Geographische Arbeiten 87. Heidelberg 1988
Schui, H.: Arbeitslosigkeit: Erklärung durch die Segmentationsthese oder durch ökonomische Analyse. Beiträge zur Arbeitsmarkt- und Berufsforschung 33 (1979), 148-158
Schultz, Th. W.: The Economic Value of Education. New York-London 1963
Schumpeter, J.: Theorie der wirtschaftlichen Entwicklung. Leipzig 1912
Schwarz, K.: Erwerbstätigkeit von Frauen und Kinderzahl. Zeitschrift für Bevölkerungswissenschaft 7 (1981), 59-86
Schwarz, K.: Umfang der Frauenerwerbstätigkeit nach dem Zweiten Weltkrieg. Zeitschrift für Bevölkerungswissenschaft 11 (1985), 241-260
Schwarz, K.: Die Bildungsabschlüsse der Frauen und ihre Bedeutung für den Arbeitsmarkt, die Eheschließung und die Familienbildung. Zeitschrift für Bevölkerungswissenschaft 15 (1989), 361-382

SCHWARZ, K.: Erwerbstätigkeit im Lebenslauf. Erwerbslebensgeschichte der Geburtsjahrgänge 1893/97-1968/72. In: Akademie für Raumforschung und Landesplanung (Hrsg.): Regionale und biographische Mobilität im Lebensverlauf. Forschungs- und Sitzungsberichte 189. Hannover 1992, 105-124

SCHWARZ, K.: Frauenerwerbstätigkeit im Lebenslauf gestern und heute. Zeitschrift für Bevölkerungswissenschaft 19 (1994), 541-575

SCOTT, A.; STORPER M. (Eds.): Production, Work, Territory. The Geographical Anatomy of Industrial Capitalism. Boston-London-Sydney 1986

SENGENBERGER, W.: Arbeitsmarktstruktur. Ansätze zu einem Modell des segmentierten Arbeitsmarktes. Frankfurt/Main-New York 1978

SENGENBERGER, W.: Zur Dynamik der Arbeitsmarktsegmentierung – mit Thesen zur Struktur und Entwicklung des Arbeitsmarktes in der Bundesrepublik Deutschland. Beiträge zur Arbeitsmarkt- und Berufsforschung 33 (1979), 1-44

SENGENBERGER, W.: Arbeitsmarktsegmentation und Macht. In: Buttler, F.; Gerlach, K.; Schmiede, R. (Hrsg.): Arbeitsmarkt und Beschäftigung: neuere Beiträge zur institutionalistischen Arbeitsmarktanalyse. Sozialwissenschaftliche Arbeitsmarktforschung 14. New York-Frankfurt/Main 1987, 95-120

SIEBERT, H.: Zur Theorie des regionalen Wirtschaftswachstums. Tübingen 1967

SINGER, O.: Lohnarbeit und Arbeitsmarkt. Umrisse zu einer sozialökonomischen Theorie der Allokation von Arbeitskraft. Frankfurt/Main-New York 1986

SINGLEMANN, J.; BROWNING, L. H.: Industrial Transformation and Occupational Change in the U.S., 1960-1970. Social Forces 53,1 (1980), 246-261

SMITH, A.: The Wealth of Nations. Reprint 1976. Chicago 1976

SOLOW, R.: The Labor Market as a Social Institution. Cambridge 1990

SOLTWEDEL, R.: Mehr Markt am Arbeitsmarkt. Ein Plädoyer für weniger Arbeitsmarktpolitik. München-Wien 1984

SÖRENSEN, A.; TUMA, N.: Labor Market Structures and Job Mobility. Research in Social Stratification and Mobility 1 (1981), 67-94

SPILERMAN, S.: Careers, Labor Market Structure, and Socioeconomic Achievement. AJS 83 (1977), 551-593

STARK, O.: The Migration of Labor. Cambridge Ma. 1991

STATISTISCHES BUNDESAMT (Hrsg.): Frauen in Familie, Beruf und Gesellschaft. Stuttgart-Berlin-Köln-Mainz 1987

STEIGER, H. H.: Zum Verlauf des Erwerbslebens der Frauen. Wirtschaft und Statistik 10 (1968), 498-501

STEIGER, H. H.: Unterbrechung und Wiederaufnahme der Erwerbstätigkeit von Frauen. Wirtschaft und Statistik 4 (1976), 236-239

STEINER, M.: Regionale Ungleichheit, Habilitationsschrift. Universität Graz 1988

STEINER, M.; WENDNER, R.: Alte Industriegebiete: Wo blieben die Arbeitslosen? Untersuchung am Beispiel der Obersteiermark. Wirtschaft und Gesellschaft 1 (1993), 11-27

STEINER, V.: Bestimmungsfaktoren des Abgangsverhaltens aus der Arbeitslosigkeit und des Arbeitsplatzwechsels. Forschungsbericht 2 des Forschungsschwerpunkts S. 44 „Dynamik der Arbeitslosigkeit und Beschäftigung". 1985

STEINER, V.: Kumulative Arbeitslosigkeit. Forschungsbericht 19 des Forschungsschwerpunkts S. 44 „Dynamik der Arbeitslosigkeit und Beschäftigung". 1987

STEINLE, W. J.: Regionale Arbeitsmarktprobleme in Europa. Seminare, Symposien, Arbeitspapiere der Bundesforschungsanstalt für Landeskunde und Raumordnung 8. Bonn 1983

STIGLER, G.: Information in the Labor Market. Journal of Political Economy 70 (1962), 172-204

STORPER, M.; WALKER, R.: The Theory of Labour and the Theory of Location. International Journal of Urban and Regional Research 7 (1983), 1-43
STRASSER, J.: Trennung von Hand- und Kopfarbeit. In: Meyer, Th.; Klär, K. H.; Miller, S.; Novy, K.; Timmermann, H. (Hrsg.): Lexikon des Sozialismus. Köln 1986, 682-683
TALOS, E.; WIEDERSCHWINGER, M. (Hrsg.): Arbeitslosigkeit Österreichs – Vollbeschäftigung am Ende? Wien 1987
TEGTMEIER, W.: Was sollte und was kann regionale Arbeitsmarktpolitik leisten? – Erfahrungen mit einem regional differenzierten Einsatz von arbeitsmarktpolitischen Maßnahmen. In: Hurler, P.; Pfaff, M. (Hrsg.): Gestaltungsspielräume der Arbeitsmarktpolitik auf regionalen Arbeitsmärkten. Berlin 1984, 45-56
TEICHLER, U.; BUTTGEREIT, M. (HRSG.): Hochschulabsolventen im Beruf. Ergebnisse der dritten Befragung bei Absolventen der Kasseler Verlaufsstudie. Schriftenreihe Studien zur Bildung und Wissenschaft des Bundesministeriums für Bildung und Wissenschaft 102. Bonn 1992
TELTSCHER, S.: Small Trade and the World Economy: Informal Vendors in Quito, Ecuador. Economic Geography 70 (1994), 167-187
Tessaring, M.: Qualifikation und Frauenerwerbstätigkeit. In: Klauder, W.; Kühlewind, G. (Hrsg.): Probleme der Messung und Vorausschätzung des Frauenerwerbspotentials. Beiträge zur Arbeitsmarkt- und Berufsforschung 56 (1981), 82-106
TESSARING, M.: Langfristige Tendenzen des Arbeitskräftebedarfs nach Tätigkeiten und Qualifikationen in den alten Bundesländern bis zum Jahre 2010. Eine erste Aktualisierung der IAB/Prognos-Projektionen 1989/91. MittAB 1 (1994), 5-19
THOMPSON, J. D.: Organizations in Action. New York 1967
THORNGREN, B.: How do Contact Systems Affect Regional Development? Environment and Planning 2 (1970), 409-427
THÖRNQVIST, G.: Contact Systems and Regional Development. Lund Studies in Geography, Ser. B., vol. 35. 1970
THUROW, L.: Die Arbeitskräfteschlange und das Modell des Arbeitsplatzwettbewerbs. In: Sengenberger, W. (Hrsg.): Der gespaltene Arbeitsmarkt: Probleme der Arbeitsmarktsegmentation. Frankfurt/Main-New York 1978
TICHY, G.: Das Altern von Industrieregionen. Unabwendbares Schicksal oder Herausforderung für die Wirtschaftspolitik? Berichte zur Raumforschung und Raumplanung 31,1 (1987), 3-10
TICHY, G.: The Product-Cycle Revisited. Some Extensions and Clarifications. Zeitschrift für Wirtschafts- und Sozialwissenschaften 110 (1990)
TICHY, G.: Das Problem der langandauernden hohen Arbeitslosigkeit. Ursachen und Lösungsansätze. Wirtschaft und Gesellschaft (1994), 489-505
TODD, E.: The Explanation of Ideology. Family Structures and Social Systems. Oxford-New York 1985
TÖDTLING, F.: Organisatorischer Status von Betrieben und Arbeitsplatzqualität in peripheren und entwicklungsschwachen Gebieten Österreichs. Dissertationen der Wirtschaftsuniversität Wien, VWGÖ 37/I und II. 1983
TOLBERT, C.: Industrial Segmentation and Mens's Career Mobility. ASR 47 (1982), 457-477
TOLBERT, C.; HORAN, P.; BECK, E.: The Structure of Economic Segmentation: A Dual Economy Approach. AJS 85 (1980), 1095-1116
TREIMAN, D.: Occupational Prestige in Comparative Perspective. New York 1977
TROLL, L.: Unschärfen bei der Erfassung des ausgeübten Berufs und Ansätze zur Verbesserung statistischer Nachweise. MittAB 2 (1981), 163-179

TUCHTFELDT, E.: Mobilitätsprobleme auf dem Arbeitsmarkt. In: Bethlen, S.; Miller-Armack, A. (Hrsg.): Vollbeschäftigung – eine Utopie?. Beiträge zur Wirtschaftspolitik 43. Bern-Stuttgart 1986, 151-166

UNITED NATIONS (Ed.): Labour Supply and Migration in Europe. Demographic Dimensions 1950-1975. Economic Survey of Europe in 1977, Part II. 1979

VALKENBURG, F.; VISSERS, A.: Segmentation of the Labour Market: The Theory of the Dual Labour Market – The Case of the Netherlands. The Netherlands Journal of Sociology 16, 2 (1980), 155-170
VERNON, R.: International Investment and International Trade in the Product Cycle. Quarterly Journal of Economics 80 (1966), 190-207
VIETORISZ, T.; HARRISON, B.: Labor Market Segmentation: Positive Feedback and Divergent Development. AER 63 (1973), 366-376
VON BÖVENTER, E.: Theorie des räumlichen Gleichgewichts. Tübingen 1962

WACHTER, M.: Primary and Secondary Labor Markets: A Critique of the Dual Approach. Brookings Papers on Economic Activity 3 (1974), 637-680
WACHTER, M.: Das Konzept des Arbeitsmarktes aus neoklassischer Sicht. In: Sengenberger, W. (Hrsg.): Der gespaltene Arbeitsmarkt. Probleme der Arbeitsmarktsegmentation. Frankfurt/Main-New York 1978, 139-185
WALKER, R.; ELLIS, M.; BARFF, R.: Linked Migration Systems: Immigration and Internal Labor Flow in the United States. Economic Geography 3 (1992), 234-248
WALTERSKIRCHEN, E.: Der hierarchische Arbeitsmarkt. Theoretische Ansätze zur Erklärung von Arbeitslosigkeit, Beschäftigungs- und Lohnhierarchie. Dissertation. Universität Wien 1980
WALTERSKIRCHEN, E.: Wirtschaftswachstum und Arbeitslosigkeit in Westeuropa. Wirtschaft und Gesellschaft 3 (1994), 377-388
WEBER, A.: Über den Standort der Industrien. Tübingen 1914
WEBER, M.: Wirtschaft und Gesellschaft. Tübingen 1922
WEICK, C.: Räumliche Mobilität und Karriere. Eine individualstatistische Analyse der baden-württembergischen Universitätsprofessoren unter besonderer Berücksichtigung demographischer Strukturen. Heidelberger Geographische Arbeiten 101. Heidelberg 1995
WELTBANK (Hrsg.): Weltentwicklungsbericht 1995. Arbeitnehmer im weltweiten Integrationsprozeß. Washington D.C. 1995
WERNER, H.: Beschäftigung von Grenzarbeitnehmern in der Bundesrepublik Deutschland. MittAB 1 (1993a), 28-35
WERNER, H.: Integration ausländischer Arbeitnehmer in den Arbeitsmarkt. Vergleich von Frankreich, Deutschland, Niederlande und Schweden. MittAB 3 (1993b), 348-361
WIESSNER, R.: Die Abwanderung aus Nordost-Bayern. Mitteilungen der Fränkischen Geographischen Gesellschaft 25/26 (1978/79), 263-349
WILLIAMSON, O.; WACHTER, M.; HARRIS, J.: Understanding the Employment Relation: The Analysis of Idiosyncratic Exchange. The Bell Journal of Economics 6/1 (1975), 250-278
WILLMS, A.: Die Entwicklung der Frauenerwerbstätigkeit im Deutschen Reich. Beiträge zur Arbeitsmarkt- und Berufsforschung. Nürnberg 1980
WINTER-EBMER, R.: Arbeitslosigkeit, Hysterese und Wirtschaftspolitik. Wirtschaft und Gesellschaft 3 (1991), 353-363

YOUNG, M.: The Rise of Meritocracy, 1870 – 2033. London 1958

ZIEGLER, R.; BRÜDERL, J.; DIEKMANN, A.: Stellensuchdauer und Anfangseinkommen bei Hochschulabsolventen. Ein empirischer Beitrag zur Job-Search-Theorie. Zeitschrift für Wirtschafts- und Sozialwissenschaften 108 (1988), 247-270

ZINNECKER, J.: Lehrerin '70. Betrifft Erziehung, 1970/3, 11-21; 1970/6, 25-30; 1970/7, 30-33

ZINNECKER, J.: Die Arbeit der Lehrerinnen in der Schule. In: Lüdtke, H. (Hrsg.): Erzieher ohne Status? Heidelberg 1973a, 77-88

ZINNECKER, J.: Sozialgeschichte der Mädchenbildung. Weinheim-Basel 1973b

ZWEIMÜLLER, J.: Development and Determinants of Female Labour Force Participation in Austria. Forschungsbericht 17 des Forschungsschwerpunkts S 44. „Dynamik der Arbeitslosigkeit und Beschäftigung". 1987

Sachregister

Abgangsmenge 147
Abiturientenquote 110
Abstromquote (ABQ) 132
Abwanderungsrate 174
Adel 21, 237
Agglomerationsvorteil 69, 70, 226
Agrargesellschaft 21, 23, 24, 108
  feudal 22
Akademiker 117, 135, 186
Allokationsprozeß 53
Alltagsinformation 74, 75
Alter 23, 49, 60, 77, 82, 89, 94, 95, 96, 97, 98, 99, 133, 159, 161, 182, 193, 198, 226
Alternativrollenkonzept 211
Analphabetenquote 108, 112
Angebot 21, 22, 27, 35, 36, 37, 38, 47, 66, 85, 98, 99, 108, 138, 139, 151, 153, 156, 158, 169, 178, 195, 215, 220
Angestellte(r) 25, 61, 62, 124, 196, 229
Anpassung 35, 36, 66, 152, 230, 238
  betrieblich 37
Ansatz
  organisationstheoretisch 73, 74
Arbeiter
  ungelernt 123
Arbeitsamtsbezirk 43, 166
Arbeitsaufgabe 121
Arbeitsbevölkerung 40, 64, 73, 111, 113, 114, 117, 174, 175
Arbeitsinhalt 227
Arbeitskräfteschlange 58
Arbeitskräftewanderung 67, 69, 178, 187
Arbeitslosenquote 16, 43, 112, 142, 143, 144, 145, 146, 147, 149, 157, 160, 161, 162, 163, 164, 166, 168, 169, 175, 177, 182, 197, 214, 221, 222, 227, 235, 237, 238, 239
  regional 149
Arbeitslosenregister 146, 149
Arbeitslosigkeit 15, 16, 19, 38, 43, 44, 45, 47, 50, 54, 56, 59, 85, 86, 117, 120, 130, 142, 143, 145, 146, 147, 148, 150, 151, 152, 153, 154, 155, 156, 157, 158, 159, 160, 161, 162, 163, 164, 165, 166, 168, 169, 170, 177, 178, 180, 190, 197, 214, 220, 221, 222, 226, 227, 228, 229, 231, 232, 233, 234, 235, 236, 238, 239
  friktionell 155

Arbeitslosigkeit
  konjunkturell 155, 156, 159
  natürlich 156
  regional 182
  saisonal 21, 154, 155, 156
  strukturell 155, 156
  verdeckt 157
  wachstumsdefizitär 156
Arbeitslosigkeitsepisode 146
Arbeitsmarkt
  extern 55, 58, 65, 71, 155
  homogen 43
  intern 55
  primär 59, 60
  regional 37, 39, 41, 169
  sekundär 59, 61
Arbeitsmarktmodell 35, 54, 55, 57, 64, 70, 72, 190
  neoklassisch 17, 44, 66
Arbeitsmarktpolitik
  nachfrageorientiert 39
Arbeitsmarktsegmentierung 64, 70, 71, 73, 130
Arbeitsmittel 121
Arbeitsorganisation 27, 31, 57, 63
Arbeitsplatz
  instabil 72
  primär 63
  stabil 72
Arbeitsplatzdefizit 174
Arbeitsplatzsuche 51, 142, 227
Arbeitsplatzüberschuß 174
Arbeitsteilung 15, 23, 25, 27, 28, 29, 31, 70, 73, 75, 76, 89, 108, 128, 156, 175, 211
  horizontal 27, 28, 29
  räumlich 16, 42, 68
  vertikal 27, 28, 29, 30, 31, 32, 217
Arbeitsverrichtung 121
Arbeitsvolumen 38, 39
Arbeitszeit 38, 86, 144, 158, 192, 204
Assoziationsmaß 133
Aufklärung 33, 112
Ausbildung 33, 34, 38, 48, 49, 50, 52, 76, 77, 109, 110, 111, 117, 118, 119, 130, 138, 182, 190, 209, 229, 239
Ausbildungsadäquanz 120
Ausbildungskosten 58

Sachregister

Ausbildungsniveau 25, 32, 33, 38, 49, 89, 90, 94, 98, 99, 100, 111, 112, 113, 114, 117, 120, 137, 162, 171, 179, 184, 185, 186, 204
Ausländerregister 173
Außenabhängigkeit 78
Autonomie 35, 56, 73, 78, 80

backwash effect 69
Balkan 112
Barriere 54, 55, 56, 195
Bauer 21, 23, 68 191
Beamte(r) 25, 62, 120, 121, 124, 135, 149, 172, 196, 203
Beamter
  leitend 61
Belgien 107, 188
Bergbauerngemeinde 138
berufliche Position 122
Berufsangabe 121, 123
Berufslaufbahnforschung
  geographisch 137
  soziologisch 134
Berufsordnung 121
Berufsprestigeskala 123
Berufsstruktur 125
Berufstätige(r)
  wohnhaft 174
Berufstätigkeit 33, 98, 106, 117, 119, 120, 121, 131, 158, 182, 193, 204, 237, 238
  Dauer 49
Berufswahl 98, 131, 203
Beschäftigtenstatistik der Bundesanstalt für Arbeit 121, 172
Beschäftigungsstabilität 58
Bestandsstatistik 145
Bestimmungsfaktor 94, 95
Betriebsbindung 49
Betriebszählung 150
Betriebszugehörigkeit 105, 120, 194
Betroffenheit 145, 146, 155, 160
Betroffenheitsquote 146
Bevölkerung
  berufstätig 230
  erwerbsfähig 21, 37, 85, 220
  erwerbstätig 21, 37, 85, 225
  landwirtschaftlich 30
  städtisch 51
  weiblich 88
Bildungsexpansion 120
Bildungssystem 33, 117

Bildungsverhalten 16, 38, 89, 99, 139, 140
Billiglohnland 67
Binnenhandel und Bergbau 115
Binnenwanderung 171, 173, 174, 179, 180, 182, 183, 186, 189
Binnenwanderungsstrom 177
Biographie 133, 134
Biographieforschung 134
Boden 23, 65, 218
Bodenpreis 80
Bruttowanderungsrate 174
Buchdruck 27
Budapest 102, 112, 114, 115
Bundesanstalt für Arbeit 148, 149
Bundesinstitut für Berufsbildungsforschung 135
Bürokratisierung 22, 32, 34, 117

Dampfmaschine 27
Dequalifizierung 27, 28, 30
Deregulierung
  Arbeitsmarkt 48, 233
Deutschland 163, 165
Dienstleistungsgesellschaft 25, 123
Dienstleistungssektor 24, 125, 127, 128, 217, 229
Differenzierung
  zentral-peripher 127, 129
Diskriminierung
  statistisch 59, 210
Disparität 30, 68, 103, 109, 112, 125, 126, 127, 137, 150, 166, 208, 209, 235, 237
  national 190
  räumlich 43, 70, 74, 106
  regional 47, 125, 166, 168, 175, 176, 205
  sozio-ökonomisch 112, 150
  zentral-peripher 34, 166, 175, 186, 205, 208
Divergenz 81, 164, 166

Effizienz 34
Effizienzlohn 153
Effizienzlohntheorie 153
Einarbeitungszeit 124
Einkommen 35, 36, 41, 48, 49, 50, 52, 53, 86, 90, 98, 107, 112, 117, 118, 120, 144, 190, 191, 192, 194, 204, 209, 210, 220, 222, 229, 238

Sachregister

Einkommensdisparitäten
 räumliche 191
Eisenbahn 27
Elastizität
 Lohn 47
Elite 25, 220
Entscheidung 29, 31, 44, 67, 76, 79, 80, 98, 203
 ökonomisch 47
 rational 47
Entscheidungsbefugnis 51, 76, 78, 79, 114, 196, 204
Entscheidungsträger 76, 78, 79, 80, 81, 112, 220
Entwicklung
 räumlich 18, 66, 169
Entzugs- oder Sogeffekt 69
Episode 86, 133, 146, 147
Episodendauer 146, 147, 159, 160
 durchschnittlich 147
Erstplazierung
 beruflich 102, 131, 133, 136, 137, 140
Erwerbsbeteiligung 16, 38, 85, 87, 94, 95, 97, 102, 103, 105, 120, 137, 151, 236
Erwerbsbiographie 60, 139, 159
Erwerbslose 143
Erwerbsperson 85, 86, 87, 97, 109, 111, 120, 123, 125, 130, 132, 133, 142, 143, 144, 145, 149, 157, 158, 163, 174, 175, 192, 200
Erwerbspersonenpotentialquote 87
Erwerbsquelle 21, 23, 24
Erwerbsquote 38, 87, 89, 91, 94, 107, 108, 221, 236, 238
Erwerbstätigenquote 87, 97, 98, 99, 106
Erwerbstätigkonzept 144
Erziehungsurlaub 105
Ethnische Gruppe 100, 198
event histories 133

Facharbeiter 57, 59, 62, 141, 223, 224, 225
Familien- und Geschlechtermodell
 agrarisch 106
 bürgerlich 106
 egalitär-individualistisch 107
Familienbesteuerung 105
Familienphase 88, 89, 90, 91, 92, 94, 95, 99
Familienpolitik 37, 237
Familienstand 94, 95, 98, 100
Fertilitätsniveau 38
Feudalismus 24

Finnland 107, 108
Flächenstaat 23, 24
Fließband 29, 223
Flüchtling 171, 176, 186, 190
Fluktuation 57, 60, 62, 204, 230
Fordismus 29, 32
fordistisch 29
Forschungsinfrastruktur 52
Forschungsmittel 52
Frage
 offene 121
Fragebogen 121
Frankreich 81, 88, 107, 112, 188, 214, 237, 238
Frauenerwerbsquote 38, 108
Frauenerwerbstätigenquote 88, 95, 103
Fremdeinschätzung 121

Geld- und Kreditwesen 113, 115
Geldwirtschaft 27
Gemeindegrößenklasse 43, 73, 103, 208
Gemeindetyp 138
Gesamtarbeitsmarkt 53, 55, 57, 59, 198
Geschlecht 60, 87, 89, 94, 95, 161, 193, 198
Geschlechterkontrakt 97, 98, 106, 108
Geschlechtermodell 106
 familiär 107, 108
Gesellschaft
 askriptiv 32
 kommunistisch 31
 meritokratisch 32, 33, 54, 106
 nachindustriell 24
 postindustriell 22, 25, 33
Gesundheitswesen 115, 127, 216, 222
Gewerkschaft 46, 55, 63, 108, 154, 237
Gleichgewichtslohn 45, 47, 66
Globalisierung 38, 125, 126
Gradient
 zentral-peripher 117, 127, 128, 130, 140, 141, 197, 237
Grenznutzen 46
Großbritannien 107, 188, 235, 238
Grund 23, 25, 68, 94, 105, 148, 149, 207

Handwerker 21, 28, 29, 169
Hausarbeit 86, 211
Heckscher-Ohlin-Theorem 177
Herkunftsposition 131
Hierarchie 16, 28, 34, 58, 76, 77, 79, 81, 112, 175, 208

Highschool 119
Hire and fire 72, 222
Hochlohnregion 67
Homo oeconomicus 51, 53, 130
Humankapital 48, 62, 72, 152, 153, 159, 209, 210, 226, 230
Humankapitaltheorie 48, 49, 50, 51, 52, 53, 59, 62, 118, 151, 152, 154
Hysterese 147, 152, 153

ILO – International Labour Organization 142
Industrialisierung 22, 24, 112
Industrie 24, 81, 114, 122, 123, 125, 126, 150, 157, 161, 164, 190, 197, 217, 218, 221
  monopolisiert 63
Information
  geschützt 75
  kodiert 74, 75
Informationsniveau 111, 184
Infrastruktur
  technisch 110
Inkompetenz 33, 77
Innovation 22, 24, 62, 68, 70, 84, 109, 111, 112, 126, 139, 226
Innovationsphase 82, 84
Insider-Outsider-Theorie 153
Insiderwissen 75, 79
Institut für Arbeitsmarkt- und Berufsforschung 135
Interaktionsmatrix 133
ISCO – International Standard Classification of Occupations 122
ISF-Konzept 56
Italien 112, 119, 188, 214

Japan 32, 62, 63, 95, 119, 234
Jedermann-Arbeitsmarkt 56
Jedermannsqualifikation 111
Job-ladder 62
Job-Search-Theorie 51, 52, 53
Job-Turnover 131
Kapital 29, 33, 66, 67, 82, 118, 177, 178, 187, 220
  physisch 62, 63

Kapitaleinsatz 63, 72
Karenzgeld 90
Karrierearbeitsmarkt 141, 223
Karriereschritt 41

Kategorienschemata 122, 124
Kernunternehmen 72, 73
Kindererziehung 130, 143, 209
Kinderpflegegeld 90, 105
Klassengegensatz 24
Kleinkinderphase 88, 89, 90, 91, 95, 105
Kohorte 110, 131
Kollektivvertrag 46, 237
Kommunikationsbeziehung 76
Kompetenzen 196
  fachlich 33, 78
Komplexität 34, 37, 63, 76, 77, 139
Komponentenzerlegung 146
Konkurrenzmarkt 44
Kontaktpotential 79, 80, 139
Kontrakttheorie 52, 53
Kontrolle
  sozial 106
Konvergenz 94, 126, 164, 166, 168, 169
Konzentration
  räumlich 29, 74, 81, 113, 114, 115, 117, 175
Konzentration des Wissens 81, 112
Koordination 28, 220
Kopfarbeit 25, 30
Kosten 31, 39, 48, 49, 51, 56, 82, 176, 177, 190, 210, 223, 227, 233
Kreativität 33, 70, 77, 111
Kündigungsschutz 59

Labor-Force-Konzept 144
Labour-Force-Survey 145
Land- und Forstwirtschaft 114, 115, 150, 163
Langzeitarbeitslose 147
Laufbahnvorschrift 38
Lebenslauf 134
Lebenslaufforschung
  geographisch 137
Lebensunterhaltskonzept 144
Liberalismus 24, 33, 236
Lohndisparität
  räumlich 66
Lohndumping 34, 153
Lohnflexibilität 45, 151, 153, 231
Lohnhöhe 36, 47, 67, 151, 153, 179, 193
Lohnrigidität 52
Lohnstückkosten 125
Lohnunterschied 49, 67, 177, 178, 179, 191, 193, 230

Manufakturbetrieb 21
Marktmechanismus 35, 47, 67, 154
Marktrecht 109
Marxismus 30, 160
marxistisch 24, 64
Massenproduktion 28, 29, 31, 79, 225
  fordistisch 34
Maßnahme
  familienpolitisch 38
Mehrbetriebs-Unternehmen 125
Melderegister 173
Meritokratisierung 22, 32, 33, 54
Mietpreis 80
Migration 37, 38, 42, 112, 169, 170, 171, 175, 176, 177, 178, 179, 180, 186, 187, 190
Mikrozensus 88, 118, 121, 134, 184, 185, 191, 196, 204, 214
Mindestlohn
  gesetzlich 46
Mobilität 33, 36, 39, 47, 55, 56, 57, 67, 130, 131, 132, 133, 135, 140, 155, 169, 170, 223
  beruflich 85, 130, 131, 132, 133, 134, 135, 140
  betriebsextern 130
  betriebsintern 130
  intergenerational 132, 139
  intersektoral 130
  räumlich 34, 41, 42, 52, 142, 155, 156, 169, 170, 172, 233
  regional 179, 180, 184
  sozial 139
Mobilitätskette 60
Mobilitätsprozeß 53, 134
Modell
  dual 54, 61, 71
  neoklassisch 46, 47, 48, 51, 52, 60, 67, 151, 231
  räumlich 67
Modernisierungsprozeß 33, 108, 238
Monopol 64, 80, 109
Münzrecht 109
Mutterschutz 105

Nachfrage 16, 21, 22, 35, 36, 37, 45, 47, 50, 52, 66, 67, 70, 71, 73, 85, 108, 130, 141, 147, 151, 152, 153, 154, 155, 156, 159, 162, 169, 187, 195, 215, 225, 227, 231, 233, 235
  instabil 72
  stabil 72

Nachfragekurve 45, 46
Nachtarbeitsverbot 105
Naturalhandel 27
Neoklassik 15, 44, 46, 48, 68, 69, 85, 112, 151, 169, 176, 178, 179, 190, 191
Nettowanderungsrate 174
Netzwerk 79, 113, 114, 138, 139, 177, 186
Nichterwerbsperson 85, 86, 144
Niederlande 107, 108, 188
Niederlassungsfreiheit 48
Niedriglohnregion 67
Nomenklatura 113, 204
Norm
  gesellschaftlich 98

Oligopol 64
Ölpreisschock 157
Organisationstheorie 128
Österreich 57, 88, 91, 102, 118, 124, 143, 144, 146, 148, 149, 150, 153, 157, 158, 159, 161, 162, 163, 164, 168, 172, 173, 180, 181, 182, 183, 184, 185, 186, 188, 191, 195, 202, 204, 205, 206, 208, 212, 214, 222, 227, 228, 236, 237, 238
Ostmitteleuropa 112

patterns of promotion 62
Pendelwanderung 38, 41, 169, 170, 174, 175, 220, 227, 228
Pendlereinzugsbereich 40, 41
Pendlerrate 174
Pension 88, 91, 95
Pensionsalter 88, 91, 182
Peripherie 16, 32, 63, 69, 70, 72, 73, 80, 81, 102, 109, 126, 127, 128, 129, 137, 141, 169, 195, 196, 197, 230
Peripherisierungsprozeß 69
Personalentscheidung 59
Pflichtschule 110, 118, 119, 163, 184, 185
Planung 28, 29, 220
Planwirtschaft 64, 113, 115, 117, 206
Polarisationstheorie 69, 169
Polarisierung 25, 31, 70, 222, 223, 224, 225
Politikberatung 47, 59
port of entry 56, 60
Position
  beruflich 21, 65, 79, 80, 127, 132, 133, 140, 179
  berufliche 65, 79, 80, 140
  betrieblich 159

Position
  betrieblich-hierarchisch 129
  hierarchisch 121
  quasimonopolistisch 230
  rechtlich 171
  sektoral 201
  zentral 33
Position 75
Postfordismus 31, 32
Preisbildung 15, 21, 35, 37
Preisflexibilität 47
Prinzip 27, 59
Privileg 32, 64, 76, 109
Produktions- und Handelsmonopol 109
Produktionsmittel 21, 64
Produktnachfrage 38
Produktzyklus 31, 83, 84, 109
Produktzyklusmodell 82
Professionalisierung 22, 32, 33, 34, 38, 46, 54, 77, 117
Professor 41, 136, 137, 173
Proletariat 21, 126, 220
Push- und Pull-Modell 17

Qualifikation
  beruflich 25, 33, 111
  betriebsspezifisch 57

Rahmenbedingung
  wirtschaftlich 98, 238
Randbereich der Wirtschaft 71
Randgruppen 100, 158, 160
Randunternehmen 73
Rationalisierungsinvestition 39, 159
Redundanz 76, 77
Regionalökonomie 111
Regionstyp 43, 173
Regionszyklushypothese 84
Reifephase 82, 83, 84, 128
Revolution
  industriell 33
Rezession 152, 157, 159
Risikoaversionsansatz 52
Routineaktivität 80

Saisonarbeiter 62
Schichtung
  sozial 33, 36, 76, 123
Schrift 27, 74

Schulpflicht 33, 88, 98, 155, 209
Screening-Verfahren 38
Segmentationsansatz 44, 69
Sektor
  distributiv 223
  informell 102
  primär 23, 127, 222
  produzierend 217
  quartär 25
  sekundär 24, 122, 128, 222, 229
  staatlich 72
  tertiär 125, 161, 222
Selbständige(r) 61, 87, 124, 135, 149, 172
Selbsteinschätzung 102, 121
Senioritätsrecht 56
Serienfertigung 29
Sex-Ratio-Index 200
Siedlungsgröße 102, 103
Signaling 59
SOEP – Soziökonomisches Panel 134
Sozialhilfe 105
Sozialisation 137, 140, 211
Sozialismus 30, 95
Spätkapitalismus 24
Spezialisierung 15, 28, 29, 46, 74
  flexibel 31
Spread effect 69, 70
Stabilität der Beschäftigung 58, 62, 133
Stabilitätsrate der Beschäftigung 132
Stammarbeiter 62
Stammbelegschaft 63, 154
Stapelrecht 109
Status 32
  gesellschaftlich 35
  sozial 21, 38, 51
  sozialer 108, 123
  soziökonomisch 17, 123, 131
Stelle
  offen 47, 147, 232
Stellenandrangziffer 147
Stellung
  dienstrechtlich 120
Stellung im Beruf 121, 124, 125, 128, 137, 202, 203
Stichtagskonzept 144
Stille Reserve 86, 87, 221
Strukturierung 158
Strukturwandel 111, 125, 126, 130, 131, 159, 164, 238
  sektoral 22, 25, 27

Subcontract 60
Suchkosten 40, 51
Suchverhalten 51
System
  kapitalistisch 24, 64
  sozial 75
  sozialistisch 94, 115
Systematik der Wirtschaftszweige 124

Tätigkeitsinhalt 121
Tauschtheorie 52
Tauschvorgang 21
Technologievorsprung 109
Teilzeitarbeit 98, 105, 108
Teilzeitbeschäftigung 38, 105, 236
Telefon 27
Telekommunikation 27, 114
Transactional city 80
Transformation 25, 27, 239
Transparenz des Marktgeschehens 67
Transportkosten 68, 80, 177, 218, 226

Überbau
  kulturell 106
Unfähigkeit 77
Ungarn 81, 88, 89, 90, 92, 96, 98, 99, 100, 101, 102, 103, 112, 148, 149, 160, 161, 168, 204, 236, 239
Ungewißheit 76
Ungleichgewicht 68, 142, 151, 154, 169, 233
Ungleichgewichtsmodell 69
Ungleichheit 187, 189
  regional 83, 166
  sozial 30, 31, 36, 74, 187
Uniformität 34
Universitätsprofessor 41, 42, 137, 138, 179
Unsicherheit 49, 76, 77, 78, 79, 80, 138
  reduziert 76
Unterbeschäftigte(r) 86
Unternehmenszentrale 128
Unternehmer 21, 31, 35, 38, 45, 48, 50, 54, 61, 105, 147, 151, 153, 215, 231, 237
Unvollkommenheit der Information 51
USA 53, 54, 55, 59, 81, 96, 97, 98, 117, 119, 134, 191, 197, 215, 221, 234

Vakanzquote 147, 148
Verdrängungseffekt 120
Verfahren
  parameterfrei 123

Verflechtungsraum
  funktional 40
Vermittelbarkeit 143, 152
Vermittlungshemmnis 160
Versorgerehe 105
Verteilung 15, 16, 35, 36, 47, 70, 73, 75, 76, 78, 79, 88, 113, 137, 158, 198, 215, 222
  räumlich 70, 74, 82
Verwaltung
  öffentlich 32, 34, 79, 114, 115, 117, 125
Verweildauer 60, 147
Vollbeschäftigung 45, 157, 231, 233, 234, 235
Vollerhebung 150
Vollzeitarbeitsplatz 108
Vormerkdauer 147

Wachstumsphase 82, 83
Wanderung
  arbeitsmarktinduziert 180
Wanderungsstrom 176, 177
Wanderungstyp 172
Weltsystemansatz 178
Westdeutschland 107, 108, 109, 157
Wettbewerb 46, 58, 72, 75, 76, 109, 114, 131, 220
  marktwirtschaftlich 75
  wirtschaftlich 109
Wettbewerbsvorteil 75, 82, 109
Wirtschaftsdienst 115
Wirtschaftsgeographie 16, 25
Wirtschaftsklasse 114, 117, 198, 203, 216
Wissen 17, 25, 28, 29, 32, 33, 68, 70, 74, 75, 76, 77, 79, 80, 81, 82, 109, 110, 111, 190, 230
  betrieblich 58
Wissensgesellschaft 109

Zahl der Kinder 94, 96, 99
Zentrale-Orte-System 30
Zentralraum 128, 130, 141, 164, 175
Zentren-Peripherie-Ansatz 70
Zentrum 16, 40, 63, 69, 70, 71, 72, 73, 80, 81, 102, 109, 113, 127, 128, 137, 169, 195, 217, 220, 230, 238
Zentrum des Wissens 21
Zentrum-Peripherie-Forschung 16
Zertifikat 57
Zielposition 131, 132
Zigeuner 101, 102

Zugehörigkeit, ethnische 94, 100
Zunft 21, 23
Zustromquote 132

Zuwanderungsrate 174
Zuzugsbeschränkung 38
Zwei-Regionen-Modell 66